选对套餐 剑指通关

购书专享 **名师引航班** **3门课程免费领**	1年学习保障 **超值特惠班** **400元/科**	2年保障 不过重学 **精品保障班** **450元/科** 3科联报 **550元/科** 2科联报 **600元/科** 单科购买	4年保障 不过重学 **通关无忧班** **1600元/3科**
主讲老师 中级会计实务：张志凤、刘忠 经济法：郭守杰、黄洁洵 财务管理：闫华红、田明	**5大超值课程** 预科班 基础班 习题班 冲刺串讲班 模考精讲班	**8大精品课程** 超值特惠班课程+ 易错易混班 核心精讲班 考前5天提示班	**9大无忧课程** 精品保障班课程+ 真题精讲班
授课思路 历年考情 系统分析 各章考点 全面梳理 精选课程 轻松体验 解读真题 强化实力	**3项超值习题** 每日一练 随堂练习 章节练习	**6项精品习题** 超值特惠班习题+ 预习阶段测试 月度竞赛 模拟试卷（1套）	**7项通关习题** 精品保障班习题+ 考前提分试卷（1套）
扫码免费领课	**2大超值服务** 24小时内答疑 学习方法指导（直播）	**7大精品服务** 超值特惠班服务+ 9小时内答疑 入学测试 学习计划 教材变化分析指导 强化阶段提升指导 机考操作指南	**8大通关服务** 精品保障班服务+ 4小时内答疑 思维导图引学系统
赠 50元优惠券	**赠** 2016年套餐对应课程	**赠** 超值特惠班赠送+ **机考系统(150元/科)** 会计基础一点通(张志凤) 税务基础一点通(刘颖)	**赠** 同精品保障班赠送

名师相伴 过关首选

张志凤
刘忠
田明
黄洁洵
续鹏翔
张敬富
郭守杰
闫华红
李运河

东奥会计在线，专注财会培训19年，是中国会计培训的领航者。
19年来，我们汇聚业内名师，广招千万学员，用平台铺就跑道，用品质成就梦想！

19年
专业品牌

独聚
业内名师

220名
专家教研团

93.02%
超高通过率

高分经验谈

张宵星（285分）一次过三科

备考经验： 忙里偷闲，整合零散时间。

首先： 根据自己的情况制订一份计划，保证每天2~3小时的学习时间。

其次： 结合东奥的课程，从预科班着手，了解3科教材的重难点分布，再系统学习。

再次： 考前要听串讲班和模考班，结合配套习题，短期也能实现提升。

最后： 熟练掌握机考系统，带着满满的自信心进考场。

陈婷（282分）一次过三科

分享给考中级的同学们一些建议：

第一： 结合视频里老师汇总的内容学习，实务多做分录，财管多做题，经济法多记忆。

第二： "轻松过关"是很好的辅导书，一定要做，对了OK，错了更好，这样能发现并填补自己不足。

第三： 要学会归纳总结，把老师的内容变成自己的，便于加深理解和记忆。

第四： 学会自我约束。中级虽然有难度，但最终结果如何还是要看自己花多少精力去学。

陈佳璐（中级会计实务98分）单科最高分

取得中级证书，是我职业履历上完美的一笔。

感恩： 非常感谢张志凤老师、郭守杰老师、闫华红老师，是他们的陪伴让我打消放弃的念头；是他们的讲解让每个知识都变得通俗易懂；是他们编制的题目让我不断地提升实战能力……

回首： 自己听过的课程，做过的轻1，打过的草稿，满满的奋斗历程，努力不放弃，就会有好的结果。

感谢： 感谢东奥会计在线这么好的教育平台。

石慧静（财务管理98分）单科最高分

备考经验： 习惯了东奥，习惯了"轻松过关"。

结缘东奥： 从业、初级开始结缘，工作后又选择东奥实操课充电。中级依然选择东奥。

书课搭配： 东奥有很多优秀的老师，他们既写书又讲课，书课搭配学，省时省力。还有很多习题，应对中级足矣。

学习计划： 东奥的学习计划对我帮助很大，让整个学习变得有序。我会继续加油，和东奥一起攀登更高的山峰！

东奥的学员这样说

学员：雪落无声7856

一次过三门，经济法84，实务75，财管75。感谢各位老师的陪伴，让我们在追求自己人生目标的路上找到了捷径！

老师的欣慰莫过于学生一次次地报喜。再次感谢所有中级的老师！您们辛苦了！

学员：tanjq7708

查到考试成绩：中级会计实务85分，财务管理82分，经济法86分。三门课一次高分通过，东奥课件确实太棒了！

更重要的是通过听老师们授课，专业知识得到了强化，非常感谢！

明年的注会和税务师考试，继续选择东奥！

学员：wangyan52199

在朋友的建议下买了东奥课程，课程很全面，但因为时间有限，我只学习了基础班和真题班，做了点练习题，即使这样，今年的考试依然顺利通过了。

感谢老师们详细的讲解，令我受益匪浅。同时感谢答疑老师们，对于我提出的问题都给予了耐心、细致的解答，对我帮助很大。

www.dongao.com
登录官网 了解更多

400-627-5566 | 0431-87635566
24h客服热线

全国会计专业技术资格考试辅导用书——轻松过关5

2017 年会计专业技术资格考试
机考题库一本通
中级会计实务

组　编　东奥会计在线

电子工业出版社·

Publishing House of Electronics Industry

北京·BEIJING

本书正版具有以下标识，请认真识别：

1. 本书附有防伪标签一枚，上有激活码，激活即可获赠"名师引航班"、"机考操作指南"、答疑及东奥题库宝典 APP 等超值课程及服务。使用方法详见本书正文。

2. 正文内局部铺有带灰网的图案。

若无以上标识即为盗版，请广大读者拒绝购买。盗版举报电话：400 - 627 - 5566。

图书在版编目（CIP）数据

2017 年会计专业技术资格考试机考题库一本通. 中级会计实务 / 东奥会计在线组编. — 北京：电子工业出版社，2017.4

（轻松过关 . 5）

全国会计专业技术资格考试辅导用书

ISBN 978 – 7 – 121 – 31278 – 6

Ⅰ.①2… Ⅱ.①东… Ⅲ.①会计实务—资格考试—习题集 Ⅳ.①F23 – 44

中国版本图书馆 CIP 数据核字（2017）第 070988 号

策划编辑：刘淑丽
责任编辑：李慧君
印　　刷：保定市中画美凯印刷有限公司
装　　订：保定市中画美凯印刷有限公司
出版发行：电子工业出版社
　　　　　北京市海淀区万寿路 173 信箱　邮编　100036
开　　本：787×1092　1/16　印张：21　字数：726 千字　彩插：2
版　　次：2017 年 4 月第 1 版
印　　次：2017 年 4 月第 1 次印刷
定　　价：38.00 元

凡所购买电子工业出版社图书有缺损问题，请向购买书店调换。若书店售缺，请与本社发行部联系，联系及邮购电话：（010）88254888，88258888。

质量投诉请发邮件至 zlts@ phei. com. cn，盗版侵权举报请发邮件至 dbqq@ phei. com. cn。

本书咨询联系方式：（010）88254199，sjb@ phei. com. cn。

编委会成员名单

（按姓氏笔画顺序排列）

上官颖林	王俊杰	兰　飞
刘亚丽	李佳丽	李　硕
张小龙	张　瑜	周鑫燕
韩　斌	靳兴涛	

前　言

东奥团队+名师，
19年来我们只做一件事——
"让您轻松过关"

市场占有率高达81%

- 1998 年，"东奥" 诞生于北京大学，开始进入会计培训领域；

- 2001 年，"轻松过关" 系列丛书发行量跃居同行之首；

- 2002 年，"轻松过关" 系列丛书被 30 个省级行政区的考试组织及机构推荐为指定用书；

  ……

- 2010 年，知名咨询公司慧聪网调查显示：东奥会计培训的市场占有率高达 81%，已成为会计培训界的第一品牌；

  我们的精彩从未停止，我们的未来才刚刚开始……

历经 19 个春夏秋冬，我们累积了一支强大的师资、编校团队，他们细心协作，精益求精，汇聚经典，只为让您 "轻松过关"！

2017 年中级会计职称考试"轻松过关"辅导用书包含 5 个系列，其特点和使用阶段如下：

轻松过关 1：《2017 年会计专业技术资格考试应试指导及全真模拟测试》（上下册）

东奥最经典的考试辅导用书！地毯式扫描大纲和教材重难点，着重夯实基础。经典核心模块：（1）命题规律总结及趋势预测；（2）同步辅导及强化训练；（3）跨章节综合题演练；（4）全真模拟测试题。环环相扣，紧握考试脉搏。

轻松过关 2：《2017 年会计专业技术资格考试每日攻克一考点》

细化考点，逐个击破，专为机考量身打造！每日一考点，阶段性测评，帮助学员有计划、系统地复习，日积月累，轻松过中级。

轻松过关 3：《2017 年会计专业技术资格考试考点荟萃及记忆锦囊》

小身材大智慧！浓缩了教材精华内容的口袋书，全书通过图、表、对比、分析、总结等形式归集教材重点、精华内容，让您在零散时间精通框架，熟练考点，吃透教材，强化记忆。为您轻松过关保驾护航。

轻松过关 4：《2017 年会计专业技术资格考试考前最后六套题》

人手必备的考前模拟卷！名师押题，业内权威。用六套经典试卷，全面涵盖价值考点，点押最可能出题点，特别适合最后的复习冲刺。

轻松过关 5：《2017 年会计专业技术资格考试机考题库一本通》

为学员一次通过中级打造的高端攻略。通过第一步夯实基础，第二步真题检测，第三步模拟提升，强力提升学员答题能力，助力考前冲刺。

东奥始终致力于向广大考生提供最实用的图书和最权威的课程。但编校工作纷繁琐碎，限于时间，本书难免存在一些缺点和错误，敬请广大考生批评指正。疏漏之处，我们会及时发布勘误，大家可以通过东奥官网上的"勘误专区"查看。

最后，预祝所有考生都能轻松过关！

本书编委会
2017 年 4 月

目录

第一部分 机考过关初练

第二部分　机考过关 2 + 3

第一部分
机考过关初练

第一章 总 论

🔊 **学习导读**

　　本章属于不太重要的章节，在近三年的考试中，本章的平均分值为 2 分。本章考试的题型一般为单项选择题、多项选择题和判断题。

　　本章主要介绍了会计基本假设、会计基础、会计信息质量要求及会计要素确认与计量的原则。本章是对会计准则体系的系统介绍，也是学习后续章节的基础。应重点掌握的内容包括：（1）财务报告目标；（2）会计基本假设；（3）会计信息质量要求中的可靠性、可比性、实质重于形式和谨慎性等；（4）会计要素的确认条件及包含的内容等；（5）会计要素计量属性。其中：会计信息质量要求中的实质重于形式和可比性、会计要素中的资产、收入、利得和损失、所有者权益和会计要素计量属性相对比较重要。

易错易混集训

易错易混点 1 资产账面价值、账面净值及账面余额区分

【母题·多选题】甲公司购入一批存货，取得时成本为 100 万元，期末计提存货跌价准备 20 万元，不考虑其他因素，则下列说法中正确的有(　　)。

A. 期末该批存货账面余额为 100 万元　　　　B. 期末该批存货账面价值为 100 万元

C. 期末该批存货账面价值为 80 万元　　　　D. 期末该批存货账面余额为 80 万元

【答案】AC

【解析】存货的账面余额即为存货的成本 100 万元，账面价值 = 账面余额（成本）– 存货跌价准备 = 100 – 20 = 80（万元），选项 A 和 C 正确。

【子题·多选题】甲公司有一项固定资产，取得时成本为 100 万元，截止至期末累计折旧 30 万元，计提减值准备 20 万元。不考虑其他因素，则下列说法中正确的有(　　)。

A. 期末该固定资产账面余额为 100 万元　　　　B. 期末该固定资产账面价值为 50 万元

C. 期末该固定资产账面净值为 70 万元　　　　D. 期末该固定资产账面价值为 70 万元

【答案】ABC

【解析】固定资产的账面余额一般指原价，即"固定资产"科目的金额 100 万元，选项 A 正确；固定资产账面价值 = 账面余额 – 累计折旧 – 固定资产减值准备 = 100 – 30 – 20 = 50（万元），选项 B 正确；固定资产账面净值 = 账面余额 – 累计折旧 = 100 – 30 = 70（万元），选项 C 正确。

📖 易错易混点辨析

　　资产的账面余额，是指某科目的账面实际余额，不扣除作为该科目备抵项目的金额（如相关资产的减值准备）。

　　资产的账面价值，是指某科目的账面余额减去相关的备抵项目后的金额。

　　资产的账面净值，是指某科目的账面余额减去累计折旧、累计摊销等项目后的净额，但不扣除减值准备金额。

【总结】

固定资产	账面价值 = 固定资产的原价 - 计提的减值准备 - 计提的累计折旧
	账面余额 = 固定资产的账面原价
	账面净值 = 固定资产的折余价值 = 固定资产原价 - 计提的累计折旧
无形资产	账面价值 = 无形资产的原价 - 计提的减值准备 - 计提的累计摊销
	账面余额 = 无形资产的账面原价
	账面净值 = 无形资产的摊余价值 = 无形资产原价 - 计提的累计摊销
投资性房地产	成本模式后续计量的投资性房地产： 账面原价 = 账面余额 账面净值 = 账面余额 - 投资性房地产累计折旧（摊销） 账面价值 = 账面余额 - 投资性房地产累计折旧（摊销）- 投资性房地产减值准备
	公允价值模式后续计量的投资性房地产： 后续计量时，不计提折旧、摊销，不计提减值准备 账面价值 = 账面余额 = 期末公允价值
交易性金融资产	交易性金融资产采用公允价值后续计量，不计提减值准备 账面价值 = 账面余额 = 期末公允价值
持有至到期投资	持有至到期投资采用摊余成本后续计量，发生减值的应当计提减值准备 账面价值 = 摊余成本 = 一级科目结余的金额 - 计提的减值准备 账面余额 = 一级科目结余的金额
可供出售金融资产	可供出售金融资产采用公允价值后续计量，发生减值的应当计提减值准备 账面价值 = 账面余额 = 期末公允价值 ①股票投资：不涉及摊余成本的计算 ②债券投资：债券溢价、折价或交易费用计入"利息调整"明细科目，采用实际利率法摊销，涉及摊余成本的计算；摊余成本不包括公允价值变动金额
其他资产	账面原价 = 账面余额 账面价值 = 账面余额 - 计提的资产减值准备

易错易混点2 收入与利得的区分

【母题·单选题】下列各项中，不属于企业收入的是(　　)。

A. 让渡资产使用权所得的收入　　　　　B. 提供劳务所取得的收入

C. 出售固定资产取得的净收益　　　　　D. 出租固定资产取得的收入

【答案】C

【解析】选项C，出售固定资产不属于日常活动，取得的净收益不属于收入，属于利得。

【子题·单选题】下列各项中，属于利得的是(　　)。

A. 销售商品取得的收入　　　　　　　　B. 提供劳务取得的收入

C. 出售无形资产取得的净收益　　　　　D. 出售投资性房地产取得的收入

【答案】C

【解析】选项A和B，销售商品、提供劳务取得的收入均属于企业的收入；选项C，出售无形资产不属于日常活动，取得的净收益不属于收入，属于利得；选项D，投资性房地产业务是一种经营性活动，处置投资性房地产业务取得的款项一般情况下通过"其他业务收入"科目核算，属于企业的收入。

📖易错易混点辨析

出售无形资产、固定资产属于企业非日常活动，所以产生的净收益属于利得；出租无形资产、固定资产属于企业日常活动，所以收取的款项属于收入。出租、出售投资性房地产取得款项属于企业的收入。

类 型	情 形	确认与计量
日常活动	出租无形资产	其他业务收入（影响营业利润）
	出租固定资产	其他业务收入（影响营业利润）
	出租投资性房地产	租金计入其他业务收入 摊销计入其他业务成本（如有）
	出售投资性房地产	取得价款计入其他业务收入 账面价值转入其他业务成本
非日常活动	出售无形资产	营业外收入
	出售固定资产	营业外收入

【拓展】常见的属于收入、利得、费用和损失的情形

项 目	归 属	具体情形
利得	影响损益的利得，例如营业外收入	①处置固定资产形成的利得 ②转让无形资产所有权形成的利得 ③罚款收入等
	直接计入所有者权益的利得，例如其他综合收益	①可供出售金融资产公允价值上升 ②自用房地产、存货转为公允价值模式进行后续计量的投资性房地产时公允价值高于原账面价值形成的增值 ③持有至到期投资重分类为可供出售金融资产时公允价值高于原账面价值的差额等
收入	属于营业利润中经济利益的总流入	①主营业务收入 ②其他业务收入
损失	影响损益的损失，例如营业外支出	①处置固定资产形成的损失 ②转让无形资产所有权形成的损失 ③罚款支出等
	直接计入所有者权益的损失，例如其他综合收益	①可供出售金融资产公允价值暂时下降 ②持有至到期投资重分类为可供出售金融资产时公允价值低于原账面价值的差额等
费用	属于营业利润中经济利益的总流出	①主营业务成本 ②其他业务成本 ③销售费用 ④管理费用 ⑤财务费用等

易错易混点3 计量属性的区分

【母题·单选题】企业取得或制造某项财产物资时所实际支付的现金或者其他等价物属于会计要素中（　　）计量属性。

A. 现值 　　　　 B. 重置成本 　　　　 C. 历史成本 　　　　 D. 可变现净值

【答案】C

【解析】历史成本又称实际成本，是指取得或制造某项财产物资时所实际支付的现金或者其他等价物，选项C正确。

【子题·单选题】企业的资产按照现在购买相同或者相似资产所需支付的现金或者现金等物的金额计量，则其所采用的会计计量属性为（　　）。

A. 可变现净值 　　　 B. 重置成本 　　　 C. 现值 　　　 D. 公允价值

【答案】B

【解析】在重置成本计量下，资产按照现在购买相同或者相似资产所需支付的现金或者现金等物的金额计量，负债按照现在偿付该项债务所需支付的现金或者现金等价物的金额计量。

📖 易错易混点辨析

历史成本强调的是"取得或生产时"所支付的现金或其他等价物，而重置成本强调的是"按照现在时刻"取得资产所支付的现金或现金等价物，所以二者所指的"时点"不同，需要特别区分。

易错易混点4 期末计量原则的区分

【母题·单选题】下列各项关于资产期末计量的表述中，正确的是(　　)。

A. 固定资产期末按照账面余额与可收回金额孰低计量

B. 应收账款期末按照账面价值与其预计未来现金流量现值孰低计量

C. 交易性金融资产期末按照公允价值计量

D. 持有至到期投资期末按照市场价格计量

【答案】C

【解析】因为固定资产计提的减值准备持有期间不能转回，所以期末按照账面价值与可收回金额孰低计量，选项A错误；由于应收账款计提的坏账准备可以转回，所以期末按照账面余额与其预计未来现金流量现值孰低计量，选项B错误；持有至到期投资按照摊余成本计量，选项D错误。

【子题·多选题】下列各项关于资产期末计量的表述中，正确的有(　　)。

A. 无形资产期末按照账面价值与可收回金额孰低计量

B. 应收账款期末按照账面余额与其预计未来现金流量现值孰低计量

C. 存货期末按照成本与可变现净值孰低计量

D. 可供出售金融资产期末按照摊余成本计量

【答案】ABC

【解析】因为无形资产计提的减值准备持有期间不能转回，所以期末按照账面价值与可收回金额孰低计量，选项A正确；由于应收账款计提的坏账准备可以转回，所以期末按照账面余额与其预计未来现金流量现值孰低计量，选项B正确；存货减值可以转回，期末按照成本与可变现净值孰低计量，选项C正确；可供出售金融资产期末按照公允价值计量，选项D错误。

📖 易错易混点辨析

常见资产期末计量方式总结：

资　产	期末计量
存货	成本与可变现净值孰低
固定资产	账面价值与可收回金额孰低
投资性房地产（成本模式）	账面价值与可收回金额孰低
长期股权投资（控制、共同控制和重大影响）	账面价值与可收回金额孰低
无形资产	账面价值与可收回金额孰低
商誉	账面价值与可收回金额孰低
持有至到期投资	摊余成本
应收账款	账面余额与预计未来现金流量现值孰低
可供出售金融资产	公允价值
交易性金融资产	公允价值
投资性房地产（公允价值模式）	公允价值

机考过关必练

一、单项选择题

1. 下列会计基本假设中，导致权责发生制会计基础的产生，以及折旧、摊销等会计处理方法运用的基本假设是(　　)。
    A. 会计主体　　　　B. 持续经营　　　　C. 会计分期　　　　D. 货币计量

2. 下列各项会计信息质量要求中，对相关性和可靠性起着制约作用的是(　　)。
    A. 及时性　　　　B. 谨慎性　　　　C. 重要性　　　　D. 实质重于形式

3. 下列各项中，体现实质重于形式这一会计信息质量要求的是(　　)。
    A. 确认预计负债
    B. 对存货计提跌价准备
    C. 对外公布财务报表时提供可比信息
    D. 将融资租入固定资产视为自有资产入账

4. 下列对会计基本假设的表述中不正确的是(　　)。
    A. 持续经营和会计分期确定了会计核算的时间范围
    B. 一个会计主体不一定是一个法律主体
    C. 货币计量为会计核算提供了必要的手段
    D. 会计主体确定了会计核算的时间范围

5. 下列各项中，不符合资产会计要素定义的是(　　)。
    A. 原材料　　　　　　　　　B. 盘盈的固定资产
    C. 待处理财产损失　　　　　D. 尚待加工的半成品

6. 下列关于费用的说法中，不正确的是(　　)。
    A. 费用是指企业在日常活动中形成的、会导致所有者权益减少的、与向所有者分配利润无关的经济利益总流出
    B. 费用只有在经济利益很可能流出企业从而导致企业资产减少或者负债增加、且经济利益的流出金额能够可靠计量时才能予以确认
    C. 营业外支出符合费用的确认条件
    D. 符合费用定义和费用确认条件的项目，应当列入利润表，影响当期损益

7. 下列关于利润的说法中不正确的是(　　)。
    A. 利润是指企业在一定会计期间的经营成果
    B. 直接计入当期利润的利得和损失，是指应当计入当期损益、最终会引起所有者权益发生增减变动的、与所有者投入资本或者向所有者分配利润无关的利得或者损失
    C. 利润项目应当列入利润表
    D. 利润金额取决于收入和费用金额的计量、不涉及利得和损失金额的计量

8. 下列项目中，符合会计信息质量可比性要求的是(　　)。
    A. 因执行《企业会计准则》，对子公司的长期股权投资由权益法改为成本法核算
    B. 鉴于利润计划完成情况不佳，本期决定不计提存货跌价准备
    C. 鉴于本期经营亏损，将已达到预定可使用状态的工程借款利息支出予以资本化
    D. 鉴于本期已经出现的重大亏损局面，决定本期多计提坏账准备

二、多项选择题

1. 下列关于企业财务报告目标的表述中，正确的有(　　)。
    A. 有助于财务报告使用者做出经济决策
    B. 反映企业管理层受托责任履行情况
    C. 主要是满足企业内部经营管理需要
    D. 提供与企业财务状况相关的信息

2. 下列各项中，属于利得的有(　　)。
　　A. 出租无形资产取得的收入
　　B. 投资者的出资额大于其在被投资单位注册资本中所占份额的金额
　　C. 处置固定资产产生的净收益
　　D. 可供出售金融资产的公允价值变动增加额

3. 下列交易或事项中，能够引起资产和所有者权益同时发生增减变动的有(　　)。
　　A. 分配股票股利
　　B. 接受现金捐赠
　　C. 财产清查中固定资产盘盈
　　D. 以银行存款支付原材料采购价款

4. 依据企业会计准则的规定，下列有关收入和利得的表述中，正确的有(　　)。
　　A. 收入源于日常活动，利得源于非日常活动
　　B. 收入会影响利润，利得不一定会影响利润
　　C. 收入会导致经济利益的流入，利得不一定会导致经济利益的流入
　　D. 收入会导致所有者权益的增加，利得不一定会导致所有者权益的增加

5. 下列各项中，会影响利润总额的有(　　)。
　　A. 营业外收入
　　B. 其他综合收益
　　C. 投资收益
　　D. 管理费用

6. 下列关于会计要素计量属性的表述中，正确的有(　　)。
　　A. 历史成本是指取得或制造某项财产物资时所实际支付的现金或者其他等价物
　　B. 重置成本是取得相同或相似资产的现行成本
　　C. 现值是取得某项资产在当前需要支付的现金或其他等价物
　　D. 公允价值是指市场参与者在计量日发生的有序交易中出售一项资产所能收到或者转移一项负债所需支付的价格

7. 关于所有者权益，下列说法中正确的有(　　)。
　　A. 所有者权益是指企业资产扣除负债后由所有者享有的剩余权益
　　B. 直接计入其他综合收益的利得和损失属于所有者权益
　　C. 所有者权益金额应单独计量，不取决于资产和负债的计量
　　D. 所有者权益项目均应当列入利润表

8. 下列各项关于会计信息质量要求的表述中，正确的有(　　)。
　　A. 企业提供的会计信息应当清晰明了，便于财务会计报告使用者理解和使用，体现可理解性
　　B. 相关性要求企业提供的会计信息应当与财务报告使用者的经济决策需要相关，相关性要以及时性为基础
　　C. 实务中需要在及时性和可靠性之间做相应权衡，以最好地满足投资者等财务报告使用者的经济决策需要
　　D. 可靠性要求财务报告中的会计信息应当是中立的、无偏的

三、判断题

1. 在会计核算中，货币是唯一的计量单位。　　　　　　　　　　　　　(　　)
2. 企业为应对市场经济环境下生产经营活动面临的风险和不确定性，应高估负债和费用，低估资产和收益。　　　　　　　　　　　　　　　　　　(　　)
3. 费用和损失都会导致企业当期利润减少。　　　　　　　　　　　　　(　　)
4. 公允价值是指市场参与者在计量日发生的有序交易中，出售一项资产所能收到或转移一项负债所需支付的价格。　　　　　　　　　　　　　　　　　(　　)
5. 企业发生的各项利得或损失，均应计入当期损益。　　　　　　　　　(　　)
6. 负债是企业过去的交易或者事项形成的，预期会导致经济利益流出企业的潜在义务。　　　　　　　　　　　　　　　　　　　　　　　　　　(　　)
7. 资产预期产生的经济利益均来自企业的日常活动。　　　　　　　　　(　　)
8. 企业在对会计要素进行计量时，可以随意选择相应的计量属性。　　　(　　)

机考过关必练参考答案及解析

一、单项选择题

1.【答案】C

【解析】由于会计分期，才产生了当期与以前期间、以后期间的差别，才使不同类型的会计主体有了记账的基准，进而出现了折旧、摊销等会计处理方法。

2.【答案】A

【解析】会计信息的价值在于帮助所有者或者其他方做出经济决策，具有时效性。即使是可靠的、相关的会计信息，如果不及时提供，就失去了时效性，对于使用者的效用就大大降低，甚至不再具有实际意义。

3.【答案】D

【解析】实质重于形式要求企业应当按照交易或者事项的经济实质进行会计确认、计量和报告，不应仅以交易或者事项的法律形式为依据。融资租入固定资产从法律形式看属于出租方的资产，但实质上与资产相关的风险和报酬已转移到租入方，故租入方应视同自有固定资产入账，选项D正确。

4.【答案】D

【解析】会计主体规范了会计核算的空间范围；持续经营和会计分期确定了会计核算的时间范围。

5.【答案】C

【解析】资产必须直接或间接地给企业带来经济利益，而待处理财产损失已经不能为企业带来经济利益，故待处理财产损失不符合资产要素的定义。

6.【答案】C

【解析】选项C，费用是日常活动中形成的，营业外支出属于损失，是由非日常活动引起的，不符合费用的确认条件。

7.【答案】D

【解析】利润金额取决于收入和费用、直接计入当期利润的利得和损失金额的计量。

8.【答案】A

【解析】选项A，属于因有关法规要求变更会计政策，符合可比性要求；选项B、C和D均是出于操纵利润目的所作的变更，属于滥用会计估计、会计政策变更，违背会计信息质量可比性要求。

二、多项选择题

1.【答案】ABD

【解析】财务报告的使用者有外部使用者和内部使用者。外部使用者主要包括投资者、债权人、政府及其有关部门等。满足投资者的信息需要是企业财务报告编制的首要出发点，所以财务报告不是主要满足企业内部管理的需要。

2.【答案】CD

【解析】选项A，计入其他业务收入，属于收入；选项B，投资者的出资额大于其在被投资单位注册资本中所占份额的金额，计入资本公积（资本溢价），不属于利得。

3.【答案】BC

【解析】选项A，所有者权益内部一增一减；选项B，资产和所有者权益同时增加；选项C，资产和所有者权益同时增加；选项D，资产内部一增一减。

4.【答案】AB

【解析】收入是指企业在日常活动中形成的、会导致所有者权益增加的，与所有者投入资本无关的经济利益的总流入；利得是指由企业非日常活动所形成的、会导致所有者权益增加的、与所有者投入资本无关的经济利益的净流入。

5.【答案】ACD

【解析】选项B，其他综合收益属于所有者权益项目，不影响利润总额。

6.【答案】ABD

【解析】现值是指对未来现金流量以恰当的折现率进行折现后的价值，是考虑货币时间价值的一种计量属性，选项 C 错误。

7.【答案】AB

【解析】所有者权益金额取决于资产和负债的计量，选项 C 不正确；所有者权益项目应当列入资产负债表，选项 D 不正确。

8.【答案】ACD

【解析】相关性要求企业提供的会计信息应当与财务报告使用者的经济决策需要相关，相关性要以可靠性为基础。

三、判断题

1.【答案】×

【解析】货币是主要的计量单位，但并不是唯一的计量单位。

2.【答案】×

【解析】谨慎性要求企业对交易或事项进行会计确认、计量和报告时应当保持应有的谨慎性，不应高估资产或者收益、低估负债或者费用。

3.【答案】×

【解析】费用会导致企业当期利润减少，但损失不一定导致当期利润减少，损失分为直接计入当期损益的损失（如营业外支出）和直接计入所有者权益的损失（如其他综合收益），直接计入所有者权益的损失不影响当期利润。

4.【答案】√

5.【答案】×

【解析】企业发生的各项利得或损失，可能直接影响当期损益，可能直接影响所有者权益。比如，可供出售金融资产发生的公允价值变动（非减值因素），是通过其他综合收益核算的。

6.【答案】×

【解析】负债是企业过去的交易或者事项形成的，预期会导致经济利益流出企业的现时义务。

7.【答案】×

【解析】资产预期会给企业带来的经济利益可以来自企业日常活动，也可以来自非日常活动。

8.【答案】×

【解析】企业在对会计要素进行计量时，一般应当采用历史成本。采用重置成本、可变现净值、现值、公允价值计量的，应当保证所确定的会计要素金额能够取得并可靠计量。如果这些金额无法取得或者可靠的计量，则不允许采用。

第二章 存 货

🔊 **学习导读**

本章属于非重要章节，主要介绍了存货的确认、初始和期末计量。

本章重点掌握的内容包括：（1）存货的概念；（2）存货的初始计量；（3）存货的期末计量。其中：存货的期末计量最为重要。

在近三年考试中，本章的平均分值为 3 分。本章考试的题型一般为单项选择题、多项选择题和判断题。2017 年考试依然主要关注存货的期末计量。

易错易混集训

易错易混点 1 存货减值转回和存货处置时减值准备结转的区别

【母题】2017 年 1 月 1 日，甲公司原持有 A 存货账面余额为 100 万元，已计提存货跌价准备金额为 20 万元。假定 2017 年 6 月 30 日，A 存货减值因素消失，存货跌价准备转回的会计处理为：

借：存货跌价准备　　　　　　　　　　　　　　　　　　　　　　　　　　　　20

　　贷：资产减值损失　　　　　　　　　　　　　　　　　　　　　　　　　　20

【子题】接【母题】，假定 2017 年 6 月 30 日，甲公司将 A 存货以 110 万元的价格（不含增值税）出售给丙公司，会计处理为：

借：银行存款　　　　　　　　　　　　　　　　　　　　　　　　　　　　128.7

　　贷：主营业务收入　　　　　　　　　　　　　　　　　　　　　　　　　110

　　　　应交税费——应交增值税（销项税额）　　　　　　　　　　　　　18.7

借：主营业务成本　　　　　　　　　　　　　　　　　　　　　　　　　　100

　　贷：库存商品　　　　　　　　　　　　　　　　　　　　　　　　　　100

借：存货跌价准备　　　　　　　　　　　　　　　　　　　　　　　　　　20

　　贷：主营业务成本　　　　　　　　　　　　　　　　　　　　　　　　20

📖 **易错易混点辨析**

存货在持有期间发生减值，会计处理应当是计提资产减值损失，如果减值因素消失，应当将存货跌价准备转回，冲减资产减值损失；存货处置时，并非将原计提的资产减值损失冲回，而是将存货跌价准备冲减营业成本。

易错易混点 2 存货涉及消费税的处理

【母题·单选题】甲公司为增值税一般纳税人，销售商品适用的增值税税率为 17%。2017 年 1 月 1 日，甲公司发出一批实际成本为 960 万元的原材料，委托乙公司加工成应税消费品，收回后以不高于受托方同类应税消费品计税价格直接对外出售。2017 年 6 月 30 日，甲公司收回委托乙公司加工的应税消费品并验收入库。甲公司根据乙公司开具的增值税专用发票向乙公司支付加工费 24 万元、增值税 4.08 万元，另支付消费税 56 万元。假定不考虑其他因素，甲公司收回该批应税消费品的入账价值为（　　）万元。

A. 984　　　　　　　　B. 988.08　　　　　　　C. 1040　　　　　　　D. 880

【答案】C

【解析】甲公司收回应税消费品的入账价值 = 960 + 24 + 56 = 1040（万元）。

【子题·单选题】甲公司为增值税一般纳税人，销售商品适用的增值税税率为 17%。2017 年 1 月 1 日，甲公司发出一批实际成本为 960 万元的原材料，委托乙公司加工成应税消费品，收回后用于连续生产应税消费品。2017 年 6 月 30 日，甲公司收回乙公司加工的应税消费品并验收入库。甲公司根据乙公司开具的增值税专用发票向乙公司支付加工费 24 万元、增值税 4.08 万元，另支付消费税 56 万元。假定不考虑其他因素，甲公司收回该批应税消费品的入账价值为（　　）万元。

A. 984　　　　　　　　B. 988.08　　　　　　　C. 1040　　　　　　　D. 880

【答案】A

【解析】甲公司收回应税消费品的入账价值 = 960 + 24 = 984（万元）。

📖 易错易混点辨析

委托加工物资收回后用于继续生产应税消费品时，消费税不计入收回物资的成本，应记入"应交税费——应交消费税"科目的借方；委托方将收回的应税消费品以不高于受托方的计税价格出售的，为直接出售，不再缴纳消费税，消费税计入收回物资成本中；委托方将收回的应税消费品以高于受托方的计税价格出售的，不属于直接出售，需按照规定申报缴纳消费税，所以受托方已代收代缴的消费税不计入收回物资的成本，应计入"应交税费——应交消费税"科目的借方，在计税时准予扣除。

易错易混点3 存货跌价准备的计提

【母题·单选题】甲公司期末存货采用成本与可变现净值孰低法计量，2017 年 12 月 31 日库存配件 200 套，每套配件的成本为 12 万元。该批配件直接用于对外出售，2017 年 12 月 31 日的市场价格为每套 11.7 万元（不含增值税），估计销售过程中每套将发生销售费用及相关税费 1.2 万元。该批配件此前未计提存货跌价准备，甲公司 2017 年 12 月 31 日对该批配件应计提的存货跌价准备为（　　）万元。

A. 0　　　　　　　　B. 60　　　　　　　C. 300　　　　　　　D. 400

【答案】C

【解析】每套配件的可变现净值 = 11.7 - 1.2 = 10.5（万元），每套配件的成本为 12 万元，每套配件应计提存货跌价准备 = 12 - 10.5 = 1.5（万元），甲公司 2017 年 12 月 31 日该批配件应计提的存货跌价准备 = 1.5 × 200 = 300（万元）。

【子题·单选题】甲公司期末存货采用成本与可变现净值孰低法计量，2017 年 12 月 31 日库存配件 200 套，每套配件的成本为 12 万元，市场价格为 11.7 万元（不含增值税）。该批配件用于加工 200 件 A 产品，将每套配件加工成 A 产品尚需投入 17 万元。A 产品 2017 年 12 月 31 日的市场价格为每件 28.7 万元，估计销售过程中每件将发生销售费用及相关税费 1.2 万元。该批配件此前未计提存货跌价准备，甲公司 2017 年 12 月 31 日对该批配件应计提的存货跌价准备为（　　）万元。

A. 0　　　　　　　　　　　　　　　B. 60

C. 300　　　　　　　　　　　　　　D. 400

【答案】C

【解析】单件 A 产品的可变现净值 = 28.7 - 1.2 = 27.5（万元），单件 A 产品的成本 = 12 + 17 = 29（万元），因配件生产的 A 产品发生了减值，因此期末配件应按照可变现净值计量。每套配件的可变现净值 = 28.7 - 17 - 1.2 = 10.5（万元），每套配件的成本为 12 万元，每套配件应计提存货跌价准备 = 12 - 10.5 = 1.5（万元），甲公司 2017 年 12 月 31 日对该批配件应计提的存货跌价准备 = 1.5 × 200 = 300（万元）。

📖 易错易混点辨析

$$材料\begin{cases} 直接出售 \longrightarrow 可变现净值 = 材料估计售价 - 材料估计销售费用及税金 \\ 用于生产产品 \begin{cases} 产品未减值（材料按成本计量） \\ 产品减值（材料按可变现净值计量） \end{cases} \end{cases}$$

用于生产产品的材料的可变现净值＝产品的可变现净值－进一步加工成本＝（产品的估计售价－产品的估计销售费用及税金）－进一步加工成本

易错易混点4 可变现净值的计算

【母题】甲公司库存A产品400件，每件A产品的成本为220元，当前每件该产品的市场销售价格为240元（不含增值税）；预计销售每件产品将发生的销售费用和税金为1元。

要求：根据上述资料计算A产品的减值金额。

【答案】

无合同部分	成本：400×220＝88000（元）
	可变现净值：（240－1）×400＝95600（元）
	发生减值：0

【子题】甲公司库存A产品400件，其中240件在还未生产前就签订了不可撤销的销售合同，当时约定的合同价格为每件210元（不含增值税），由于生产该产品时材料价格上涨，每件A产品的成本为220元，当前该产品的市场销售价格为每件240元（不含增值税）；预计销售每件A产品将发生的销售费用和税金为1元。

要求：根据上述资料计算A产品的减值金额。

【答案】

有合同部分	成本：240×220＝52800（元）
	可变现净值：（210－1）×240＝50160（元）
	发生减值：2640元（52800－50160）
无合同部分	成本：160×220＝35200（元）
	可变现净值：（240－1）×160＝38240（元）
	发生减值：0

📖 易错易混点辨析

存货可变现净值的确定

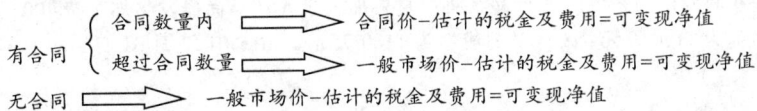

有合同 { 合同数量内 ⟹ 合同价－估计的税金及费用＝可变现净值
超过合同数量 ⟹ 一般市场价－估计的税金及费用＝可变现净值

无合同 ⟹ 一般市场价－估计的税金及费用＝可变现净值

机考过关必练

一、单项选择题

1. 甲公司期末与"存货"项目相关资料如下：（1）"发出商品"科目余额为50万元；（2）"工程施工"科目余额为100万元，"工程结算"科目余额为120万元；（3）"委托加工物资"科目余额为150万元；（4）当年接受来料加工业务，来料加工原材料的公允价值为400万元，至期末来料加工业务完成（来料全部领用），实际发生加工成本340万元，发生制造费用60万元。期末甲公司资产负债表上"存货"项目的列示金额为（　　）万元。

A. 620
B. 1020
C. 1000
D. 600

2. 甲公司向乙公司发出一批实际成本为 30 万元的原材料，另支付加工费 6 万元（不含增值税），委托乙公司加工一批适用消费税税率为 10% 的应税消费品，加工完成收回后直接销售，乙公司代收代缴的消费税款不得后续抵扣。甲公司和乙公司均系增值税一般纳税人，销售商品适用的增值税税率均为 17%。不考虑其他因素，甲公司收回的该批应税消费品的入账价值为(　　)万元。

    A. 40   B. 39.6   C. 36   D. 42.12

3. 甲企业为增值税一般纳税人，销售商品适用的增值税税率为 17%。本月购进原材料 400 公斤，货款为 12000 元，取得的增值税专用发票注明的增值税额为 2040 元，另发生保险费 700 元，入库前的挑选整理费用 260 元。验收入库时发现数量短缺 5%，经查该短缺属于运输途中合理损耗。甲企业该批原材料实际成本为(　　)元。

    A. 12312   B. 14352   C. 15000   D. 12960

4. 2016 年 11 月 15 日，甲公司与乙公司签订了一份不可撤销的商品购销合同，约定甲公司于 2017 年 1 月 15 日按每件 2 万元的价格向乙公司销售 W 产品 100 件。2016 年 12 月 31 日，甲公司库存该产品 100 件，每件实际成本和市场价格分别为 1.8 万元和 1.86 万元。甲公司预计向乙公司销售该批产品将发生相关税费 10 万元。假定不考虑其他因素，该批产品在甲公司 2016 年 12 月 31 日资产负债表中应列示的金额为(　　)万元。

    A. 176   B. 180   C. 186   D. 190

5. A 公司期末存货采用成本与可变现净值孰低计量。2015 年 12 月 6 日，A 公司与 B 公司签订一份不可撤销的销售合同：A 公司于 2016 年 3 月 26 日向 B 公司销售笔记本电脑 2500 台，每台售价 1.2 万元。2015 年 12 月 31 日 A 公司库存笔记本电脑 3000 台，单位成本为 1 万元，账面总成本为 3000 万元，未计提存货跌价准备。2015 年 12 月 31 日笔记本电脑市场销售价格为每台 0.95 万元，预计销售税费为每台 0.05 万元。2015 年 12 月 31 日笔记本电脑的账面价值为(　　)万元。

    A. 3375   B. 2950   C. 2700   D. 3300

6. 2017 年 12 月 31 日，甲公司库存丙材料的实际成本为 400 万元。不含增值税的销售价格为 320 万元，拟全部用于生产 1 万件丁产品。将该批材料加工成丁产品尚需投入的成本总额为 160 万元。由于丙材料市场价格持续下降，丁产品不含增值税的市场价格由原 640 万元下降为 440 万元。估计销售该批丁产品将发生销售费用及相关税费合计为 4 万元。不考虑其他因素，2017 年 12 月 31 日。甲公司该批丙材料的账面价值应为(　　)万元。

    A. 276   B. 280   C. 320   D. 400

7. 西方公司期末存货采用成本与可变现净值孰低法计量，2015 年 12 月 31 日，西方公司库存甲材料的账面价值（成本）为 780 万元，未计提存货跌价准备，市场销售价格总额为 800 万元，假设不考虑其他销售税费，甲材料专门用来生产 A 产品，将甲材料加工成 A 产品尚需发生加工费 400 万元，期末 A 产品的可变现净值为 1150 万元，A 产品的成本为 1180 万元。2015 年 12 月 31 日，甲材料应计提的存货跌价准备为(　　)万元。

    A. 0   B. 50   C. 30   D. 100

8. 甲公司为增值税一般纳税人，销售商品适用的增值税税率为 17%，2016 年 12 月 31 日，A 库存商品的账面余额为 300 万元，已计提存货跌价准备金额为 30 万元，2017 年 2 月 1 日，甲公司将上述存货全部对外出售，售价为 200 万元，增值税销项税额为 34 万元，收到的款项存入银行，2017 年 2 月份出售该商品影响利润总额的金额为(　　)万元。

    A. -70   B. -100   C. -40   D. 70

二、多项选择题

1. 下列属于列示在资产负债表中"存货"项目的有(　　)。

    A. 委托加工物资   B. 房地产开发企业用于建造商品房的土地使用权

    C. 不符合固定资产定义的周转材料   D. "工程施工"大于"工程结算"项目的余额

2. 通常表明存货的可变现净值低于成本的情况有(　　)。

    A. 该存货的市场价格持续下跌，并且在可预见的未来无回升的希望

    B. 企业使用该项原材料生产的产品成本大于产品的销售价格

C. 企业因产品更新换代，原有库存原材料已不再适用新产品的需要，而该原材料的市场价格又低于其账面成本

D. 因企业所提供的商品或劳务过时或消费者偏好改变，导致市场价格逐渐下跌

3. 企业为外购存货发生的下列各项支出中，应计入存货成本的有（　　　）。

　　A. 入库前的挑选整理费　　　　　　　　B. 运输途中的合理损耗

　　C. 不能抵扣的增值税进项税额　　　　　D. 运输途中因自然灾害发生的损失

4. 下列关于存货可变现净值的相关表述中，正确的有（　　　）。

　　A. 产成品、商品和材料等直接用于出售的存货，没有销售合同约定的，其可变现净值应当为一般销售价格（即市场销售价格）减去估计的销售费用和相关税费等后的金额

　　B. 可直接出售的材料的可变现净值应当为材料的市场价格减去估计的销售费用和相关税费等后的金额

　　C. 需要经过加工的材料的可变现净值为该材料的市场售价减去至完工时将要发生的成本再减去销售材料将要发生的销售费用及相关税费后的金额

　　D. 为执行销售合同或者劳务合同而持有的存货，其可变现净值应当为市场估计售价减去估计的销售费用和相关税费后的金额

5. 下列各项中，增值税一般纳税人应计入收回委托加工物资成本的有（　　　）。

　　A. 支付的由委托方负担的往返运杂费

　　B. 随同加工费支付的增值税

　　C. 支付的收回后用于继续加工应税消费品的委托加工物资的消费税

　　D. 支付的收回后用于继续加工非应税消费品的委托加工物资的消费税

6. 下列不同方式取得的存货，对于其初始计量的说法正确的有（　　　）。

　　A. 投资者投入的存货，应当按照投资合同或协议约定的价值确定，但合同或协议约定价值不公允的除外

　　B. 企业通过提供劳务取得的存货，其存货成本不包括间接费用

　　C. 企业通过提供劳务取得的存货，提供劳务的直接人工费用应当计入存货成本

　　D. 企业自制存货生产过程中发生的直接人工费用，应当计入存货成本

7. 对于需要加工才能对外销售的在产品，下列各项中，在确定其可变现净值时应考虑的因素有（　　　）。

　　A. 在产品已经发生的生产成本

　　B. 在产品加工成产成品后对外销售的预计销售价格

　　C. 在产品未来加工成产成品估计将要发生的加工成本

　　D. 在产品加工成产成品后对外销售预计发生的销售费用及税金

8. 下列情形中，表明存货的可变现净值为零的有（　　　）。

　　A. 已霉烂变质的存货

　　B. 已过期且无转让价值的存货

　　C. 生产中已不再需要，并且已无使用价值和转让价值的存货

　　D. 其他足以证明已无使用价值和转让价值的存货

9. 下列各项中，企业判断存货成本与可变现净值孰低时，可以作为确定存货成本确凿证据的有（　　　）。

　　A. 外单位转来单据　　　　　　　　　　B. 生产成本资料

　　C. 生产预算资料　　　　　　　　　　　D. 生产成本账簿记录

三、判断题

1. 如果企业在存货成本的日常核算中采用计划成本法、售价金额核算法等简化核算方法，则成本应为经调整后的计划成本。　　　　　　　　　　　　　　　　　　　　　　　　　　（　　　）

2. 期末存货可变现净值高于其成本，则以前期间计提过的存货跌价准备均可以转回。　（　　　）

3. 企业预计的销售存货现金流量，就是存货的可变现净值。　　　　　　　　　　　（　　　）

4. 持有存货的数量多于销售合同订购数量的，超出部分的存货可变现净值应当以产成品或商品的一般销售价格作为计算基础。　　　　　　　　　　　　　　　　　　　　　　　　（　　　）

5. 商品流通企业采购商品的进货费用金额较小的，可以在发生时直接计入当期损益（管理费用）。　　　　　　　　　　　　　　　　　　　　　　　　　　　　　　　　　　（　　　）

6. 需要经过加工的材料存货，用其生产的产成品的可变现净值高于成本的，该材料仍然应当按照成本计量。 （ ）

7. 资产负债表日，存货应当按照成本与可变现净值孰低计量。 （ ）

8. 对于数量繁多、单价较低的存货，应按照单个存货项目计提存货跌价准备。 （ ）

9. 因遭受意外自然灾害发生的损失和尚待查明原因的途中损耗，不得增加物资的采购成本，应暂作为待处理财产损溢进行核算。 （ ）

10. 房地产开发企业建造的用于对外出租的商品房属于存货。 （ ）

11. 通过提供劳务取得的存货，其成本按从事劳务提供人员的直接人工和其他直接费用以及可归属于该存货的间接费用确定。 （ ）

四、计算分析题

1. 甲公司委托乙公司加工材料一批（应税消费品），发出原材料成本为 30000 元，支付的加工费为 5000 元（不含增值税），乙公司代收代缴消费税 4000 元，材料加工完成并已验收入库，加工费用等已经支付，双方均为增值税一般纳税人，销售商品适用的增值税税率均为 17%，甲公司收回加工后的材料用于连续生产应税消费品。

要求：编制与甲公司相关的账务处理。

2. 甲公司期末存货采用成本与可变现净值孰低计量，甲公司 2017 年 12 月 31 日结存 A 产品 1000 件，每件成本为 20 万元，账面成本总额为 20000 万元，其中 400 件已经与乙公司签订了不可撤销的销售合同，销售价格为每件 20 万元，其余 A 产品未签订销售合同，A 产品 2017 年 12 月 31 日的市场价格为每件 18 万元，预计销售每件 A 产品将发生的销售费用及销售税金为 1 万元。

要求：计算 2017 年 12 月 31 日 A 产品的账面价值。

机考过关必练参考答案及解析

一、单项选择题

1. 【答案】D

【解析】期末甲公司资产负债表上"存货"项目的列示金额 = 50 + 150 + 340 + 60 = 600（万元）。

2. 【答案】A

【解析】委托加工物资收回后直接对外销售的，受托方代收代缴的消费税税款不得抵扣，应计入委托加工物资的成本，消费税组成计税价格 =（30 + 6）/（1 - 10%）= 40（万元），委托方代收代缴的消费税税额 = 40 × 10% = 4（万元），甲公司收回的该批应税消费品的入账价值 = 30 + 6 + 4 = 40（万元）。

3. 【答案】D

【解析】甲企业购入该批原材料的实际成本 = 12000 + 700 + 260 = 12960（元）。

4. 【答案】B

【解析】2016 年 12 月 31 日 W 产品的成本 = 1.8 × 100 = 180（万元），W 产品的可变现净值 = 2 × 100 - 10 = 190（万元）。W 产品的可变现净值高于成本，根据存货期末按成本与可变现净值孰低计量的原则，W 产品在资产负债表中列示的金额应为 180 万元，选项 B 正确。

5. 【答案】B

【解析】由于 A 公司持有的笔记本电脑数量 3000 台多于已经签订销售合同的数量。因此，有合同的 2500 台笔记本电脑和超过合同数量的 500 台笔记本电脑应分别计算可变现净值。有合同部分的可变现净值 = 2500 × 1.2 - 2500 × 0.05 = 2875（万元），成本 = 2500 × 1 = 2500（万元），账面价值为其成本 2500 万元；超过合同数量部分的可变现净值 = 500 × 0.95 - 500 × 0.05 = 450（万元），成本 = 500 × 1 = 500（万元），账面价值为其可变现净值 450 万元。2015 年 12 月 31 日，该批笔记本电脑账面价值 = 2500 + 450 = 2950（万元）。

6. 【答案】A

【解析】丁产品的可变现净值 = 440 - 4 = 436（万元），成本 = 400 + 160 = 560（万元），可变现净值低于成本，丁产品发生减值，所以期末材料按照可变现净值计量。丙材料期末账面价值 = 可变现净值 = 440 - 160 - 4 = 276（万元）。

7.【答案】C

【解析】A 产品的可变现净值 1150 万元小于其成本 1180 万元，因此 A 产品发生减值。由于甲材料是专门用于生产 A 产品的，因此甲材料的可变现净值应当以 A 产品的可变现净值为基础计算。甲材料的可变现净值 = 1150 − 400 = 750（万元），小于其成本 780 万元，因此甲材料应当计提存货跌价准备的金额 = 780 − 750 = 30（万元），选项 C 正确。

8.【答案】A

【解析】参考会计分录：

2017 年 2 月 1 日

借：银行存款　　　　　　　　　　　　　　　　　　　　　　　　　234

　　贷：主营业务收入　　　　　　　　　　　　　　　　　　　　　200

　　　　应交税费——应交增值税（销项税额）　　　　　　　　　　34

借：主营业务成本　　　　　　　　　　　　　　　　　　　　　　　300

　　贷：库存商品　　　　　　　　　　　　　　　　　　　　　　　300

借：存货跌价准备　　　　　　　　　　　　　　　　　　　　　　　30

　　贷：主营业务成本　　　　　　　　　　　　　　　　　　　　　30

影响利润总额的金额 = 200 − 300 + 30 = −70（万元）。

二、多项选择题

1.【答案】ABCD

2.【答案】ABCD

3.【答案】ABC

【解析】选项 D，自然灾害造成的损失不属于合理损耗，应作为营业外支出，不计入存货成本。

4.【答案】AB

【解析】需要经过加工的材料存货，其可变现净值为该材料所生产的产成品的估计售价减去至完工时估计将要发生的成本再减去销售产成品将发生的销售费用及相关税费后的金额，选项 C 不正确；为执行销售合同或者劳务合同而持有的存货，其可变现净值应当为合同价格减去估计的销售费用和相关税费后的金额，选项 D 不正确。

5.【答案】AD

【解析】委托方随同加工费支付的增值税应作为进项税额抵扣，不计入收回委托加工物资成本，选项 B 不正确；支付的收回后用于继续加工为应税消费品的委托加工物资的消费税应记入"应交税费——应交消费税"科目的借方，不计入收回委托加工物资成本中，选项 C 不正确。

6.【答案】ACD

【解析】企业提供劳务取得的存货，所发生的从事劳务提供人员的直接人工和其他直接费用以及可归属于该存货的间接费用，计入存货成本，选项 B 不正确。

7.【答案】BCD

【解析】在产品的可变现净值 = 在产品加工成产成品对外销售的预计销售价格 − 预计销售产成品发生的销售费用及税金 − 在产品加工成产成品估计将要发生的成本，选项 A 不正确。

8.【答案】ABCD

【解析】以上选项均符合题意。

9.【答案】ABD

【解析】选项 C，生产成本预算资料属于预算行为，不属于实际发生的成本，不能作为确定存货成本的确凿证据。

三、判断题

1.【答案】×

【解析】如果企业在存货成本的日常核算中采用计划成本法、售价金额核算法等简化核算方法，则成本应为经调整后的实际成本。

2.【答案】×

【解析】导致存货跌价准备转回的原因是以前期间减记存货价值的影响因素的消失，而不是当期造成存货可变现净值高于其成本的其他影响因素，如果本期导致存货可变现净值高于其成本的影响因素不是以前减记该存货价值的影响因素，则不允许将该存货跌价准备转回。

3.【答案】×

【解析】存货在销售过程中可能发生的销售费用和相关税费，以及为达到预定可销售状态还可能发生的加工成本等相关支出，构成现金流入的抵减项目，企业预计的销售存货现金流量，扣除这些抵减项目后，才能确定存货的可变现净值。

4.【答案】√

5.【答案】×

【解析】商品流通企业采购商品的进货费用金额较小的，可以在发生时直接计入当期损益（销售费用）。

6.【答案】√

【解析】专门用于生产产品的原材料在判断其是否发生减值时，需要先判断生产的产品是否发生减值，如果产品发生减值，材料期末按照可变现净值计量；如果产品未发生减值，原材料按照成本计量。

7.【答案】√

8.【答案】×

【解析】对于数量繁多、单价较低的存货，可以按照存货类别计提存货跌价准备。

9.【答案】√

10.【答案】×

【解析】房地产开发企业建造的用于对外出租的商品房属于投资性房地产，用于对外出售的商品房属于存货。

11.【答案】√

四、计算分析题

1.【答案】

借：委托加工物资——乙公司		30000
贷：原材料		30000
借：委托加工物资——乙公司		5000
应交税费——应交增值税（进项税额）		850
——应交消费税		4000
贷：银行存款		9850
借：原材料		35000
贷：委托加工物资——乙公司		35000

2.【答案】

①有销售合同部分存货账面成本 = 20 × 400 = 8000（万元），

可变现净值 =（20 - 1）× 400 = 7600（万元），

有销售合同部分 A 产品按照可变现净值计量，期末账面价值为 7600 万元。

发生减值金额 = 8000 - 7600 = 400（万元）。

②无销售合同部分存货账面成本 = 20 × 600 = 12000（万元），

可变现净值 =（18 - 1）× 600 = 10200（万元），

无销售合同部分 A 产品按照可变现净值计量，账面价值为 10200 万元。

发生减值金额 = 12000 - 10200 = 1800（万元）。

2017 年 12 月 31 日 A 产品账面价值总额 = 7600 + 10200 = 17800（万元）。

A 产品期末应计提减值金额 = 400 + 1800 = 2200（万元）。

参考会计分录：

借：资产减值损失		2200
贷：存货跌价准备		2200

第三章 固定资产

学习导读

本章属于比较重要章节，主要介绍固定资产的初始计量和后续计量。

本章重点掌握的内容包括：（1）固定资产初始入账价值的确认；（2）固定资产的折旧方法；（3）固定资产更新改造及后续支出的会计处理；（4）固定资产处置的会计处理；（5）持有待售固定资产；（6）专项储备相关会计处理。

在近三年的考试中本章的平均分值为5分。考试的题型一般为单项选择题、多项选择题和判断题。2017年考试主要关注固定资产的更新改造、固定资产折旧、固定资产的处置等。

易错易混集训

易错易混点1 分期购买固定资产与弃置费用确认财务费用的处理区别

【母题·单选题】甲公司于2017年1月1日从乙公司以分期付款的形式购买了A固定资产，从当年年末起于每年12月31日支付款项，一共分5期支付，每次支付1000万元，实际年利率为10%，购买价款现值为3790万元，固定资产不用安装，可直接使用，在2017年记入到财务费用的金额为（　　）万元。

A. 379 　　　　　　　　　　　　　B. 500

C. 121 　　　　　　　　　　　　　D. 100

【答案】A

【解析】甲公司购入固定资产的入账价值为3790万元。相关会计处理为：

2017年1月1日购入固定资产

借：固定资产	3790
未确认融资费用	1210
贷：长期应付款	5000

2017年12月31日确认费用及支付款项

借：财务费用	379
贷：未确认融资费用	379
借：长期应付款	1000
贷：银行存款	1000

【子题·单选题】甲公司属于核电站发电企业，按照国家法律和行政法规等规定，公司应承担环境保护和生态恢复等义务。该公司在2017年1月1日有一座核电站达到预定可使用状态并开始使用。核电站在达到预定可使用状态前发生建造成本3000000万元，预计使用年限为40年，预计将发生弃置费用300000万元，假设折现率为10%，（P/F，10%，40）＝0.0221。该核电站2018年应当记入到财务费用的金额是（　　）万元。

A. 6630 　　　　B. 729.3 　　　　C. 300663 　　　　D. 330730

【答案】B

【解析】相关的会计处理为：

2017 年 1 月 1 日

借：固定资产 3000000

　　贷：银行存款等 3000000

借：固定资产 6630（300000×0.0221）

　　贷：预计负债 6630

2017 年 12 月 31 日

借：财务费用 663（6630×10%）

　　贷：预计负债 663

2018 年 12 月 31 日

借：财务费用 729.3 ［（6630＋663）×10%］

　　贷：预计负债 729.3

📖易错易混点辨析

①分期付款购买商品长期应付款摊余成本的计算

长期应付款期末摊余成本＝长期应付款余额－未确认融资费用余额

财务费用金额＝未确认融资费用摊销额＝期初长期应付款摊余成本×实际利率

②弃置费用中的预计负债涉及摊余成本

预计负债期末摊余成本＝期初摊余成本＋期初摊余成本×实际利率

财务费用金额＝期初预计负债摊余成本×实际利率

易错易混点 2 双倍余额递减法与年数总和法

【母题·单选题】甲设备原值为 54000 元，预计使用年限为 5 年，预计净残值为 4000 元，按双倍余额递减法计提折旧，则第 3 年该设备应计提的折旧额为(　　)元。

A. 10000　　　　　B. 7776　　　　　C. 1424　　　　　D. 1339.2

【答案】B

【解析】甲设备第 1 年应计提的折旧额＝54000×2÷5＝21600（元），甲设备第 2 年应计提的折旧额＝（54000－21600）×2÷5＝12960（元），甲设备第 3 年应计提的折旧额＝（54000－21600－12960）×2÷5＝7776（元）。

【子题·单选题】甲设备原值为 54000 元，预计使用年限为 5 年，预计净残值为 4000 元，按年数总和法计提折旧，则该设备第 3 年应计提的折旧额为(　　)元。

A. 8600　　　　　B. 8000　　　　　C. 10000　　　　　D. 5300

【答案】C

【解析】该设备第 3 年应计提的折旧额＝（54000－4000）×（5－2）÷（1＋2＋3＋4＋5）＝10000（元）。

📖易错易混点辨析

双倍余额递减法与年数总和法对比表：

事　项	双倍余额递减法	年数总和法
年折旧率	2÷预计使用寿命（年）×100%	尚可使用年限／预计使用年限的年数总和
年折旧率	每年相等（最后两年除外）	逐年递减
考虑残值的时间点	净残值在最后两年才加以考虑	净残值每年均考虑

【提示】

双倍余额递减法计算累计折旧时用的是固定资产的账面净值。

固定资产的账面余额＝固定资产的账面原价＝初始入账价值

固定资产的账面净值＝固定资产的账面余额－累计折旧

固定资产的账面价值＝固定资产的账面余额－累计折旧－固定资产减值准备

易错易混点3　固定资产的后续支出

【母题·判断题】企业生产车间和行政管理部门发生的固定资产日常修理费用，都应计入管理费用。（　　）

【答案】√

【子题1·判断题】固定资产的定期大修理支出，应当于发生时计入管理费用或销售费用。（　　）

【答案】×

【解析】固定资产的定期大修理支出，符合资本化条件的，应予资本化，不符合资本化条件的，应予费用化。

【子题2·判断题】固定资产更新改造时，发生的支出应当全部资本化。（　　）

【答案】×

【解析】固定资产更新改造发生的支出符合资本化条件的应当资本化，不符合资本化条件的应当费用化。

📖 易错易混点辨析

后续支出	处理原则
日常维护费用、修理费用	企业生产车间和行政管理部门发生的固定资产日常修理费用，都应计入管理费用；企业专设销售机构的，发生的与该机构固定资产相关的日常修理费用计入销售费用
大修理费用（定期或不定期） 更新改造支出	有确凿证据表明符合固定资产确认条件的部分，应予资本化计入固定资产成本；不符合固定资产确认条件的部分，应予费用化计入当期损益
经营租入固定资产的改良支出	通过"长期待摊费用"科目核算，并在剩余租赁期与租赁资产尚可使用年限两者中较短的期限内，采用合理的方法进行摊销
融资租入固定资产发生的后续支出	比照自有资产的处理原则

机考过关必练

一、单项选择题

1. 甲公司为增值税一般纳税人，销售商品适用的增值税税率为17%。该公司2017年4月10日购入一台需要安装的生产设备，价款为500万元，可抵扣增值税进项税额为85万元。为购买该设备发生运输途中保险费10万元。设备安装过程中，领用外购原材料60万元，相关的增值税进项税额为10.2万元；支付安装工人工资12万元。该设备于2017年6月30日达到预定可使用状态，此后还发生员工培训费2万元。该设备的入账价值为（　　）万元。

    A. 592.2　　　　　B. 584　　　　　C. 582　　　　　D. 594.2

2. 甲公司系增值税一般纳税人，销售商品适用的增值税税率为17%。2017年8月31日以不含增值税的价格100万元售出2012年购入的一台生产用机床，该机床原价为200万元（不含增值税），已计提折旧120万元，已计提减值准备30万元，不考虑其他因素，甲公司处置该机床的利得为（　　）万元。

    A. 3　　　　　B. 20　　　　　C. 33　　　　　D. 50

3. 甲公司为扩大生产规模，2016年3月对一条生产线进行更新改造，该生产线的账面原值为400万元，采用年限平均法计提折旧，预计使用年限为5年，预计净残值为0，至2016年3月，该生产线已使用2年，已计提折旧160万元，计提固定资产减值准备40万元；改造时发生资本化支出72万元，涉及被替换部分的账面原值为 100 万元，当年 9 月 30 日生产线改造完成达到预定可使用状态，则甲公司该固定资产更新改造后的入账价值为（   ）万元。

    A. 150   B. 220   C. 172   D. 222

4. 甲公司为增值税一般纳税人，2016 年 1 月 1 日从乙公司购入一台需要安装的生产设备作为固定资产使用，购货合同约定，该设备的总价款为 500 万元，增值税税额为 85 万元，当日支付 285 万元，其中含增值税税额 85 万元，余款从 2016 年 12 月 31 日起分 3 年于每年年末等额支付。2016 年 1 月 1 日设备交付安装，支付安装费等相关费用 5 万元，并于当日达到预定可使用状态。假定同期银行借款年利率为 6%，（P/A，6%，3）＝2.6730，（P/A，6%，4）＝3.4651，不考虑其他因素。甲公司 2016 年因未确认融资费用摊销记入财务费用的金额为（   ）万元。

    A. 1.96   B. 16.038   C. 2.91   D. 7.06

5. 2017 年 12 月 31 日，甲公司某项固定资产计提减值准备前的账面价值为 1000 万元，公允价值为 980 万元，预计处置费用为 80 万元，预计未来现金流量现值为 1050 万元。2017 年 12 月 31 日，甲公司应对该项固定资产计提的减值准备为（   ）万元。

    A. 0   B. 20   C. 50   D. 100

6. 甲公司一台用于生产 A 产品的设备预计使用年限为 5 年，预计净残值为零。假定 A 产品各年产量基本均衡。下列折旧方法中，能够使该设备第一年计提折旧金额最多的是（   ）。

    A. 工作量法   B. 年限平均法   C. 年数总和法   D. 双倍余额递减法

7. 甲公司 2017 年发生厂房工程支出 200 万元，设备及安装支出 600 万元，支付总工程项目管理费，可行性研究费，监理费等共计 50 万元，进行负荷试车领用本公司材料等成本 20 万，取得试车收入 10 万元，2017 年 8 月 30 日，该工程达到预定可使用状态，甲公司预计厂房使用寿命为 20 年，设备使用寿命为 10 年，假定预计净残值均为 0，均按照年限平均法计提折旧，2017 年该设备应计提的折旧金额为（   ）万元。

    A. 21.5   B. 10   C. 12.67   D. 12

8. A 设备的账面原价为 10000 元，预计使用年限为 5 年，预计净残值率为 5%，采用双倍余额递减法计提折旧，不考虑其他因素，则该设备在第二个折旧年度应当计提折旧额为（   ）元。

    A. 4000   B. 2400   C. 3800   D. 2280

9. 甲公司计划出售一项固定资产，该固定资产于 2017 年 6 月 30 日划分为持有待售固定资产，公允价值为 1030 万元，预计处置费用为 30 万元，该固定资产购买于 2013 年 12 月 31 日，原值为 2000 万元，预计净残值为 0，预计使用寿命为 10 年，采用年限平均法计提折旧，取得时已达到预定可使用状态，划分为持有待售固定资产前该固定资产尚未计提资产减值准备。不考虑其他因素，该固定资产 2017 年 6 月 30 日应计提减值准备的金额为（   ）万元。

    A. 100   B. 300   C. 0   D. 270

10. A 公司和 B 公司均为增值税一般纳税人，2016 年 1 月 1 日，A 公司向 B 公司一次性购进了 3 套不同型号且有不同生产能力的设备 X、Y 和 Z。A 公司以银行存款支付上述货款 10000 万元、增值税税额 1700 万元、运杂费 20 万元。Y 设备在安装过程中领用生产用原材料一批，成本为 3 万元，市场售价为 5 万元（不含增值税），另支付安装费 5 万元。假定设备 X、Y 和 Z 分别满足固定资产的定义及其确认条件，公允价值分别为 1500 万元、4500 万元、4000 万元。不考虑其他因素，则 Y 设备的入账价值为（   ）万元。

    A. 4517   B. 4500   C. 4509   D. 5282

11. 甲公司是一家矿石开采类企业，从 2016 年 1 月 1 日起，根据开采的矿石按月提取安全生产费，提取标准为每吨矿石 100 元，假定每年开采量为 10 万吨，2016 月 12 月 31 日，经过有关部分批准，甲公司购入了一批需要安装的安全防护设备，价款为 20 万元，取得增值税专用发票上注明的增值税税额为 3.4 万元，支付人工费用 1 万元，设备在 2017 年 6 月 30 日完工，不考虑其他因素，甲公司 2017 年 12 月 31 日"专项储备——安全生产费"科目余额为（   ）万元。

    A. 1979   B. 2000   C. 1975.6   D. 979

二、多项选择题

1. 下列各项中，属于固定资产减值迹象的有（   ）。

   A. 固定资产将被闲置

   B. 计划提前处置固定资产

   C. 有证据表明资产已经陈旧过时

   D. 企业经营所处的经济环境在当期发生重大变化且对企业产生不利影响

2. 下列关于固定资产会计处理的表述中，不正确的有（   ）。

   A. 未投入使用的固定资产应当计提折旧

   B. 特定固定资产弃置费用的现值应计入该资产的成本

   C. 融资租入固定资产发生的费用化后续支出应当计入固定资产成本

   D. 预期通过使用或者处置不能产生经济利益的固定资产应当计提减值准备

3. 下列固定资产中，不应当计提折旧的有（   ）。

   A. 已提足折旧仍继续使用的固定资产

   B. 单独计价入账的土地

   C. 已经达到预定可使用状态但尚未办理竣工决算的固定资产

   D. 处于更新改造过程停止使用的固定资产

4. 将非流动资产划分为持有待售资产应满足的条件有（   ）。

   A. 企业已经就处置该非流动资产作出决议

   B. 企业已经与受让方签订了不可撤销的转让协议

   C. 该项转让将在一年内完成

   D. 购买方有购买意向

5. 下列情况中，应当终止确认固定资产的有（   ）。

   A. 该固定资产处于处置状态

   B. 该固定资产预期通过使用或者处置不能产生经济利益

   C. 固定资产出现减值迹象

   D. 固定资产正在进行更新改造

三、判断题

1. 如果固定资产有多个组成部分，固定资产应当按照各组成部分最短使用年限计提折旧。   （   ）

2. 投资者投入固定资产的成本，应当按照投资合同或者协议约定的价值确定，但合同或者协议约定价值不公允的除外。   （   ）

3. 对于存在弃置义务的固定资产，在其使用寿命期间，因弃置费用确认的预计负债逐年递减，最终金额为零。   （   ）

4. 融资租入管理用固定资产发生的日常修理费用应计入当期损益。   （   ）

5. 企业应当对所有的固定资产计提折旧。   （   ）

6. 企业持有待售的固定资产，应按账面价值与公允价值减去处置费用后的净额孰高进行计量。   （   ）

7. 固定资产使用寿命预计数和净残值与原估计数有差异的，应当调整固定资产使用寿命和预计净残值。   （   ）

8. 一般工业企业的固定资产发生的报废清理费用也属于弃置费用。   （   ）

9. 已达到预定可使用状态但尚未办理竣工决算的固定资产，办理竣工决算后，应当调整原入账价值，追溯调整已计提折旧。   （   ）

四、计算分析题

1. 甲公司属于增值税一般纳税人，销售动产适用的增值税税率为17%，甲公司2015至2017年与固定资产有关的业务资料如下：

   （1）2015年12月31日，甲公司购入一条需要安装的生产线专门用于生产某种产品，取得的增值税专用发票上注明的生产线价款为2000万元，增值税税额为340万元，发生运输费10万元，款项均以银行存款支付。

（2）2016 年 1 月 1 日，甲公司开始安装该生产线，共发生安装费 10 万元，2016 年 3 月 31 日安装完成并达到预定可使用状态，并在月末投入使用，该生产线预计使用年限为 5 年，预计净残值为 20 万元，采用年限平均法计提折旧。

（3）2016 年 12 月 31 日，甲公司在对该生产线检查时发现其已经发生了减值，甲公司预计该生产线未来现金流量现值为 1500 万元，该生产线的公允价值减去处置费用后的净额为 1200 万元，该生产线预计使用年限、预计净残值和折旧方式均不改变。

（4）2017 年 12 月 31 日，该固定资产以 600 万元（不含增值税）的价格出售。

假定不考虑其他因素，本题中的金额单位用万元表示，计算结果保留两位小数。

要求：

（1）编制 2015 年度与该生产线有关的会计分录。

（2）编制 2016 年度与该生产线有关的会计分录。

（3）编制 2017 年度与该生产线有关的会计分录。

2. 甲公司为增值税一般纳税人，销售商品适用的增值税税率为 17%，该公司内部审计部门在对其 2015 年度财务报表进行内审时，对以下交易或事项的会计处理提出疑问：

（1）经董事会批准，甲公司 2015 年 9 月 30 日与乙公司签订一项不可撤销的销售合同，将位于城区的办公用房转让给乙公司。合同约定，办公用房转让价格为 1550 万元，假定不考虑相关处置费用，乙公司应于 2016 年 1 月 15 日前支付上述款项；甲公司应协助乙公司于 2016 年 2 月 1 日前完成办公用房所有权的转移手续。

甲公司该办公用房系 2010 年 3 月达到预定可使用状态并投入使用的固定资产，成本为 2450 万元，预计使用年限为 20 年，预计净残值为 50 万元，采用年限平均法计提折旧，至 2015 年 9 月 30 日签订销售合同时未计提减值准备。

2015 年度，甲公司对该办公用房共计提了 120 万元折旧，相关会计处理如下：

借：管理费用　　　　　　　　　　　　　　　　　　　　　　　　　　　　　　120

　　贷：累计折旧　　　　　　　　　　　　　　　　　　　　　　　　　　　　　120

（2）2015 年 3 月 31 日，甲公司与丙公司签订合同，自丙公司购买不需安装的设备供管理部门使用，合同价款为 3000 万元（不考虑增值税的影响），设备已于当日运抵甲公司。因甲公司现金流量不足，合同约定价款自合同签订之日起满 1 年后分 3 期支付，2016 年 3 月 31 日支付 800 万元，2017 年 3 月 31 日支付 1200 万元，2018 年 3 月 31 日支付 1000 万元。预计该设备使用年限为 5 年，预计净残值为零，采用年限平均法计提折旧。

甲公司 2015 年对上述交易或事项的会计处理如下：

借：固定资产　　　　　　　　　　　　　　　　　　　　　　　　　　　　　　3000

　　贷：长期应付款　　　　　　　　　　　　　　　　　　　　　　　　　　　3000

借：管理费用　　　　　　　　　　　　　　　　　　　　　　　　　　　　　　450

　　贷：累计折旧　　　　　　　　　　　　　　　　　　　　　　　　　　　　450

（3）2015 年 6 月 30 日，甲公司正式建造完成并交付使用一座核电站，全部成本为 80000 万元，预计使用年限为 40 年。根据国家法律和行政法规、国际公约等规定，企业应承担环境保护和生态恢复等义务。2015 年 6 月 30 日预计 40 年后该核电站核设施弃置时，将发生弃置费用 8000 万元（金额较大）。假定核电站采用年限平均法计提折旧，且计提的折旧记入"生产成本"科目，2015 年下半年生产的产品尚未完工。

甲公司对上述交易或事项的会计处理如下：

借：固定资产　　　　　　　　　　　　　　　　　　　　　　　　　　　　　　80000

　　贷：在建工程　　　　　　　　　　　　　　　　　　　　　　　　　　　　80000

借：生产成本　　　　　　　　　　　　　　　　　　　　　　　　　　　　　　1000

　　贷：累计折旧　　　　　　　　　　　　　　　　　　　　　　　　　　　　1000

假定在考虑货币的时间价值和相关期间通货膨胀等因素后确定的折现率为 6%。已知：（P/F，6%，1）＝0.9434；（P/F，6%，2）＝0.8900；（P/F，6%，3）＝0.8396；（P/F，6%，40）＝0.0972。

要求：根据上述资料，逐项判断甲公司的会计处理是否正确；如不正确，简要说明理由，并给出正确的会计处理。

（本题答案中的金额单位用万元表示，计算结果保留两位小数）

机考过关必练参考答案及解析

一、单项选择题

1.【答案】C

【解析】该设备的入账价值 $= 500 + 10 + 60 + 12 = 582$（万元）。

2.【答案】D

【解析】处置该机床的利得 $= 100 - （200 - 120 - 30）= 50$（万元）。

3.【答案】D

【解析】甲公司该固定资产改造后的入账价值 $=（400 - 160 - 40）+ 72 -（100 - 100/5 \times 2 - 40/400 \times 100）= 222$（万元）。

4.【答案】B

【解析】该设备的入账价值 $= 200 + 100 \times 2.6730 + 5 = 472.3$（万元）。购买固定资产时确认未确认融资费用的金额 $= 500 -（200 + 100 \times 2.6730）= 32.7$（万元），2016 年未确认融资费用摊销记入财务费用的金额 $=（300 - 32.7）\times 6\% = 16.038$（万元）。

5.【答案】A

【解析】该固定资产公允价值减去处置费用后的净额 $= 980 - 80 = 900$（万元），未来现金流量现值为 1050 万元，可收回金额根据两者中的较高者确定，所以可收回金额为 1050 万元，大于账面价值 1000 万元，表明该固定资产未发生减值，不需计提减值准备。

6.【答案】D

【解析】由于各年产量基本均衡，所以工作量法和年限平均法下年折旧率相同，为 20%；年数总和法第一年的折旧率 $= 5/15 \times 100\% = 33.33\%$；双倍余额递减法第一年折旧为 40%，所以选项 D 正确。

7.【答案】A

【解析】发生的待摊支出按照厂房工程支出及设备安装支出比例进行分摊，设备入账价值 $= 600 + 600 \times（50 + 20 - 10）/（600 + 200）= 600 + 45 = 645$（万元），2017 年该设备应计提的折旧金额 $= 645/10 \times 4/12 = 21.5$（万元）。

8.【答案】B

【解析】年折旧率 $= 2/5 \times 100\% = 40\%$，该设备在第一个折旧年度折旧额 $= 10000 \times 40\% = 4000$（元），第二个折旧年度折旧额 $=（10000 - 4000）\times 2/5 = 2400$（元）。

9.【答案】B

【解析】该固定资产 2017 年 6 月 30 日被划分为持有待售固定资产前的账面价值 $= 2000 - 2000/10 \times 3.5 = 1300$（万元），2017 年 6 月 30 日划分为持有待售固定资产的公允价值减去处置费用后的金额 $= 1030 - 30 = 1000$（万元），应计提减值准备金额为 300 万元，选项 B 正确。

10.【答案】A

【解析】Y 设备的入账价值 $=（10000 + 20）/（1500 + 4500 + 4000）\times 4500 + 3 + 5 = 4517$（万元）。

11.【答案】A

【解析】2017 年 12 月 31 日，甲公司"专项储备——安全生产费"余额 $= 100 \times 10 \times 2 - 20 - 1 = 1979$（万元）。

二、多项选择题

1.【答案】ABCD

2.【答案】CD

【解析】选项 C，融资租入固定资产发生的费用化后续支出应当计入当期损益；选项 D，预期通过使用或者处置不能产生经济利益的固定资产应当终止确认，而非计提减值准备。

3.【答案】ABD

【解析】企业应对所有的固定资产计提折旧，但是已提足折旧仍继续使用的固定资产和单独计价入账的土地除外，选项 A 和 B 符合题意；所建造的固定资产已经达到预定可使用状态但尚未办理竣工决算的，应当按暂估价值转入固定资产，并按有关规定计提折旧，选项 C 不符合题意；处于更新改造过程停止使用的固定资产，应将其账面价值转入在建工程，不再计提折旧，选项 D 符合题意。

4.【答案】ABC

【解析】同时满足下列条件的非流动资产应当划分为持有待售资产：（1）企业已经就处置该非流动资产作出决议；（2）企业已经与受让方签订了不可撤销的转让协议；（3）该项转让将在一年内完成。

5.【答案】AB

【解析】处于处置状态的固定资产不再用于生产商品、提供劳务、出租或经营管理，因此不再符合固定资产的定义应予终止确认；固定资产的确认条件之一是"与固定资产有关的经济利益很可能流入企业"，如果一项固定资产预期通过使用或者处置不能产生经济利益，就不再符合固定资产的定义和确认条件，应当予以终止确认。

三、判断题

1.【答案】×

【解析】对于构成固定资产的各组成部分，如果各自具有不同的使用寿命或者以不同的方式为企业提供经济利益，从而适用不同的折旧率或者折旧方法，各组成部分实际上是以独立的方式为企业提供经济利益，因此，企业应当将其各组成部分单独确认为单项固定资产，分别按照其预计使用年限作为各自的折旧年限。

2.【答案】√

3.【答案】×

【解析】对于存在弃置义务的固定资产，在其使用寿命期间，因弃置费用确认的预计负债逐年递增，预计负债的累计金额等于弃置费用的终值。

4.【答案】√

【解析】融资租入固定资产发生的后续支出比照自有固定资产处理，所以其发生的日常修理费用应该计入当期损益（管理费用）。

5.【答案】×

【解析】企业应当对所有的固定资产计提折旧，但是，已提足折旧仍继续使用的固定资产和单独计价入账的土地除外。

6.【答案】×

【解析】企业对于持有待售的固定资产，应当调整该项固定资产的预计净残值。使该固定资产的预计净残值能够反映其公允价值减去处置费用后的金额，但不得超过符合持有待售条件的该项固定资产原账面价值，也就是按照账面价值与公允价值减去处置费用后的净额孰低计量。

7.【答案】√

8.【答案】×

【解析】一般工业企业发生的报废清理费用不属于弃置费用，应当在发生时作为固定资产处置费用处理。

9.【答案】×

【解析】已达到预定可使用状态但尚未办理竣工决算的固定资产，办理竣工决算后，应当调整原暂估价值，但不需要调整原已计提的折旧额。

四、计算分析题

1.【答案】

（1）

借：在建工程		2000
应交税费——应交增值税（进项税额）		340
贷：银行存款		2340

借：在建工程 10
　　贷：银行存款 10
（2）
借：在建工程 10
　　贷：银行存款 10
借：固定资产 2020
　　贷：在建工程 2020

2016 年该生产线应计提折旧的金额 =（2020 - 20）÷5 ×9/12 = 300（万元）。

借：生产成本 300
　　贷：累计折旧 300

2016 年 12 月 31 日生产线的可收回金额为公允价值减去处置费用后的净额与预计未来现金流量现值中的较高者 1500 万元。该生产线 2016 年 12 月 31 日的账面价值 = 2020 - 300 = 1720（万元）。生产线的账面价值高于可收回金额，应计提减值准备。计提减值准备的金额 = 1720 - 1500 = 220（万元）。

借：资产减值损失 220
　　贷：固定资产减值准备 220

（3）2017 年该生产线应计提的折旧金额 =（1500 - 20）÷（4 × 12 + 3）× 12 = 348.24（万元）。

借：生产成本 348.24
　　贷：累计折旧 348.24
借：固定资产清理 1151.76
　　累计折旧 648.24
　　固定资产减值准备 220
　　贷：固定资产 2020
借：银行存款 702
　　营业外支出 551.76
　　贷：固定资产清理 1151.76
　　　　应交税费——应交增值税（销项税额） 102

2.【答案】

（1）事项（1）甲公司会计处理不正确。

理由：甲公司该项办公楼已符合转为持有待售资产的条件，因此应于 2015 年 9 月 30 日将其转为持有待售资产，并进行相应处理。持有待售的固定资产应当对其预计净残值进行调整，同时从划归为持有待售之日起停止计提折旧。

至 2015 年 9 月 30 日累计计提折旧额 =［（2450 - 50）/20］/12 × 66 = 660（万元），账面价值 = 2450 - 660 = 1790（万元），其中 2015 年 1 至 9 月计提折旧额 =［（2450 - 50）/20］/12 × 9 = 90（万元），应计提减值准备金额 = 1790 - 1550 = 240（万元）。

正确的会计处理如下：

借：管理费用 90
　　贷：累计折旧 90
借：资产减值损失 240
　　贷：固定资产减值准备 240

（2）事项（2）甲公司的会计处理不正确。

理由：对于分期付款购买固定资产的价款超过正常信用条件延期支付，实质上具有融资性质，固定资产的入账价值以其各期支付金额的现值为基础确定。

正确的会计处理如下：

借：固定资产 2662.32（800 × 0.9434 + 1200 × 0.8900 + 1000 × 0.8396）
　　未确认融资费用 337.68
　　贷：长期应付款 3000

借：管理费用 399. 35（2662. 32/5×9/12）

　　贷：累计折旧 399. 35

借：财务费用 119. 80（2662. 32×6%×9/12）

　　贷：未确认融资费用 119. 80

（3）事项（3）甲公司的会计处理不正确。

理由：弃置费用的现值应计入固定资产成本中，其计提折旧的基数应包含弃置费用的现值；弃置费用的现值与终值之间的差额应按实际利率法分期确认为财务费用。

正确的会计处理如下：

借：固定资产 80777. 6（80000+8000×0. 0972）

　　贷：在建工程 80000

　　　预计负债 777. 6

借：生产成本 1009. 72（80777. 6/40×6/12）

　　贷：累计折旧 1009. 72

借：财务费用 23. 33（777. 6×6%×6/12）

　　贷：预计负债 23. 33

第四章 投资性房地产

易错易混集训

易错易混点 1 "非投资性房地产与投资性房地产之间的转换"和"投资性房地产后续计量模式变更"的区别

【母题】2016 年 12 月 31 日，甲公司将一栋自用办公楼转换为采用公允价值模式计量的投资性房地产，该办公楼的账面原值为 65000 万元，已计提折旧 15000 万元，已计提固定资产减值准备 2000 万元。转换当日办公楼的公允价值为 42000 万元。不考虑其他因素，转换日甲公司的会计处理为：

借：投资性房地产——成本	42000
累计折旧	15000
固定资产减值准备	2000
公允价值变动损益	6000
贷：固定资产	65000

【子题】2016 年 12 月 31 日，甲公司将一栋自用办公楼转换为采用成本模式计量的投资性房地产，该办公楼的账面原值为 45000 万元，已计提折旧 3000 万元，已计提固定资产减值准备 2000 万元。至转换日，该固定资产剩余使用年限为 20 年，预计净残值为 0，采用年限平均法计提折旧。2017 年 12 月 31 日，由于该办公楼所在地区的房地产交易市场比较成熟，甲公司决定将该办公楼的后续计量模式由成本模式变更为公允价值模式。当日，该办公楼的公允价值为 43000 万元。甲公司按照净利润的 10% 提取法定盈余公积，不考虑其他因素。2017 年 12 月 31 日甲公司的会计处理为：

借：投资性房地产——成本	43000
投资性房地产累计折旧	5000［3000 +（45000 - 3000 - 2000）/20］
投资性房地产减值准备	2000
贷：投资性房地产	45000
盈余公积	500
利润分配——未分配利润	4500

易错易混点辨析

类　型	转换形式	特　征
非投资性房地产与投资性房地产之间相互的转换	①作为存货的房地产转换为投资性房地产； ②自用土地使用权、建筑物转换为投资性房地产； ③投资性房地产转换为自用固定资产或无形资产； ④投资性房地产转换为存货（这种情况较少）	①房地产用途发生改变； ②属于会计科目的重分类
投资性房地产后续计量模式变更	采用成本模式进行后续计量变更为采用公允价值模式进行后续计量	①属于会计政策变更； ②采用追溯调整法进行调整，涉及对期初留存收益的调整

易错易混点 2　投资性房地产成本模式和公允价值模式的会计处理

【母题·多选题】甲公司是从事房地产开发的公司，2017 年 12 月 31 日，甲公司将一栋新建成的写字楼出租给乙公司使用，作为投资性房地产核算，采用成本模式进行后续计量。假设这栋写字楼的成本为 7200 万元，按照年限平均法计提折旧，预计使用年限为 20 年，预计净残值为零。经营租赁合同约定，租赁期 3 年，乙公司每月等额支付甲公司租金 40 万元，不考虑其他因素，对于上述事项，2018 年度关于甲公司会计处理中正确的有（　　）。

A. 每月计提的折旧金额为 30 万元

B. 每月确认其他业务成本的金额为 30 万元

C. 2018 年度其他业务收入的金额为 480 万元

D. 该投资性房地产影响甲公司 2018 年 1 月份营业利润的金额为 10 万元

【答案】ABCD

【解析】甲公司的账务处理如下：

（1）每月计提折旧

每月计提的折旧 =（7200÷20）÷12 = 30（万元）。

借：其他业务成本　　　　　　　　　　　　　　　　　　　　　　　　　　30

　　贷：投资性房地产累计折旧　　　　　　　　　　　　　　　　　　　　　　30

（2）每月确认租金收入

借：银行存款（或其他应收款）　　　　　　　　　　　　　　　　　　　　40

　　贷：其他业务收入　　　　　　　　　　　　　　　　　　　　　　　　　40

2018 年度甲公司确认其他业务收入的总额 = 40×12 = 480（万元），该投资性房地产影响甲公司 2018 年 1 月份营业利润的金额 = 40 − 30 = 10（万元）。

【子题·多选题】甲公司是从事房地产开发的企业，2017 年 12 月 31 日，甲公司将一栋新建成的写字楼出租给乙公司使用，作为投资性房地产核算，采用公允价值模式进行后续计量。假设该写字楼成本为 7200 万元，出租日，公允价值为 8000 万元，预计使用年限为 20 年，预计净残值为零。经营租赁合同约定，租赁期 3 年，乙公司每月等额支付甲公司租金 40 万元。2018 年 12 月 31 日，该写字楼的公允价值为 7500 万元，不考虑其他因素，对于上述事项，2018 年度关于甲公司会计处理中正确的有（　　）。

A. 每月计提折旧的金额为 30 万元

B. 每月确认其他业务成本的金额为 30 万元

C. 2018 年度确认其他业务收入的金额为 480 万元

D. 该投资性房地产影响甲公司 2018 年度营业利润的金额为 −20 万元

【答案】CD

【解析】投资性房地产采用公允价值模式后续计量，不计提折旧，选项 A 和 B 不正确。

2018 年度甲公司的账务处理如下：

（1）2018 年 12 月 31 日

借：公允价值变动损益   500

  贷：投资性房地产——公允价值变动   500

（2）每月确认租金收入

借：银行存款（或其他应收款）   40

  贷：其他业务收入   40

2018 年度甲公司确认其他业务收入的总额 = 40 × 12 = 480（万元），该投资性房地产影响甲公司 2018 年度营业利润的金额 = 480 – 500 = –20（万元）。

📖 **易错易混点辨析**

项 目	成本模式	公允价值模式
涉及的会计科目	投资性房地产 投资性房地产累计折旧（摊销） 投资性房地产减值准备	投资性房地产——成本 ——公允价值变动

计提折旧或摊销和减值	借：其他业务成本
	  贷：投资性房地产累计折旧（摊销）
	借：资产减值损失
	  贷：投资性房地产减值准备
		—

确认公允价值变动	—	借：投资性房地产——公允价值变动 贷：公允价值变动损益（或相反）
租金收入的处理	借：银行存款 贷：其他业务收入	

易错易混点 3 投资性房地产的范围

【母题·多选题】下列各项中，不属于投资性房地产的有（   ）。

A. 企业出租给本企业职工居住的房屋   B. 企业拥有并自行经营的旅馆

C. 企业自用的办公楼   D. 房地产开发企业准备出售的楼盘

【答案】ABCD

【解析】选项 A、B 和 C 属于企业为生产商品、提供劳务或者经营管理而持有的房地产，属于自用房地产，不属于投资性房地产；选项 D，房地产开发企业在正常经营过程中销售的或为销售而正在开发的商品房和土地作为存货核算，不属于投资性房地产。

【子题·判断题】房地产开发企业在正常经营过程中销售的或为销售而正在开发的商品房和土地不属于投资性房地产（   ）。

【答案】√

📖 **易错易混点辨析**

项 目	是否属于投资性房地产
已出租的土地使用权（经营租赁方式）	√
持有并准备增值后转让的土地使用权	√
已出租的建筑物（经营租赁方式）	√
企业计划用于出租但尚未出租的土地使用权	×
以经营租赁方式租入再转租给其他单位的土地使用权或建筑物	×
按照国家规定认定的闲置土地	×

续表

项　目	是否属于投资性房地产
企业出租给本企业职工居住的宿舍	×
自用建筑物（固定资产）和自用土地使用权（无形资产）	×
房地产开发企业在正常经营过程中销售的或为销售而正在开发的商品房和土地	×

机考过关必练

一、单项选择题

1. 下列各项中，属于以后不能重分类进损益的其他综合收益的是（　　）。
   A. 外币财务报表折算差额
   B. 现金流量套期工具产生的利得或损失中属于有效套期工具的部分
   C. 自用房地产转换为采用公允价值模式计量的投资性房地产时公允价值和账面价值之间的贷方差额
   D. 重新计算设定受益计划净负债或净资产的变动额

2. 2017年1月1日，甲公司将一项投资性房地产从成本模式转换为公允价值模式进行后续计量，该投资性房地产的原价为40000万元，已计提折旧10000万元，未计提减值准备，2017年1月1日，其公允价值为50000万元，甲公司按照净利润的10%计提法定盈余公积，按照5%计提任意盈余公积，适用的所得税税率为25%，则转换日影响2017年度资产负债表中"未分配利润"项目年初的金额为（　　）万元。
   A. 12750　　　　B. 20000　　　　C. 15000　　　　D. 13500

3. 企业对采用公允价值进行后续计量的投资性房地产取得的租金收入，应贷记（　　）科目。
   A. 主营业务收入　　B. 其他综合收益　　C. 营业外收入　　D. 其他业务收入

4. 下列各项关于土地使用权会计处理的表述中不正确的是（　　）。
   A. 为建造固定资产购入的土地使用权确认为无形资产
   B. 房地产开发企业为开发商品房购入的土地使用权确认为存货
   C. 用于出租的土地使用权及其地上建筑物一并确认为投资性房地产
   D. 土地使用权用于自行开发建造厂房等地上建筑物时，相关土地使用权账面价值计入在建工程成本

5. 甲公司采用公允价值模式对投资性房地产进行后续计量，2016年9月30日将2015年12月31日达到预定可使用状态的自行建造的办公楼对外出租，该办公楼建造成本为5150万元，预计使用年限为25年，预计净残值为150万元，采用年限平均法计提折旧。不考虑其他因素，则2016年该办公楼应计提的折旧额为（　　）万元。
   A. 0　　　　　　B. 150　　　　　　C. 200　　　　　　D. 100

6. 如果企业对投资性房地产进行日常维护所发生的支出，应当在发生时计入到当期损益，借方科目应当是（　　）。
   A. 其他业务成本　　B. 管理费用　　　　C. 销售费用　　　　D. 制造费用

7. 投资性房地产后续计量从成本模式转换为公允价值模式的，转换日投资性房地产的公允价值低于账面价值的差额，可能会影响（　　）科目。
   A. 公允价值变动损益　　　　　　　　B. 其他综合收益
   C. 投资收益　　　　　　　　　　　　D. 盈余公积

8. 关于投资性房地产改扩建后仍作为投资性房地产的，下列说法中正确的是（　　）。
   A. 改扩建期间应当作为固定资产核算
   B. 改扩建期间应当计提折旧
   C. 改扩建期间仍然作为投资性房地产核算
   D. 改扩建的投资性房地产应当转入到在建工程

9. 甲公司采用成本模式对投资性房地产进行后续计量，2016年1月1日甲公司取得一项土地使用权直接

出租给丙公司，租期为 5 年，租金于每年年末收取。该项土地使用权的购买价格为 3200 万元，预计使用寿命为 15 年，预计净残值为 200 万元，采用直线法进行摊销。2016 年 12 月 31 日，丙公司向甲公司支付第一年的租金 300 万元，当日该项土地使用权的公允价值为 3350 万元。不考虑相关税费的影响，则持有该项土地使用权对甲公司 2016 年利润总额的影响金额为(　　)万元。

  A. 100　　　　　　B. 300　　　　　　C. -200　　　　　　D. 500

10. 某公司的投资性房地产采用公允价值模式进行后续计量。2015 年 6 月 23 日，该公司将一栋自用建筑物转换为投资性房地产。该建筑物的账面余额为 500 万元，已计提折旧 80 万元，已计提减值准备 20 万元。假设该项建筑物在转换当日的公允价值为 460 万元。不考虑其他因素的影响，关于转换日的会计处理，下列各项表述中，正确的是(　　)。

  A. 该项房地产在转换日的处理不影响当期损益

  B. 计入公允价值变动损益的金额为 60 万元

  C. 投资性房地产的入账价值为 400 万元

  D. 该事项属于会计政策变更

二、多项选择题

1. 下列各项关于投资性房地产计提折旧或者摊销的表述中正确的有(　　)。

  A. 成本模式计量的投资性房地产，当月增加的房产当月不计提折旧，下个月开始计提折旧

  B. 成本模式计量下的投资性房地产，当月增加的土地使用权当月进行摊销

  C. 公允价值模式下的投资性房地产，均不计提摊销或者折旧

  D. 成本模式计量下当月增加的土地使用权当月不进行摊销，下月开始计提摊销

2. 甲企业的投资性房地产采用公允价值模式进行后续计量，2017 年 1 月 1 日甲企业购入一幢建筑物直接用于出租，租赁期为 5 年，每年租金收入 100 万元，该建筑物的购买价格为 800 万元，发生相关税费 10 万元，上述款项均以银行存款支付，税法规定，该建筑物的使用寿命为 20 年，预计净残值为 10 万元，采用年限平均法计提折旧，2017 年 12 月 31 日，该建筑物的公允价值为 660 万元，假定无其他考虑因素，下列表述中，正确的有(　　)。

  A. 2017 年该项投资性房地产应计提折旧 36.67 万元

  B. 2017 年该项投资性房地产增加当期营业利润 63.33 万元

  C. 2017 年该项投资性房地产增加当期营业利润 -50 万元

  D. 2017 年 12 月 31 日，该项投资性房地产在资产负债表中的列报金额为 660 万元

3. 下列表述中，属于已出租建筑物的有(　　)。

  A. 企业用于出租的拥有所有权的建筑物

  B. 已出租的建筑物是企业已经与对方签订了租赁协议，约定以经营租赁方式出租的建筑物

  C. 企业将建筑物出租，按照租赁协议向对方提供的相关辅助服务在整个协议中不重大的

  D. 企业将建筑物出租，按照租赁协议向对方提供的相关辅助服务在整个协议中重大的

4. 下列投资性房地产业务，影响企业营业利润的有(　　)。

  A. 租金收入

  B. 成本模式下计提的折旧金额

  C. 公允价值模式下计提的折旧金额

  D. 非投资性房地产转换为投资性房地产，转换日公允价值大于账面价值的差额

5. 关于投资性房地产的转换，下列表述中说法正确的有(　　)。

  A. 已采用公允价值模式计量的投资性房地产，可以转换为成本模式计量

  B. 企业将成本模式计量的投资性房地产转换为自用房地产，属于会计政策变更

  C. 投资性房地产转换为自用房地产，公允价值与账面价值之间的差额计入到当期损益

  D. 成本模式计量的非投资性房地产和投资性房地产之间的转换，是按照账面价值转换

三、判断题

1. 经营租入然后转租出去的固定资产不属于投资性房地产。　　　　　　　　　　　　(　　)

2. 已对外经营出租但仍由本企业提供日常维护的建筑物，不属于该企业的投资性房地产。(　　)

3. 采用成本模式计量的投资性房地产，按照固定资产或无形资产有关规定，按期计提折旧或摊销，借记"管理费用"等科目，贷记"投资性房地产累计折旧（摊销）"科目。 （ ）

4. 企业将自用建筑物停止自用改为出租，在成本模式下，应当将房地产转换前的账面价值作为转换后"投资性房地产"科目的入账价值。 （ ）

5. 房地产开发企业为建造自用厂房购入的土地使用权应当作为投资性房地产核算。 （ ）

6. 公允价值模式计量的投资性房地产应当按照跟固定资产或者无形资产相同的方法计提折旧或者摊销。 （ ）

7. 企业可以根据自身的情况，对投资性房地产后续计量在成本模式和公允价值模式下进行自由转换。 （ ）

四、计算分析题

2015 年 1 月 1 日，甲公司将一栋自用办公楼对外出租，年租金 300 万元（每年年末收取当年租金，租金按年确认），当日，办公楼成本为 3500 万元，已经计提折旧 1500 万元，未计提减值准备，公允价值为 2500 万元，甲公司采用公允价值模式对该投资性房地产进行后续计量，该办公楼 2015 年 12 月 31 日公允价值为 2600 万元，2016 年 12 月 31 日公允价值为 2800 万元。2017 年 1 月 1 日，甲公司收回租赁期届满的办公楼并对外出售，取得价款为 3000 万元，不考虑增值税等其他因素的影响。

要求：编制与投资性房地产相关的会计分录。

机考过关必练参考答案及解析

一、单项选择题

1.【答案】D

【解析】重新计量设定受益计划净负债或净资产的变动额计入其他综合收益，该其他综合收益以后会计期间不能重分类进损益。

2.【答案】A

【解析】转换日影响 2017 年资产负债表中年初"未分配利润"项目的金额 = ［50000 − （40000 − 10000）］× （1 − 25%）×85% = 12750（万元）。

3.【答案】D

【解析】投资性房地产无论采用成本模式还是公允价值模式进行后续计量，取得的租金收入均应当记入"其他业务收入"科目。

4.【答案】D

【解析】企业的土地使用权用于自行开发建造厂房等地上建筑物时，土地使用权账面价值不计入在建工程成本，单独作为无形资产核算，选项 D 错误。

5.【答案】B

【解析】2016 年该办公楼应计提折旧额 = （5150 − 150）/25 × 9/12 = 150（万元）。

6.【答案】A

【解析】如果企业对投资性房地产进行日常维护所发生的支出，应当在发生时计入到当期损益，借记"其他业务成本"，贷记"银行存款"等科目。

7.【答案】D

【解析】投资性房地产后续计量由成本模式转换为公允价值模式属于会计政策变更，公允价值和账面价值的差额应当调整期初留存收益（盈余公积和未分配利润）。

8.【答案】C

【解析】企业对某项投资性房地产进行改扩建，将来仍然作为投资性房地产的，应当在改扩建期间转入到"投资性房地产——在建"科目，期间不计提折旧或者摊销，所以选项 C 正确。

9.【答案】A

【解析】该项土地使用权对甲公司 2016 年利润总额的影响金额 = 300 − （3200 − 200）/15 = 100（万元），成本模式计量的投资性房地产不受公允价值变动的影响。

10.【答案】A

【解析】自用房地产转换为采用公允价值模式计量的投资性房地产时，投资性房地产应按照转换当日的公允价值460万元计量，公允价值大于账面价值的差额为60万元［460 －（500 － 80 － 20）］计入其他综合收益（不影响当期损益），选项A正确，选项B和C不正确；该事项属于非投资性房地产与投资性房地产的转换，不属于会计政策变更，选项D不正确。

二、多项选择题

1.【答案】ABC

【解析】成本模式下，投资性房地产的折旧或者摊销与固定资产或者是无形资产的相关规定一致。采用公允价值模式进行后续计量的投资性房地产，不计提折旧或是摊销。

2.【答案】CD

【解析】选项A，采用公允价值模式计量的投资性房地产不计提折旧或者摊销；选项B和C，2017年投资性房地产增加营业利润 = 100 －（800 + 10 － 660）= － 50（万元）；选项D，2017年12月31日投资性房地产在资产负债表中按照公允价值660万元列报。

3.【答案】ABC

【解析】企业将建筑物出租，按照租赁协议向对方提供的相关辅助服务在整个协议中重大的，不属于投资性房地产，不重大的是指提供维护、安保等日常维护，相关辅助服务在协议中不重大的情况下，才可以认定为出租建筑物。

4.【答案】AB

【解析】选项C，公允价值模式下，投资性房地产不计提折旧，所以不影响营业利润；选项D，非投资性房地产转换为投资性房地产，转换日公允价值大于账面价值的差额计入到其他综合收益，不影响营业利润。

5.【答案】CD

【解析】选项A，公允价值模式计量的投资性房地产，不可以转换为成本模式进行后续计量；选项B，成本模式下的投资性房地产转换为自用房地产，不属于会计政策变更。

三、判断题

1.【答案】√

2.【答案】×

【解析】企业将建筑物出租，按租赁协议向承租人提供的相关辅助服务在整个协议中不重大的，应当将该建筑物确认为投资性房地产。

3.【答案】×

【解析】采用成本模式计量的投资性房地产，按照固定资产或无形资产有关规定，按期计提折旧或摊销，借记"其他业务成本"科目，贷记"投资性房地产累计折旧（摊销）"科目。

4.【答案】×

【解析】企业将自用建筑物停止自用改为出租，在成本模式下，应当将房地产转换前的账面价值作为转换后投资性房地产的账面价值，不是"投资性房地产"科目的入账价值。

5.【答案】×

【解析】房地产开发企业为建造自用厂房购入的土地使用权应当作为无形资产核算。

6.【答案】×

【解析】公允价值模式计量的投资性房地产不计提折旧或者摊销，成本模式计量的投资性房地产计提折旧或摊销的原则与固定资产或无形资产相同。

7.【答案】×

【解析】同一企业只能采用一种模式对投资性房地产进行后续计量，同时企业可以将成本模式转换为公允价值模式进行后续计量，但公允价值模式不可以转换为成本模式进行后续计量。

四、计算分析题

【答案】

（1）2015年1月1日，自用办公楼转换为投资性房地产：

借：投资性房地产——成本　　　　　　　　　　　　　　　　　　　　　2500
　　　累计折旧　　　　　　　　　　　　　　　　　　　　　　　　　　1500
　　贷：固定资产　　　　　　　　　　　　　　　　　　　　　　　　　　3500
　　　　其他综合收益　　　　　　　　　　　　　　　　　　　　　　　　500

2015 年 12 月 31 日，取得租金收入：

借：银行存款　　　　　　　　　　　　　　　　　　　　　　　　　　　300
　　贷：其他业务收入　　　　　　　　　　　　　　　　　　　　　　　　300

2015 年 12 月 31 日公允价值变动：

借：投资性房地产——公允价值变动　　　　　　　　　　　　　　　　　100
　　贷：公允价值变动损益　　　　　　　　　　　　　　　　　　　　　　100

（2）2016 年 12 月 31 日，取得租金收入：

借：银行存款　　　　　　　　　　　　　　　　　　　　　　　　　　　300
　　贷：其他业务收入　　　　　　　　　　　　　　　　　　　　　　　　300

2016 年 12 月 31 日，公允价值变动：

借：投资性房地产——公允价值变动　　　　　　　　　　　　　　　　　200
　　贷：公允价值变动损益　　　　　　　　　　　　　　　　　　　　　　200

（3）2017 年 1 月 1 日，处置投资性房地产：

借：银行存款　　　　　　　　　　　　　　　　　　　　　　　　　　3000
　　贷：其他业务收入　　　　　　　　　　　　　　　　　　　　　　　3000

借：其他业务成本　　　　　　　　　　　　　　　　　　　　　　　　2800
　　贷：投资性房地产——成本　　　　　　　　　　　　　　　　　　　2500
　　　　　　　　　　　——公允价值变动　　　　　　　　　　　　　　300

借：其他综合收益　　　　　　　　　　　　　　　　　　　　　　　　　500
　　公允价值变动损益　　　　　　　　　　　　　　　　　　　　　　　300
　　贷：其他业务成本　　　　　　　　　　　　　　　　　　　　　　　　800

第五章 长期股权投资

> ◀) **学习导读**
>
> 　　本章属于非常重要的章节，在近三年考试中，本章的平均分值为 8 分，考试的题型一般为单项选择题、多项选择题、计算分析题和综合题。
>
> 　　本章主要介绍了长期股权投资的初始计量、后续计量及核算方法的转换。应重点掌握的内容包括：（1）不同方式取得长期股权投资初始投资成本的确定；（2）长期股权投资权益法核算的会计处理；（3）长期股权投资核算方法的转换；（4）长期股权投资处置的会计处理。其中最重要的是长期股权投资权益法核算以及长期股权投资核算方法的转换等。此外，长期股权投资常与财务报告章节结合出题，应当予以重视。

易错易混集训

易错易混点 1 长期股权投资初始计量的处理区分

【母题·单选题】甲公司与乙公司同为长江公司的子公司。甲公司以定向增发普通股股票的方式购买乙公司持有的 A 公司 80% 的股权，能够对 A 公司实施控制。为取得该股权，甲公司增发 2000 万股普通股股票，每股面值为 1 元，每股公允价值为 5 元；另以银行存款支付承销商佣金 50 万元，支付为企业合并发生的相关审计费 20 万元。取得该股权时，相对于最终控制方而言的 A 公司净资产账面价值为 30000 万元、公允价值为 40000 万元。假定甲公司和 A 公司采用的会计政策、会计期间相同。不考虑其他因素，甲公司取得该股权时应确认的资本公积和长期股权投资的初始投资成本分别为（ ）万元。

A. 7950，10000　　　　　B. 21950，24020　　　　　C. 21950，24000　　　　　D. 7950，10020

【答案】C

【解析】甲公司取得 A 公司股权形成同一控制下企业合并，取得股权时应确认的资本公积 = 30000 × 80% − 2000 × 1 − 50 = 21950（万元）；长期股权投资的初始投资成本 = 30000 × 80% = 24000（万元）。

会计处理：

借：长期股权投资	24000
贷：股本	2000
资本公积——股本溢价	22000
借：资本公积——股本溢价	50
管理费用	20
贷：银行存款	70

【子题 1·单选题】甲公司以定向增发普通股股票的方式购买乙公司持有的 A 公司 80% 的股权，能够对 A 公司实施控制。为取得该股权，甲公司增发 2000 万股普通股股票，每股面值为 1 元，每股公允价值为 5 元；另以银行存款支付承销商佣金 50 万元，支付为企业合并发生的相关审计费 20 万元。取得该股权时，A 公司可辨认公司净资产账面价值为 30000 万元、公允价值为 40000 万元。假定甲公司和 A 公司采用的会计政策及会计期间相同，甲公司与乙公司及 A 公司在合并之前没有关联方关系。不考虑其他因素，甲公司取得该股权时应确认的资本公积和长期股权投资的初始投资成本分别为（ ）万元。

A. 9950, 10020　　　　B. 8000, 10000　　　　C. 7950, 10000　　　　D. 7950, 10020

【答案】C

【解析】甲公司取得 A 公司股权形成非同一控制下企业合并，取得股权时应确认的资本公积 = 2000 × 5 − 2000 × 1 − 50 = 7950（万元）；长期股权投资的初始投资成本 = 2000 × 5 = 10000（万元）。

会计处理：

借：长期股权投资　　　　　　　　　　　　　　　　　　　　　　　　　　　10000

　　贷：股本　　　　　　　　　　　　　　　　　　　　　　　　　　　　　　　2000

　　　　资本公积——股本溢价　　　　　　　　　　　　　　　　　　　　　　　8000

借：资本公积——股本溢价　　　　　　　　　　　　　　　　　　　　　　　　　50

　　管理费用　　　　　　　　　　　　　　　　　　　　　　　　　　　　　　　20

　　贷：银行存款　　　　　　　　　　　　　　　　　　　　　　　　　　　　　　70

【子题 2·单选题】甲公司以定向增发普通股股票的方式购买乙公司持有的 A 公司 30% 的股权，能够对 A 公司施加重大影响。为取得该股权，甲公司增发 2000 万股普通股股票，每股面值为 1 元，每股公允价值为 5 元；另以银行存款支付承销商佣金 50 万元，支付为取得股权发生的相关审计费 20 万元。取得该股权时，A 公司可辨认净资产账面价值为 30000 万元、公允价值为 40000 万元。假定甲公司和 A 公司采用的会计政策及会计期间相同，不考虑其他因素，甲公司取得该股权时应确认的资本公积和长期股权投资的初始投资成本分别为(　　)万元。

A. 9950, 10020　　　　B. 8000, 10000　　　　C. 7950, 10000　　　　D. 7950, 10020

【答案】D

【解析】甲公司取得该股权时应确认的资本公积 = 2000 × 5 − 2000 × 1 − 50 = 7950（万元）；长期股权投资的初始投资成本 = 2000 × 5 + 20 = 10020（万元）。

会计处理：

借：长期股权投资——投资成本　　　　　　　　　　　　　　　　　　　　　　10020

　　贷：股本　　　　　　　　　　　　　　　　　　　　　　　　　　　　　　　2000

　　　　资本公积——股本溢价　　　　　　　　　　　　　　　　　　　　　　　8000

　　　　银行存款　　　　　　　　　　　　　　　　　　　　　　　　　　　　　　20

借：资本公积——股本溢价　　　　　　　　　　　　　　　　　　　　　　　　　50

　　贷：银行存款　　　　　　　　　　　　　　　　　　　　　　　　　　　　　　50

📖 易错易混点辨析

项　目	同一控制下企业合并	非同一控制下企业合并	企业合并以外其他方式
初始计量	相对于最终控制方合并财务报表中的净资产账面价值的份额 ＋ 最终控制方收购被合并方形成的商誉	付出对价的公允价值（合并成本）	付出对价的公允价值 ＋ 直接相关税费
支付对价的差额	支付对价的账面价值与长期股权投资初始投资成本之间的差额计入资本公积、留存收益等	付出资产公允价值与账面价值的差额计入当期损益（比照处置相关资产处理）；权益性证券公允价值与面值的差额计入资本公积	付出资产公允价值与账面价值的差额计入当期损益（比照处置相关资产处理）；权益性证券公允价值与面值的差额计入资本公积
发生的审计、法律服务、评估咨询等中介费用	计入当期损益（管理费用）	计入当期损益（管理费用）	计入长期股权投资的初始投资成本
发行权益性证券或债务性证券支付的手续费、佣金等	不管是企业合并方式还是企业合并以外其他方式，投资方作为对价发行的权益性证券发生的佣金、手续费等冲减溢价发行收入，溢价发行收入不足冲减的，冲减留存收益；债务性证券的交易费用，应计入债务性证券的初始确认金额		

易错易混点2　权益法下对初始投资成本的调整

【母题·单选题】2017 年 1 月 1 日甲公司以银行存款 1000 万元取得乙公司 40% 的有表决权股份，能够对乙公司施加重大影响。当日乙公司可辨认净资产公允价值为 2000 万元。不考虑其他因素，甲公司对乙公司投资的初始投资成本和入账价值分别为（　　）万元。

A. 1000，1000　　　　　B. 800，800　　　　　C. 1000，800　　　　　D. 800，1000

【答案】A

【解析】合并以外其他方式取得长期股权投资的初始投资成本按照付出对价公允价值为基础确定，长期股权投资的初始投资成本为 1000 万元，甲公司应享有乙公司可辨认净资产公允价值份额 = 2000×40% = 800（万元），初始投资成本大于投资时应享有的被投资单位可辨认净资产公允价值份额，故不作调整。

会计处理：

借：长期股权投资——投资成本　　　　　　　　　　　　　　　　　　　　　1000

　贷：银行存款　　　　　　　　　　　　　　　　　　　　　　　　　　　　　1000

【子题·单选题】接上题，如果甲公司以银行存款 700 万元取得乙公司 40% 的有表决权股份，其他条件不变，则甲公司对乙公司投资的初始投资成本和入账价值分别为（　　）万元。

A. 700，700　　　　　B. 800，700　　　　　C. 700，800　　　　　D. 800，800

【答案】C

【解析】合并以外其他方式取得长期股权投资的初始投资成本按照付出对价公允价值为基础确定，长期股权投资的初始投资成本为 700 万元，小于投资时应享有乙公司可辨认净资产公允价值份额 800 万元（2000×40%）的差额 100 万元计入营业外收入，同时调整增加长期股权投资的账面价值。

会计处理：

借：长期股权投资——投资成本　　　　　　　　　　　　　　　　　　　　　　700

　贷：银行存款　　　　　　　　　　　　　　　　　　　　　　　　　　　　　　700

借：长期股权投资——投资成本　　　　　　　　　　　　　　　　　　　　　　100

　贷：营业外收入　　　　　　　　　　　　　　　　　　　　　　　　　　　　　100

📖 易错易混点辨析

取得方式	初始投资成本调整		后续计量方法
企业合并以外的其他方式	初始投资成本 > 应享有被投资方可辨认净资产公允价值份额	不调整	权益法
	初始投资成本 < 应享有被投资方可辨认净资产公允价值份额	调整 借：长期股权投资——投资成本 　贷：营业外收入	

易错易混点3　长期股权投资成本法与权益法处理区分

【母题·单选题】2017 年 1 月 1 日，甲公司以银行存款 3000 万元取得乙公司 60% 的股权，能够对乙公司实施控制，采用成本法核算。取得投资时乙公司可辨认净资产公允价值为 8000 万元（与账面价值相等）。2017 年乙公司实现净利润 800 万元，其他综合收益增加 100 万元，2017 年乙公司宣告分派现金股利 200 万元，除此之外无其他影响所有者权益的事项。假定甲公司与乙公司不存在关联方关系，不考虑其他因素，2017 年 12 月 31 日该项长期股权投资的账面价值为（　　）万元。

A. 3000　　　　　B. 3540　　　　　C. 3420　　　　　D. 3480

【答案】A

【解析】甲公司对乙公司的长期股权投资采用成本法核算，因此，乙公司实现利润、其他综合收益的变动，甲公司不做账务处理；乙公司宣告分配现金股利，甲公司按份额借记"应收股利"科目，贷记"投资收益"科目，不影响长期股权投资账面价值，故 2017 年 12 月 31 日甲公司该项长期股权投资的账面价值为 3000 万元。

【子题·单选题】2017年1月1日，甲公司以银行存款3000万元取得乙公司40%的股权，能够对乙公司施加重大影响，采用权益法核算。取得投资时乙公司可辨认净资产公允价值为8000万元（与账面价值相等）。2017年乙公司实现净利润800万元，其他综合收益增加100万元，2017年乙公司宣告分派现金股利200万元，除此之外无其他影响所有者权益的事项。不考虑其他因素，2017年12月31日该项长期股权投资的账面价值为(　　)万元。

A. 3000　　　　　　　B. 3280　　　　　　　C. 3560　　　　　　　D. 3480

【答案】D

【解析】2017年12月31日，甲公司该项长期股权投资的账面价值 = 3000 +（8000×40% − 3000）+ 800×40% + 100×40% − 200×40% = 3480（万元）。

会计分录：

2017年1月1日

借：长期股权投资——投资成本　　　　　　　　　　　　　　　　　　　　　3000

　　贷：银行存款　　　　　　　　　　　　　　　　　　　　　　　　　　　　3000

借：长期股权投资——投资成本　　　　　　　　　　　200（8000×40% − 3000）

　　贷：营业外收入　　　　　　　　　　　　　　　　　　　　　　　　　　　200

2017年12月31日

借：长期股权投资——损益调整　　　　　　　　　　　320（800×40%）

　　贷：投资收益　　　　　　　　　　　　　　　　　　　　　　　　　　　320

借：长期股权投资——其他综合收益　　　　　　　　　40（100×40%）

　　贷：其他综合收益　　　　　　　　　　　　　　　　　　　　　　　　　　40

借：应收股利　　　　　　　　　　　　　　　　　　　80（200×40%）

　　贷：长期股权投资——损益调整　　　　　　　　　　　　　　　　　　　　80

📖易错易混点辨析

项　目	成本法核算	权益法核算
初始投资成本的调整	无调整	长期股权投资的初始投资成本大于投资时应享有被投资单位可辨认净资产公允价值份额的，不调整长期股权投资的初始投资成本；反之，应按其差额，借记"长期股权投资——投资成本"科目，贷记"营业外收入"科目
持有期间被投资单位所有者权益变化对长期股权投资的影响	①按照持股比例计算应享有被投资单位宣告发放的现金股利或利润 借：应收股利 　贷：投资收益 ②计提减值准备 借：资产减值损失 　贷：长期股权投资减值准备	①按照应享有或应分担的被投资单位实现的净损益（经调整）的份额 借：长期股权投资——损益调整 　贷：投资收益（或相反分录） ②被投资单位宣告发放现金股利或利润 借：应收股利 　贷：长期股权投资——损益调整 ③被投资单位其他综合收益变动 借：长期股权投资——其他综合收益 　贷：其他综合收益（或相反分录） ④被投资单位除净损益、其他综合收益及利润分配以外所有者权益的其他变动 借：长期股权投资——其他权益变动 　贷：资本公积——其他资本公积 （或相反分录） ⑤计提减值准备 借：资产减值损失 　贷：长期股权投资减值准备

易错易混点 4　权益法下公允价值与账面价值不同以及内部交易对净利润的调整区分

【**母题**】甲公司于 2015 年 1 月 1 日以银行存款 3300 万元购入乙公司 30% 股权，能够对乙公司财务、经营政策施加重大影响，取得投资日乙公司可辨认净资产公允价值为 9000 万元，2015 年度和 2016 年度乙公司实现净利润均为 2000 万元，甲公司与乙公司未发生内部交易。投资日除下表中的项目外，乙公司当日其他资产、负债公允价值均等于账面价值。

单位：万元

项　　目	账面原值	账面价值	公允价值	预计使用年限（年）	折旧方法	预计净残值
存货	750	750	1050			
固定资产（管理用）	1800	1440	2400	原 20 年，剩余 16 年	年限平均法	0
无形资产（管理用）	1050	840	1200	原 10 年，剩余 8 年	直线法	0
合计	3600	3030	4650			

假定在 2015 年年末乙公司投资日的存货已对外销售 80%，2016 年将剩余 20% 对外销售。假定甲公司和乙公司适用的会计年度和会计政策一致，不考虑增值税、所得税等其他因素的影响。

要求：编制 2015 年和 2016 年甲公司个别财务报表中对乙公司长期股权投资业务相关的会计分录。

【**答案**】

2015 年 1 月 1 日

借：长期股权投资——投资成本　　　　　　　　　　　　　　　　　　　　　　3300

　贷：银行存款　　　　　　　　　　　　　　　　　　　　　　　　　　　　　　3300

初始投资成本 3300 万元大于投资日应享有乙公司可辨认净资产公允价值份额 2700 万元（9000×30%），不需要对长期股权投资初始投资成本进行调整。

2015 年 12 月 31 日乙公司调整后净利润 = 2000 –（1050 – 750）×80% –（2400/16 – 1800/20）– （1200/8 – 1050/10）= 2000 – 240 – 60 – 45 = 1655（万元）。

借：长期股权投资——损益调整　　　　　　　　　　　　　　　496.5（1655×30%）

　贷：投资收益　　　　　　　　　　　　　　　　　　　　　　　　　　　　496.5

2016 年 12 月 31 日调整后乙公司净利润 = 2000 –（1050 – 750）×20% –（2400/16 – 1800/20）–（1200/8 – 1050/10）= 2000 – 60 – 60 – 45 = 1835（万元）。

借：长期股权投资——损益调整　　　　　　　　　　　　　　　550.5（1835×30%）

　贷：投资收益　　　　　　　　　　　　　　　　　　　　　　　　　　　　550.5

【**子题**】甲公司于 2015 年 1 月 1 日以银行存款 3300 万元购入乙公司 30% 股权，并能够对其财务、经营政策施加重大影响，取得投资日乙公司可辨认净资产公允价值为 9000 万元，相关资产、负债公允价值均等于账面价值。2015 年度和 2016 年度乙公司实现净利润均为 2000 万元。2015 年 1 月 2 日，乙公司将下表中的资产按公允价值出售给甲公司，假设甲公司购入相关资产后用途未发生改变，出售当日相关资产资料如下所示：

单位：万元

项　　目	账面原值	账面价值	公允价值	预计使用年限（年）	折旧方法	预计净残值
存货	750	750	1050			
固定资产（管理用）	1800	1440	2400	原 20 年，剩余 16 年	年限平均法	0
无形资产（管理用）	1050	840	1200	原 10 年，剩余 8 年	直线法	0
合计	3600	3030	4650			

假定在 2015 年甲公司将内部交易存货对外销售 80%，2016 年将剩余 20% 对外销售。假定甲公司和乙公司适用的会计年度和会计政策一致，不考虑增值税、所得税等其他因素的影响。

要求：编制甲公司个别财务报表中 2015 年和 2016 年对乙公司长期股权投资业务相关的会计分录。

【答案】

2015 年 1 月 1 日

借：长期股权投资——投资成本   3300

  贷：银行存款   3300

初始投资成本 3300 万元大于投资日应享有乙公司可辨认净资产公允价值份额 2700 万元（9000×30%），不需要对长期股权投资初始投资成本进行调整。

2015 年 12 月 31 日乙公司调整后净利润 = 2000 − (1050 − 750) × 20% − [(2400 − 1440) − (2400 − 1440)/16/12×11] − [(1200 − 840) − (1200 − 840)/8] = 2000 − 60 − 905 − 315 = 720（万元）。

借：长期股权投资——损益调整   216（720×30%）

  贷：投资收益   216

2016 年 12 月 31 日乙公司调整后净利润 = 2000 + (1050 − 750) × 20% + (2400 − 1440)/16 + (1200 − 840)/8 = 2000 + 60 + 60 + 45 = 2165（万元）。

借：长期股权投资——损益调整   649.5（2165×30%）

  贷：投资收益   649.5

📖易错易混点辨析

项 目	投资时被投资方资产公允价值和账面价值不等	内部交易
存货	调整后的净利润 = 被投资方本期实现净利润 − （投资日存货公允价值 − 存货账面价值）× 当期出售比例	在交易发生当期，调整后的净利润 = 被投资方本期实现净利润 − （存货售价 − 存货原账面价值）×（1 − 当期出售比例） 后续期间，调整后的净利润 = 被投资方当期实现净利润 + （存货售价 − 存货原账面价值）× 当期出售比例
固定资产（无形资产）以年限平均法（直线法）为例	调整后的净利润 = 被投资方本期实现净利润 − （资产公允价值/尚可使用年限 − 资产原价/预计使用年限）× 当期折旧、摊销月数/12 或： 调整后的净利润 = 被投资方本期实现净利润 − （资产公允价值/尚可使用年限 − 资产账面价值/尚可使用年限）× 当期折旧、摊销月数/12	在交易发生当期，调整后的净利润 = 被投资方本期实现净利润 − （资产售价 − 资产账面价值）+ （资产售价 − 资产账面价值）/预计尚可使用年限 × 当期折旧、摊销月数/12 后续期间，调整后的净利润 = 被投资方当期实现净利润 + （资产售价 − 资产账面价值）/预计尚可使用年限 × 当期折旧、摊销月数/12

注：涉及相关知识点均不考虑所得税影响。

易错易混点 5 逆流交易与顺流交易处理的区别

【母题·多选题】甲公司将持有的乙公司 20% 有表决权的股份作为长期股权投资，并采用权益法核算。该投资系甲公司 2015 年购入，取得投资当日，乙公司各项可辨认资产、负债的公允价值与其账面价值均相同。2016 年 12 月 25 日，甲公司以银行存款 1000 万元从乙公司购入一批产品，甲公司购入后作为存货核算，至 2016 年 12 月 31 日尚未对外部第三方出售。乙公司生产该批产品的实际成本为 800 万元，乙公司 2016 年度利润表列示的净利润为 3000 万元。甲公司在 2016 年度因存在全资子公司丙公司需要编制合并财务报表，假定不考虑增值税及所得税等其他因素，下列关于甲公司会计处理的表述中，正确的有（ ）。

A. 合并财务报表中抵销存货 40 万元   B. 个别财务报表中确认投资收益 560 万元

C. 合并财务报表中抵销营业成本 160 万元 D. 合并财务报表中抵销营业收入 1000 万元

【答案】AB

【解析】个别财务报表确认乙公司净利润时应调减净利润 200 万元（1000 − 800），减少长期股权投资和投资收益 40 万元（200×20%）。

合并财务报表直接抵销虚增存货价值 40 万元，同时将原个别财务报表减少的长期股权投资 40 万元予以恢复。

甲公司个别财务报表的会计分录如下：

借：长期股权投资　　　　　　　　　　　　　　　　　　560 ［（3000 − 200）×20%］

　　贷：投资收益　　　　　　　　　　　　　　　　　　　　　　　　　　　560

甲公司合并财务报表的调整分录如下：

借：长期股权投资　　　　　　　　　　　　　　　　　　　　　　　　　　40

　　贷：存货　　　　　　　　　　　　　　　　　　　　　　　　　　　　　40

【子题·多选题】甲公司将持有的乙公司 20% 有表决权的股份作为长期股权投资，并采用权益法核算。该投资系甲公司 2015 年购入，取得投资当日，乙公司各项可辨认资产、负债的公允价值与其账面价值均相同。2016 年 12 月 25 日，甲公司以银行存款 1000 万元向乙公司销售一批产品，乙公司作为存货核算，至 2016 年 12 月 31 日尚未对外出售。甲公司生产该批产品的实际成本为 800 万元，2016 年度乙公司利润表列示的净利润为 3000 万元。甲公司在 2016 年度因存在全资子公司丙公司需要编制合并财务报表，假定不考虑增值税及所得税等其他因素，下列关于甲公司会计处理的表述中，正确的有（　　）。

A. 合并财务报表中抵销存货 40 万元

B. 个别财务报表中确认投资收益 560 万元

C. 合并财务报表中抵销营业成本 160 万元

D. 合并财务报表中抵销营业收入 1000 万元

【答案】BC

【解析】甲公司个别财务报表确认乙公司净利润时应调减净利润 200 万元（1000 − 800），减少长期股权投资和投资收益 40 万元（200 × 20%）。

合并财务报表直接抵销个别财务报表虚增的营业收入 200 万元（1000 × 20%），虚增的营业成本 160 万元（800 × 20%），并将个别财务报表减少的投资收益 40 万元予以恢复。

甲公司个别财务报表的会计分录如下：

借：长期股权投资　　　　　　　　　　　　　　　　　　560 ［（3000 − 200）×20%］

　　贷：投资收益　　　　　　　　　　　　　　　　　　　　　　　　　　　560

甲公司合并财务报表的调整分录如下：

借：营业收入　　　　　　　　　　　　　　　　　　　　　　　　　　　200

　　贷：营业成本　　　　　　　　　　　　　　　　　　　　　　　　　　160

　　　　投资收益　　　　　　　　　　　　　　　　　　　　　　　　　　40

📖 易错易混点辨析

以存货为例	个别报表处理 （售价高于取得时成本）	合并报表最终结果	合并报表在个别报表基础上的调整处理
顺流交易	借：投资收益 　贷：长期股权投资	借：营业收入 　贷：营业成本 　　　长期股权投资	借：营业收入 　贷：营业成本 　　　投资收益
逆流交易	借：投资收益 　贷：长期股权投资	借：投资收益 　贷：存货	借：长期股权投资 　贷：存货

易错易混点6 长期股权投资的转换

【增资】

1. 可供出售金融资产转为权益法核算

甲公司于 2016 年 1 月 1 日以银行存款 4000 万元自公开市场购入 1000 万股乙公司股票，占乙公司有表决权股份的 10%，将其分类为可供出售金融资产。2016 年 12 月 31 日乙公司股票收盘价为每股 6 元。

2017 年 3 月 1 日，甲公司以银行存款 14000 万元自公开市场再次购入乙公司 20% 有表决权股份。当日，乙公司股票收盘价为每股 7 元，乙公司可辨认净资产公允价值为 80000 万元（与账面价值相等）。甲公司取得乙公司该部分有表决权股份后，按照乙公司章程有关规定，派人参与乙公司的财务和生产经营决策。甲公司与乙公司采用的会计政策及会计期间相同，不考虑所得税及其他因素。

要求：编制甲公司取得乙公司股权投资相关的会计分录。

【答案】

2016 年 1 月 1 日

借：可供出售金融资产——成本　　　　　　　　　　　　　　　　　　　　4000

　　贷：银行存款　　　　　　　　　　　　　　　　　　　　　　　　　　　4000

2016 年 12 月 31 日

借：可供出售金融资产——公允价值变动　　　　　　2000（1000×6 - 4000）

　　贷：其他综合收益　　　　　　　　　　　　　　　　　　　　　　　　　2000

2017 年 3 月 1 日

借：长期股权投资——投资成本　　　　　　　　21000（14000 + 7×1000）

　　贷：可供出售金融资产——成本　　　　　　　　　　　　　　　　　　　4000

　　　　　　　　　　　　——公允价值变动　　　　　　　　　　　　　　　2000

　　　　银行存款　　　　　　　　　　　　　　　　　　　　　　　　　　14000

　　　　投资收益　　　　　　　　　　　　　　　　　　　　　　　　　　　1000

借：其他综合收益　　　　　　　　　　　　　　　　　　　　　　　　　　2000

　　贷：投资收益　　　　　　　　　　　　　　　　　　　　　　　　　　　2000

借：长期股权投资——投资成本　　　　　　3000（80000×30% - 21000）

　　贷：营业外收入　　　　　　　　　　　　　　　　　　　　　　　　　　3000

【提示】原投资作为可供出售金融资产核算，按照公允价值计量确认的其他综合收益，应当在转为权益法核算时转入当期投资收益。

2. 可供出售金融资产转为成本法核算（非同一控制下控股合并）

甲公司于 2016 年 1 月 1 日以银行存款 4000 万元自公开市场购入 1000 万股乙公司股票，占乙公司有表决权股份的 10%，将其分类为可供出售金融资产。2016 年 12 月 31 日乙公司股票收盘价为每股 6 元。

2017 年 3 月 1 日，甲公司以银行存款 35000 万元自非关联方处再次购入乙公司 50% 有表决权股份。当日，乙公司股票收盘价为每股 7 元，乙公司可辨认净资产公允价值为 80000 万元（与账面价值相等）。甲公司取得乙公司该部分有表决权股份后，能够控制乙公司的财务和生产经营决策。甲公司与乙公司采用的会计政策及会计期间相同，上述购买股权的交易不构成"一揽子交易"，不考虑所得税及其他因素。

要求：编制甲公司取得乙公司股权投资相关的会计分录。

【答案】

2016 年 1 月 1 日

借：可供出售金融资产——成本　　　　　　　　　　　　　　　　　　　　4000

　　贷：银行存款　　　　　　　　　　　　　　　　　　　　　　　　　　　4000

2016 年 12 月 31 日

借：可供出售金融资产——公允价值变动　　　　　　2000（1000×6 - 4000）

　　贷：其他综合收益　　　　　　　　　　　　　　　　　　　　　　　　　2000

2017 年 3 月 1 日

借：长期股权投资　　　　　　　　　　　　42000（35000 + 7×1000）

　　贷：可供出售金融资产——成本　　　　　　　　　　　　　　　　　　　4000

　　　　　　　　　　　　——公允价值变动　　　　　　　　　　　　　　　2000

　　　　银行存款　　　　　　　　　　　　　　　　　　　　　　　　　　35000

　　　　投资收益　　　　　　　　　　　　　　　　　　　　　　　　　　　1000

借：其他综合收益　　　　　　　　　　　　　　　　　　　　　　　　　　2000

　　贷：投资收益　　　　　　　　　　　　　　　　　　　　　　　　　　　2000

【提示】个别财务报表中，应当将原可供出售金融资产按照公允价值计量确认的其他综合收益，在改按成本法核算时转入当期投资收益。

3. 权益法转为成本法（非同一控制下控股合并）

A 公司于 2016 年 3 月 1 日以 12000 万元取得 B 公司 20% 的股权，当日 B 公司可辨认净资产公允价值为 50000 万元，能够对 B 公司施加重大影响，A 公司采用权益法核算该项股权投资，当年度确认对 B 公司的投资收益 450 万元，确认对 B 公司其他综合收益 150 万元。2017 年 4 月 1 日，A 公司又斥资 15000 万元自 C 公司取得 B 公司另外 35% 的股权，能够对 B 公司实施控制。A 公司对该项长期股权投资未计提减值准备。

假设 A 公司与 C 公司在该交易发生前不存在任何关联方关系，上述购买股权的交易不构成"一揽子交易"。不考虑相关税费等其他因素。

要求：编制与 A 公司取得股权相关的会计分录。

【答案】

2016 年 3 月 1 日

借：长期股权投资——投资成本　　　　　　　　　　　　　　　　　　　　　　12000
　　贷：银行存款　　　　　　　　　　　　　　　　　　　　　　　　　　　　　　12000

因初始投资成本 12000 万元大于享有的 B 公司可辨认净资产公允价值份额 10000 万元（50000×20%），故不调整初始投资成本。

2016 年 12 月 31 日

借：长期股权投资——损益调整　　　　　　　　　　　　　　　　　　　　　　　450
　　贷：投资收益　　　　　　　　　　　　　　　　　　　　　　　　　　　　　　　450
借：长期股权投资——其他综合收益　　　　　　　　　　　　　　　　　　　　　150
　　贷：其他综合收益　　　　　　　　　　　　　　　　　　　　　　　　　　　　　150

2017 年 4 月 1 日

借：长期股权投资　　　　　　　　　　　　　　　　　　　　　　　　　　　15000
　　贷：银行存款　　　　　　　　　　　　　　　　　　　　　　　　　　　　　15000
借：长期股权投资　　　　　　　　　　　　　　　　　　　　　　　　　　　12600
　　贷：长期股权投资——投资成本　　　　　　　　　　　　　　　　　　　　　12000
　　　　　　　　　　　——损益调整　　　　　　　　　　　　　　　　　　　　　450
　　　　　　　　　　　——其他综合收益　　　　　　　　　　　　　　　　　　　150

【提示】个别财务报表中原权益法下确认的其他综合收益在转为成本法核算时不作处理，在处置该项投资时，按照与被投资方直接处置相关资产、负债相一致的原则处理。

4. 权益法转为成本法（同一控制下控股合并）

A 公司于 2016 年 3 月 1 日以 12000 万元取得 B 公司 20% 的股权，当日 B 公司可辨认净资产公允价值为 50000 万元，能够对 B 公司施加重大影响，A 公司采用权益法核算该项股权投资，当年度确认对 B 公司的投资收益 450 万元，确认对 B 公司其他综合收益 150 万元。

2017 年 4 月 1 日，A 公司又斥资 15000 万元自同一集团内另一公司取得 B 公司另外 35% 的股权，能够对 B 公司实施控制，当日 B 公司相对于最终控制方而言的净资产账面价值为 60000 万元，无商誉。A 公司对该项长期股权投资未计提减值准备。上述购买股权的交易不构成"一揽子交易"，不考虑相关税费等其他因素。

要求：编制与 A 公司取得股权相关的会计分录。

【答案】

2016 年 3 月 1 日

借：长期股权投资——投资成本　　　　　　　　　　　　　　　　　　　　　　12000
　　贷：银行存款　　　　　　　　　　　　　　　　　　　　　　　　　　　　　　12000

因初始投资成本 12000 万元大于享有的 B 公司可辨认净资产公允价值份额 10000 万元（50000×20%），故不调整初始投资成本。

2016 年 12 月 31 日

借：长期股权投资——损益调整	450
贷：投资收益	450
借：长期股权投资——其他综合收益	150
贷：其他综合收益	150

2017 年 4 月 1 日，原 20% 投资的账面价值 = 12000 + 450 + 150 = 12600（万元），同一控制企业合并取得长期股权投资初始投资成本 = 60000 ×（20% + 35%）= 33000（万元）。

借：长期股权投资	33000
贷：长期股权投资——投资成本	12000
——损益调整	450
——其他综合收益	150
银行存款	15000
资本公积	5400

【提示】同一控制企业合并按照账面价值为基础核算，长期股权投资初始投资成本与付出对价账面价值的差额，计入资本公积，资本公积不足冲减的，依次冲减盈余公积和未分配利润。个别财务报表中原权益法下确认的其他综合收益在转为成本法核算时不作处理，在处置该项投资时，按照与被投资方直接处置相关资产、负债相一致的原则处理。

【减资】

5. 权益法转为可供出售金融资产

2016 年 1 月 1 日，甲公司以银行存款 2700 万元取得乙公司 40% 股权，对乙公司具有重大影响。取得投资当日，乙公司可辨认净资产公允价值为 6000 万元（与账面价值相等）。2016 年度乙公司实现净利润 1000 万元，可供出售金融资产公允价值上升增加其他综合收益 500 万元，除此之外无其他所有者权益变动。

2017 年 1 月 1 日，甲公司以 2700 万元的价格出售乙公司 30% 股权，同日办理了股权划转手续。甲公司出售乙公司 30% 的股权后，对乙公司不再具有重大影响，出售当日剩余 10% 股权的公允价值为 900 万元，甲公司董事会对该部分股权没有随时出售的计划，将其划分为可供出售金融资产。甲公司与乙公司采用的会计政策及会计期间相同，不考虑税费及其他因素。

要求：

（1）计算甲公司对乙公司长期股权投资出售前的账面价值。

（2）计算甲公司 2017 年 1 月 1 日出售乙公司股权时在其个别财务报表中应确认的投资收益。

（3）编制甲公司 2017 年 1 月 1 日与出售乙公司股权有关的会计分录。

【答案】

（1）甲公司对乙公司长期股权投资出售前的账面价值 = 2700 + 1000 × 40% + 500 × 40% = 3300（万元）。

（2）甲公司出售乙公司股权应确认的投资收益 =（2700 + 900）- 3300 + 500 × 40% = 500（万元）。

（3）

借：银行存款	2700
可供出售金融资产	900
贷：长期股权投资——投资成本	2700
——损益调整	400（1000 × 40%）
——其他综合收益	200（500 × 40%）
投资收益	300
借：其他综合收益	200
贷：投资收益	200

【提示】原权益法核算确认的其他综合收益、资本公积在转为可供出售金融资产核算时，应全部转入当期投资收益（因被投资方重新计量设定受益计划导致净负债或净资产变动产生的其他综合收益除外）。

6. 成本法转为权益法

(1) 处置投资导致丧失控制权

2016 年 1 月 1 日,甲公司支付 800 万元取得非关联方乙公司 100% 的股权。购买日乙公司可辨认净资产的公允价值为 600 万元。2016 年乙公司按购买日可辨认净资产公允价值为基础计算实现的净利润为 50 万元,未分配现金股利,持有可供出售金融资产的公允价值上升 20 万元,除上述事项外,乙公司无其他影响所有者权益变动的事项。甲公司按净利润的 10% 提取盈余公积。2017 年 1 月 1 日,甲公司转让所持有乙公司 70% 的股权,取得转让款 700 万元;当日甲公司持有乙公司剩余 30% 股权的公允价值为 300 万元。转让 70% 股权后,甲公司能够对乙公司施加重大影响。不考虑相关税费及其他因素。

要求:编制甲公司处置股权个别财务报表及合并财务报表相关的会计分录。

【答案】

甲公司个别财务报表的会计分录:

① 确认部分股权投资处置收益

借:银行存款　　　　　　　　　　　　　　　　　　　　　　　　700

　　贷:长期股权投资　　　　　　　　　　　　　　　560(800×70%)

　　　　投资收益　　　　　　　　　　　　　　　　　　　　　140

② 对剩余股权改按权益法核算

剩余长期股权投资的账面价值为 240 万元(800×30%),与原投资时应享有被投资单位可辨认净资产公允价值份额之间的差额 60 万元(240 - 600×30%)为正商誉,该部分商誉的价值包含在长期股权投资的账面价值中,不需要对长期股权投资的初始投资成本进行调整。

借:长期股权投资——损益调整　　　　　　　　　　　　　　　　15

　　　　　　　　　——其他综合收益　　　　　　　　　　　　　6

　　贷:盈余公积　　　　　　　　　　　　　　1.5(50×30%×10%)

　　　　利润分配——未分配利润　　　　　　13.5(50×30%×90%)

　　　　其他综合收益　　　　　　　　　　　　　6(20×30%)

经上述调整后,在个别财务报表中,剩余股权的账面价值 = 800×30% + 21 = 261(万元)。

甲公司合并财务报表的处理:

合并财务报表中应确认的投资收益 = [(700 + 300) - (600 + 50 + 20) ×100% - (800 - 600)] + 20×100% = 150(万元)。由于个别财务报表中已经确认了 140 万元的投资收益,在合并财务报表中作如下调整:

① 对剩余股权按丧失控制权日的公允价值重新计量

借:长期股权投资　　　　　　　　　　　　　　　　　　　　　300

　　贷:长期股权投资　　　　　　　　　　　　　　　　　　　261

　　　　投资收益　　　　　　　　　　　　　　　　　　　　　39

② 对个别财务报表中处置部分的投资收益的归属期间进行调整

借:投资收益　　　　　　　　　　　　　　　　　　　　　　　49

　　贷:盈余公积　　　　　　　　　　　　　　3.5(50×70%×10%)

　　　　未分配利润　　　　　　　　　　　　31.5(50×70%×90%)

　　　　其他综合收益　　　　　　　　　　　　14(20×70%)

③ 将原投资有关的其他综合收益 20 万元转入投资收益

借:其他综合收益　　　　　　　　　　　　　　　　　　　　　20

　　贷:投资收益　　　　　　　　　　　　　　　　　　　　　20

所以,合并财务报表中应确认的投资收益 = 个别财务报表中已确认的投资收益 140 + ①39 - ②49 + ③20 = 150(万元)。

【提示】成本法转为权益法的处理

<table>
<tr><td colspan="3" align="center">个别财务报表的处理</td></tr>
<tr><td colspan="2" align="center">处置的股权</td><td>借：银行存款
　贷：长期股权投资
　　　投资收益</td></tr>
<tr><td rowspan="2" align="center">剩余的股权</td><td align="center">（1）调整剩余股权的投资成本</td><td>①若剩余股权的投资成本＞原取得投资时应享有被投资单位可辨认净资产公允价值份额，不调整长期股权投资的账面价值
②若剩余股权的投资成本＜原取得投资时应享有被投资单位可辨认净资产公允价值份额，应调整长期股权投资的账面价值，同时调整营业外收入或留存收益
借：长期股权投资——投资成本
　贷：盈余公积
　　　利润分配——未分配利润（取得投资的以后年度处置）
　　　营业外收入（取得投资当年处置）</td></tr>
<tr><td align="center">（2）确认自取得投资后至处置投资时被投资方所有者权益变动的金额</td><td>①净损益变动
借：长期股权投资——损益调整
　贷：盈余公积
　　　利润分配——未分配利润（投资时至处置投资当期期初被投资方净损益变动×剩余持股比例）
　　　投资收益（处置投资当期期初至处置日被投资方净损益变动×剩余持股比例）
②资本公积和其他综合收益变动（表外升值原因不考虑）
借：长期股权投资——其他权益变动
　　　　　　　　　——其他综合收益
　贷：资本公积——其他资本公积（其他原因导致被投资单位其他所有者权益变动×剩余持股比例）
　　　其他综合收益（被投资单位其他综合收益变动×剩余持股比例）</td></tr>
<tr><td colspan="3" align="center">合并财务报表的处理</td></tr>
<tr><td colspan="3">①对剩余股权按丧失控制权日的公允价值重新计量
借：长期股权投资
　贷：长期股权投资
　　　投资收益
②对个别财务报表中的处置部分投资收益的归属期间进行调整
借：投资收益
　贷：盈余公积
　　　未分配利润
　　　其他综合收益
　　　资本公积
③将资本公积和其他综合收益（可以转损益的部分）转到投资收益
借：资本公积
　　　其他综合收益
　贷：投资收益</td></tr>
</table>

（2）其他方增资导致母公司股权稀释丧失控制权

2016 年 1 月 1 日，甲公司支付 800 万元取得非关联方乙公司 100% 的股权。购买日乙公司可辨认净资产的公允价值为 600 万元。2016 年乙公司按购买日可辨认净资产公允价值为基础计算实现的净利润为 50 万元，未分配现金股利，持有可供出售金融资产的公允价值上升 20 万元，除上述事项外，乙公司无其他影响所有者权益变动的事项。

2017 年 1 月 1 日，乙公司接受丁公司以公允价值为 2000 万元的无形资产投资，相关手续于当日办理完毕，乙公司接受投资后，甲公司持股比例下降至 30%，能够对乙公司施加重大影响。甲公司按净利润的 10% 提取盈余公积，不考虑相关税费及其他因素。

要求：编制甲公司个别财务报表的会计分录。

【答案】

①甲公司按比例结转部分长期股权投资账面价值并确认相关损益

投资收益 = 2000 × 30% − 800 × 70% = 40（万元）。

借：长期股权投资 40

　　贷：投资收益 40

②对剩余股权改按权益法核算

剩余长期股权投资的账面价值为240万元（800×30%），与原投资时应享有被投资单位可辨认净资产公允价值份额之间的差额60万元（240 − 600 × 30%）为正商誉，该部分商誉的价值不需要对长期股权投资的初始投资成本进行调整。

借：长期股权投资——损益调整 15

　　　　　　　　——其他综合收益 6

　　贷：盈余公积 1.5（50 ×30% ×10%）

　　　　利润分配——未分配利润 13.5（50 ×30% ×90%）

　　　　其他综合收益 6（20 ×30%）

经上述调整后，在个别财务报表中，长期股权投资的账面价值 = 800 + 40 + 15 + 6 = 861（万元）。

7. 成本法转为可供出售金融资产

甲公司持有乙公司60%的有表决权股份，能够对乙公司实施控制，对该股权投资采用成本法核算。2017年8月，甲公司将该项投资中的90%出售给非关联方，取得价款1800万元，相关手续于当日办理完成。出售股权后，甲公司无法再对乙公司实施控制，也不能施加共同控制或重大影响，将剩余股权投资转为可供出售金融资产核算。出售时，该项长期股权投资的账面价值为1200万元，剩余6%股权投资的公允价值为200万元。不考虑相关税费等其他因素影响。

要求：编制甲公司丧失控制权个别财务报表的会计分录。

（1）出售股权

借：银行存款 1800

　　贷：长期股权投资——乙公司 1080（1200 ×90%）

　　　　投资收益 720

（2）剩余股权处理

借：可供出售金融资产 200

　　贷：长期股权投资——乙公司 120 ［1200 ×（1 − 90%）］

　　　　投资收益 80

📖 **易错易混点辨析**

	转换类型	会计处理
增资	10% + 20% = 30%（可供→权益法）	投资企业因追加投资等原因能够对被投资单位施加重大影响或实施共同控制但不构成控制的，应按原持有股权投资在追加投资日的公允价值加上新增投资成本之和，作为改按权益法核算的长期股权投资的初始投资成本； 原持有的可供出售金融资产，其公允价值与账面价值之间的差额，以及原计入其他综合收益的累计公允价值变动应当转入改按权益法核算的当期损益（投资收益）
	10% + 50% = 60%（可供→成本法）	投资企业因追加投资等原因能够对非同一控制下的被投资单位实施控制的，在编制个别财务报表时，应当按照原持有的股权投资账面价值（金融资产为公允价值）加上新增投资成本之和，作为改按成本法核算的长期股权投资的初始投资成本
	30% + 30% = 60%（权益法→成本法）	①购买日之前持有的股权投资因采用权益法核算而确认的其他综合收益，应当在处置该项投资时采用与被投资单位直接处置相关资产或负债相同的基础进行会计处理 ②购买日之前持有的股权投资按照《企业会计准则第22号——金融工具确认和计量》的有关规定进行会计处理的，原计入其他综合收益的累计公允价值变动应当在改按成本法核算时转入当期损益（①②其他综合收益处理不同）

	转换类型	会计处理
减资	30%－20%＝10%（权益法→可供）	投资企业因处置部分股权投资等原因丧失了对被投资单位的共同控制或重大影响的，处置后的剩余股权应当改按《企业会计准则第 22 号——金融工具确认和计量》核算，其在丧失共同控制或重大影响之日的公允价值与账面价值之间的差额计入当期损益①原股权投资因采用权益法核算而确认的其他综合收益，应当在终止采用权益法核算时采用与被投资单位直接处置相关资产或负债相同的基础进行会计处理②原股权投资因采用权益法核算而确认的资本公积（其他资本公积），应当在终止采用权益法核算时全部转入当期损益
	60%－40%＝20%（成本法→权益法）	其他投资方增资导致母公司股权稀释丧失控制权，但有重大影响，在编制个别财务报表时：①按照新的持股比例确认本投资方应享有的原子公司因增资扩股而增加净资产的份额（新比例×净资产增加额），与应结转持股比例下降部分所对应的原账面价值（原长期股权投资账面价值×下降部分比例）之间的差额计入当期损益（投资收益）②按照新的持股比例视同自取得投资时即采用权益法核算进行追溯调整
	60%－50%＝10%（成本法→可供）	投资企业因处置部分股权投资等原因丧失了对被投资单位的控制权的，在编制个别财务报表时：①处置后的剩余股权能够对被投资单位实施共同控制或施加重大影响的，应当改按权益法核算，并对该剩余股权视同自取得时即采用权益法核算进行追溯调整②处置后的剩余股权不能对被投资单位实施共同控制或重大影响的，应当改按《企业会计准则第 22 号——金融工具确认和计量》的有关规定进行会计处理，其在丧失控制权之日的公允价值与账面价值之间的差额计入当期损益

【拓展】股权转换涉及其他综合收益、资本公积的结转

股权转换类型		其他综合收益（可转损益部分）、资本公积
公允价值计量转为权益法		个别报表，将其综合收益转至投资收益【提示】没有达到控制，不区分同一控制还是非同一控制
权益法转为成本法	同一控制企业合并	个别报表不转，合并报表全部转至资本公积
	非同一控制企业合并	个别报表不转，合并报表全部转至投资收益
公允价值计量转为成本法	同一控制企业合并	个别报表不转，合并报表将其综合收益转至资本公积
	非同一控制企业合并	个别报表将其综合收益转至投资收益，合并报表不需要重复结转
成本法转为权益法		个别报表成本法核算，不确认其他综合收益、资本公积等，不涉及结转；合并报表全部转至投资收益
成本法转为公允价值计量		
权益法转为公允价值计量		个别报表全部转至投资收益，不涉及合并报表
权益法转为权益法	追加投资	个别报表原确认的其他综合收益、资本公积不结转
	处置投资	个别报表按处置比例结转至投资收益

机考过关必练

一、单项选择题

1. 2017 年 1 月 1 日，甲公司发行本公司普通股 1000 万股（每股面值 1 元，市价为 2.1 元），作为对价取得同一集团内另一企业持有的乙公司 60% 股权。当日，乙公司相对于最终控制方而言的净资产账面价

值为 3200 万元，公允价值为 3500 万元，最终控制方收购被合并方时确认的商誉为 180 万元，未发生减值。假定合并前双方采用的会计政策及会计期间均相同。不考虑其他因素，甲公司对乙公司长期股权投资的初始投资成本为（　　）万元。

A. 1920　　　　　　　　　　　　　　　B. 2100

C. 3200　　　　　　　　　　　　　　　D. 3500

2. 2017 年 2 月 1 日，甲公司以增发 1000 万股本公司普通股股票和一台大型设备为对价，取得乙公司 25% 股权，能够对乙公司施加重大影响。甲公司所发行普通股面值为每股 1 元，公允价值为每股 10 元，为增发股份，甲公司向证券承销机构等支付佣金和手续费共 400 万元。用作对价的设备账面价值为 1000 万元，公允价值为 1200 万元。当日，乙公司可辨认净资产公允价值为 40000 万元。不考虑增值税及其他因素，甲公司该项长期股权投资的初始投资成本是（　　）万元。

A. 10000　　　　　　　　　　　　　　B. 11000

C. 11200　　　　　　　　　　　　　　D. 11600

3. 甲公司为增值税一般纳税人，销售商品适用的增值税税率为 17%。2016 年 3 月 10 日，甲公司以一批库存商品为对价取得乙公司 30% 的股权，该批商品的账面价值为 1200 万元，公允价值为 1500 万元（等于计税价格），投资时乙公司可辨认净资产公允价值 6800 万元，甲公司取得投资后即派人参与乙公司的生产经营决策，但无法对乙公司实施控制。假定不考虑其他因素，取得该项投资时对甲公司 2016 年度利润总额的影响金额为（　　）万元。

A. 0　　　　　　　　　　　　　　　　B. 300

C. 285　　　　　　　　　　　　　　　D. 585

4. 对于采用成本法核算的长期股权投资，下列各项中表述正确的是（　　）。

A. 对于被投资企业宣告分派的现金股利，应按其享有的份额调减长期股权投资的账面价值

B. 对于被投资企业所有者权益的增加额，应按其享有的份额调增长期股权投资的账面价值

C. 对于被投资企业宣告分派的现金股利，应按其享有的份额确认投资收益

D. 对于被投资企业宣告分派的股票股利，应按其享有的份额确认投资收益

5. 2017 年 1 月 1 日甲公司取得乙公司 40% 的股权，能够对其施加重大影响，取得投资时被投资单位的一项固定资产公允价值 600 万元，账面价值为 400 万元，至投资时固定资产的预计尚可使用年限为 10 年，预计净残值为零，采用年限平均法计提折旧。除该项资产外，被投资单位其他资产、负债的账面价值与公允价值相等。乙公司 2017 年度利润表中净利润为 1000 万元。不考虑所得税和其他因素的影响，甲公司 2017 年对该项股权投资应确认的投资收益为（　　）万元。

A. 400　　　　　　　　　　　　　　　B. 392

C. 320　　　　　　　　　　　　　　　D. 210

6. 甲公司持有乙公司 30% 的股权，能够对乙公司施加重大影响。2016 年度乙公司实现净利润 8000 万元，当年 7 月 1 日，乙公司将账面价值为 600 万元的无形资产以 1000 万元的价格出售给甲公司，甲公司将其作为管理用无形资产并于当月投入使用，预计使用寿命为 10 年，预计净残值为零，采用直线法摊销。不考虑其他因素，甲公司在 2016 年度的个别财务报表中应确认对乙公司投资的投资收益为（　　）万元。

A. 2100　　　　　　　　　　　　　　B. 2280

C. 2286　　　　　　　　　　　　　　D. 2400

7. 甲公司持有乙公司 30% 的股权，能够对乙公司施加重大影响。2016 年 10 月 1 日，乙公司将其生产的一批账面价值为 800 万元的产品以 600 万元（实质上发生了减值损失）的价格销售给甲公司，至 2016 年年末该批商品未对外部第三方出售。2016 年度乙公司实现净利润 1200 万元，无其他所有者权益变动。不考虑其他因素，甲公司 2016 年应确认的投资收益金额为（　　）万元。

A. 300　　　　　　　　　　　　　　　B. 360

C. 420　　　　　　　　　　　　　　　D. 0

8. 2016 年 1 月 1 日 A 公司对 B 公司长期股权投资的账面价值为 180 万元，占 B 公司股权比例的 40%，对 B 公司具有重大影响。A 公司对 B 公司还存在实质上构成净投资的长期应收款 15 万元，但没有承担其

他额外义务。2016 年 B 公司亏损 500 万元，不考虑其他因素，当年 A 公司确认投资收益的金额为（　　）万元。

A. –180
B. –195
C. –200
D. –5

9. 因处置部分对子公司的投资，企业将剩余长期股权投资的核算方法由成本法转变为权益法时进行的下列会计处理中，表述不正确的是（　　）。

A. 按照处置部分的比例结转应终止确认的长期股权投资成本

B. 剩余股权按照处置投资当期期初至处置投资日应享有的被投资单位已实现净损益中的份额调整当期损益

C. 剩余股权按照原取得投资时至处置投资当期期初应享有的被投资单位已实现净损益中的份额调整留存收益

D. 将剩余股权的账面价值大于按照剩余持股比例计算原投资时应享有的投资单位可辨认净资产公允价值份额的差额，调整长期股权投资的账面价值

10. 甲公司持有乙公司 30% 的有表决权股份，能够对乙公司施加重大影响，对该股权投资采用权益法核算。2016 年 4 月，甲公司将该项投资中的 50% 出售给非关联方，取得价款 900 万元，相关手续于当日办理完成。甲公司无法再对乙公司施加重大影响，将剩余股权投资转为可供出售金融资产核算。出售时，该项长期股权投资的账面价值为 1600 万元，其中投资成本为 1300 万元，损益调整为 150 万元，其他综合收益为 100 万元（均为被投资单位的可供出售金融资产的累计公允价值变动产生），除净损益、其他综合收益和利润分配外的其他所有者权益变动为 50 万元。处置投资当日，剩余股权的公允价值为 900 万元。不考虑相关税费等其他因素影响。甲公司出售其持有的 50% 股权时，下列会计处理中不正确的是（　　）。

A. 应结转其他综合收益 100 万元

B. 应结转资本公积——其他资本公积 25 万元

C. 剩余股权部分应确认可供出售金融资产 900 万元

D. 应确认投资收益 350 万元

二、多项选择题

1. 下列投资中，应作为长期股权投资核算的有（　　）。

A. 对子公司的投资

B. 对联营企业的投资

C. 在活跃市场中有报价、公允价值能可靠计量且对被投资单位不具有控制、共同控制或重大影响的权益性投资

D. 对合营企业的投资

2. 下列各项关于交易费用的说法中，正确的有（　　）。

A. 同一控制企业合并取得长期股权投资，合并方合并过程中发生的审计、法律服务、评估咨询等中介费用，计入长期股权投资成本

B. 非同一控制企业合并取得长期股权投资，购买方合并过程中发生的审计、法律服务、评估咨询等中介费用，计入管理费用

C. 企业合并以外方式取得的长期股权投资，为取得投资发生的审计、法律服务、评估咨询等中介费用，计入长期股权投资成本

D. 定向增发普通股支付的券商手续费直接计入当期损益

3. 下列各项关于企业合并以外的其他方式取得长期股权投资的会计处理中，正确的有（　　）。

A. 以支付现金方式取得的长期股权投资，购买过程中支付的手续费等必要支出应当于发生时计入当期管理费用

B. 取得长期股权投资付出的对价中包含的已宣告但尚未发放的现金股利或利润应作为应收项目核算，不构成长期股权投资的初始投资成本

C. 投资者投入的长期股权投资，应当按照投资合同或协议约定的价值作为初始投资成本，但合同或协

议约定的价值不公允的除外

　　D. 以债务重组、非货币性资产交换等方式取得的长期股权投资，其初始投资成本按照债务重组或非货币性资产交换的相关规定确定

4. 下列各项中能够引起权益法核算下长期股权投资账面价值发生变化的有(　　)。

　　A. 被投资单位接受其他股东的资本性投入

　　B. 被投资单位发行可分离交易的可转换公司债券中包含的权益成分

　　C. 被投资方存在以权益结算的股份支付

　　D. 其他股东对被投资单位增资导致投资方持股比例变动但对被投资方仍具有重大影响

5. 关于长期股权投资的权益法核算，下列说法中正确的有(　　)。

　　A. 被投资单位发生的除净损益、其他综合收益及利润分配之外的其他所有者权益变动，投资企业应当相应的调整长期股权投资的账面价值

　　B. 在调整被投资单位的净利润时，只需要考虑投资时被投资方公允价值与账面价值不一致的因素对净利润的影响，不需要考虑未实现内部交易损益

　　C. 分担超额亏损后，被投资单位实现盈利的，要按照分担超额亏损的相反顺序进行处理

　　D. 被投资单位宣告分配现金股利，投资企业应当确认投资收益

6. 下列关于多次交易形成的非同一控制下的企业合并（不属于"一揽子交易"）的表述中，正确的有(　　)。

　　A. 以购买日之前所持被购买方的股权投资的账面价值与购买日新增投资成本之和作为该项投资的初始投资成本

　　B. 购买日之前持有的被购买方的股权涉及其他综合收益的，应当在处置该项投资时将与其相关的其他综合收益转入当期投资收益

　　C. 达到企业合并前采用金融工具确认和计量准则进行会计处理的，长期股权投资在购买日的初始投资成本为原公允价值计量的该投资在购买日的公允价值加上购买日进一步取得股份新支付对价的公允价值之和

　　D. 达到企业合并前持有的长期股权投资采用权益法核算的，长期股权投资在购买日的初始投资成本为原权益法下的账面价值加上购买日进一步取得股份新支付对价的公允价值之和

7. 下列各项关于长期股权投资发生减值的相关会计处理中，正确的有(　　)。

　　A. 企业拥有的长期股权投资发生减值，应按照《企业会计准则第8号——资产减值》的规定进行处理

　　B. 长期股权投资计提的减值准备持有期间不得转回

　　C. 采用成本法核算的长期股权投资计提的减值准备满足条件时可以转回

　　D. 采用权益法核算的长期股权投资不计提减值准备

8. 部分处置采用权益法核算的长期股权投资，剩余股权仍采用权益法核算的，下列说法中正确的有(　　)。

　　A. 处置部分账面价值与实际取得价款之间的差额，应当计入当期损益

　　B. 采用与被投资单位直接处置相关资产或负债相同的基础，按相应比例对原计入其他综合收益的部分进行会计处理

　　C. 将全部其他综合收益转入投资收益

　　D. 其他综合收益不需要结转

9. 下列各项中，关于共同经营中合营方的一般会计处理原则表述正确的有(　　)。

　　A. 合营方应当确认单独所持有的资产，以及按其份额确认共同持有的资产

　　B. 合营方应当确认单独所承担的负债，以及按其份额确认共同承担的负债

　　C. 确认出售其享有的共同经营产出份额所产生的收入

　　D. 按其份额确认共同经营因出售产出所产生的收入

10. 下列各项中，表述正确的有(　　)。

　　A. 未通过单独主体达成的合营安排，应当划分为共同经营

B. 合营方自共同经营购买资产等不构成业务的，在将该资产等出售给第三方之前，应当仅确认因该交易产生的损益中归属于共同经营其他参与方的部分

C. 合营方自共同经营购入资产时发生减值的，合营方应当全额确认该损失

D. 合营方向共同经营投出或出售资产发生减值的，合营方应当全额确认该损失

三、判断题

1. 投资企业收到被投资单位分派的股票股利时，只会引起股份数量的变化，不会引起所有者权益总金额的变化，所以，除权日投资企业应在备查账簿中登记收到的股票数量。（　　）

2. 对长期股权投资采用权益法核算时，投资企业在确认应享有被投资单位净损益的份额时，应当以取得投资时被投资单位各项可辨认资产、负债等的公允价值为基础，对被投资单位的净利润进行调整。
（　　）

3. 购买方作为合并对价发行的权益性证券发生的佣金手续费等冲减溢价发行收入，溢价发行收入不足冲减的，冲减留存收益；发行债务性证券产生的交易费用，应计入债务性证券的初始确认金额。（　　）

4. 投资方向联营企业、合营企业出售业务，取得的对价与业务的账面价值之间的差额，全额计入当期损益。（　　）

5. 取得长期股权投资时，对于支付的对价中包含的被投资单位已经宣告但尚未发放的现金股利或利润应构成取得长期股权投资的初始投资成本。（　　）

6. 采用权益法核算长期股权投资时，初始投资成本大于投资时应享有被投资单位可辨认净资产公允价值份额的差额，应记入"投资收益"科目。（　　）

7. 被投资方采用的会计政策、会计期间与投资方不一致时，应按被投资方的会计政策、会计期间对投资方的财务报表进行调整。（　　）

8. 子公司实现的净利润会影响母公司个别报表中长期股权投资的账面价值。（　　）

9. 投资方在对被投资方的净利润进行调整时，应当考虑重要性原则，不重要的项目可以不调整。（　　）

10. 持有期间被投资单位编制合并财务报表的，投资方应当以合并财务报表中的净利润、其他综合收益和其他权益变动中归属于被投资单位的金额为基础进行会计处理。（　　）

四、计算分析题

甲公司 2015 年至 2017 年发生的有关交易或事项如下：

（1）2015 年 12 月 31 日，甲公司与丁公司签订合同，购买丁公司持有的乙公司 60% 股权，能够控制乙公司的财务和经营政策。合同约定，甲公司以每股 6.3 元的价格向其发行 6000 万股本公司股票作为对价；当日乙公司可辨认净资产的公允价值为 54000 万元（有关可辨认资产、负债的公允价值与账面价值相同）。该项交易中，甲公司为取得有关股权以银行存款支付评估费 100 万元、法律费 300 万元，为发行股票支付券商佣金 2000 万元。甲、乙、丁公司在该项交易前不存在关联方关系。

（2）乙公司 2016 年实现净利润 5000 万元，其他综合收益增加 900 万元。除此之外无其他所有者权益变动。

（3）2017 年 4 月 1 日，乙公司的另一投资方丙公司向乙公司增资 40000 万元，甲公司持股比例下降为 40%，但对乙公司仍具有重大影响。乙公司 2017 年第一季度实现净利润 1000 万元，无其他所有者权益变动。

（4）不考虑相关税费等其他因素影响；本题中有关公司均按净利润的 10% 提取法定盈余公积，不提取任意盈余公积。

要求：

（1）计算该项合并中甲公司合并乙公司应确认的商誉，并编制个别财务报表相关会计分录。

（2）因其他投资方增资导致甲公司丧失控制权，编制甲公司个别财务报表相关的会计分录。

五、综合题

1. 甲公司 2015 年、2016 年与乙公司股权投资的有关资料如下：

（1）2015 年 1 月 1 日，甲公司以银行存款 4500 万元取得乙公司 30% 有表决权的股份，能够对乙公司施加重大影响。交易前，甲公司与乙公司不存在关联方关系且不持有乙公司股份。取得投资当日，乙公司可辨认净资产账面价值为 16000 万元，公允价值为 17000 万元，差额系一项管理用固定资产导致，

该固定资产原价为 5000 万元，至投资日已提折旧 1000 万元，未计提减值准备，公允价值为 5000 万元，预计尚可使用年限为 5 年，预计净残值为 0，采用年限平均法计提折旧。

（2）2015 年 6 月 30 日，乙公司将其成本为 800 万元的 A 商品以 1200 万元的价格出售给甲公司，甲公司作为存货核算。至 2015 年 12 月 31 日，甲公司仍有 50% 的 A 商品未对外出售，经测试结存的 A 商品未发生减值。

（3）2015 年度，乙公司实现的净利润为 6000 万元，因可供出售金融资产公允价值变动增加其他综合收益 200 万元，未发生其他影响所有者权益变动的交易或事项。

（4）2016 年 1 月 1 日，甲公司将对乙公司股权投资的 80% 出售给非关联方，取得价款 6000 万元，相关手续于当日办理完成。剩余股权当日公允价值为 1500 万元。出售部分股权后，甲公司对乙公司不再具有重大影响，将剩余股权投资转为可供出售金融资产核算。

（5）其他资料：甲公司和乙公司采用的会计政策、会计期间一致，不考虑增值税、所得税等其他因素。

要求：

（1）判断甲公司 2015 年度对乙公司长期股权投资应采用的核算方法并说明理由，编制甲公司取得乙公司股权投资的会计分录。

（2）计算甲公司 2015 年度应确认的投资收益和应享有乙公司其他综合收益变动的金额，并编制相关会计分录。

（3）计算甲公司 2016 年 1 月 1 日处置部分股权投资对损益的影响金额，并编制相关会计分录。

2. 甲公司与乙公司股权交易相关资料如下：

（1）2×16 年 1 月 1 日，甲公司以银行存款 1000 万元取得非关联方乙公司 80% 的股权。购买日乙公司可辨认净资产的公允价值为 800 万元。2×16 年乙公司按购买日可辨认净资产公允价值为基础计算实现的净利润为 100 万元，未分配现金股利，持有可供出售金融资产的公允价值上升 50 万元，除净损益、其他综合收益及利润分配以外的其他所有者权益变动增加资本公积 40 万元，除上述事项外，乙公司无其他影响所有者权益变动的事项。

（2）2×17 年 1 月 1 日，甲公司转让所持有乙公司 60% 的股权，取得转让款 900 万元；当日甲公司持有乙公司剩余 20% 股权的公允价值为 300 万元。转让 60% 股权后，甲公司能够对乙公司施加重大影响。

其他资料：甲公司按净利润的 10% 提取盈余公积。假定甲公司有其他子公司，2×17 年度需要编制合并财务报表，不考虑相关税费及其他因素。

要求：

（1）编制个别财务报表中甲公司处置股权相关的会计分录。

（2）计算合并报表中应确认的投资收益的金额并编制合并财务报表中甲公司处置股权相关的会计分录。

机考过关必练参考答案及解析

一、单项选择题

1.【答案】B

【解析】甲公司对乙公司长期股权投资的初始投资成本 = 3200 × 60% + 180 = 2100（万元）。

2.【答案】C

【解析】合并以外方式取得的长期股权投资，初始投资成本以支付资产、承担债务、发行权益性证券的公允价值为基础确定，甲公司该项长期股权投资的初始投资成本 = 1000 × 10 + 1200 = 11200（万元），选项 C 正确。

3.【答案】D

【解析】取得该项投资时对甲公司 2016 年度利润总额的影响金额 = 6800 × 30% − 1500 × （1 + 17%） + （1500 − 1200） = 585（万元）。

4.【答案】C

【解析】采用成本法核算的长期股权投资，投资企业应当按照其应享有被投资单位宣告发放的现金股利或利润确认投资收益，被投资单位宣告分派的股票股利、实现的净利润以及其他所有者权益变动，投资方不作处理，选项 C 正确。

5.【答案】B

【解析】甲公司 2017 年对该项股权投资应确认的投资收益 =［1000 －（600 － 400）/10］× 40% = 392（万元）。

6.【答案】C

【解析】甲公司在 2016 年度的个别财务报表中应确认对乙公司投资的投资收益 =［8000 －（1000 － 600）+（1000 － 600）/10 × 6/12］× 30% = 2286（万元）。

7.【答案】B

【解析】有证据表明交易价格 600 万元与该商品账面价值 800 万元之间的差额为该资产发生的减值损失，在确认投资收益时不考虑该内部交易损失，甲公司 2016 年应确认的投资收益 = 1200 × 30% = 360（万元）。

8.【答案】B

【解析】2016 年 A 公司按比例应承担的投资损失 = 500 × 40% = 200（万元）；长期股权投资账面价值为 180 万元，实质上构成净投资的长期应收款 15 万元，因此，A 公司 2016 年应确认的投资收益 = －（180 + 15）= － 195（万元），剩余 5 万元损失备查登记。

9.【答案】D

【解析】选项 D，剩余股权的账面价值大于按照剩余持股比例计算原投资时应享有的投资单位可辨认净资产公允价值份额的差额，不调整长期股权投资的初始投资成本；剩余股权的账面价值小于按照剩余持股比例计算原投资时应享有的被投资单位可辨认净资产公允价值份额的差额，应当调整长期股权投资的账面价值。

10.【答案】B

【解析】处置时应将全部其他综合收益和资本公积（其他资本公积）转入投资收益，选项 A 正确，选项 B 错误；将剩余股权转为可供出售金融资产按照公允价值计量，选项 C 正确；应确认投资收益 = 处置收益（900 － 1600 × 50%）+ 其他综合收益转入 100 + 资本公积（其他资本公积）转入 50 + 可供出售金融资产公允价值与剩余投资账面价值的差额（900 － 1600 × 50%）= 350（万元），选项 D 正确。

二、多项选择题

1.【答案】ABD

【解析】选项 C，对被投资单位不具有控制、共同控制或重大影响、在活跃市场中有报价、公允价值能够可靠计量的权益性投资，应按金融工具准则的有关规定处理，可划分为可供出售金融资产或者交易性金融资产。

2.【答案】BC

【解析】企业合并方式取得长期股权投资，合并或购买方在合并过程中发生的审计、法律服务、评估咨询等中介费用，计入管理费用，选项 A 错误，选项 B 正确；企业合并以外方式取得的长期股权投资，取得投资时发生的审计、法律服务、评估咨询等中介费用，计入长期股权投资成本，选项 C 正确；增发普通股支付的券商手续费冲减溢价发行收入，不足冲减的，调整留存收益，选项 D 错误。

3.【答案】BCD

【解析】以支付现金方式取得的长期股权投资，应当按照实际支付的购买价款作为长期股权投资的初始投资成本，包括购买过程中支付的手续费等必要支出，选项 A 错误。

4.【答案】ABCD

【解析】采用权益法核算时，投资企业对于被投资单位除净损益、其他综合收益以及利润分配以外所有者权益的其他变动，应按照持股比例确认归属于本企业的部分，相应调整长期股权投资的账面价值，同时调整资本公积（其他资本公积）。所有者权益其他变动的因素主要包括：被投资单位接受其他股东的资本性投入、被投资单位发行可分离交易的可转换公司债券中包含的权益成分、以权益结算的股份支付、其他股东对被投资单位增资导致投资方持股比例变动等。

5.【答案】AC

【解析】采用权益法核算的长期股权投资，调整被投资单位的净利润，不仅需要考虑投资时被投资方公允价值与账面价值不一致的因素对净利润的影响，也需要考虑未实现内部交易损益的影响，选项B不正确；被投资单位宣告分配现金股利，投资方应借记"应收股利"科目，贷记"长期股权投资——损益调整"科目，不确认投资收益，选项D不正确。

6.【答案】CD

【解析】多次交易形成的非同一控制下的企业合并（不属于"一揽子交易"），达到企业合并前采用金融工具确认和计量准则进行会计处理的，长期股权投资在购买日的初始投资成本为原公允价值计量的该投资在购买日的公允价值加上购买日进一步取得股份新支付对价的公允价值之和；原投资涉及其他综合收益的，应当于购买日一并结转；达到企业合并前持有的长期股权投资采用权益法核算的，长期股权投资在购买日的初始投资成本为原权益法下的账面价值加上购买日取得进一步股份新支付对价的公允价值之和，原投资涉及其他综合收益的，应当于处置投资时按照与被投资方直接处置相关资产、负债相一致的原则处理，选项C和D正确。

7.【答案】AB

【解析】对子公司、联营企业及合营企业的投资发生的减值，应按照《企业会计准则第8号——资产减值》的规定进行处理，长期股权投资减值准备一经计提，持有期间不得转回，选项A和B正确，选项C和D错误。

8.【答案】AB

【解析】采用权益法核算的长期股权投资，处置部分股权投资，剩余股权仍采用权益法核算的，投资方应当采用与被投资单位直接处置相关资产或负债相同的基础，按相应比例对原计入其他综合收益的部分进行会计处理，如果被投资单位其他综合收益不允许重分类计入损益，投资方也不转入损益，选项C和D错误。

9.【答案】ABCD

10.【答案】ABD

【解析】选项C，合营方自共同经营购入资产时发生减值的，合营方应当按其承担的份额确认该损失。

三、判断题

1.【答案】√

【解析】投资企业收到被投资单位分派的股票股利时，不作会计处理，只需备查登记。

2.【答案】√

3.【答案】√

4.【答案】√

5.【答案】×

【解析】取得长期股权投资时，对于支付的对价中包含的被投资单位已经宣告但尚未发放的现金股利或利润应确认为应收项目，不构成取得长期股权投资的初始投资成本。

6.【答案】×

【解析】采用权益法核算长期股权投资时，初始投资成本大于投资时应享有被投资单位可辨认净资产公允价值份额的差额，不作调整；初始投资成本小于投资时应享有被投资单位可辨认净资产公允价值份额的差额，应记入"营业外收入"科目。

7.【答案】×

【解析】被投资方采用的会计政策、会计期间与投资方不一致时，应按投资方的会计政策、会计期间对被投资方的财务报表进行调整。

8.【答案】×

【解析】母公司个别报表中对子公司长期股权投资采用成本法核算，子公司实现净利润，母公司不作处理，不影响母公司个别财务报表长期股权投资的账面价值。

9.【答案】√

10.【答案】√

四、计算分析题

【答案】

（1）甲公司合并乙公司产生的商誉 = 6000 × 6.3 – 54000 × 60% = 5400（万元）。

借：长期股权投资　　　　　　　　　　　　　　　　　　37800（6000 × 6.3）
　　贷：股本　　　　　　　　　　　　　　　　　　　　　　　6000
　　　　资本公积——股本溢价　　　　　　　　　　　　　　　31800
借：管理费用　　　　　　　　　　　　　　　　　　　　400（100 + 300）
　　资本公积——股本溢价　　　　　　　　　　　　　　　　2000
　　贷：银行存款　　　　　　　　　　　　　　　　　　　　　2400

（2）甲公司因其他投资方对其子公司增资，丧失控制权但能够施加重大影响的，甲公司在个别财务报表中，按照新的持股比例确认应享有的原子公司因增资扩股而增加净资产的份额，与应结转持股比例下降部分所对应的长期股权投资原账面价值之间的差额计入当期损益。

①按照新的持股比例确认应享有的原子公司因增资扩股而增加净资产的份额 = 40000 × 40% = 16000（万元），应结转持股比例下降部分所对应的长期股权投资原账面价值 = 37800 ×（60% – 40%）÷ 60% = 12600（万元），应确认投资收益 = 16000 – 12600 = 3400（万元）。

借：长期股权投资　　　　　　　　　　　　　　　　　　　　3400
　　贷：投资收益　　　　　　　　　　　　　　　　　　　　　3400

②按照新的持股比例视同自取得投资时即采用权益法核算进行追溯调整。

借：长期股权投资——损益调整　　　　　　　　　　　　2400（6000 × 40%）
　　　　　　　　——其他综合收益　　　　　　　　　　　360（900 × 40%）
　　贷：盈余公积　　　　　　　　　　　　　　　　200（5000 × 40% × 10%）
　　　　利润分配——未分配利润　　　　　　　　　1800（5000 × 40% × 90%）
　　　　投资收益　　　　　　　　　　　　　　　　　400（1000 × 40%）
　　　　其他综合收益　　　　　　　　　　　　　　　360（900 × 40%）

五、综合题

1.【答案】

（1）甲公司取得乙公司长期股权投资采用权益法核算。

理由：交易前，甲公司与乙公司不存在关联方关系且不持有乙公司股份，交易后，甲公司取得乙公司30% 的股权，能够对乙公司施加重大影响。

会计分录：

借：长期股权投资——投资成本　　　　　　　　　　　　　　　4500
　　贷：银行存款　　　　　　　　　　　　　　　　　　　　　4500

取得投资当日应享有被投资单位可辨认净资产公允价值份额 = 17000 × 30% = 5100（万元），大于长期股权投资的初始投资成本，应当调整增加长期股权投资的金额 = 5100 – 4500 = 600（万元）。

借：长期股权投资——投资成本　　　　　　　　　　　　　　　600
　　贷：营业外收入　　　　　　　　　　　　　　　　　　　　600

（2）甲公司应确认的投资收益 =［6000 –（5000 – 4000）/5 –（1200 – 800）× 50%］× 30% = 1680（万元）；应确认的其他综合收益 = 200 × 30% = 60（万元）。

会计分录：

借：长期股权投资——损益调整　　　　　　　　　　　　　　　1680
　　贷：投资收益　　　　　　　　　　　　　　　　　　　　　1680
借：长期股权投资——其他综合收益　　　　　　　　　　　　　60
　　贷：其他综合收益　　　　　　　　　　　　　　　　　　　60

（3）处置长期股权投资应确认的损益 =（6000 + 1500）–（4500 + 600 + 1680 + 60）+ 60 = 720（万元）。

会计分录：

借：银行存款　　　　　　　　　　　　　　　　　　　　　　　　　　　　　6000

　　可供出售金融资产——成本　　　　　　　　　　　　　　　　　　　　　1500

　　贷：长期股权投资——投资成本　　　　　　　　　　　　　　　　　　　5100

　　　　　　　　　　——损益调整　　　　　　　　　　　　　　　　　　　1680

　　　　　　　　　　——其他综合收益　　　　　　　　　　　　　　　　　　60

　　　　投资收益　　　　　　　　　　　　　　　　　　　　　　　　　　　　660

借：其他综合收益　　　　　　　　　　　　　　　　　　　　　　　　　　　　60

　　贷：投资收益　　　　　　　　　　　　　　　　　　　　　　　　　　　　60

2.【答案】

（1）

①确认部分股权投资处置收益

借：银行存款　　　　　　　　　　　　　　　　　　　　　　　　　　　　　900

　　贷：长期股权投资　　　　　　　　　　　　　　　　750（1000×60%/80%）

　　　　投资收益　　　　　　　　　　　　　　　　　　　　　　　　　　　150

②对剩余股权改按权益法核算

剩余长期股权投资的账面价值为250万元（1000－750），与原投资时应享有被投资单位可辨认净资产公允价值份额160万元（800×20%）之间的差额90万元（250－160）为正商誉，该部分商誉的价值包含在长期股权投资账面价值中，不需要对长期股权投资的初始投资成本进行调整。

借：长期股权投资——损益调整　　　　　　　　　　　　　　　20（100×20%）

　　贷：盈余公积　　　　　　　　　　　　　　　　　　　2（100×20%×10%）

　　　　利润分配——未分配利润　　　　　　　　　　　18（100×20%×90%）

借：长期股权投资——其他综合收益　　　　　　　　　　　　　10（50×20%）

　　贷：其他综合收益　　　　　　　　　　　　　　　　　　　　　　　　　10

借：长期股权投资——其他权益变动　　　　　　　　　　　　　　8（40×20%）

　　贷：资本公积——其他资本公积　　　　　　　　　　　　　　　　　　　　8

注：经上述调整后，在个别财务报表中，剩余股权的账面价值＝250＋20＋10＋8＝288（万元）。

（2）合并财务报表中因处置股权应确认的投资收益＝（900＋300）－[（800＋100＋50＋40）×80%＋（1000－800×80%）]＋50×80%＋40×80%＝120（万元），由于个别财务报表中已经确认了150万元的投资收益，在合并财务报表中作如下调整：

①剩余股权按丧失控制权日的公允价值重新计量

借：长期股权投资　　　　　　　　　　　　　　　　　　　　　　　　　　　300

　　贷：长期股权投资　　　　　　　　　　　　　　　　　　　　　　　　　288

　　　　投资收益　　　　　　　　　　　　　　　　　　　　　　　　　　　　12

②对个别财务报表中处置部分的投资收益的归属期间进行调整

借：投资收益　　　　　　　　　　　　　　　　　　　　　　　　　　　　　114

　　贷：盈余公积　　　　　　　　　　　　　　　　　　　6（100×60%×10%）

　　　　未分配利润　　　　　　　　　　　　　　　　　54（100×60%×90%）

　　　　其他综合收益　　　　　　　　　　　　　　　　　　　30（50×60%）

　　　　资本公积　　　　　　　　　　　　　　　　　　　　　24（40×60%）

③将原投资有关的其他综合收益及资本公积转入投资收益

借：其他综合收益　　　　　　　　　　　　　　　　　　　　　40（50×80%）

　　资本公积　　　　　　　　　　　　　　　　　　　　　　　32（40×80%）

　　贷：投资收益　　　　　　　　　　　　　　　　　　　　　　　　　　　　72

故，合并财务报表中应确认的投资收益＝个别财务报表中已确认的投资收益150＋①12－②114＋③72＝120（万元）。

第六章　无形资产

学习导读

本章属于不太重要章节，主要介绍无形资产的初始计量和后续计量。

本章重点掌握内容包括：(1) 自行研发无形资产的会计处理；(2) 土地使用权的核算；(3) 无形资产预计使用寿命的确定；(4) 使用寿命有限的无形资产的摊销；(5) 无形资产出租和出售的会计处理。

在近三年的考试中本章平均分值为 3 分，题型一般为单项选择题、多项选择题和判断题。

易错易混集训

易错易混点 1　无形资产的范围

【母题·单选题】下列项目中，不应确认为无形资产的是(　　)。

A. 专利权　　　　　B. 非专利技术　　　　　C. 土地使用权　　　　　D. 企业积累的客户关系

【答案】D

【解析】企业内部产生的品牌、报刊名、刊头、客户名单和实质上类似项目的支出，由于不能与整个业务开发成本区分开来，成本无法可靠计量，不应确认为无形资产。

【子题·单选题】下列项目中，应确认为无形资产的是(　　)。

A. 企业自创商誉

B. 企业合并产生的商誉

C. 企业内部研究开发项目研究阶段的支出

D. 为建造厂房获得的土地使用权

【答案】D

【解析】商誉不具有可辨认性，不属于无形资产，选项 A 和 B 不正确；企业内部研究开发项目研究阶段的支出，应当于发生时全部费用化，不确认为无形资产，选项 C 不正确。

易错易混点辨析

无形资产，是指企业拥有或者控制的没有实物形态的可辨认非货币性资产，通常包括专利权、非专利技术、商标权、著作权、特许权、土地使用权等。

下列项目不属于企业的无形资产：

(1) 企业自创的商誉；

(2) 企业合并产生的商誉；

(3) 企业内部产生的品牌、报刊名、刊头、客户名单；

(4) 客户关系、人力资源；

(5) 计算机硬件运行不可缺少的软件；

(6) 企业内部研究开发项目研究阶段的支出；

（7）单独估价入账的土地；

（8）已出租的土地使用权；

（9）持有并准备增值后转让的土地使用权；

（10）房地产开发企业用于在建商品房的土地使用权。

易错易混点2　土地使用权的核算

【**母题·多选题**】A公司为从事房地产开发的上市公司，2016年1月1日，外购位于甲地块上的一栋房产，作为生产用厂房，甲地块的土地使用权与其地上建筑物均能够单独计量；2016年3月1日，购入乙地块和丙地块，分别用于建造对外出售的商品房和自用办公楼，至2017年12月31日，该商品房和办公楼尚未建造完成；2017年1月1日，购入丁地块，作为员工活动场地，至2017年12月31日，丁地块上的建造活动已经完成。假定不考虑其他因素，下列各项中，A公司取得的上述土地使用权中应单独确认为无形资产的有(　　)。

A. 甲地块的土地使用权
B. 乙地块的土地使用权
C. 丙地块的土地使用权
D. 丁地块的土地使用权

【**答案**】ACD

【**解析**】房地产开发企业取得的土地使用权用于建造对外出售的商品房，相关的土地使用权应计入所建商品房的成本，不应单独确认为无形资产，选项B不正确。

【**子题·多选题**】下列关于土地使用权的说法中正确的有(　　)。

A. 土地使用权用于自行开发建造厂房等地上建筑物时，相关的土地使用权的账面价值不转入在建工程成本，土地使用权与地上建筑物分别进行摊销和提取折旧

B. 房地产开发企业取得的土地使用权用于建造对外出售的房屋建筑物，相关的土地使用权应当计入所建造的房屋建筑物成本

C. 企业外购房屋建筑物所支付的价款应当在地上建筑物与土地使用权之间进行合理分配；确实难以合理分配的，应当全部作为固定资产处理

D. 企业改变土地使用权的用途，将自用土地使用权用于赚取租金或资本增值时，应将其转作投资性房地产进行核算

【**答案**】ABCD

📖 易错易混点辨析

土地使用权的核算

内容	核算科目
非房地产开发企业	
①通过出让方式或购买方式取得土地使用权（自用）	无形资产
②企业外购的房屋建筑物，实际支付的价款中包括土地使用权及地上建筑物的价值，则应当将支付的价款按照合理的方法（例如，公允价值比例）在土地使用权和地上建筑物之间进行分配；如果确实无法在地上建筑物与土地使用权之间进行合理分配的，应当全部作为固定资产，按照固定资产确认和计量的规定进行处理	固定资产（无法合理分配） 无形资产和固定资产（能够合理分配）
房地产开发企业	
①购入的土地使用权用于建造对外出售的商品房	开发成本（存货）
②购入的土地使用权用于建造厂房等自用建筑物	无形资产
房地产或非房地产开发企业	
①单独估价入账的土地	固定资产
②已出租的土地使用权或持有并准备增值后转让的土地使用权	投资性房地产

机考过关必练

一、单项选择题

1. 2016 年 12 月 31 日，甲公司自行研发的某项专利技术已经达到预定的可使用状态，累计研究支出为 80 万元，累计开发支出为 350 万元（其中符合资本化条件的支出为 150 万元），但是使用寿命不能合理确定，2017 年 12 月 31 日，该项专利技术的可收回金额为 100 万元，假定不考虑相关税费，甲公司应就该项非专利技术计提的减值准备为（　　）万元。
   A. 50　　　　　　B. 35　　　　　　C. 130　　　　　　D. 250

2. 下列关于无形资产摊销的说法中，错误的是（　　）。
   A. 使用寿命不确定的无形资产不需要进行摊销处理
   B. 已经计提减值准备的无形资产应以减值后的账面价值作为摊销的基础
   C. 无形资产当月增加当月不摊销，当月减少，当月应当摊销
   D. 企业选择的无形资产摊销方法，应当能够反映与该无形资产有关的经济利益的预期实现方式

3. 甲公司 2017 年 1 月 1 日，从乙公司购买一项专利权，甲公司和乙公司协议采用分期付款方式支付款项，合同规定，该项专利权的价款为 4000 万元，自 2017 年起每年年末付款 1000 万元，4 年付清，甲公司当日支付相关手续费 20 万元，假定银行同期贷款利率为 5%，（P/F，5%，4）＝0.8227，（P/A，5%，4）＝3.5460。假定不考虑相关税费等其他因素影响，甲公司该项专利权的入账价值应当为（　　）万元。
   A. 3546　　　　　B. 4000　　　　　C. 3566　　　　　D. 4020

4. 2016 年 12 月 31 日，甲公司某项无形资产的原价为 160 万元，已摊销 42 万元，计提减值准备 18 万元，当日，甲公司对该无形资产进行减值测试，预计公允价值减去处置费用后的净额为 80 万元，未来现金流量的现值为 90 万元，2016 年 12 月 31 日，甲公司应对该无形资产计提的减值准备金额为（　　）万元。
   A. 10　　　　　　B. 38　　　　　　C. 20　　　　　　D. 0

5. 下列关于无形资产会计处理的表述中，正确的是（　　）。
   A. 当月增加的使用寿命有限的无形资产从下月开始摊销
   B. 无形资产摊销方法应当反映其经济利益的预期实现方式
   C. 持有待售的无形资产仍应摊销
   D. 无法可靠确定与无形资产有关的经济利益的预期实现方式，不对其计提摊销

6. 甲公司 2016 年 1 月 1 日开始自行研发无形资产，3 月 1 日达到预定用途，其中，研究阶段发生职工薪酬 100 万元，计提专用设备折旧 20 万元，进入开发阶段后，相关支出符合资本化条件前发生职工薪酬 30 万元，计提专用设备折旧 20 万元，符合资本化条件后发生职工薪酬 100 万元，计提专用设备折旧 30 万元，假定不考虑其他因素，甲公司 2016 年上述研发支出进行的下列会计处理中，正确的是（　　）。
   A. 确认管理费用 170 万元，确认无形资产 130 万元
   B. 确认管理费用 120 万元，确认无形资产 180 万元
   C. 确认管理费用 0 万元，确认无形资产 300 万元
   D. 确认管理费用 230 万元，确认无形资产 70 万元

7. 2016 年 1 月 1 日，甲公司用银行存款 200 万元，购入一项专利权并交付给管理部门使用，该专利权预计可使用年限为 10 年，法律上规定有效期为 8 年，采用直线法摊销，无残值，2017 年 12 月 31 日，该专利技术因市场原因不能再为企业带来经济利益，则该无形资产对甲公司 2017 年度利润总额的影响金额为（　　）万元。
   A. －150　　　　　B. －200　　　　　C. －100　　　　　D. －175

二、多项选择题

1. 下列各项中，可能会引起无形资产的账面价值发生增减变动的有（　　）。
   A. 对无形资产计提减值准备

B. 企业内部研究开发项目研究阶段发生的支出

C. 无形资产摊销

D. 企业内部研究开发项目开发阶段的支出满足无形资产的确认条件

2. 关于无形资产使用寿命的确定，说法中正确的有(　　)。

A. 源于合同权利取得的无形资产，其使用寿命不应超过合同性权利的期限

B. 源于法定权利取得的无形资产，其使用寿命不应超过法定权利的期限

C. 合同规定了受益年限，法律也规定了保护期限，应当选择合同规定的年限

D. 合同或者法律方面没有明确规定的，企业应当根据实际情况，结合各方面因素判断，确定无形资产能为企业带来经济利益的期限

3. 增值税一般纳税人发生的下列各项支出中，应当在发生的时候就记入到当期损益的有(　　)。

A. 培训员工的支出　　　　　　　　　　B. 广告和营销活动的支出

C. 购入商标支付的增值税　　　　　　　D. 自行研发的无形资产研究阶段发生的支出

4. 2015 年 1 月 1 日，甲公司与丁公司签订合同，自丁公司购买管理系统软件，双方协议采用分期付款方式支付价款，合同价款为 5000 万元，其中合同签订之日支付购买价款的 20%，其余款项分 4 次自次年起每年 1 月 1 日支付 1000 万元。管理系统软件购买价款的现值为 4546 万元，年折现率为 5%。该软件购入即可投入使用，预计使用年限为 5 年，无残值，采用直线法摊销。甲公司 2015 年度对上述业务进行的下列会计处理中，正确的有(　　)。

A. 2015 年 1 月 1 日，该无形资产入账价值为 4546 万元

B. 2015 年 1 月 1 日，该无形资产入账价值为 5000 万元

C. 2015 年计入财务费用的未确认融资费用摊销额为 177.3 万元

D. 2015 年 12 月 31 日，长期应付款的账面价值为 3723.3 万元

5. 2015 年 1 月 1 日，甲公司购入一项土地使用权，以银行存款支付土地出让价款 10000 万元。土地的使用年限为 50 年，采用直线法摊销，无残值。取得该土地使用权后甲公司决定在该土地上以出包方式建造办公楼。2016 年 12 月 31 日，该办公楼工程已经完工并达到预定可使用状态，全部建造成本为 8000 万元（包含建造期间土地使用权的摊销金额）。甲公司预计该办公楼的使用年限为 25 年，采用年限平均法计提折旧，预计净残值为零。甲公司下列会计处理中，正确的有(　　)。

A. 土地使用权和地上建筑物应合并作为固定资产核算，并按固定资产有关规定计提折旧

B. 土地使用权和地上建筑物分别作为无形资产和固定资产进行核算

C. 2016 年 12 月 31 日，固定资产的入账价值为 18000 万元

D. 2017 年土地使用权摊销额和办公楼折旧额分别为 200 万元和 320 万元

6. 下列关于企业研发支出的会计处理中，正确的有(　　)。

A. 企业研究阶段的支出，应当在发生时直接计入当期管理费用

B. 企业研究阶段的支出应在"研发支出——费用化支出"科目中归集，期末列示在资产负债表"开发支出"项目中

C. 企业开发阶段符合资本化条件的支出应在"研发支出——资本化支出"科目中归集，期末在无形资产达到预定可使用状态前列示在资产负债表"开发支出"项目中

D. 企业取得的正在研发过程中应予资本化的项目，应按确定的金额记入"研发支出——资本化支出"科目

三、判断题

1. 购入无形资产超过正常信用条件延期支付价款，实际上具有融资性质的，应当按照购入无形资产的购买价款入账。　　　　　　　　　　　　　　　　　　　　　　　　　　　　(　　)

2. 企业应当按照税法有关规定选择无形资产的摊销方法。　　　　　　　　　　　　(　　)

3. 土地使用权用于自行开发建造厂房等地上建筑物时，土地使用权的账面价值不与地上建筑物合并计算其成本。　　　　　　　　　　　　　　　　　　　　　　　　　　　　　　(　　)

4. 房地产开发企业取得的土地使用权用于建造对外出售的房屋建筑物，相关的土地使用权应计入所建造的房屋建筑物成本。　　　　　　　　　　　　　　　　　　　　　　　　　　(　　)

5. 企业内部产生的品牌、报刊名、刊头、客户名单和实质上类似项目的支出，不应确认为无形资产。
（　　）

6. 非房地产开发企业外购房屋支付的价款中包括土地使用权和建筑物价值的，应当对实际支付的价款按照合理的方法进行分配，确实无法进行分配的，应当全部作为无形资产核算。
（　　）

7. 企业至少应当于每年年度终了，对使用寿命有限的无形资产的使用寿命进行复核。无形资产的使用寿命与以前估计不同的，应当改变摊销期限，并按会计政策变更进行处理。
（　　）

8. 合同性权利或其他法定权利在到期时因续约等延续、且有证据表明企业续约不需要付出大额成本的，续约期应当包括在预计使用寿命中。
（　　）

9. 投资者投入无形资产的成本，均应当按照投资合同协议约定的价值确定。
（　　）

10. 企业改变土地使用权的用途，停止自用土地使用权而用于赚取租金或者资本增值时，应将其转为投资性房地产。
（　　）

11. 内部开发无形资产的成本仅包括在满足资本化条件的时点至无形资产达到预定用途前发生的符合资本化条件支出总和，对于同一项无形资产在开发过程中达到资本化条件之前已经费用化计入到当期损益的支出还应当作出调整。
（　　）

四、计算分析题

1. 2017 年 1 月 1 日，甲公司进行一项新专利技术的研发，相关的资料如下：

（1）2017 年，该项目共发生材料费用 200 万元、人工费用 100 万元，均属于研究阶段支出，人工费用以银行存款支付。

（2）2017 年年末，该研究阶段结束，进入到了开发阶段，该项目在技术上已经具有可行性，甲公司管理层明确表示将继续投入资金支持，研发成功后，准备立即投产。

（3）2018 年度，共发生材料费用 260 万元、人工费用 140 万元（用银行存款支付），另发生相关设备折旧费用 200 万元，2018 年发生的支出，均符合资本化的条件。

2019 年 1 月 1 日，该项目研发成功，该项专利于当日达到预定可使用状态。

（4）甲公司预计该项新产品专利技术的使用寿命为 5 年，该项专利的法律保护期限为 10 年，甲公司采用直线法摊销，无残值，税法规定与会计规定相同。

（5）2019 年末，该项新专利技术出现减值迹象，经减值测试，该项新专利技术的可收回金额为 400 万元，计提减值后，摊销年限，摊销方法和残值不需变更。

要求：编制 2017 年至 2019 年相关的会计处理。

2. 甲公司内部审计部门在对其 2016 年度财务报表进行内审时，对以下交易或事项的处理提出质疑：

（1）2016 年 1 月 1 日，经董事会批准，由研发部门研发一项管理用专利技术。在研究阶段，企业为了研究成果的应用研究与评价，发生的直接人员工资、材料费以及相关设备折旧费分别为 100 万元、300 万元和 200 万元。甲公司的会计处理如下：

借：研发支出——资本化支出　　　　　　　　　　　　　　　　　　　　600
　　贷：应付职工薪酬　　　　　　　　　　　　　　　　　　　　　　　　100
　　　　原材料　　　　　　　　　　　　　　　　　　　　　　　　　　　300
　　　　累计折旧　　　　　　　　　　　　　　　　　　　　　　　　　　200

（2）2016 年 2 月 1 日，上述专利技术经研究具有可开发性，转入开发阶段。发生直接人员工资、材料费以及相关设备折旧费分别为 400 万元、650 万元和 100 万元，同时以银行存款支付了其他相关费用 50 万元，以上开发支出均符合资本化条件。会计处理如下：

借：研发支出——资本化支出　　　　　　　　　　　　　　　　　　　　1200
　　贷：应付职工薪酬　　　　　　　　　　　　　　　　　　　　　　　　400
　　　　原材料　　　　　　　　　　　　　　　　　　　　　　　　　　　650
　　　　累计折旧　　　　　　　　　　　　　　　　　　　　　　　　　　100
　　　　银行存款　　　　　　　　　　　　　　　　　　　　　　　　　　50

（3）2016 年 4 月 1 日，该专利技术达到预定可使用状态（除上述情况外，甲公司未发生其他与该专利技术相关的支出），形成无形资产。甲公司预计该专利技术的使用年限为 10 年，无残值。甲公司无法可靠确定该专利技术的经济利益预期实现方式。2016 年甲公司对该专利技术的会计处理如下：

2016 年 4 月 1 日

借：无形资产 1800

　贷：研发支出——资本化支出 1800

2016 年 12 月 31 日

借：管理费用 135

　贷：累计摊销 135

（4）2016 年 4 月 1 日，甲公司从科贸公司购入一项土地使用权，实际支付价款 1200 万元，土地尚可使用年限为 50 年，按照直线法摊销，无残值，甲公司购入土地使用权用于建造办公楼。2016 年 10 月 1 日，该办公楼开始建造，甲公司将该土地使用权的账面价值计入在建工程，并停止对土地使用权摊销。至 2016 年 12 月 31 日，办公楼仍在建造中。相关会计处理如下：

借：管理费用 12

　贷：累计摊销 12

借：在建工程 1188

　　累计摊销 12

　贷：无形资产 1200

（5）经董事会批准，甲公司 2016 年 10 月 1 日与乙公司签订一项不可撤销的销售合同，将一项管理用专利权的所有权转让给乙公司。合同约定，专利权转让价格为 500 万元，乙公司应于 2017 年 1 月 10 日前支付上述款项；甲公司应协助乙公司于 2017 年 1 月 20 日前完成专利权所有权的转移手续。

甲公司专利权系 2011 年 10 月 1 日达到预定用途并投入使用，成本为 1200 万元，预计使用年限为 10 年，无残值，采用直线法摊销，至 2016 年 9 月 30 日未计提减值准备。

2016 年度，甲公司对该专利权共摊销了 120 万元，相关会计处理如下：

借：管理费用 120

　贷：累计摊销 120

假定不考虑其他相关税费的影响。

要求：根据上述资料，逐项判断甲公司会计处理是否正确，并简要说明理由，如不正确，编制更正有关会计差错的会计分录。（有关会计差错更正按当期差错处理，不要求编制结转损益的会计分录；答案中的金额单位用万元表示）

机考过关必练参考答案及解析

一、单项选择题

1.【答案】A

【解析】无形资产的入账价值为 150 万元，因使用寿命不能合理确定，所以应当在每年年底进行减值测试，2017 年 12 月 31 日，可收回金额为 100 万元，所以应计提无形资产减值准备 50 万元。

2.【答案】C

【解析】选项 C，无形资产当月增加当月摊销，当月减少当月不计提摊销。

3.【答案】C

【解析】甲公司购买该项专利权的入账价值 = 1000 × 3.5460 + 20 = 3566（万元）。

4.【答案】A

【解析】2016 年 12 月 31 日，无形资产账面价值 = 160 − 42 − 18 = 100（万元），无形资产可收回金额为 90 万元，所以无形资产应当计提减值准备的金额为 10 万元。

5.【答案】B

【解析】当月增加的使用寿命有限的无形资产从当月开始摊销，选项 A 不正确；持有待售的无形资产不进行摊销，选项 C 不正确；无法可靠确定与无形资产有关的经济利益的预期实现方式，应当采用直线法摊销，选项 D 不正确。

6.【答案】A

【解析】根据相关规定，只有在开发阶段符合资本化条件的支出才能计入无形资产成本，此题中开发阶段符合资本化条件的支出金额 = 100 + 30 = 130（万元），应当确认为无形资产；其他支出全部计入到当期损益，所以管理费用的金额 = 100 + 20 + 30 + 20 = 170（万元），选项 A 正确。

7.【答案】D

【解析】2017 年相关会计处理：

借：管理费用		25
贷：累计摊销		25
借：累计摊销		50
营业外支出		150
贷：无形资产		200

影响 2017 年利润总额 = -25 - 150 = -175（万元）。

二、多项选择题

1.【答案】ACD

【解析】选项 B，自行研发的无形资产，研究阶段发生的支出应当记入到当期损益，不会影响到无形资产的账面价值。

2.【答案】ABD

【解析】如果合同规定了受益年限，法律也规定了保护期限的，摊销年限应选择二者中较短者，选项 C 错误。

3.【答案】ABD

【解析】选项 C，作为增值税进项税额抵扣。

4.【答案】ACD

【解析】分期付款具有融资性质购买管理系统软件应按照购买价款的现值 4546 万元作为入账价值，选项 A 正确，选项 B 不正确；2015 年未确认融资费用摊销计入财务费用的金额 =（4000 - 454）× 5% = 177.3（万元），选项 C 正确；2015 年 12 月 31 日，长期应付款的账面价值 = 4000 -（454 - 177.3）= 3723.3（万元），选项 D 正确。

参考会计分录如下：

2015 年 1 月 1 日

借：无形资产		4546
未确认融资费用		454
贷：长期应付款		4000
银行存款		1000

2015 年 12 月 31 日

借：管理费用		909.2
贷：累计摊销		909.2
借：财务费用		177.3
贷：未确认融资费用		177.3

5.【答案】BD

【解析】企业购入的土地使用权用于自行开发建造厂房等地上建筑物时，土地使用权与地上建筑物分别作为无形资产和固定资产进行摊销和提取折旧，选项 A 错误，选项 B 正确；2016 年 12 月 31 日，固定资产的入账价值为其全部建造成本 8000 万元，选项 C 错误；2017 年土地使用权摊销额 = 10000 ÷ 50 = 200（万元），办公楼计提折旧额 = 8000 ÷ 25 = 320（万元），选项 D 正确。

6.【答案】CD

【解析】企业研究阶段的支出应在"研发支出——费用化支出"科目中归集，期末再将其转入当期管理费用，选项 A 和 B 不正确。

三、判断题

1.【答案】×

【解析】购入无形资产价款超过正常信用条件延期支付，实际上具有融资性质的，应按所购无形资产购买价款的现值为基础入账。

2.【答案】×

【解析】企业选择的无形资产摊销方法，应当反映与该项无形资产有关的经济利益实现方式，无法可靠确定预期实现方式的，应当采用直线法摊销。

3.【答案】√

4.【答案】√

5.【答案】√

【解析】企业内部产生的品牌、报刊名、刊头、客户名单和实质上类似项目的支出，由于不能与整个业务开发成本区分开来，成本无法可靠计量，因此，不应确认为无形资产。

6.【答案】×

【解析】非房地产开发企业外购房屋所支付的价款应当在土地使用权与地上建筑物之间进行合理分配；确实难以合理分配的，应当全部作为固定资产核算。

7.【答案】×

【解析】企业至少应当于每年年度终了，对使用寿命有限的无形资产的使用寿命进行复核。无形资产的使用寿命与以前估计不同的，应当改变摊销期限，并按会计估计变更进行处理。

8.【答案】√

9.【答案】×

【解析】投资者投入无形资产的成本，应当按照投资合同协议约定的价值确定，但合同或协议约定价值不公允的，应按无形资产的公允价值入账。

10.【答案】√

11.【答案】×

【解析】内部开发无形资产的成本仅包括在满足资本化条件的时点至无形资产达到预定用途前发生的符合资本化条件支出总和，对于同一项无形资产在开发过程中达到资本化条件之前已经费用化计入到当期损益的支出不需要作出调整。

四、计算分析题

1.【答案】

2017 年相关会计处理：

借：研发支出——费用化支出　　　　　　　　300

　　贷：原材料　　　　　　　　　　　　　　　　200

　　　　应付职工薪酬　　　　　　　　　　　　　100

借：应付职工薪酬　　　　　　　　　　　　100

　　贷：银行存款　　　　　　　　　　　　　　　100

借：管理费用　　　　　　　　　　　　　　300

　　贷：研发支出——费用化支出　　　　　　　　300

2018 年相关会计处理：

借：研发支出——资本化支出　　　　　　　600

　　贷：原材料　　　　　　　　　　　　　　　　260

　　　　累计折旧　　　　　　　　　　　　　　　200

　　　　应付职工薪酬　　　　　　　　　　　　　140

借：应付职工薪酬　　　　　　　　　　　　140

　　贷：银行存款　　　　　　　　　　　　　　　140

借：无形资产　　　　　　　　　　　　　　600

　　贷：研发支出——资本化支出　　　　　　　　600

2019 年相关会计处理：

借：生产成本（制造费用）　　　　　　　　　　　　　　　　　　　120

　　贷：累计摊销　　　　　　　　　　　　　　　　　　　　　　　　120

减值测试前无形资产的账面价值 = 600 – 120 = 480（万元）；

应计提的减值准备金额 = 480 – 400 = 80（万元）。

借：资产减值损失　　　　　　　　　　　　　　　　　　　　　　　80

　　贷：无形资产减值准备　　　　　　　　　　　　　　　　　　　　80

2.【答案】

（1）资料（1）会计处理不正确。

理由：自行研发的无形资产研究阶段的支出应当费用化，而不应资本化，只有在开发阶段发生的符合资本化条件的支出才应该资本化，计入无形资产的入账价值。更正分录为：

借：研发支出——费用化支出　　　　　　　　　　　　　　　　　　600

　　贷：研发支出——资本化支出　　　　　　　　　　　　　　　　　600

（2）资料（2）的会计处理正确。

理由：开发阶段符合资本化条件的支出，记入"研发支出——资本化支出"科目。

（3）资料（3）的会计处理不正确。

理由：无形资产研究阶段发生的费用化支出 600 万元应于期末转入管理费用，不计入无形资产成本，该项专利技术 2016 年应计提摊销额 = 1200/10 × 9/12 = 90（万元）。更正分录为：

借：研发支出——资本化支出　　　　　　　　　　　　　　　　　　600

　　贷：无形资产　　　　　　　　　　　　　　　　　　　　　　　600

借：管理费用　　　　　　　　　　　　　　　　　　　　　　　　　600

　　贷：研发支出——费用化支出　　　　　　　　　　　　　　　　　600

借：累计摊销　　　　　　　　　　　　　　　　　　　　45（135 – 90）

　　贷：管理费用　　　　　　　　　　　　　　　　　　　　　　　　45

（4）资料（4）会计处理不正确。

理由：外购土地使用权用于自行开发建造办公楼等地上建筑物时，相关的土地使用权账面价值不转入在建工程成本，土地使用权仍按照其摊销年限进行摊销，并将建造期间的摊销金额计入在建工程。更正分录为：

借：无形资产　　　　　　　　　　　　　　　　　　　　　　　　1200

　　贷：在建工程　　　　　　　　　　　　　　　　　　　　　　1188

　　　　累计摊销　　　　　　　　　　　　　　　　　　　　　　　12

土地使用权 2016 年应摊销金额 = 1200 ÷ 50 × 9/12 = 18（万元）。

借：在建工程　　　　　　　　　　　　　　　　　　　　6（18 – 12）

　　贷：累计摊销　　　　　　　　　　　　　　　　　　　　　　　　6

（5）资料（5）会计处理不正确。

理由：甲公司应将该专利权划分为持有待售的无形资产，已划分为持有待售的无形资产不再进行摊销，应按照账面价值与公允价值减去处置费用后的净额孰低进行计量。

至 2016 年 9 月 30 日该专利权累计摊销的金额 = 1200 ÷ 10 × 5 = 600（万元），计提减值前账面价值 = 1200 – 600 = 600（万元），应计提减值准备的金额 = 600 – 500 = 100（万元），2016 年 1 至 9 月份摊销额 = 1200/10 × 9/12 = 90（万元）。更正分录为：

借：资产减值损失　　　　　　　　　　　　　　　　　　　　　　100

　　贷：无形资产减值准备　　　　　　　　　　　　　　　　　　　100

借：累计摊销　　　　　　　　　　　　　　　　　　　　30（120 – 90）

　　贷：管理费用　　　　　　　　　　　　　　　　　　　　　　　30

第七章　非货币性资产交换

> 🔊 **学习导读**
>
> 本章属于非重要章节，主要介绍了非货币性资产交换的确认和会计处理。
>
> 本章重点掌握的内容包括：（1）非货币性资产交换的特征和认定；（2）非货币性资产交换中涉及换入资产入账价值的确定；（3）换出资产相关损益的计算；（4）涉及多项资产的非货币性资产交换的核算。其中：换入资产的入账价值和换出资产相关损益的计算比较重要。
>
> 在近三年考试中，本章的平均分值为 2 分。本章考试的题型一般为单项选择题、多项选择题和判断题。2017 年考试主要关注换入资产的入账价值及换出资产相关损益的计算。

易错易混集训

易错易混点 1 涉及多项非货币性资产交换的会计处理

【母题·单选题】2016 年 3 月 2 日，甲公司以公允价值为 800 万元（账面价值为 700 万元）的厂房和公允价值为 240 万元（账面价值为 300 万元）的专利权，换入乙公司公允价值为 300 万元（账面价值为 420 万元）的在建房屋和公允价值为 700 万元（账面价值为 600 万元）的设备，甲公司另收到乙公司支付的补价 40 万元。假设该项非货币性资产交换具有商业实质，甲公司换入资产过程中发生相关费用 10 万元，不考虑增值税等其他因素，甲公司换入设备的入账价值为（　　）万元。

A. 707　　　　　　　　　　　　　　B. 735

C. 700　　　　　　　　　　　　　　D. 728

【答案】A

【解析】甲公司换入资产总成本 = 换出资产公允价值总额 + 换出资产增值税销项税额 – 换入资产可抵扣的增值税进项税额 + 支付的应计入换入各项资产成本的相关税费 – 收到的补价 = 800 + 240 + 0 – 0 + 10 – 40 = 1010（万元），则甲公司换入设备的入账价值 = 该项资产的公允价值 ÷ 换入资产公允价值总额 × 换入资产总成本 = 700 / （700 + 300）× 1010 = 707（万元）。

【子题·单选题】假定上述题干换入与换出资产的条件不变。甲公司另支付给乙公司补价 20 万元。假定该项非货币性资产交换不具有商业实质。不考虑增值税等其他因素，则甲公司换入设备的入账价值为（　　）万元。

A. 588.24　　　　　　　　　　　　B. 605.88

C. 594.12　　　　　　　　　　　　D. 600

【答案】B

【解析】甲公司换入资产总成本 = 换出资产账面价值总额 + 换出资产增值税销项税额 – 换入资产可抵扣的增值税进项税额 + 支付的应计入换入各项资产成本的相关税费 + 支付的补价 = 700 + 300 + 0 – 0 + 10 + 20 = 1030（万元），则甲公司换入设备的入账价值 = 该项资产的原账面价值 ÷ 换入资产原账面价值总额 × 换入资产总成本 = 600 / （600 + 420）× 1030 = 605.88（万元）。

📖 易错易混点辨析

涉及多项非货币性资产交换的会计处理

具有商业实质	各项换入换出资产的公允价值均能够可靠计量	以换出资产公允价值为基础确定换入资产总成本 某项换入资产成本＝总成本×公允价值比例
	换入公允能够可靠计量 换出公允不能可靠计量	以换入资产公允价值为基础确定换入资产总成本 某项换入资产成本＝总成本×公允价值比例
	换入公允不能可靠计量 换出公允能够可靠计量	以换出资产公允价值为基础确定换入资产总成本 某项换入资产成本＝总成本×账面价值比例
不具有商业实质或虽具有商业实质但换入换出资产的公允价值均不能可靠计量		以换出资产账面价值为基础确定换入资产总成本 某项换入资产成本＝总成本×账面价值比例

易错易混点2 货币性资产与非货币性资产的判断

【母题·单选题】下列各项中属于非货币性资产的是(　　)。

A. 外埠存款　　　　　　　　　　　B. 持有的银行承兑汇票

C. 拟长期持有的股票投资　　　　　D. 准备持有至到期的债券投资

【答案】C

【解析】非货币性资产是指货币性资产以外的资产，该类资产在将来为企业带来的经济利益不固定或不可确定，包括存货（如原材料、库存商品等）、长期股权投资、投资性房地产、固定资产、在建工程、无形资产等。拟长期持有的股票投资为企业带来的经济利益不固定或不可确定，选项C，属于非货币性资产。

【子题·多选题】下列资产中，属于货币性资产的有(　　)。

A. 其他应收款　　　B. 应收账款　　　C. 预付账款　　　D. 其他货币资金

【答案】ABD

【解析】货币性资产是指企业持有的货币资金和将以固定或可确定的金额收取的资产。预付账款一般为购买原材料、库存商品等资产而提前支付的款项，收到的是原材料、库存商品等资产，而不是金额固定或可确定的货币，所以预付账款是非货币性资产。

📖 易错易混点辨析

非货币性资产交换，是指交易双方主要以存货、固定资产、无形资产和长期股权投资等非货币性资产进行的交换。该交换不涉及或只涉及少量的货币性资产（即补价）。

货币性资产	非货币性资产
库存现金、银行存款、其他货币资金、应收票据、贷款和应收账款、其他应收款、应收股利、应收利息、准备持有至到期的债券投资等 【提示1】其他货币资金包括：银行汇票存款、银行本票存款、信用卡存款、信用证保证金存款、存出投资款和外埠存款 【提示2】应收票据包括商业承兑汇票和银行承兑汇票	存货、固定资产、无形资产、交易性金融资产、长期股权投资、投资性房地产、预付账款等

易错易混点3 非货币性资产交换的认定

【母题】甲公司和乙公司均为增值税一般纳税人，销售产品适用的增值税税率均为17%。甲公司和乙公司不存在任何关联方关系。2016年7月1日，甲公司以其持有的2万股A公司股票交换乙公司生产的一批产品。甲公司所持有A公司股票作为交易性金融资产核算，资产交换日的账面价值为20万元，在交换日的公允价值为25万元。乙公司另以银行存款向甲公司支付1.6万元（含增值税额）。乙公司用于交换的该批产品的账面余额为18万元，未计提存货跌价准备，在交换日的公允价值为20万元。乙公司换入A公司股票后没有改变持有目的和原用途。

要求：判断该交换是否是非货币性资产交换。

【答案】本题中，该项资产交换涉及收付货币性资产，即甲公司收到的1.6万元，其中包括由于换出和换入资产公允价值不同而收到的补价5万元，以及因换出资产销项税额（本题为0）与换入资产进项税额［3.4万元（20×17%）］存在差额而需支付的3.4万元。

对甲公司而言，收到的补价5/换出资产的公允价值25×100% ＝20% ＜25%，该交换属于非货币性资产交换。

【子题】A公司用一栋厂房换入B公司的一项专利权。资产交换日，厂房的账面原值为2000万元，已提折旧300万元，已提减值准备100万元。B公司另以银行存款向A公司支付补价200万元。假定该项资产交换不具有商业实质，假定不考虑增值税等其他因素。

要求：判断该交换是否是非货币性资产交换。

【答案】收到的补价200/换出资产的账面价值（2000－300－100）×100% ＝12.5% ＜25%，该交换属于非货币性资产交换。

📖易错易混点辨析

情况一：交换符合公允价值计量

$$\frac{\text{支付的货币性资产即补价（不含增值税）}}{\text{换入资产的公允价值（不含增值税）}\atop\text{（或换出资产的公允价值＋支付的补价）}} \times 100\% < 25\%$$

或者：

$$\frac{\text{收到的货币性资产即补价（不含增值税）}}{\text{换出资产的公允价值（不含增值税）}\atop\text{（或换入资产的公允价值＋收到的补价）}} \times 100\% < 25\%$$

【提示1】整个资产交换金额即在整个非货币性资产交换中最大的公允价值。

【提示2】公允价值为不含增值税的市场价格。

【提示3】公式中的补价为单纯的换入资产与换出资产公允价值差额的绝对值，不包括增值税带来的影响。

情况二：交换符合账面价值计量

$$\frac{\text{支付的货币性资产即补价（不含增值税）}}{\text{换入资产的账面价值（不含增值税）}\atop\text{（或换出资产的账面价值＋支付的补价）}} \times 100\% < 25\%$$

或者：

$$\frac{\text{收到的货币性资产即补价（不含增值税）}}{\text{换出资产的账面价值（不含增值税）}\atop\text{（或换入资产的账面价值＋收到的补价）}} \times 100\% < 25\%$$

【提示1】整个资产交换金额即在整个非货币性资产交换中最大的账面价值。

【提示2】公式中的补价为单纯的换入资产与换出资产账面价值差额的绝对值，不包括增值税带来的影响。

易错易混点 4 非货币性资产交换换入资产入账价值的确定

【母题·单选题】 甲、乙公司均为增值税一般纳税人。甲公司以一台设备换入乙公司的一项非专利技术，交换日设备的账面价值为 270 万元，其中：原价为 300 万元，已提折旧 30 万元，其公允价值为 250 万元，换出设备的增值税税额为 42.5 万元。乙公司换出非专利技术的账面价值为 260 万元，其中：原价为 320 万元，累计摊销为 60 万元，未计提减值准备，公允价值为 260 万元。乙公司另以银行存款向甲公司支付 32.5 万元。假定甲公司和乙公司之间的资产交换具有商业实质。假定该非专利技术符合税法规定的免税条件，不考虑其他因素，则甲公司换入的非专利技术的入账价值为（ ）万元。

A. 260　　　　　　　B. 250　　　　　　　C. 292.5　　　　　　　D. 252

【答案】 A

【解析】 本题中，该项资产交换涉及收付货币性资产，即甲公司收到的 32.5 万元，其中包括由于换出和换入资产公允价值不同而支付的补价 10 万元，以及因换出资产销项税额（42.5 万元）与换入资产进项税额（本题为 0）的差额而需收到的 42.5 万元。

对甲公司而言，支付的补价（260 − 250）/换入资产的公允价值 260 × 100% = 3.85% < 25%，该交换属于非货币性资产交换。该项交换具有商业实质并且换入资产或换出资产的公允价值能够可靠地计量，所以属于以公允价值计量的非货币性资产交换。应以换出资产的公允价值为基础确定换入资产的入账价值，则换入资产的入账价值 = 换出资产的公允价值 + 换出资产增值税销项税额 − 换入资产可抵扣的增值税进项税额 − 收到的补价（包含增值税影响）= 250 + 42.5 − 0 − 32.5 = 260（万元）。或者甲公司换入资产未发生相关税费，换入非专利技术的入账价值为其公允价值 260 万元。

【子题·单选题】 假定上述题干换入与换出资产的条件不变。乙公司另以银行存款向甲公司支付 52.5 万元，甲公司换出设备已开具增值税专用发票。假定该交换不具有商业实质。不考虑其他因素，则甲公司换入非专利技术的入账价值为（ ）万元。

A. 260　　　　　　　B. 250　　　　　　　C. 292.5　　　　　　　D. 252

【答案】 A

【解析】 收到的补价（270 − 260）/换出资产的账面价值 270 × 100% = 3.7% < 25%，该交换属于非货币性资产交换。该项交换不具有商业实质，所以属于以账面价值计量的非货币性资产交换。应以换出资产的账面价值为基础确定换入资产的入账价值，其换入资产的入账价值 = 换出资产的账面价值 + 换出资产增值税销项税额 − 换入资产可抵扣的增值税进项税额 − 收到的补价（包含增值税影响）= 270 + 42.5 − 0 − 52.5 = 260（万元）。

易错易混点辨析

项　目	公允价值计量	账面价值计量
适用情形	同时满足以下两个条件： ①该项交换具有商业实质 ②换入资产或换出资产的公允价值能够可靠地计量	公允价值计量适用情形的两个条件未同时满足
换入资产入账价值	换入资产成本 = 换出资产公允价值 + 换出资产增值税销项税额 − 换入资产可抵扣的增值税进项税额 + 支付的应计入换入资产成本的相关税费 + 支付的补价/ − 收到的补价	换入资产成本 = 换出资产账面价值 + 换出资产增值税销项税额 − 换入资产可抵扣的增值税进项税额 + 支付的应计入换入资产成本的相关税费 + 支付的补价/ − 收到的补价

　　【提示】 公式中涉及的补价为实际交换中收付的货币性资产的金额，即包含增值税带来影响后实际收付的金额。

　　只有在判断是否属于非货币性资产交换时，才需要使用到真实的补价，即公允价值计量下，换入与换出资产公允价值差额的绝对值；账面价值计量下，换入与换出资产账面价值差额的绝对值。

易错易混点 5 换出不同资产时换出资产公允价值与其账面价值差额的会计处理

【母题】2016 年 9 月 1 日，经与丙公司协商，甲公司以一项非专利技术和对丁公司股权投资（作为可供出售金融资产核算）换入丙公司持有的对戊公司长期股权投资。资产交换日，甲公司非专利技术的原价为 600 万元，已摊销 100 万元，已计提减值准备 50 万元，公允价值为 500 万元；对丁公司股权投资的公允价值为 200 万元，账面价值为 190 万元（成本为 165 万元，公允价值变动为 25 万元）。丙公司对戊公司长期股权投资的账面价值为 500 万元，未计提减值准备，公允价值为 650 万元。丙公司另以银行存款向甲公司支付补价 50 万元。该非货币性资产交换具有商业实质，假定不考虑相关税费等其他因素。

要求：计算非货币性资产交换时点影响甲公司 2016 年利润总额的金额。

【答案】甲公司换出非专利技术影响利润总额的金额 = 500 -（600 - 100 - 50）= 50（万元），换出可供出售金融资产影响利润总额的金额 =（200 - 190）+ 25（其他综合收益转入投资收益）= 35（万元），则非货币性资产交换时点影响甲公司 2016 年利润总额的金额 = 50 + 35 = 85（万元）。

📖 易错易混点辨析

公允价值计量下换出不同资产时换出资产公允价值与其账面价值差额的会计处理

换出资产的类别	会计处理
存货	①存货为库存商品，按公允价值确认主营业务收入，账面价值结转到主营业务成本 ②存货为外购原材料，按公允价值确认其他业务收入，账面价值结转到其他业务成本
交易性金融资产	换出资产的公允价值与其账面价值之间的差额计入投资收益
可供出售金融资产	换出资产的公允价值与其账面价值之间的差额计入投资收益
投资性房地产	将实际处置收入计入其他业务收入，将账面价值结转到其他业务成本
固定资产、无形资产	换出资产公允价值与其账面价值之间的差额计入营业外收入或营业外支出
长期股权投资	换出资产公允价值与其账面价值之间的差额计入投资收益

【提示 1】原持有期间确认的公允价值变动损益、资本公积——其他资本公积和其他综合收益（换出资产如为长期股权投资，其他综合收益按被投资单位结转原则处理），在换出时点结转到当期损益。

【提示 2】非货币性资产交换准则与收入等相关准则处理的区别：

如果属于货币性资产交换，需要按照收入等相关准则处理，那么就是换出资产作为销售处理，会确认当期损益，这与按照公允价值计量的方式基本一致。

如果与按照公允价值计量的非货币性资产交换相比，换入资产的确认会略有不同，如果按照收入等相关准则处理，换入资产的价值是应该按照换入资产的公允价值为基础确定的，而如果作为按照公允价值计量的非货币性资产交换，是需要以换出资产的公允价值为基础确认（除有确凿证据表明换入资产的公允价值更加可靠的除外）；如果与按照账面价值计量的非货币性资产交换相比，那么与收入准则的差别更大，账面价值计量是不确认换出资产的处置损益的，而收入等相关准则需要相应的做出确认收入、结转成本等处理。

所以对于涉及资产交换的题目我们的思路是首先要判断是否为非货币性资产交换，然后才能够做出符合准则要求的正确的会计处理。

机考过关必练

一、单项选择题

1. 在不涉及补价的情况下，下列各项交易或事项中，属于非货币性资产交换的是（   ）。

    A. 开出银行承兑汇票购买原材料

    B. 以作为持有至到期投资核算的债券投资换入机器设备

    C. 以拥有的股权投资换入专利技术

    D. 以应收债权换入对联营企业投资

2. 在确定涉及补价的交易是否为非货币性资产交换时，收到补价的企业，应当按照收到的补价占（　　）的比例是否低于 25% 确定。

  A. 换出资产公允价值

  B. 换出资产公允价值加上支付的补价

  C. 换入资产公允价值减补价

  D. 换出资产公允价值减补价

3. 甲公司以 M 设备换入乙公司 N 设备，另向乙公司支付补价 5 万元，该项交易具有商业实质。交换日，M 设备账面原价为 66 万元，已计提折旧 17 万元，未计提减值准备，公允价值无法合理确定；N 设备公允价值为 72 万元。假定不考虑增值税等其他因素，该项非货币性资产交换对甲公司当期损益的影响金额为（　　）万元。

  A. 0   B. 6   C. 11   D. 18

4. 甲公司和乙公司均为增值税一般纳税人，甲公司于 2016 年 12 月 5 日以一批商品换入乙公司的一项非专利技术，该项非货币性资产交换具有商业实质。交换日，甲公司换出商品的账面价值为 80 万元，不含增值税的公允价值为 100 万元（与计税价格相等），增值税税额为 17 万元；乙公司另以银行存款支付给甲公司 10 万元。甲公司换入非专利技术的原账面价值为 60 万元，公允价值无法可靠计量。假定乙公司非专利技术免交增值税且不考虑其他因素，甲公司换入该非专利技术的入账价值为（　　）万元。

  A. 50   B. 70   C. 90   D. 107

5. 甲公司和乙公司均为增值税一般纳税人，销售商品适用的增值税税率均为 17%。甲公司和乙公司不存在任何关联方关系。2016 年 7 月 1 日，甲公司以其持有的对 A 公司的投资交换乙公司生产的一台大型生产设备。甲公司所持有的对 A 公司投资作为可供出售金融资产核算，资产交换日的账面价值为 25 万元，其中成本为 18 万元，累计确认公允价值变动为 7 万元，在交换日的公允价值为 28 万元。甲公司另向乙公司支付银行存款 1.25 万元。乙公司用于交换的生产设备的账面余额为 20 万元，未计提存货跌价准备，在交换日的公允价值为 25 万元。乙公司换入对 A 公司股票投资后没有改变持有目的和原用途。该交换具有商业实质，不考虑其他因素，下列会计处理中不正确的是（　　）。

  A. 甲公司换入设备入账价值为 25 万元

  B. 乙公司换入 A 公司股票确认为可供出售金融资产

  C. 乙公司换出生产设备应确认营业外收入

  D. 甲公司换出所持有 A 公司股票影响营业利润的金额为 10 万元

6. 甲公司和乙公司均为增值税一般纳税人，销售商品适用的增值税税率均为 17%。2016 年 3 月 2 日，甲公司以一批存货换入乙公司持有的丙公司的长期股权投资。甲公司该批存货的账面价值为 800 万元，当日的公允价值为 1000 万元（与计税价格相等）。乙公司持有的丙公司长期股权投资（采用权益法核算）的账面价值为 700 万元，当日的公允价值为 1100 万元。乙公司另以银行存款向甲公司支付 70 万元。该项交换具有商业实质，双方对换入的资产均不改变原用途，交易完成后，甲公司对丙公司的股权投资采用权益法核算，不考虑其他因素，则在该非货币性资产交换中，甲公司换入长期股权投资的初始入账价值为（　　）万元。

  A. 1100   B. 1000   C. 500   D. 785.71

7. 甲公司以其持有的商标权（适用的增值税税率为 6%）换取乙公司持有的对丙公司的股权投资。甲公司该项商标权的账面余额为 600 万元，已累计摊销 200 万元，已计提减值准备 50 万元，当日该商标权的公允价值为 400 万元。甲公司取得该项股权投资后，能够对丙公司的生产经营决策产生重大影响，作为长期股权投资核算，该项非货币性资产交换不具有商业实质，不考虑其他因素的影响，则甲公司的处理中不正确的是（　　）。

  A. 长期股权投资的初始投资成本为 374 万元   B. 长期股权投资的初始投资成本为 400 万元

  C. 换出资产不确认损益   D. 应减少无形资产账面价值 350 万元

8. 甲、乙公司均为增值税一般纳税人，销售商品适用的增值税税率均为 17%，出售不动产适用的增值税税率均为 11%；出售专利权适用的增值税税率为 6%。2016 年 10 月 20 日，甲公司以一批自产产品和一项专利权与乙公司的一栋办公楼进行非货币性资产交换。甲公司该批自产产品的成本为 500 万元，未计提存货跌价准备，当日的公允价值（计税价格）为 800 万元；专利权的原价为 400 万元，已累计摊销 100 万元，未计提减值准备，当日的公允价值为 350 万元。乙公司办公楼的原价为 1600 万元，已计提折旧 800 万元，未计提减值准备，当日的公允价值为 1200 万元。该项交换不具有商业实质。甲公司将换入的办公楼划分为以成本模式计量的投资性房地产，并于当日开始对外出租。不考虑其他因素，则甲公司换入投资性房地产的入账价值是(   )万元。

A. 1150   B. 1200   C. 825   D. 800

二、多项选择题

1. 下列项目中，属于非货币性资产交换的有(   )。
   A. 以公允价值为 100 万元的产品换取一台设备
   B. 以公允价值为 200 万元的 A 车床换取 B 车床，同时收到 50 万元的补价
   C. 以公允价值为 200 万元的固定资产换取专利权
   D. 以公允价值为 70 万元的电子设备换取一辆小汽车，同时支付 30 万元的补价

2. 下列各项中，能够据以判断非货币性资产交换具有商业实质的有(   )。
   A. 未来现金流量的风险、金额相同，时间不同
   B. 未来现金流量的时间、金额相同，风险不同
   C. 未来现金流量的风险、时间相同，金额不同
   D. 换入资产与换出资产的预计未来现金流量的现值不同，且其差额与换入资产和换出资产的公允价值相比是重大的

3. 下列情形中，属于换入资产或换出资产公允价值能够可靠计量的有(   )。
   A. 换入资产或换出资产存在活跃市场，以市场价格为基础确定公允价值
   B. 换入资产或换出资产不存在活跃市场，但同类或类似资产存在活跃市场，以同类或类似资产市场价格为基础确定公允价值
   C. 换入资产或换出资产不存在同类或类似资产可比市场交易，采用估值技术确定公允价值
   D. 换入资产或换出资产不存在同类或类似资产可比市场交易，可以使用同类或类似资产的账面价值

4. 不考虑相关税费等其他因素的情况下，对于不具有商业实质、不涉及补价的非货币性资产交换，影响换入资产入账价值的因素有(   )。
   A. 换出资产的账面余额   B. 换出资产的公允价值
   C. 换出资产已计提的折旧   D. 换出资产已计提的减值准备

5. 非货币性资产交换以公允价值计量的条件有(   )。
   A. 该项交换具有商业实质
   B. 非货币性资产交换可以不具有商业实质
   C. 换入资产或换出资产的公允价值能够可靠地计量
   D. 换入资产和换出资产的公允价值均能够可靠地计量

6. 2016 年 7 月 1 日，甲公司以其拥有一台生产设备换入乙公司一项非专利技术，并支付补价 10 万元，当日，甲公司该设备的原价为 70 万元，累计折旧为 20 万元，未计提减值准备，公允价值为 60 万元，乙公司该项非专利技术的公允价值为 70 万元，该项非货币性资产交换具有商业实质，不考虑相关税费等其他因素的影响，甲公司针对该非货币性资产交换进行的下列会计处理中，正确的有(   )。
   A. 按 10 万元确定营业外收入   B. 按 70 万元确定换入非专利技术的成本
   C. 按 60 万元确定换入非专利技术的成本   D. 按 20 万元确定处置非流动资产利得

7. 非货币性资产交换同时换入多项资产的，在确定各项换入资产的成本时，下列说法中错误的有(   )。
   A. 非货币性资产交换不具有商业实质，或者虽具有商业实质但换入资产的公允价值不能可靠计量的，应当按照换入各项资产的原账面价值占换入资产原账面价值总额的比例，对换入资产的成本总额进行分配，确定各项换入资产的成本
   B. 非货币性资产交换具有商业实质，且换入资产的公允价值能够可靠计量的，应当按照换入各项资产的公允价值占换入资产公允价值总额的比例，对换入资产的成本总额进行分配，确定各项换入资产的成本
   C. 均按各项换入资产的公允价值确定

D. 非货币性资产交换不具有商业实质，或者虽具有商业实质但换入资产的公允价值不能可靠计量的，应当按照换入各项资产的公允价值占换入资产公允价值总额的比例，对换入资产的成本总额进行分配，确定各项换入资产的成本

8. 非货币性资产交换以公允价值计量并且涉及补价的，若不考虑其他因素的影响，则支付补价方在确定计入当期损益的金额时，可能涉及的因素有（　　）。

A. 支付的补价　　　　　　　　　　　B. 换入资产的公允价值

C. 换出资产的账面价值　　　　　　　D. 换入资产的账面价值

三、判断题

1. 非货币性资产交换中，收到补价方，收到的补价（不含增值税）占换入资产的公允价值（或换出资产的公允价值加上收到的补价）的比例应低于 25%。　　　　　　　　　　　　　　　（　　）

2. 如果非货币性资产交换只具有商业实质，但换入资产和换出资产的公允价值均不能可靠计量，应当按照账面价值计量。　　　　　　　　　　　　　　　　　　　　　　　　　　　　　　　　　（　　）

3. 一般来说，公允价值计量下，取得资产的成本应当按照所放弃资产的对价来确定，但是有确凿证据表明换入资产的公允价值更加可靠，应当以换入资产公允价值为基础确定换入资产的成本。（　　）

4. 非货币性资产交换中，采用估值技术确定换入资产或换出资产公允价值时，要求采用该估值技术确定的公允价值估计数的变动区间很小，或者在公允价值估计数变动区间内，各种用于确定公允价值估计数的概率能够合理确定。　　　　　　　　　　　　　　　　　　　　　　　　　　　　（　　）

5. 资产的预计未来现金流量现值，应当按照资产在持续使用过程和最终处置时预计产生的税前未来现金流量，选择恰当的折现率对预计未来现金流量折现后的金额加以确定。　　　　　　　　（　　）

6. 换入交易性金融资产发生的相关交易费用应计入换入资产成本中。　　　　　　　　　　　（　　）

7. 换出资产为可供出售金融资产的，换出资产的公允价值与其账面价值的差额，计入投资收益，持有期间形成的其他综合收益不作处理。　　　　　　　　　　　　　　　　　　　　　　　　　（　　）

8. 与单项非货币性资产交换一样，涉及多项非货币性资产交换的计量，也应当首先确定换入资产成本的计量基础和损益确认原则，再计算换入资产的成本总额。　　　　　　　　　　　　　　（　　）

四、计算分析题

甲公司和乙公司均为增值税一般纳税人，销售商品和设备适用的增值税税率均为 17%。2016 年 9 月 10 日，甲公司与乙公司达成协议，以本公司生产的一批 C 产品及 117 万元银行存款换入乙公司一台大型生产设备。9 月 30 日，甲公司将 C 产品运抵乙公司并向乙公司开具了增值税专用发票，同时支付银行存款 117 万元；乙公司将生产设备运抵甲公司并进行了相关资料的移交等相关手续。

交换日，甲公司换出 C 产品的成本为 800 万元，已计提存货跌价准备 80 万元，公允价值为 900 万元（计税价格）；换入生产设备的公允价值为 1000 万元（计税价格）。

甲公司对取得的该大型设备专门用于 A 产品的生产，自甲公司取得之日起尚可使用 10 年，预计净残值为零，采用年限平均法计提折旧。

要求：

（1）判断甲公司与乙公司的交易是否属于非货币性资产交换，并说明理由。

（2）编制甲公司 2016 年相关会计分录。（答案中的金额单位用万元表示）

五、综合题

甲公司为上市公司，该公司内部审计部门于 2017 年 1 月在对其 2016 年度财务报表进行内审时，对以下交易或事项的会计处理提出疑问：

（1）甲公司于 2016 年 9 月 1 日用一项可供出售金融资产与乙公司一项专利权进行交换，资产置换日，甲公司换出可供出售金融资产的账面价值为 480 万元（成本 400 万元，公允价值变动 80 万元），公允价值为 600 万元；乙公司换出专利权的账面余额为 700 万元，累计摊销 80 万元，未计提减值准备，公允价值为 600 万元，甲公司已收到乙公司增值税专用发票注明增值税税额 36 万元，同时甲公司以银行存款向乙公司支付 36 万元。甲公司对换入的专利权采用直线法按 5 年摊销，无残值，该专利权用于某车间多种产品生产。假定该项非货币性资产交换具有商业实质。双方交易后仍按照原用途使用。不考虑其他因素，甲公司相关会计处理如下：

借：无形资产　　　　　　　　　　　　　　　　　　　　　　　　　480

　　应交税费——应交增值税（进项税额）　　　　　　　　　　　36

　　贷：可供出售金融资产——成本　　　　　　　　　　　　　　400

　　　　　　　　　　　　——公允价值变动　　　　　　　　　　80

　　　　银行存款　　　　　　　　　　　　　　　　　　　　　　36

借：制造费用　　　　　　　　　　　　　　　　　　　　　　　　32

　　贷：累计摊销　　　　　　　　　　　　　　　　　　　　　　32

（2）甲公司于 2016 年 10 月用其持有的对丁公司的长期股权投资与丙公司的一批产品进行置换，资产置换日，甲公司持有的丁公司长期股权投资（采用权益法核算）的账面余额为 1000 万元（其中，投资成本为 800 万元，损益调整为 150 万元，其他权益变动为 50 万元），公允价值为 1100 万元；丙公司换出的该批产品的账面价值为 1000 万元，未计提存货跌价准备，公允价值为 1100 万元，丙公司向甲公司开具的增值税专用发票上注明的增值税税额为 187 万元，同时甲公司以银行存款向丙公司支付 187 万元。假设该项非货币性资产交换具有商业实质。

甲公司相关会计处理如下：

借：库存商品　　　　　　　　　　　　　　　　　　　　　　　1000

　　应交税费——应交增值税（进项税额）　　　　　　　　　　187

　　贷：长期股权投资——投资成本　　　　　　　　　　　　　800

　　　　　　　　　　　——损益调整　　　　　　　　　　　　150

　　　　　　　　　　　——其他权益变动　　　　　　　　　　50

　　　　银行存款　　　　　　　　　　　　　　　　　　　　　187

要求：根据资料（1）和（2），逐项判断甲公司会计处理是否正确；如不正确，简要说明理由，并编制有关会计差错的更正分录（涉及损益的事项无需通过“以前年度损益调整”科目核算，不考虑制造费用分配的会计处理）。

（答案中的金额单位用万元表示）

机考过关必练参考答案及解析

一、单项选择题

1.【答案】C

【解析】选项 A，应付票据属于一项负债；选项 B 中的持有至到期投资和选项 D 中的应收债权都是货币性资产，因此选项 A、B 和 D 均不属于非货币性资产交换。

2.【答案】A

【解析】在确定涉及补价的交易是否为非货币性资产交换时，收到补价的企业，应当按照收到的补价占换出资产公允价值（或换入资产公允价值加上收到的补价）的比例是否低于 25% 确定。

3.【答案】D

【解析】本题中的非货币性资产交换业务具有商业实质，且换入资产公允价值能够可靠计量，因此本题属于以公允价值计量的非货币性资产交换交易，甲公司会计处理如下：

借：固定资产清理　　　　　　　　　　　　　　　　　　　　　49

　　累计折旧　　　　　　　　　　　　　　　　　　　　　　　17

　　贷：固定资产——M 设备　　　　　　　　　　　　　　　　66

借：固定资产——N 设备　　　　　　　　　　　　　　　　　　72

　　贷：固定资产清理　　　　　　　　　　　　　　　　　　　67

　　　　银行存款　　　　　　　　　　　　　　　　　　　　　5

借：固定资产清理　　　　　　　　　　　　　　　　　　　　　18

　　贷：营业外收入　　　　　　　　　　　　　　　　　　　　18

故，选项 D 正确。

4.【答案】D

【解析】甲公司换入该非专利技术的入账价值 = 100 + 17 − 10 = 107（万元）。

5.【答案】C

【解析】本题中，该项资产交换涉及收付货币性资产，即甲公司支付的银行存款 1.25 万元，其中包括由于甲公司换出和换入资产公允价值不同而收到的补价 3 万元，以及因换出资产销项税额（本题为 0）与换入资产进项税额［4.25 万元（25 × 17%）］存在差额而需支付的 4.25 万元。

对甲公司而言，收到的补价 3/换出资产的公允价值 28 × 100% = 10.71% < 25%，该交换属于非货币性资产交换。因为该交换具有商业实质，并且换入资产和换出资产的公允价值能够可靠取得，所以应该作为公允价值计量的非货币性资产交换。

对甲公司而言，因换入设备在交换日的公允价值为 25 万元，且不涉及换入资产发生的相关税费，因此，甲公司换入办公设备的入账价值为其公允价值 25 万元，选项 A 正确；甲公司持有的对 A 公司的投资作为可供出售金融资产核算，题中给出进行交换后，乙公司没有改变持有目的和原用途，说明乙公司也是作为可供出售金融资产核算的，选项 B 正确；因办公设备系乙公司生产的产品，所以应确认营业收入，选项 C 不正确；甲公司换出可供出售金融资产影响营业利润的金额 = 28 − 25 + 7 = 10（万元），选项 D 正确。

6.【答案】A

【解析】该项交换具有商业实质，换出资产和换入资产的公允价值都能够合理取得，属于以公允价值计量的非货币性资产交换，则甲公司换入的长期股权投资的初始入账价值 = 1000 + 1000 × 17% − 70 = 1100（万元），选项 A 正确。

7.【解析】B

【解析】由于该项交换不具有商业实质，因此该项非货币性资产交换应采用账面价值进行计量，换入的长期股权投资的初始投资成本 = （600 − 200 − 50）+ 400 × 6% = 374（万元），选项 A 正确，选项 B 不正确；换出资产不产生损益，选项 C 正确；应按照账面价值减少无形资产，选项 D 正确。

8.【答案】C

【解析】该项交换不具有商业实质，因此该项非货币性资产交换应采用账面价值进行计量，甲公司换入投资性房地产的入账价值 = 500 + （400 − 100）+ 800 × 17% + 350 × 6% − 1200 × 11% = 825（万元）。

二、多项选择题

1.【答案】AC

【解析】选项 B，因补价与资产交换金额的比例 = 50 ÷ 200 × 100% = 25%，不属于非货币性资产交换；选项 D，因补价与资产交换金额的比例 = 30 ÷ （70 + 30）× 100% = 30% > 25%，不属于非货币性资产交换。

2.【答案】ABCD

3.【答案】ABC

【解析】换入资产或换出资产不存在同类或类似资产可比市场交易，采用估值技术确定公允价值，选项 C 正确，选项 D 错误。

4.【答案】ACD

【解析】非货币性资产交换不具有商业实质，应当以换出资产的账面价值为基础确定换入资产入账价值，与换入资产的公允价值和换出资产的公允价值均无关，选项 B 不正确；换入资产的入账价值 = 换出资产账面余额 − 换出资产已计提的累计折旧或摊销及减值准备，选项 A、C 和 D 正确。

5.【答案】AC

【解析】非货币性资产交换应同时满足下列两个条件，才能以公允价值进行计量：（1）该项交换具有商业实质；（2）换入资产或换出资产的公允价值能够可靠地计量。

6.【答案】AB

【解析】该项交换具有商业实质，换出资产和换入资产的公允价值都能够合理取得，属于以公允价值计量的非货币性资产交换，以公允价值计量的非货币性资产交换，甲公司换出固定资产的处置损失 =

换出资产的公允价值－换出资产的账面价值＝60－（70－20）＝10（万元），选项 A 正确，选项 D 错误；甲公司换入非专利技术的成本为该非专利技术的公允价值 70 万元，选项 B 正确，选项 C 错误。

7.【答案】CD

【解析】非货币性资产交换不具有商业实质，或者虽具有商业实质但换入资产的公允价值不能可靠计量的，应当按照换入各项资产的原账面价值占换入资产原账面价值总额的比例，对换入资产的成本总额进行分配，确定各项换入资产的成本。

8.【答案】ABC

【解析】换出资产的损益＝换出资产的公允价值－换出资产的账面价值，或者换出资产的损益＝换入资产的公允价值－支付的补价－换出资产的账面价值，所以选项 A、B 和 C 正确。

三、判断题

1.【答案】×

【解析】非货币性资产交换中，收到补价方，收到的补价（不含增值税）占换出资产的公允价值（或换入资产的公允价值加上收到的补价）的比例应低于 25%。

2.【答案】√

3.【答案】√

4.【答案】√

5.【答案】×

【解析】资产的预计未来现金流量现值，应当按照资产在持续使用过程和最终处置时预计产生的税后未来现金流量（因为交易双方适用的所得税税率可能不同），根据企业自身而不是市场参与者对资产特定风险的评价，选择恰当的折现率对预计未来现金流量折现后的金额加以确定。

6.【答案】×

【解析】换入交易性金融资产的交易费用不影响换入资产的成本，应计入投资收益。

7.【答案】×

【解析】换出资产为可供出售金融资产的，公允价值计量下，换出资产的公允价值与其账面价值的差额，计入投资收益，并将持有期间形成的其他综合收益转入投资收益。

8.【答案】√

四、计算分析题

【答案】

（1）此项交易属于非货币性资产交换。

理由：本题中，该项资产交换涉及收付货币性资产，即甲公司支付的银行存款 117 万元，其中包括由于甲公司换出和换入资产公允价值不同而支付的补价 100 万元，以及因换出资产销项税额［153 万元（900×17%）］与换入资产进项税额［170 万元（1000×17%）］的差额而需支付的 17 万元。

对甲公司而言，支付的补价 100/换入资产的公允价值 1000×100%＝10%＜25%，该交换属于非货币性资产交换。因此，应认定为非货币性资产交换。

（2）因两项资产未来现金流量在时间上显著不同，因此具有商业实质，且公允价值能够可靠计量，所以应按公允价值计量基础进行会计处理。

甲公司的会计分录：

①9 月 30 日

借：固定资产　　　　　　　　　　　　　　　　　　　　　　　　　1000

　　应交税费——应交增值税（进项税额）　　　　　170（1000×17%）

　　贷：主营业务收入　　　　　　　　　　　　　　　　　　　　　　　900

　　　　应交税费——应交增值税（销项税额）　　　　153（900×17%）

　　　　银行存款　　　　　　　　　　　　　　　　　　　　　　　　　117

借：主营业务成本　　　　　　　　　　　　　　　　　　　　　　　　800

　　贷：库存商品　　　　　　　　　　　　　　　　　　　　　　　　　800

借：存货跌价准备 80

　　贷：主营业务成本 80

②12 月 31 日

借：生产成本 25（1000/10×3/12）

　　贷：累计折旧 25

五、综合题

【答案】

事项（1）会计处理不正确。

理由：非货币性资产交换同时满足"该项交换具有商业实质"及"换入资产或换出资产的公允价值能够可靠地计量"两个条件时，应按公允价值为基础确定换入资产成本。

更正分录如下：

借：无形资产 120（600－480）

　　贷：投资收益 120

借：其他综合收益 80

　　贷：投资收益 80

借：制造费用 8（600/5×4/12－32）

　　贷：累计摊销 8

事项（2）会计处理不正确。

理由：非货币性资产交换同时满足"该项交换具有商业实质"及"换入资产或换出资产的公允价值能够可靠地计量"两个条件时，应按公允价值为基础确定换入资产成本，对于换出长期股权投资视同出售处理，需要确认处置损益，另外针对该长期股权投资在原持有期间因被投资方其他权益变动计入"资本公积——其他资本公积"的部分需要转入投资收益。

更正分录如下：

借：库存商品 100

　　贷：投资收益 100（1100－1000）

借：资本公积——其他资本公积 50

　　贷：投资收益 50

第八章　资产减值

学习导读

本章属于比较重要的章节，主要阐述了资产减值准则规范的资产减值的确认和计量，与固定资产、无形资产、财务报告等章节均有联系。

本章重点掌握的内容包括：（1）资产可收回金额的计量；（2）资产减值损失的确定及其会计处理；（3）资产组的概念和认定；（4）资产组减值的会计处理；（5）商誉减值的会计处理等。其中：资产可收回金额的计量、资产组减值的会计处理、商誉减值的会计处理最为重要。

在近三年的考试中，题型一般为单项选择题、多项选择题和计算分析题。2017年依旧关注上述内容。

易错易混集训

易错易混点1　各资产减值准备的转回

【母题·多选题】下列各项资产减值准备中，在相应资产的持有期间其价值回升时可以将已计提的减值准备通过损益转回的有（　　）。

A. 固定资产减值准备　　　　　　　　B. 存货跌价准备

C. 持有至到期投资减值准备　　　　　D. 可供出售权益工具减值准备

【答案】BC

【解析】选项A，固定资产减值准备不可以转回；选项D，可供出售权益工具减值准备不得通过损益转回，通过其他综合收益转回。

【子题·多选题】下列各项已计提的资产减值准备，在未来会计期间不得转回的有（　　）。

A. 商誉减值准备　　　　　　　　　　B. 无形资产减值准备

C. 固定资产减值准备　　　　　　　　D. 持有至到期投资减值准备

【答案】ABC

【解析】持有至到期投资减值准备在满足条件时可以转回，但是商誉、无形资产和固定资产的减值准备一经计提在持有期间不得转回。

易错易混点辨析

（1）减值准备在满足条件时可以转回的有：

①存货跌价准备；

②坏账准备；

③可供出售金融资产——减值准备；

④持有至到期投资减值准备；

⑤贷款损失准备。

【提示】可供出售金融资产减值转回分两种情况：

可供出售债务工具（债券）

借：可供出售金融资产——减值准备

　　贷：资产减值损失

可供出售权益工具（股票）

借：可供出售金融资产——减值准备

　　贷：其他综合收益

（2）不可以转回的减值准备，主要包括【适用于资产减值准则规范的资产】：

①长期股权投资减值准备；

②固定资产减值准备；

③无形资产减值准备；

④在建工程减值准备；

⑤工程物资减值准备；

⑥商誉减值准备；

⑦采用成本模式进行后续计量的投资性房地产减值准备。

（3）不需要计提减值准备的资产主要包括：

①交易性金融资产；

②采用公允价值模式进行后续计量的投资性房地产。

易错易混点 2　资产可收回金额的确定

【母题·多选题】下列关于资产可收回金额的相关表述中，正确的有(　　)。

A. 资产可收回金额是资产的公允价值减去处置费用后的净额与资产预计未来现金流量现值两者之间较高者

B. 预计资产未来现金流量不应当包括筹资活动和所得税收付产生的现金流量

C. 预计资产未来现金流量应以资产的当前状况为基础

D. 预计资产未来现金流量应以资产的未来状况为基础

【答案】ABC

【解析】企业资产在使用过程中有时会因为改良、重组等原因发生变化，因此在预计资产未来现金流量时，企业应当以资产的当前状况为基础，不应当包括与将来可能会发生的、尚未作出承诺的重组事项或资产改良有关的预计未来现金流量。

【子题·单选题】甲公司 2016 年年末某项管理用固定资产的账面原价为 1000 万元，已计提折旧 50 万元，未计提固定资产减值准备。公允价值减去处置费用后的净额为 900 万元，未来现金流量现值为 850 万元，则 2016 年年末该项资产的可收回金额为(　　)万元。

A. 1000

B. 900

C. 850

D. 950

【答案】B

【解析】资产可收回金额应当按照其公允价值减去处置费用后的净额与预计未来现金流量现值两者中较高者确定，因此该项固定资产可收回金额为 900 万元，选项 B 正确。

易错易混点辨析

　　资产可收回金额应当按照其公允价值减去处置费用后的净额与预计未来现金流量现值两者中较高者确定，也就是分摊减值后资产的账面价值应当是该资产公允价值减去处置费用后的净额、预计未来现金流量现值和零中的最高者。所以当资产公允价值减去处置费用后的净额和预计未来现金流量现值都可以确定时，要进行判断，并取较高的数值作为资产的可收回金额。

　　（1）处置费用是指可以直接归属于资产处置的增量成本，包括与资产处置有关的法律费用、相关税费、搬运费以及为使资产达到可销售状态所发生的直接费用等，但是财务费用和所得税费用等不包括在内。

（2）预计资产未来现金流量应当考虑的因素：

①以资产的当前状况为基础预计资产未来现金流量；

应考虑	不应考虑
考虑未来资产正常维护发生的支出； 已经作出承诺的重组义务	不考虑未来可能进行的资产改良，所导致的现金流量； 尚未作出承诺的重组义务

②预计资产未来现金流量不应当包括筹资活动和与所得税收付有关的现金流量；

③对通货膨胀因素的考虑应当和折现率相一致；

④对内部转移价格应当予以调整。

易错易混点3 资产组的认定

【母题】甲公司拥有 A、B、C 三家工厂，分别位于中国、美国和英国，假定各工厂除生产设备外无其他固定资产，2016 年受国内外经济发展趋缓的影响，甲公司产品销量下降40%，各工厂的生产设备可能发生减值，该公司 2016 年 12 月 31 日对其进行减值测试。

A 工厂负责加工半成品，年生产能力为 200 万件，完工后按照内部转移价格全部发往 B、C 工厂进行组装，但 B、C 工厂每年各自最多只能将其中的 120 万件半成品组装成最终产品，并各自负责其组装完工的产品在当地销售。甲公司根据市场需求的地区分布和 B、C 工厂的装配能力，将 A 工厂的半成品在 B、C 工厂之间进行分配。

假定 A 工厂生产的半成品存在活跃市场，那么应该如何认定与 A、B、C 三个工厂有关的资产组？

【答案】

A 工厂可以认定为一个单独的资产组，其生产的半成品尽管主要用于 B 工厂或者 C 工厂进行组装，但是由于 A 工厂生产的半成品存在活跃市场，可以带来独立的现金流量，因此应当认定为一个单独的资产组。在确定其未来现金流量现值时，甲公司应当调整其财务预算或预测，将未来现金流量的预计建立在公平交易的前提下，即将 A 工厂生产的半成品在活跃市场上的销售价格作为最佳估计数，而不是其内部转移价格。

对于 B 工厂和 C 工厂而言，即使 B 工厂和 C 工厂组装的产品存在活跃市场，但是 B 工厂和 C 工厂的现金流入依赖于甲公司对半成品在两地之间的分配，B 工厂和 C 工厂的未来现金流入不能单独地确定。因此，B 工厂和 C 工厂组合在一起可以认定的、可产生基本上独立于其他资产或者资产组的现金流入的最小资产组合。B 工厂和 C 工厂应当认定为一个资产组。

【子题】接母题的题干，假定 A 工厂生产的半成品不存在活跃市场，那么应该如何认定与 A、B、C 有关的资产组？

【答案】

由于 A 工厂生产的半成品不存在活跃市场，它的现金流入依赖于 B 工厂或者 C 工厂生产的最终产品的销售，因此，A 工厂难以单独产生现金流入，其可收回金额难以单独估计。

而对于 B 工厂和 C 工厂而言，即使其生产的产品存在活跃市场，但是 B 工厂和 C 工厂的现金流入依赖于甲公司对半成品在两个工厂之间的分配，B 工厂和 C 工厂在产能和销售上的管理是统一的，因此 B 工厂和 C 工厂也难以单独产生现金流入，因而也难以单独估计其可收回金额。

因此，只有 A、B 和 C 三个工厂组合在一起（即将甲公司作为一个整体）才是一个可以认定的、能够基本上独立产生现金流入的最小资产组合，从而将 A、B 和 C 三家工厂的组合认定为一个资产组。

📖易错易混点辨析

资产组是指企业可以认定的最小资产组合，其产生的现金流入应当基本上独立于其他资产或资产组产生的现金流入，这是资产组认定的关键因素，也就是当资产自身不能产生独立的现金流入时才要寻求与其他资产进行组合来获得最小资产组合中的现金流量，这也就是两道题区别所在。

资产组的认定，还应当考虑企业管理层对生产经营活动的管理或者监控方式（如按照生产线、业务种类还是按照地区或者区域等）和对资产的持续使用或者处置的决策方式等。

易错易混点 4　资产组的减值

【母题】甲公司某生产线由 X、Y、Z 三台设备组成，共同完成某产品生产。X 设备、Y 设备、Z 设备都无法合理估计其公允价值减去处置费用后的净额以及未来现金流量的现值。至 2016 年 12 月 31 日止，该生产线账面价值为 1500 万元，其中 X 设备的账面价值为 400 万元，Y 设备的账面价值为 500 万元，Z 设备的账面价值为 600 万元，均未计提过固定资产减值准备。

3 台设备预计尚可使用年限均为 5 年，预计净残值均为零，均采用年限平均法计提折旧。各机器均无法单独产生现金流量，但整条生产线构成完整的产销单元，属于一个资产组。2016 年年末该生产线所生产的产品出现减值迹象，因此，甲公司对该生产线进行减值测试。

整条生产线预计尚可使用年限为 5 年。经估计其未来 5 年的现金流量及恰当的折现率后，得到该生产线预计未来现金流量现值为 1200 万元。无法合理估计生产线的公允价值减去处置费用后的净额。

要求：作出 2016 年 12 月 31 日与资产组减值相关的会计处理。

【答案】

（1）2016 年 12 月 31 日，该生产线的账面价值为 1500 万元，可收回金额为 1200 万元，生产线应当确认减值损失 = 1500 – 1200 = 300（万元）。

（2）按照分摊比例

X 设备应当确认减值损失 = 300 × 400/1500 = 80（万元）；

Y 设备应当确认减值损失 = 300 × 500/1500 = 100（万元）；

Z 设备应当确认减值损失 = 300 × 600/1500 = 120（万元）。

会计分录：

借：资产减值损失　　　　　　　　　　　　　　　　　　　　　　　　　　　　300

　　贷：固定资产减值准备——X 设备　　　　　　　　　　　　　　　　　　　　80

　　　　　　　　　　——Y 设备　　　　　　　　　　　　　　　　　　　　100

　　　　　　　　　　——Z 设备　　　　　　　　　　　　　　　　　　　　120

【子题】接上题题干，其他条件不变，假定减值测试表明 Y 设备的公允价值减去处置费用后的净额为 460 万元。

要求：作出 2016 年 12 月 31 日与资产组减值相关的会计处理。

【答案】

（1）2016 年 12 月 31 日，该生产线的账面价值 1500 万元，可收回金额 1200 万元，生产线应当确认减值损失 = 1500 – 1200 = 300（万元）。

（2）按照分摊比例

Y 设备应当分摊减值损失 = 300 × 500/1500 = 100（万元）；分摊后的账面价值 = 500 – 100 = 400（万元）；由于 Y 设备的公允价值减去处置费用后的净额为 460 万元，因此 Y 设备最多只能确认减值损失 = 500 – 460 = 40（万元），未能分摊的减值损失 60 万元（100 – 40），应当在 X 设备和 Z 设备之间进行再分摊。

X 设备确认减值损失 =（300 – 40）× 400/（400 + 600）= 104（万元）。

Z 设备确认减值损失 =（300 – 40）× 600/（400 + 600）= 156（万元）。

会计分录：

借：资产减值损失　　　　　　　　　　　　　　　　　　　　　　　　　　　　300

　　贷：固定资产减值准备——X 设备　　　　　　　　　　　　　　　　　　　104

　　　　　　　　　　——Y 设备　　　　　　　　　　　　　　　　　　　　40

　　　　　　　　　　——Z 设备　　　　　　　　　　　　　　　　　　　　156

易错易混点辨析

根据减值测试的结果，资产组（包括资产组组合）的可收回金额如果低于其账面价值的，应当确认相应的减值损失。

减值损失金额应当按下列顺序进行分摊：

（1）抵减分摊至资产组中商誉的账面价值；

（2）根据资产组中除商誉之外的其他各项资产的账面价值（关键点）所占比重，按比例抵减其他各项资产的账面价值。

以上资产账面价值的抵减，应当作为各单项资产（包括商誉）的减值损失处理，计入当期损益。

抵减后的各资产的账面价值不得低于以下三者之中最高者：

①该资产的公允价值减去处置费用后的净额（如可确定）

②该资产预计未来现金流量的现值（如可确定）

③零

如存在未能分摊的减值损失金额，应当按照相关资产组中其他各项资产的账面价值所占比重继续进行分摊。

【提示1】针对分摊至某单项资产的减值损失，不能使该项资产计提减值后的账面价值低于该项资产的可收回金额或零（关键点）。

【提示2】每一单项资产（除商誉）最多能够分担的减值损失 = 该资产的账面价值（减值前）－ 该资产的可收回金额。

①该单项资产存在可收回金额时，最多能够分担的减值损失为资产的账面价值减去其可收回金额的差额；

②该单项资产可收回金额为0时，最多能够分担的减值损失为其账面价值。

【提示3】在确定某一单项资产分摊的减值损失时，需要先考虑每一单项资产最多能够分担的减值损失。

易错易混点5　商誉减值金额的计算

【母题·单选题】甲公司在 2017 年 1 月 1 日以 2100 万元的价格收购了乙公司60% 股权，取得对乙公司的控制权。此前甲公司和乙公司不存在关联方关系。当日，乙公司可辨认净资产的公允价值为 2500 万元。假定乙公司没有负债和或有负债，乙公司的所有资产被认定为一个资产组，而且乙公司的所有可辨认资产均未出现资产减值迹象，未进行过减值测试。2017 年年末，甲公司确定该资产组的可收回金额为 3200 万元，可辨认净资产的账面价值为 2600 万元。甲公司在 2017 年 12 月 31 日合并财务报表中应计提的商誉减值准备为(　　)万元。

A. 600　　　　　　　B. 200　　　　　　　C. 240　　　　　　　D. 320

【答案】C

【解析】合并财务报表中商誉计提减值准备前的账面价值 = 2100 − 2500 × 60% = 600（万元），2017 年年末合并财务报表中包含完全商誉的乙公司资产组的账面价值 = 2600 + 600 ÷ 60% = 3600（万元），该资产组的可收回金额为 3200 万元，该资产组减值 = 3600 − 3200 = 400（万元），因为完全商誉的价值为 1000 万元（600 ÷ 60%），所以以减值损失应冲减完全商誉 400 万元，但合并财务报表中反映的是归属于母公司的商誉，未反映归属于少数股东的商誉，因此合并财务报表中确认的商誉减值金额 = 400 × 60% = 240（万元）。

【子题·单选题】甲公司在 2017 年 1 月 1 日以 2100 万元的价格吸收合并了乙公司。此前甲公司和乙公司不存在关联方关系。当日，乙公司可辨认净资产的公允价值为 1100 万元。假定乙公司没有负债和或有负债，乙公司的所有资产被认定为一个资产组，而且乙公司的所有可辨认资产均未出现资产减值迹象，未进行过减值测试。2017 年年末，甲公司确定该资产组的可收回金额为 3200 万元，可辨认净资产的账面价值为 2600 万元。甲公司 2017 年 12 月 31 日在个别报表中应计提的商誉减值准备为(　　)万元。

A. 600　　　　　　　B. 400　　　　　　　C. 480　　　　　　　D. 320

【答案】B

【解析】因为是吸收合并，2017 年 1 月 1 日甲公司个别报表中应确认商誉 = 2100 − 1100 = 1000（万元），2017 年年末该资产组包含商誉的账面价值 = 2600 + 1000 = 3600（万元），该资产组可收回金额为 3200 万元，所以资产组减值 = 3600 − 3200 = 400（万元），因为商誉的账面价值为 1000 万元，资产组减值应当先冲减商誉，所以商誉减值金额为 400 万元。

📖 易错易混点辨析

1. 这两个题目主要考察吸收合并和控股合并对于商誉减值的处理，吸收合并商誉是 100% 纳入母公司个别报表，而控股合并是按照持股比例纳入母公司合并报表，所以处理上存在不同，对比如下：

企业合并形式	减值准备列示位置	减值金额列示的比例	资产减值损失对应的科目
吸收合并	个别报表	100%	商誉减值准备
控股合并	合并报表	母公司持股比例部分	商誉

2. 控股合并具体处理
① 完全商誉的计算
母公司确认的商誉 = 企业合并成本 − 合并中取得被购买方可辨认净资产公允价值份额
完全商誉 = 母公司确认的商誉/母公司的持股比例
包含完全商誉的购买日公允价值持续计算的净资产的账面价值 = 购买日公允价值持续计算的可辨认净资产的账面价值 + 完全商誉
其中，购买日公允价值持续计算的可辨认净资产的账面价值 = 购买子公司可辨认资产的公允价值 + 持有股权期间子公司所有者权益变动部分（调整后的净利润 − 分配的现金股利 ± 其他所有者权益项目的变动），体现的是合并报表层面认可的子公司的价值。
② 如果发生减值，减值损失的金额 = 包含完全商誉的购买日公允价值持续计算的净资产的账面价值 − 可收回金额。

机考过关必练

一、单项选择题

1. 甲公司自行研发一项专利技术，2016 年 7 月 10 日达到预定可使用状态，发生的可资本化的支出总额为 500 万元。该专利技术的预计使用年限为 5 年，采用直线法摊销，无残值。2016 年 12 月 31 日，根据市场调查由该专利技术生产的产品市价发生大幅度下跌。经减值测试，该无形资产的公允价值减去处置费用后的净额为 380 万元，预计未来现金流量现值为 400 万元。则甲公司 2016 年 12 月 31 日应当对该项无形资产计提减值准备的金额为（　　）万元。
   A. 0　　　　　　　　　B. 50　　　　　　　　　C. 70　　　　　　　　　D. 100

2. 2016 年 12 月 31 日甲公司对其拥有的一台机器设备进行减值测试时发现，该设备如果立即出售售价为 860 万元，预计发生的处置费用为 20 万元；如果继续使用，至该资产使用寿命结束时可产生的现金流量现值为 820 万元；该资产目前的账面价值为 960 万元。2016 年 12 月 31 日，甲公司该项固定资产的可收回金额为（　　）万元。
   A. 860　　　　　　　　B. 840　　　　　　　　C. 820　　　　　　　　D. 960

3. 资产的公允价值减去处置费用后的净额中"公允价值"应当按照（　　）顺序进行确定。
   A. 销售协议价格、资产的市场价格（买方出价）、熟悉情况的交易双方自愿进行公平交易愿意提供的交易价格
   B. 资产的市场价格（买方出价）、销售协议价格、熟悉情况的交易双方自愿进行公平交易愿意提供的交易价格
   C. 熟悉情况的交易双方自愿进行公平交易愿意提供的交易价格、销售协议价格、资产的市场价格（买方出价）
   D. 销售协议价格、熟悉情况的交易双方自愿进行公平交易愿意提供的交易价格、资产的市场价格（买方出价）

4. 下列关于资产组减值测试的表述中，错误的是（　　）。
   A. 资产组产生的现金流入应当基本上独立于其他资产或资产组产生的现金流入
   B. 资产组一经确定后，在各个会计期间应当保持一致，不得随意变更

C. 资产组的可收回金额应当按照该资产组的公允价值减去处置费用后的净额与其预计未来现金流量的现值两者之间较高者确定

D. 资产组的账面价值通常应当包含已确认预计负债的账面价值

5. 汇源公司在 2016 年 1 月 1 日与 M 公司进行合并，以 2500 万元吸收合并了 M 公司，取得 M 公司 100% 的股权，取得投资前汇源公司与 M 公司无关联方关系。当日 M 公司可辨认净资产公允价值为 2000 万元，假定 M 公司没有负债和或有负债。汇源公司将 M 公司认定为一个资产组。2016 年 12 月 31 日该资产组按照购买日可辨认净资产公允价值持续计算的金额为 1800 万元，包括商誉在内的该资产组的可收回金额为 2100 万元。不考虑其他因素 2016 年 12 月 31 日汇源公司的商誉账面价值为( )万元。

 A. 0   B. 500   C. 400   D. 300

6. 下列关于总部资产减值测试的表述中，不正确的是( )。

 A. 总部资产通常难以单独进行减值测试，需要结合其他相关资产组或资产组组合进行减值测试

 B. 总部资产能够按照合理一致的方法分摊至资产组，应当将该部分总部资产的账面价值分摊至该资产组进行减值测试

 C. 总部资产如果难以按照合理一致的方法分摊到资产组内，应当单独对其进行减值测试

 D. 企业总部资产包括企业集团或其事业部的办公楼、电子数据处理设备、研发中心等资产

7. 任强公司在 2016 年 1 月 1 日以 6000 万元的价格收购了乙公司 80% 的股权，取得对乙公司的控制权，任强公司与乙公司此前不存在关联方关系。在购买日，乙公司可辨认净资产账面价值为 6000 万元，公允价值为 7000 万元。假定乙公司不存在负债及或有负债，乙公司所有资产（此前均未发生减值）被认定为一个资产组。乙公司 2016 年 12 月 31 日按购买日公允价值持续计算的可辨认净资产账面价值为 7600 万元，资产组在 2016 年年末的可收回金额为 7300 万元，假定不考虑其他因素，则在 2016 年年末合并财务报表中商誉应当计提减值的金额为( )万元。

 A. 400   B. 200   C. 800   D. 500

8. 2016 年 1 月 1 日，甲公司某项特许使用权的原价为 480 万元，已累计摊销 300 万元，已计提减值准备 30 万元。预计尚可使用年限为 2 年，预计净残值为零，采用直线法按月摊销。不考虑其他因素，2016 年 1 月甲公司该项特许使用权应摊销的金额为( )万元。

 A. 6.25   B. 7.5   C. 18.75   D. 20

二、多项选择题

1. 下列各项中，属于资产减值准则规范的资产有( )。

 A. 对合营企业的长期股权投资

 B. 采用公允价值模式进行后续计量的投资性房地产

 C. 在建工程

 D. 商誉

2. 关于确定资产预计未来现金流量，下列说法中不正确的有( )。

 A. 预计资产未来现金流量时不应当考虑内部转移价格

 B. 预计资产未来现金流量时不应当包括筹资活动和所得税收付产生的现金流量

 C. 预计资产未来现金流量时不应当考虑与将来可能会发生的、尚未作出承诺的重组事项或者与资产改良有关的预计未来现金流量

 D. 如果未来现金流量为外币结算时，在以记账本位币反映未来现金流量折现值时，应当采用未来期间的即期汇率进行折算

3. 下列关于资产减值损失的说法中，符合《企业会计准则第 8 号——资产减值》规定的有( )。

 A. 可收回金额的计量结果表明，资产的可收回金额低于其账面价值的，应当将资产的账面价值减记至可收回金额，减记的金额确认为资产减值损失，计入当期损益，同时计提相应的资产减值准备

 B. 资产减值损失确认后，减值资产的折旧或者摊销费用应当在未来期间作相应调整，以使该资产在剩余使用寿命内，系统地分摊调整后的资产账面价值（扣除预计净残值等）

 C. 资产减值损失一经确认，在持有期间不得转回

 D. 在处置相关资产时应相应地结转已计提的减值准备

4. 下列关于资产减值测试时认定资产组的表述中，正确的有(　　)。

    A. 资产组是企业可以认定的最小资产组合

    B. 认定资产组应当考虑对资产的持续使用或处置的决策方式

    C. 认定资产组应当考虑企业管理层对生产经营活动的管理或者监控方式

    D. 资产组产生的现金流入应当基本上独立于其他资产或资产组产生的现金流入

5. 下列有关商誉减值的说法中，正确的有(　　)。

    A. 商誉不能单独产生现金流量

    B. 商誉难以独立产生现金流量，因此，商誉应当结合与其相关的资产组（或者是资产组组合）进行减值测试

    C. 测试商誉减值的资产组的账面价值应包括分摊的商誉的价值

    D. 商誉应与资产组内的其他资产一样，按比例分摊减值损失

6. 下列情况中，资产可能发生减值迹象的有(　　)。

    A. 资产的市价当期大幅下跌，其跌幅明显高于正常使用该资产所预计的下跌

    B. 资产已经被闲置、终止使用或计划提前处置

    C. 有证据表明资产已经陈旧过时或者实体已经损坏

    D. 市场利率或其他市场投资报酬率在当期已经提高，导致资产可收回金额大幅降低

三、判断题

1. 资产的公允价值，是指市场参与者在计量日发生的有序交易中，购入一项资产所需支付的价格。　　　　　　　　　　　　　　　　　　　　　　　　　　　　　　　　(　　)

2. 企业在估计资产未来现金流量现值时，必须使用单一的折现率。　　　　　　　　(　　)

3. 企业的固定资产在符合条件的情况下，可以转回已计提的固定资产减值准备。固定资产减值准备转回的条件是以前减记固定资产价值的影响因素已经消失。　　　　　　(　　)

4. 资产组组合，是指由若干个资产组组成的任意资产组组合。　　　　　　　　　　(　　)

5. 企业在对包含商誉的相关资产组进行减值测试时，如果与商誉相关的资产组存在减值迹象，应当首先对不包含商誉的资产组进行减值测试。　　　　　　　　　　　　(　　)

6. 企业如果由于重组、变更资产用途等原因，导致资产组的构成确需变更的，企业可以进行变更，但企业管理层应当证明该变更是合理的，并应当在附注中作出说明。　　　(　　)

四、计算分析题

甲公司拥有 A、B 两家分公司，这两家分公司的经营活动由一个总部负责运作。由于这两家分公司均能产生独立于其他分公司的现金流入，所以甲公司将这两家分公司确定为两个资产组。2016 年 12 月 31 日，甲公司经营所处的技术环境发生了重大不利变化，出现减值迹象，需要进行减值测试。假设总部资产的账面价值为 120 万元，能够按照各资产组账面价值的比例进行合理分摊，A、B 分公司和总部资产的剩余使用寿命均为 20 年。

减值测试时，A、B 两个资产组的账面价值分别为 320 万元、160 万元。甲公司计算得出 A 分公司资产组的可收回金额为 380 万元，B 分公司资产组的可收回金额为 160 万元。

要求：计算 A、B 两个资产组和总部资产应计提的减值准备金额。

（答案中的金额用万元表示）

机考过关必练参考答案及解析

一、单项选择题

1. 【答案】B

    【解析】2016 年 12 月 31 日该项无形资产计提减值准备前的账面价值 = 500 - 500/5/12 × 6 = 450（万元），该无形资产的可收回金额为 400 万元，则该无形资产应当计提减值准备的金额 = 450 - 400 = 50（万元）。

2. 【答案】B

    【解析】资产可收回金额应当根据其公允价值减去处置费用后的净额与资产预计未来现金流量现值两

者之间较高者确定，甲公司应选择公允价值减去处置费用后的净额 840 万元（860 − 20）和未来现金流量现值 820 万元中的较高者作为资产的可收回金额，即可收回金额为 840 万元。

3.【答案】A

【解析】确定资产的公允价值的顺序应当是：（1）销售协议价格；（2）资产的市场价格（买方出价）；（3）熟悉情况的交易双方自愿进行公平交易愿意提供的交易价格。

4.【答案】D

【解析】资产组的账面价值通常不应当包括已确认负债的账面价值，但如果不考虑该负债金额就无法确定资产组可收回金额的除外，选项 D 符合题意。

5.【答案】D

【解析】汇源公司吸收合并 M 公司时确认的商誉 = 2500 − 2000 = 500（万元），2016 年 12 月 31 日包含商誉在内的资产组的账面价值 = 1800 + 500 = 2300（万元），可收回金额为 2100 万元，该资产组减值损失 = 2300 − 2100 = 200（万元），减值金额首先冲减商誉，则 2016 年 12 月 31 日商誉的账面价值 = 500 − 200 = 300（万元）。

6.【答案】C

【解析】选项 C，总部资产如果难以合理一致分摊至资产组的，应当首先在不考虑总部资产情况下对资产组进行减值测试，然后认定由若干资产组组成的最小资产组组合（该资产组组合包括所测试的资产组与可以合理一致分摊总部资产账面价值的部分），对该资产组组合进行减值测试，最后比较所认定的资产组组合的账面价值和可收回金额，确认资产减值损失。

7.【答案】A

【解析】在购买日合并财务报表中应确认商誉 = 6000 − 7000 × 80% = 400（万元），2016 年年末包含完全商誉的乙公司资产组的账面价值 = 7600 + 400/80% = 8100（万元），其可收回金额为 7300 万元，所以包含完全商誉的资产组减值金额 = 8100 − 7300 = 800（万元），减值损失应当首先冲减完全商誉 500 万元（400/80%），剩余部分减值由资产组里其他各项资产承担，因合并财务报表中只反映归属于母公司部分商誉，所以合并财务报表中商誉应当计提减值的金额为 400 万元（500 × 80%）。

8.【答案】A

【解析】甲公司该项特许使用权 2016 年 1 月应摊销的金额 =（480 − 300 − 30）÷ 2 × 1/12 = 6.25（万元），选项 A 正确。

二、多项选择题

1.【答案】ACD

【解析】选项 B，采用公允价值模式进行后续计量的投资性房地产不需要计提减值准备，价值的波动在公允价值变动损益中体现，不属于资产减值准则规范的资产。

2.【答案】AD

【解析】选项 A，预计资产未来现金流量时应当考虑对内部转移价格进行调整；选项 D，如果未来现金流量为外币结算时，在以记账本位币反映未来现金流量折现值时，应当采用计算资产未来现金流量现值当日的即期汇率进行折算。

3.【答案】ABCD

【解析】以上选项均符合《企业会计准则第 8 号——资产减值》的规定。

4.【答案】ABCD

【解析】资产组，是指企业可以认定的最小资产组合，选项 A 正确；资产组的认定，应当考虑对资产的持续使用或者处置的决策方式和企业管理层对生产经营活动的管理或者监控方式等，选项 B 和 C 正确；资产组产生的现金流入应当基本上独立于其他资产或资产组产生的现金流入，选项 D 正确。

5.【答案】ABC

【解析】减值损失金额应当先抵减分摊至资产组或者资产组组合中商誉的账面价值，再根据资产组或者资产组组合中除商誉之外的其他各项资产的账面价值所占比重，按比例抵减其他各项资产的账面价值，故选项 D 不正确。

6.【答案】ABCD

三、判断题

1.【答案】×

【解析】资产的公允价值，是指市场参与者在计量日发生的有序交易中，出售一项资产所能收到的价格或者转移一项负债所需支付的价格。

2.【答案】×

【解析】企业在估计资产未来现金流量现值时，通常应当使用单一的折现率。但是，如果资产未来现金流量的现值对未来不同期间的风险差异或者利率的期限结构反应敏感，企业应当在未来不同期间采用不同的折现率。

3.【答案】×

【解析】固定资产减值准备一经计提，持有期间不得转回。

4.【答案】×

【解析】资产组组合是指由若干个资产组组成的最小资产组组合，而不是任意资产组之间的组合。

5.【答案】√

【解析】企业在对包含商誉的相关资产组进行减值测试时，如果与商誉相关的资产组存在减值迹象的，应当按照下列步骤进行处理：首先对不包含商誉的资产组进行减值测试，计算可收回金额，与相关资产组账面价值比较确认相应的减值损失；其次对包含商誉的资产组进行减值测试，比较资产组账面价值（含分摊商誉的账面价值部分）与其可收回金额，如相关资产组的可收回金额低于其账面价值，应当确认相应的减值损失。

6.【答案】√

四、计算分析题

【答案】

（1）将总部资产分摊至各资产组：

总部资产应分摊给 A 资产组的金额 = 120 × 320/（320 + 160） = 80（万元）；

总部资产应分摊给 B 资产组的金额 = 120 × 160/（320 + 160） = 40（万元）。

分摊后各资产组的账面价值：

包含总部资产的 A 资产组账面价值 = 320 + 80 = 400（万元）；

包含总部资产的 B 资产组账面价值 = 160 + 40 = 200（万元）。

（2）进行减值测试

A 资产组的账面价值为 400 万元，可收回金额为 380 万元，发生减值 20 万元；

B 资产组的账面价值为 200 万元，可收回金额为 160 万元，发生减值 40 万元。

将各资产组的减值金额在总部资产和各资产组之间分摊：

A 资产组减值金额分摊给总部资产的金额 = 20 × 80/400 = 4（万元），分摊给 A 资产组本身的金额 = 20 × 320/400 = 16（万元）；

B 资产组减值金额分摊给总部资产的金额 = 40 × 40/200 = 8（万元），分摊给 B 资产组本身的金额 = 40 × 160/200 = 32（万元）；

A 资产组应计提的减值准备金为 16 万元，B 资产组应计提的减值准备金额为 32 万元，总部资产应计提的减值准备金额为 12 万元（4 + 8）。

第九章　金融资产

> ### 学习导读
>
> 本章属于重点章节，主要介绍金融资产的分类、计量以及减值的会计处理。
>
> 本章重点掌握的内容包括：（1）金融资产的分类；（2）金融资产的计量；（3）相关资产和负债公允价值的确定；（4）金融资产减值的会计处理。
>
> 在近三年的考试中，本章平均分值为10分。本章涉及题型较广，包括单项选择题、多项选择题、判断题、计算分析题和综合题。2017年考试中依然要重点关注金融资产的初始计量和后续计量。

易错易混集训

易错易混点1　已到付息期但尚未领取的债券利息对金融资产入账价值的影响

【母题·单选题】 2016年1月1日甲公司从市场上购入乙公司当日发行的3年期、分期付息（于次年1月5日付息）、到期一次还本的债券，面值总额为1000万元，票面年利率为5%，实际年利率为6%，实际支付价款为980万元，另发生交易费用2万元。甲公司将该债券划分为持有至到期投资核算。则2016年1月1日该持有至到期投资的入账价值为（　　）万元。

A. 1000　　　　　　　B. 1002　　　　　　　C. 982　　　　　　　D. 980

【答案】 C

【解析】 甲公司取得该持有至到期投资的入账价值＝980＋2＝982（万元）。

【子题1·单选题】 2016年1月1日甲公司从市场上购入乙公司2015年1月1日发行的3年期、分期付息（于次年1月5日付息）、到期一次还本的债券，面值总额为1000万元，票面年利率为5%，实际年利率为6%，实际支付价款为1040万元，另发生交易费用1万元。甲公司将该债券划分为持有至到期投资核算。则2016年1月1日该持有至到期投资的入账价值为（　　）万元。

A. 1000　　　　　　　B. 1001　　　　　　　C. 991　　　　　　　D. 1041

【答案】 C

【解析】 甲公司取得该持有至到期投资的入账价值＝1040－1000×5%＋1＝991（万元）。

【子题2·单选题】 2016年1月1日甲公司从市场上购入乙公司2015年1月1日发行的3年期、到期一次还本付息的债券，面值总额为1000万元，票面年利率为5%，实际年利率为4%，实际支付价款为1060万元，另发生交易费用1万元。甲公司将该债券划分为持有至到期投资核算。则2016年1月1日该持有至到期投资的入账价值为（　　）万元。

A. 1000　　　　　　　B. 1060　　　　　　　C. 1001　　　　　　　D. 1061

【答案】 D

【解析】 企业购入到期一次还本付息债券其购买价款中包含的已到付息期但尚未领取的利息，记入"持有至到期投资——应计利息"科目，影响入账价值。则甲公司取得该持有至到期投资的入账价值＝1060＋1＝1061（万元）。

会计分录：

借：持有至到期投资——成本　　　　　　　　　　　　　　　　　　　　　　　1000

　　　　　　　　——应计利息　　　　　　　　　　　　　　　50（1000×5%）

　　　　　　　　——利息调整　　　　　　　　　　　　　　　　　　　　　　　11

　　贷：银行存款　　　　　　　　　　　　　　　　　　　　　　　　　　　　1061

📖 易错易混点辨析

购买情况 债券付息方式	当期发行当期购买	前期发行当期购买
分期付息一次还本	入账价值＝实际支付购买价款＋初始交易费用	入账价值＝实际支付购买价款－已到付息期但尚未领取的债券利息＋初始交易费用
到期一次还本付息	入账价值＝实际支付购买价款＋初始交易费用	

易错易混点 2 可供出售金融资产债券投资的摊余成本和账面价值

2014 年 1 月 1 日长江公司以银行存款 1000 万元取得黄河公司于当日发行的面值为 1000 万元，期限为 3 年，分期付息到期一次还本的一般公司债券，票面年利率为 3%，实际年利率为 2.5%，长江公司将其作为可供出售金融资产核算，为取得该债券另支付交易费用 20 万元。假定黄河公司于每年年末支付当年利息。

2014 年 12 月 31 日，该债券公允价值为 1000 万元（正常变动）。

2015 年 12 月 31 日，该债券的公允价值为 900 万元，长江公司预计该债券的公允价值将继续下降，长江公司判断该资产价值发生严重且非暂时性下跌。

要求：编制长江公司 2014 年 1 月 1 日至 2015 年 12 月 31 日与上述业务有关的会计分录。

2014 年 1 月 1 日	借：可供出售金融资产——成本　　　　　　　　　　　　　　1000 　　　　　　　　　　　　——利息调整　　　　　　　　　　　　20 　　贷：银行存款　　　　　　　　　　　　　　　　　　　　　1020
2014 年 12 月 31 日	借：应收利息　　　　　　　　　　　　　　　　　　　　　　　30 　　贷：投资收益　　　　　　　　　　　　　　　25.5（1020×2.5%） 　　　　可供出售金融资产——利息调整　　　　　　　　　　4.5 借：银行存款　　　　　　　　　　　　　　　　　　　　　　　30 　　贷：应收利息　　　　　　　　　　　　　　　　　　　　　30
期末摊余成本	2014 年年末摊余成本＝1000＋20－4.5＝1015.5（万元）
2014 年 12 月 31 日 发生公允价值变动	借：其他综合收益　　　　　　　　　　　　　15.5（1015.5－1000） 　　贷：可供出售金融资产——公允价值变动　　　　　　　　15.5
2014 年 12 月 31 日账面价值	期末账面价值＝期末公允价值 1000 万元 或期末账面价值＝1015.5－公允价值变动 15.5＝1000（万元）
2015 年 12 月 31 日	借：应收利息　　　　　　　　　　　　　　　　　　　　　　　30 　　贷：投资收益　　　　　　　　　　　　25.39（1015.5×2.5%） 　　　　可供出售金融资产——利息调整　　　　　　　　　　4.61 借：银行存款　　　　　　　　　　　　　　　　　　　　　　　30 　　贷：应收利息　　　　　　　　　　　　　　　　　　　　　30
期末摊余成本	2015 年年末摊余成本＝1015.5－4.61＝1010.89（万元）
计提减值前的账面价值	期末账面价值＝1010.89－15.5＝995.39（万元） 或者：期末账面价值＝1000－4.61＝995.39（万元）
2015 年 12 月 31 日计提减值准备	借：资产减值损失　　　　　　　　　　　　　　　　　　　110.89 　　贷：其他综合收益　　　　　　　　　　　　　　　　　　15.5 　　　　可供出售金融资产——减值准备　　　95.39（995.39－900）

📖 **易错易混点辨析**

对于可供出售金融资产债券投资而言，公允价值就是在二级市场上的交易价格，摊余成本是"可供出售金融资产"下"成本"、"利息调整"、"应计利息"和"减值准备"这几个明细科目余额的代数和。

账面价值是在摊余成本基础上，加（或减）"可供出售金融资产——公允价值变动"明细科目的金额，期末可供出售金融资产的账面价值应该等于其公允价值。

期末，计算公允价值变动时应考虑账面价值；计算投资收益时，是期初摊余成本与实际利率的乘积。

```
可供出售金额资产—成本
        —利息调整      ⎫构成摊余成本 ⎫
        —应计利息      ⎬           ⎬构成账面价值
        —减值准备      ⎭           ⎭
        —公允价值变动
```

【提示】如果期末公允价值小于摊余成本，需要判断是否发生减值，如果是正常的公允价值波动，确认当期公允价值变动发生额，应借记"其他综合收益"科目，贷记"可供出售金融资产——公允价值变动"科目；如果属于减值的情况，要确认资产减值损失，记入"可供出售金融资产——减值准备"科目，同时结转原已确认的其他综合收益。

易错易混点 3　**不同类型金融资产的处置损益与处置时点投资收益的区别**

【母题】2015 年 1 月 20 日，甲公司以每股 10 元的价格从二级市场购入乙公司股票 10 万股，支付价款 100 万元，另支付相关交易费用 2 万元。甲公司将购入的乙公司股票作为可供出售金融资产核算。2015 年 12 月 31 日，乙公司股票市场价格为每股 18 元。2016 年 3 月 15 日，甲公司收到乙公司当日宣告分派的现金股利 4 万元。2016 年 4 月 4 日，甲公司将所持有乙公司股票以每股 16 元的价格全部出售，扣除支付相关交易费用 2.5 万元后，实际取得款项 157.5 万元。

要求：不考虑其他因素，计算甲公司处置该可供出售金融资产影响损益的金额。

【答案】甲公司处置该可供出售金融资产影响损益的金额 = 157.5 – 102 = 55.5（万元）。

【提示】如果题目问处置时的投资收益，其计算结果是一致的，因为在处置时点影响处置损益的就是投资收益科目的金额。

【思路点拨】

①确定计算处置损益或投资收益的时点。

②明确处置损益的含义。

③明确该时点的交易如何影响处置损益或投资收益。

处置时的会计分录：

借：银行存款　　　　　　　　　　　　　　　　　　　　　　　157.5（160 – 2.5）
　　投资收益　　　　　　　　　　　　　　　　　　　　　　　 22.5
　　贷：可供出售金融资产——成本　　　　　　　　　　　　　　　　102
　　　　　　　　　　　　——公允价值变动　　　　　　　　　　　　 78

借：其他综合收益　　　　　　　　　　　　　　　　　　　　　　 78
　　贷：投资收益　　　　　　　　　　　　　　　　　　　　　　　 78

即处置损益 = 处置时投资收益 = 78 – 22.5 = 55.5（万元）。

【子题】假设其他条件均不变，如果该金融资产划分为交易性金融资产，分别计算其处置损益和处置时点的投资收益的金额。

【答案】

该交易性金融资产的处置损益 = 157.5 – 180 = –22.5（万元）；

该交易性金融资产处置时点影响投资收益的金额 = 157.5 – 100 = 57.5（万元）。

【注意】交易性金融资产的初始成本与可供出售金融资产的初始成本是不同的。

处置时的会计分录：

借：银行存款　　　　　　　　　　　　　　　　　　　　　　　157.5（160 – 2.5）

　　投资收益　　　　　　　　　　　　　　　　　　　　　　　　22.5

　　　贷：交易性金融资产——成本　　　　　　　　　　　　　　　100

　　　　　　　　　　　　——公允价值变动　　　　　　　　　　　80

借：公允价值变动损益　　　　　　　　　　　　　　　　　　　　80

　　贷：投资收益　　　　　　　　　　　　　　　　　　　　　　　80

即，处置损益为 – 22.5 万元；处置时点影响投资收益的金额 = 80 – 22.5 = 57.5（万元）。

【提示】公允价值变动损益结转到投资收益是损益内部的结转，不影响损益总额。

📖 易错易混点辨析

（1）交易性金融资产的处置损益 = 出售净价 – 处置时的账面价值

（2）交易性金融资产处置时影响投资收益的金额 = 出售净价 – 交易性金融资产初始成本的金额

（3）可供出售金融资产的处置损益 = 可供出售金融资产处置时影响投资收益的金额 = 出售净价 – 可供出售金融资产初始成本的金额

（4）持有至到期投资的处置损益 = 持有至到期投资处置时的投资收益 = 出售净价 – 处置时的账面价值

易错易混点4　金融资产减值

【母题·判断题】对持有至到期投资确认减值损失后，如有客观证据表明该金融资产价值已恢复，应在原确认的减值损失范围内按已恢复的金额予以转回，计入当期损益（资产减值损失）。（　　）

【答案】√

【子题·判断题】可供出售金融资产发生的减值，在随后会计期间内公允价值上升且客观上与确认原减值损失后发生的事项有关的，应在原确认减值损失范围内通过损益转回。（　　）

【答案】×

【解析】对于可供出售金融资产应区分情况，如果是可供出售权益工具投资，其减值通过权益转回；如果是可供出售债务工具投资，其减值通过损益转回。

📖 易错易混点辨析

不同类别金融资产是否考虑减值及减值转回方式对比：

金融资产类别	是否考虑减值因素	减值损失转回方式
交易性金融资产	否	由于持有期间短，不考虑减值
可供出售权益工具投资	是	减值通过其他综合收益转回
可供出售债务工具投资	是	减值通过损益转回
持有至到期投资	是	减值通过损益转回
贷款和应收款项	是	减值通过损益转回
长期股权投资	是	减值不能转回

机考过关必练

一、单项选择题

1. 2017 年 5 月 20 日，甲公司以银行存款 300 万元（其中包含乙公司已宣告但尚未发放的现金股利 5 万元）从二级市场购入乙公司 100 万股普通股股票，另支付相关交易费用 2 万元，甲公司将其划分为交易性金融资产。2017 年 12 月 31 日，该股票投资的公允价值为 320 万元。假定不考虑其他因素，该股票投资对甲公司 2017 年营业利润的影响金额为(   )万元。

    A. 23   B. 25   C. 18   D. 20

2. 下列关于不存在减值迹象的可供出售金融资产会计处理的表述中，正确的是(   )。

    A. 取得时发生的相关交易费用计入当期损益

    B. 将出售的剩余部分重分类为交易性金融资产

    C. 资产负债表日将发生的公允价值变动计入当期损益

    D. 将出售时实际收到的金额与账面价值之间的差额计入当期损益

3. 企业处置部分持有至到期投资使其剩余部分不再适合划分为持有至到期投资的，应当将该剩余部分投资重分类为(   )。

    A. 长期股权投资   B. 贷款和应收款项

    C. 交易性金融资产   D. 可供出售金融资产

4. 2017 年 2 月 2 日，甲公司支付 2000 万元取得一项股权投资并将其作为交易性金融资产核算，支付价款中包含已宣告但尚未发放的现金股利 100 万元，另支付交易费用 10 万元。甲公司取得该项交易性金融资产的入账价值为(   )万元。

    A. 1900   B. 2010   C. 2110   D. 1890

5. 关于计量单元，下列说法中正确的是(   )。

    A. 计量单元仅指相关资产单独进行计量的最小单位

    B. 计量单元仅指相关负债单独进行计量的最小单位

    C. 计量单元是指相关资产和负债单独进行计量的最小单位

    D. 计量单元是指相关资产或负债以单独或者组合方式进行计量的最小单位

6. 2017 年 1 月 1 日，甲公司以银行存款 1100 万元购入乙公司当日发行的面值为 1000 万元的 5 年期不可赎回债券，将其划分为持有至到期投资。该债券票面年利率为 10%，实际年利率为 7.53%，每年年末付息，到期还本。2017 年 12 月 31 日，该债券的公允价值上涨至 1150 万元。假定不考虑其他因素，2017 年 12 月 31 日甲公司该持有至到期投资的账面价值为(   )万元。

    A. 1082.83   B. 1150   C. 1182.53   D. 1200

7. 2017 年 1 月 1 日甲公司从二级市场上购入 A 公司于当日发行的分期付息、到期还本的债券作为可供出售金融资产核算，该债券期限为 3 年，票面年利率为 5%，实际年利率为 4%，每年 1 月 5 日支付上年度的利息，到期日为 2019 年 12 月 31 日。甲公司购入债券的面值为 1000 万元，实际支付价款 1021.26 万元，另支付相关交易费用 6.5 万元。假定按年计提利息。2017 年 12 月 31 日，该债券的公允价值为 1080 万元。不考虑其他因素的影响，则甲公司 2017 年 12 月 31 日应确认的其他综合收益的金额为(   )万元。

    A. 0   B. 61.13   C. 52.24   D. 20

8. 下列项目中，不能作为持有至到期投资核算的是(   )。

    A. 企业从二级市场上购入的固定利率国债

    B. 企业购入的股权投资

    C. 期限较短（1 年以内）的债券投资

    D. 企业从二级市场上购入的浮动利率公司债券

9. 下列各项中，不应计入相关资产初始入账价值的是(   )。

    A. 取得不形成控股合并的长期股权投资的交易费用

    B. 取得交易性金融资产发生的交易费用

    C. 取得贷款发生的交易费用

    D. 取得可供出售金融资产发生的交易费用

二、多项选择题

1. 下列各项中，属于企业金融资产的有(   )。

    A. 应收票据   B. 库存现金

    C. 投资性房地产   D. 贷款

2. 企业发生的下列事项中，影响利润表中投资收益金额的有（　　）。
   A. 取得交易性金融资产时发生的交易费用
   B. 交易性金融资产持有期间收到的包含在买价中的债券利息
   C. 交易性金融资产持有期间确认的现金股利
   D. 交易性金融资产期末公允价值大于账面价值的差额

3. 下列有关可供出售金融资产会计处理的表述中，正确的有（　　）。
   A. 可供出售金融资产不需要计算摊余成本
   B. 以外币计价的可供出售货币性金融资产发生的汇兑差额应计入当期损益
   C. 可供出售金融资产持有期间取得的现金股利应冲减其成本
   D. 取得可供出售金融资产发生的交易费用应计入其初始确认金额

4. 下列公允价值层次中，属于第三层次输入值的有（　　）。
   A. 股票投资期末收盘价　　　　　　B. 市场验证的输入值
   C. 股票波动率　　　　　　　　　　D. 企业使用自身数据作出的预测

5. 下列关于金融资产后续计量的表述中，正确的有（　　）。
   A. 贷款和应收款项应按照公允价值计量
   B. 持有至到期投资应采用实际利率法，按摊余成本计量
   C. 交易性金融资产应按公允价值计量，并扣除处置时可能发生的交易费用
   D. 可供出售金融资产应按公允价值计量，不扣除处置时可能发生的交易费用

6. 对于以摊余成本进行后续计量的金融资产，下列各项中影响其摊余成本的有（　　）。
   A. 取得分期付息债券作为持有至到期投资核算时支付价款中包含的应收未收利息
   B. 已偿还的本金
   C. 初始确认金额与到期日金额之间的差额按实际利率法摊销形成的累计摊销额
   D. 已发生的减值损失

7. 下列有关贷款和应收款项的表述中，正确的有（　　）。
   A. 企业应按发放贷款的本金和相关交易费用之和作为初始确认金额
   B. 一般企业对外销售商品或提供劳务形成的应收债权，通常应按从购货方应收的合同或协议价款作为初始确认金额
   C. 贷款采用实际利率法，按照摊余成本进行后续计量
   D. 贷款和应收款项在活跃市场中没有报价，公允价值不能可靠计量

8. 下列各项资产计提减值后，持有期间在原计提减值损失范围内可通过损益转回的有（　　）。
   A. 长期股权投资减值准备　　　　　B. 可供出售债务工具减值准备
   C. 应收账款坏账准备　　　　　　　D. 持有至到期投资减值准备

9. 下列交易事项中，应通过"其他综合收益"科目核算的有（　　）。
   A. 资产负债表日，可供出售金融资产公允价值大于其账面价值的差额
   B. 可供出售金融资产债务工具减值损失的转回
   C. 权益法核算的长期股权投资，被投资单位除净损益、其他综合收益以及利润分配以外其他权益变动中投资企业按其持股比例应享有的份额
   D. 持有至到期投资重分类为可供出售金融资产时公允价值与原账面价值的差额

三、判断题

1. 交易性金融资产发生的减值，在随后会计期间内公允价值上升且客观上与确认原减值损失后发生的事项有关的，应在原确认减值损失范围内通过损益转回。（　　）

2. 企业持有交易性金融资产的时间超过一年后，应将其重分类为可供出售金融资产。（　　）

3. 公允价值，是指市场参与者在计量日发生的有序交易中，出售一项资产所能收到或者转移一项负债所需支付的价格。（　　）

4. 2017 年 12 月 31 日，黄河公司因改变持有目的，将原作为交易性金融资产核算的乙公司普通股股票重分类为可供出售金融资产。（　　）

5. 企业在初始确认以摊余成本计量的金融资产或金融负债时，就应当计算确定实际利率，并在相关金融资产或金融负债预期存续期间或适用的更短期间内保持不变。 （　　）

6. 金融企业按当前市场条件发放的贷款，应按发放贷款的本金作为贷款的初始确认金额，同时将相关的交易费用计入投资收益。 （　　）

四、计算分析题

1. 甲公司 2016 年 1 月 1 日购入面值为 2000 万元，票面年利率为 5% 的 A 债券，取得时支付价款 2120 万元（含已到付息期但尚未领取的利息 100 万元），另支付交易费用 10 万元，甲公司拟随时出售该项债券投资以获取利润。2016 年 1 月 5 日，收到购买时支付价款中所含的利息 100 万元。2016 年 12 月 31 日，A 债券的公允价值为 2100 万元（不含利息）。2017 年 1 月 5 日，收到 A 债券 2016 年度的利息 100 万元。2017 年 4 月 20 日，甲公司出售 A 债券，售价为 2160 万元。不考虑其他因素。

要求：

（1）分析判断甲公司购入的债券投资应划分为哪类金融资产，并说明理由。

（2）编制甲公司与上述经济业务相关的会计分录。

（3）计算 2017 年 4 月 20 日甲公司出售 A 债券时应确认的处置损益。

（答案中的金额单位用万元表示）

2. 甲公司 2014 年度至 2016 年度对乙公司债券投资业务的相关资料如下：

（1）2014 年 1 月 1 日，甲公司以银行存款 950 万元购入乙公司当日发行的 5 年期公司债券，作为持有至到期投资核算，该债券面值总额为 1000 万元，票面年利率为 5%，每年年末支付利息，到期一次偿还本金，但不得提前赎回。甲公司该债券投资的实际年利率为 6%。

（2）2014 年 12 月 31 日，甲公司收到乙公司支付的债券利息 50 万元。当日，该债券投资不存在减值迹象。

（3）2015 年 12 月 31 日，甲公司收到乙公司支付的债券利息 50 万元。当日，甲公司获悉乙公司发生财务困难，对该债券投资进行了减值测试，预计该债券投资未来现金流量的现值为 800 万元。

（4）2016 年 1 月 1 日，甲公司以 850 万元的价格全部售出所持有的乙公司债券，款项已收存银行。

假定甲公司持有的持有至到期投资全部为对乙公司的债券投资。除上述资料外，不考虑其他因素。

要求：

（1）计算甲公司 2014 年度持有至到期投资应确认的投资收益。

（2）计算甲公司 2015 年度持有至到期投资应确认的减值损失。

（3）计算甲公司 2016 年 1 月 1 日出售持有至到期投资影响损益的金额。

（4）根据资料（1）至（4），逐笔编制甲公司持有至到期投资相关的会计分录。

（"持有至到期投资"科目要求写出必要的明细科目；答案中的金额单位用万元表示）

五、综合题

长河公司 2014 年至 2016 年对白峰公司股票投资的有关资料如下：

资料一：2014 年 1 月 1 日，长河公司以其生产的一批存货（A 产品）作为对价取得白峰公司 30% 有表决权的股份，该批存货公允价值为 4500 万元，账面成本为 4000 万元，已计提存货跌价准备 200 万元。交易前，长河公司与白峰公司不存在关联方关系且不持有白峰公司股份；交易后，长河公司能够对白峰公司施加重大影响。取得投资当日，白峰公司可辨认净资产的账面价值为 16000 万元，除行政管理用 H 固定资产外，其他各项资产、负债的公允价值与账面价值相同。该固定资产原价为 500 万元，原预计使用年限为 5 年，预计净残值为零，采用年限平均法计提折旧，已计提折旧 100 万元；当日，该固定资产的公允价值为 500 万元，预计尚可使用 4 年，与原预计剩余年限相一致，预计净残值为零，继续采用原方法计提折旧。

资料二：2014 年 8 月 20 日，白峰公司将其成本为 900 万元（未计提存货跌价准备）的 M 商品以不含增值税的价格 1200 万元出售给长河公司。至 2014 年 12 月 31 日，长河公司向非关联方累计售出该商品 50%，剩余 50% 作为存货，未发生减值。

资料三：2014 年度，白峰公司实现的净利润为 6000 万元，因可供出售金融资产公允价值变动增加其他综合收益 300 万元，未发生其他影响白峰公司所有者权益变动的交易或事项。

资料四：2015 年 1 月 1 日，长河公司将对白峰公司股权投资的 80% 出售给非关联方，取得价款 5600 万元，相关手续于当日完成，剩余股份当日公允价值为 1400 万元。出售部分股份后，长河公司对白峰公司不再具有重大影响，将剩余股权投资转为可供出售金融资产。

资料五：2015 年 6 月 30 日，长河公司持有白峰公司股票的公允价值下跌至 1300 万元，预计白峰公司股价下跌是暂时性的。

资料六：2015 年 7 月起，白峰公司股票价格持续下跌，至 2015 年 12 月 31 日，长河公司持有白峰公司股票的公允价值下跌至 800 万元，长河公司判断该股权投资已发生减值，并计提减值准备。

资料七：2016 年 1 月 8 日，长河公司以 780 万元的价格在二级市场上售出所持白峰公司的全部股票。

资料八：长河公司和白峰公司采用的会计政策、会计期间相同，假定不考虑增值税、所得税等其他因素。

要求：

（1）判断说明长河公司 2014 年度对白峰公司长期股权投资应采用的核算方法，并编制长河公司取得白峰公司股权投资的会计分录。

（2）计算长河公司 2014 年度应确认的投资收益和应享有白峰公司其他综合收益变动的金额，并编制相关会计分录。

（3）计算长河公司 2015 年 1 月 1 日处置部分股权投资交易对公司营业利润的影响额，并编制相关会计分录。

（4）分别编制长河公司 2015 年 6 月 30 日和 12 月 31 日与持有白峰公司股票相关的会计分录。

（5）编制长河公司 2016 年 1 月 8 日处置白峰公司股票的相关会计分录。（"长期股权投资"、"可供出售金融资产"科目应写出必要的明细科目）

机考过关必练参考答案及解析

一、单项选择题

1.【答案】A

【解析】该交易性金融资产对甲公司 2017 年营业利润的影响金额 = 320 - （300 - 5） - 2 = 23（万元），选项 A 正确。甲公司在 2017 年的会计处理如下：

借：交易性金融资产——成本   295（300 - 5）
　　投资收益   2
　　应收股利   5
　　贷：银行存款   302
借：交易性金融资产——公允价值变动   25
　　贷：公允价值变动损益   25

2.【答案】D

【解析】选项 A，取得时发生的相关交易费用应计入可供出售金融资产初始入账价值中；选项 B，交易性金融资产不得与其他类金融资产进行重分类；选项 C，资产负债表日将公允价值与账面价值的差额计入其他综合收益，不影响当期损益。

3.【答案】D

【解析】持有至到期投资不能与除可供出售金融资产以外的其他类别的金融资产进行重分类，选项 D 正确。

4.【答案】A

【解析】该项交易性金融资产的入账价值 = 2000 - 100 = 1900（万元）。

5.【答案】D

【解析】计量单元，是指相关资产或负债以单独或者组合方式进行计量的最小单位。

6.【答案】A

【解析】2017 年 12 月 31 日该持有至到期投资的账面价值 = 摊余成本 = 1100 × （1 + 7.53%） - 1000 × 10% = 1082.83（万元），选项 A 正确。

会计分录如下：

2017 年 1 月 1 日

借：持有至到期投资——成本　　　　　　　　　　　　　　　　　　　　　1000

　　　　　　　　——利息调整　　　　　　　　　　　　　　　　　　　　100

　　贷：银行存款　　　　　　　　　　　　　　　　　　　　　　　　　　1100

2017 年 12 月 31 日

借：应收利息　　　　　　　　　　　　　　　　　　　　100（1000×10%）

　　贷：投资收益　　　　　　　　　　　　　　　　82.83（1100×7.53%）

　　　　持有至到期投资——利息调整　　　　　　　　　　　17.17（差额）

7.【答案】B

【解析】2017 年 1 月 1 日，甲公司该项债券投资的初始入账价值 = 1021.26 + 6.5 = 1027.76（万元），2017 年 12 月 31 日，甲公司该可供出售金融资产的摊余成本 = 1027.76 ×（1 + 4%）- 1000 × 5% = 1018.87（万元），其公允价值为 1080 万元，故应确认的其他综合收益金额 = 1080 - 1018.87 = 61.13（万元）。

8.【答案】B

【解析】持有至到期投资，是指到期日固定，回收金额固定或可确定，且企业有明确意图和能力持有至到期的非衍生金融资产。股权投资因其没有固定的到期日，因而不能划分为持有至到期投资。

9.【答案】B

【解析】取得交易性金融资产发生的交易费用计入投资收益，不计入资产入账价值。

二、多项选择题

1.【答案】ABD

【解析】金融资产属于企业的重要组成部分，主要包括：库存现金、银行存款、应收账款、应收票据、其他应收款、贷款、股权投资、债权投资和衍生金融工具形成的资产等。选项 C，投资性房地产不属于企业的金融资产。

2.【答案】AC

【解析】交易性金融资产包含在买价中的债券利息，购入时应记入"应收利息"科目，在收到利息时，借方为"银行存款"科目，贷方为"应收利息"科目，不影响投资收益，选项 B 错误；交易性金融资产期末公允价值大于账面价值的差额记入"公允价值变动损益"科目，不影响投资收益，选项 D 错误。

3.【答案】BD

【解析】选项 A，债务工具作为可供出售金融资产核算时，期末应计算摊余成本；选项 C，可供出售金融资产持有期间取得的现金股利应确认为投资收益，不冲减其成本。

4.【答案】CD

【解析】选项 A 为第一层次输入值；选项 B 为第二层次输入值；选项 C 和 D 为不可观察的输入值，属于第三层次输入值。

5.【答案】BD

【解析】贷款、应收款项和持有至到期投资采用实际利率法，按照摊余成本进行后续计量，选项 A 错误，选项 B 正确；交易性金融资产和可供出售金融资产按照公允价值进行后续计量，不扣除处置时可能发生的交易费用，选项 C 错误，选项 D 正确。

6.【答案】BCD

【解析】金融资产的摊余成本，是指该金融资产的初始确认金额经下列调整后的结果：

（1）扣除已偿还的本金；

（2）加上或减去采用实际利率法将该初始确认金额与到期日金额之间的差额进行摊销形成的累计摊销额；

（3）扣除已发生的减值损失。

选项 A，取得分期付息债券作为持有至到期投资核算，支付价款中包含的应收未收利息应记入"应收利息"科目，不影响其摊余成本。

7.【答案】ABCD

8.【答案】BCD

【解析】长期股权投资减值准备一经计提不能转回，选项 A 不正确。

9.【答案】AD

【解析】选项 B，应通过"资产减值损失"科目核算；选项 C，应通过"资本公积——其他资本公积"科目核算。

三、判断题

1.【答案】×

【解析】交易性金融资产，由于持有期限较短，不考虑其减值的情况。

2.【答案】×

【解析】交易性金融资产与其他类别金融资产之间不能重分类。

3.【答案】√

4.【答案】×

【解析】交易性金融资产不得与其他类金融资产进行重分类。

5.【答案】√

6.【答案】×

【解析】金融企业按当前市场条件发放的贷款，应按发放贷款的本金和相关交易费用之和作为初始确认金额。

四、计算分析题

1.【答案】

（1）甲公司购入的债券投资应确认为交易性金融资产。

理由：甲公司持有该债券投资的目的是为了近期内出售以获取利润，所以该项债券投资应确认为交易性金融资产。

（2）

2016 年 1 月 1 日，购入债券投资

借：交易性金融资产——成本　　　　　　　　　　　　　　　　　　　2020

　　应收利息　　　　　　　　　　　　　　　　　　　　　　　　　　100

　　投资收益　　　　　　　　　　　　　　　　　　　　　　　　　　10

　　贷：银行存款　　　　　　　　　　　　　　　　　　　　　　　　2130

2016 年 1 月 5 日，收到债券利息

借：银行存款　　　　　　　　　　　　　　　　　　　　　　　　　　100

　　贷：应收利息　　　　　　　　　　　　　　　　　　　　　　　　100

2016 年 12 月 31 日，确认交易性金融资产公允价值变动和投资收益

借：交易性金融资产——公允价值变动　　　　　　　　　80（2100 – 2020）

　　贷：公允价值变动损益　　　　　　　　　　　　　　　　　　　　80

借：应收利息　　　　　　　　　　　　　　　　　　　　　　　　　　100

　　贷：投资收益　　　　　　　　　　　　　　　　　　　　　　　　100

2017 年 1 月 5 日，收到债券利息

借：银行存款　　　　　　　　　　　　　　　　　　　　　　　　　　100

　　贷：应收利息　　　　　　　　　　　　　　　　　　　　　　　　100

2017 年 4 月 20 日

借：银行存款　　　　　　　　　　　　　　　　　　　　　　　　　　2160

　　贷：交易性金融资产——成本　　　　　　　　　　　　　　　　　2020

　　　　　　　　　　　——公允价值变动　　　　　　　　　　　　　80

　　　　投资收益　　　　　　　　　　　　　　　　　　　　　　　　60

借：公允价值变动损益　　　　　　　　　　　　　　　　　　　　　　　80

　　贷：投资收益　　　　　　　　　　　　　　　　　　　　　　　　　　80

（3）2017 年 4 月 20 日甲公司出售 A 债券应确认的处置损益＝出售取得价款－出售时的账面价值＝2160－2100＝60（万元）。

【提示】将"公允价值变动损益"结转至"投资收益"，影响处置时计入投资收益的金额，但不影响处置时的损益总额。

2. 【答案】

（1）甲公司 2014 年度持有至到期投资应确认的投资收益＝950×6％＝57（万元）。

（2）2014 年 12 月 31 日，持有至到期投资的摊余成本＝950×（1＋6％）－1000×5％＝957（万元）；2015 年 12 月 31 日持有至到期投资未减值前的摊余成本＝957×（1＋6％）－1000×5％＝964.42（万元），甲公司 2015 年度持有至到期投资应确认的减值损失＝964.42－800＝164.42（万元）。

（3）甲公司 2016 年 1 月 1 日出售持有至到期投资影响损益（投资收益）的金额＝850－800＝50（万元）。

（4）2014 年 1 月 1 日

借：持有至到期投资——成本　　　　　　　　　　　　　　　　　　1000

　　贷：银行存款　　　　　　　　　　　　　　　　　　　　　　　　950

　　　　持有至到期投资——利息调整　　　　　　　　　　　　　　　50

2014 年 12 月 31 日

借：应收利息　　　　　　　　　　　　　　　　　　50（1000×5％）

　　持有至到期投资——利息调整　　　　　　　　　　　　　　　　　7

　　贷：投资收益　　　　　　　　　　　　　　　　　57（950×6％）

借：银行存款　　　　　　　　　　　　　　　　　　　　　　　　　50

　　贷：应收利息　　　　　　　　　　　　　　　　　　　　　　　　50

2015 年 12 月 31 日

借：应收利息　　　　　　　　　　　　　　　　　　50（1000×5％）

　　持有至到期投资——利息调整　　　　　　　　　　　　　　　7.42

　　贷：投资收益　　　　　　　　　　　　　　57.42（957×6％）

借：银行存款　　　　　　　　　　　　　　　　　　　　　　　　　50

　　贷：应收利息　　　　　　　　　　　　　　　　　　　　　　　　50

借：资产减值损失　　　　　　　　　　　　　　　　　　　　　164.42

　　贷：持有至到期投资减值准备　　　　　　　　　　　　　　　164.42

2016 年 1 月 1 日

借：银行存款　　　　　　　　　　　　　　　　　　　　　　　　850

　　持有至到期投资——利息调整　　　　　　　35.58（50－7－7.42）

　　持有至到期投资减值准备　　　　　　　　　　　　　　　　164.42

　　贷：持有至到期投资——成本　　　　　　　　　　　　　　　1000

　　　　投资收益　　　　　　　　　　　　　　　　　　　　　　　50

五、综合题

【答案】

（1）长河公司取得白峰公司长期股权投资采用权益法核算。

理由：长河公司取得白峰公司 30％的股权，能够对白峰公司施加重大影响，所以采用权益法核算。

会计分录：

借：长期股权投资——投资成本　　　　　　　　　　　　　　　　4500

　　贷：主营业务收入　　　　　　　　　　　　　　　　　　　　4500

借：主营业务成本　　　　　　　　　　　　　　　　　　　　　3800

　　存货跌价准备　　　　　　　　　　　　　　　　　　　　　200

　　贷：库存商品　　　　　　　　　　　　　　　　　　　　　4000

取得投资时被投资单位可辨认净资产公允价值 = 16000 + ［500 −（500 − 100）］= 16100（万元），长河公司取得投资时应享有被投资单位可辨认净资产公允价值的份额 = 16100 × 30% = 4830（万元），大于长期股权投资的初始投资成本，应当进行调整。调增长期股权投资的金额 = 4830 − 4500 = 330（万元）。

会计分录：

借：长期股权投资——投资成本　　　　　　　　　　　　　　　　　　　　330
　贷：营业外收入　　　　　　　　　　　　　　　　　　　　　　　　　　330

（2）应确认的投资收益 = ［6000 −（500/4 − 500/5）−（1200 − 900）× 50%］× 30% = 1747.5（万元），

应确认的其他综合收益 = 300 × 30% = 90（万元）。

会计分录：

借：长期股权投资——损益调整　　　　　　　　　　　　　　　　　　　1747.5
　贷：投资收益　　　　　　　　　　　　　　　　　　　　　　　　　　1747.5
借：长期股权投资——其他综合收益　　　　　　　　　　　　　　　　　　90
　贷：其他综合收益　　　　　　　　　　　　　　　　　　　　　　　　　90

（3）长河公司部分处置长期股权投资对营业利润的影响金额 = 5600 + 1400 −（4500 + 330 + 1747.5 + 90）+ 90 = 422.5（万元）。

会计分录：

借：银行存款　　　　　　　　　　　　　　　　　　　　　　　　　　　5600
　可供出售金融资产——成本　　　　　　　　　　　　　　　　　　　　1400
　贷：长期股权投资——投资成本　　　　　　　　　　　　　　　　　　4830
　　　　　　　　——损益调整　　　　　　　　　　　　　　　　　　1747.5
　　　　　　　　——其他综合收益　　　　　　　　　　　　　　　　　　90
　　　投资收益　　　　　　　　　　　　　　　　　　　　　　　　　332.5
借：其他综合收益　　　　　　　　　　　　　　　　　　　　　　　　　　90
　贷：投资收益　　　　　　　　　　　　　　　　　　　　　　　　　　　90

（4）

6 月 30 日

借：其他综合收益　　　　　　　　　　　　　　　　　　　　　　　　　100
　贷：可供出售金融资产——公允价值变动　　　　　　　　　　　　　　　100

12 月 31 日

借：资产减值损失　　　　　　　　　　　　　　　　　　　　　　　　　600
　贷：其他综合收益　　　　　　　　　　　　　　　　　　　　　　　　100
　　　可供出售金融资产——减值准备　　　　　　　　　　　　　　　　　500

（5）

借：银行存款　　　　　　　　　　　　　　　　　　　　　　　　　　　780
　可供出售金融资产——公允价值变动　　　　　　　　　　　　　　　　100
　　　　　　　　——减值准备　　　　　　　　　　　　　　　　　　500
　投资收益　　　　　　　　　　　　　　　　　　　　　　　　　　　　20
　贷：可供出售金融资产——成本　　　　　　　　　　　　　　　　　　1400

第十章　股份支付

> **学习导读**
>
> 本章属于次重点章节，主要介绍现金结算的股份支付和权益结算的股份支付。
>
> 本章重点掌握内容包括：（1）以现金结算的股份支付的会计处理；（2）以权益结算的股份支付的会计处理；（3）集团内股份支付的会计处理等。
>
> 近三年考试题型为单项选择题、多项选择题和判断题，平均分数为 3 分左右。

易错易混集训

易错易混点 1 可行权条件的有利修改与不利修改

【母题】2015 年 1 月 1 日，甲公司授予本公司 100 名管理人员每人 100 份股票期权，并与管理人员签订股权激励协议。协议约定：这些管理人员自 2015 年 1 月 1 日起在本公司服务满 3 年，即可以每股 5 元的价格认购本公司 100 股股票。甲公司估计每份期权在授予日的公允价值为 15 元，2015 年 6 月 30 日，甲公司董事会决议将等待期调整为 2 年，当日每份期权公允价值为 18 元。第一年有 10 名管理人员离开公司，预计 3 年中离开的管理人员比例将达到 30%。要求计算 2015 年 12 月 31 日甲公司应确认费用的金额？

【答案】2015 年 12 月 31 日甲公司应确认费用的金额 = 100×100×（1－30%）×15×1/2 = 52500（元）。

【子题】2015 年 6 月 30 日，甲公司董事会决议将等待期调整为 4 年，当日每份期权公允价值为 18 元。除该条件外其他条件均与母题相同。要求计算 2015 年 12 月 31 日甲公司应确认费用的金额？

【答案】2015 年 12 月 31 日甲公司应确认费用的金额 = 100×100×（1－30%）×15×1/3 = 35000（元）。

易错易混点辨析

（1）如果企业按照有利于职工的方式修改可行权条件，如缩短等待期、变更或取消业绩条件（非市场条件），企业在处理可行权条件时，应当考虑修改后的可行权条件，即按照有利于职工的可行权条件确认等待期内应计入成本费用的金额。

（2）如果企业以减少股份支付公允价值总额的方式或其他不利于职工的方式修改条款和条件，企业仍应继续对取得的服务进行会计处理，如同该变更从未发生，除非企业取消了部分或全部已授予的权益工具。即等待期内确认成本费用时，仍以原股份支付协议规定的等待期为基础计算。

易错易混点 2 可行权数量的最佳估计数确定

【母题】A 公司为一上市公司，2014 年 1 月 1 日，A 公司向本公司 100 名管理人员每人授予 200 份股票期权，根据股份支付协议规定，这些员工需自 2014 年 1 月 1 日起在本公司连续服务满 3 年，即可以每股 5 元的价格购买本公司 200 股股票，从而获益。A 公司估计每份期权在授予日的公允价值为 15 元。第一年有 10 名管理人员离开公司，预计三年中离开的管理人员比例将达到 30%；第二年 A 公司有 5 名管理人员离开，A 公司将三年中预计的离职比例修正为 25%；第三年 A 公司有 5 名管理人员离开。要求说明 A 公司在 2014 年及 2015 年确认成本费用时预计的可行权数量的最佳估计数？

【答案】2014年12月31日，应确认可行权数量的最佳估计数 = 100 × （1 - 30%） × 200 = 14000（份）；2015年12月31日，应确认可行权数量的最佳估计数 = 100 × （1 - 25%） × 200 = 15000（份）。

【子题1】A公司为一上市公司，2014年1月1日，A公司向本公司100名管理人员每人授予200份股票期权，根据股份支付协议规定，这些员工需自2014年1月1日起在本公司连续服务满3年，即可以5元每股购买本公司200股股票，从而获益。A公司估计每份期权在授予日的公允价值为15元。第一年有10名管理人员离开公司，预计剩余期间内还将有20名管理人员离开公司；第二年A公司有5名管理人员离开公司，预计剩余期间内还将有10名管理人员离开公司；第三年A公司有5名管理人员离开公司。要求说明A公司在2014及2015年确认成本费用时预计的可行权数量的最佳估计数？

【答案】2014年12月31日，应确认可行权数量的最佳估计数 = （100 - 10 - 20） × 200 = 14000（份）；2015年12月31日，应确认可行权数量的最佳估计数 = （100 - 10 - 5 - 10） × 200 = 15000（份）。

【子题2】A公司为一上市公司，2014年1月1日，A公司向本公司100名管理人员共授予20000份股票期权，根据股份支付协议规定，这些员工需自2014年1月1日起在本公司连续服务满3年，每持有一份股票期权即可以5元每股购买本公司1股股票，从而获益。A公司估计每份期权在授予日的公允价值为15元。第一年有10名管理人员离开公司，对应股票期权为2000份，预计剩余期间内还将有20名管理人员离开公司，对应股票期权为4000份；第二年A公司有5名管理人员离开公司，对应股票期权为1000份，预计剩余期间内还将有10名管理人员离开公司，对应股票期权为2000份；第三年A公司有5名管理人员离开公司。要求说明A公司在2014及2015年确认成本费用时预计的可行权数量的最佳估计数？

【答案】2014年12月31日，应确认可行权数量的最佳估计数 = 20000 - 2000 - 4000 = 14000（份）；2015年12月31日，应确认可行权数量的最佳估计数 = 20000 - 2000 - 1000 - 2000 = 15000（份）。

📖 易错易混点辨析

股份支付中，企业在等待期内确认成本费用时，确认可行权数量的最佳估计数即为授予权益工具最佳估计数：

题目给定条件	相关处理原则
题中直接给出全部等待期内预计离职人数以及每人对应的权益工具数量	直接以该比例为基础计算累计应确认的成本费用金额，无需考虑已经实际离职人数
题中给出每年实际离职人数与预计以后期间离职人数以及每人对应的权益工具数量（即题中没有直接给出全部等待期内预计离职人数）	应以"总人数 - 实际离职人数 - 预计离职人数"为基础计算累计应确认的成本费用金额
题中直接给出授予的员工权益工具数量	直接以"授予权益工具总数 - 实际离职人数对应权益工具数量 - 预计离职人数对应权益工具数量"为基础计算累计应确认的成本费用金额，无需以"人数×每人权益工具数量"计算

这里无论是减去人数还是比例，所计算的都是预计的一个情况，即等待期内预计将要离开的人数，题目给出了当年实际离开的人数和未来将要离开的人数，没有给出比例，处理时减去的是当年实际离开的人数和未来估计将要离开的人数来计算；如果给出等待期内估计的离职率，处理时可直接根据离职率计算，具体做题时需要根据题目中给出的条件判断使用哪种计算方法，注意选择等待期内离职人数或者离职率。

易错易混点3　股份支付可行权条件的理解以及会计确认

【母题】2016年1月1日，甲公司向50名高管人员每人授予1万份股票期权。股份支付协议中规定：①这些高管人员自2016年1月1日起在甲公司连续服务满3年；②甲公司三年净利润平均增长率达到16%；③至2018年年末甲公司股价上升到18元/股。只有同时满足以上三个可行权条件，每位高管人员才可以按照每股8元的价格购买1万股甲公司普通股。

要求：简述以上三个条件分别属于可行权条件中的什么条件？

【答案】①在甲公司连续服务满 3 年属于服务期限条件；②甲公司三年净利润平均增长率达到 16% 属于业绩条件中的非市场条件；③至 2018 年年末股价上升至 18 元/股属于业绩条件中的市场条件。

【子题】接上，假如其他条件不变，简述上述三个可行权条件中某一条件未得到满足时甲公司应如何进行成本费用的会计处理。

【答案】

（1）如果三年的服务期限条件未得到满足，甲公司不应确认成本费用，已确认的成本费用应冲回。

（2）如果非市场条件未得到满足，甲公司不应确认成本费用，已确认的成本费用应冲回。

（3）市场条件未得到满足不影响成本费用的确认。

📖 易错易混点辨析

可行权条件类型	业绩条件		服务期限条件
	市场条件	非市场条件	
条件举例	股价增长到 15 元/股	净利润增长率达到 10%	服务满 3 年
等待期结束时末满足相关条件的会计处理	应确认相关成本费用	不应确认相关成本费用	不应确认相关成本费用

易错易混点 4 等待期的确定

【母题】2016 年 1 月 1 日，甲公司向 50 名高管人员每人授予 1 万份股票期权。根据股份支付协议规定，这些高管人员自 2016 年 1 月 1 日起在甲公司连续服务满 3 年，即可以按照每股 10 元的价格购买 1 万股甲公司普通股。如何确定等待期？

【答案】本题中的等待期是确定的，为 3 年的服务期。

【子题】2016 年 1 月 1 日，甲公司向 50 名高管人员每人授予 1 万份股票期权。根据股份支付协议的规定，第一年年末的可行权条件为甲公司净利润增长率达到 10%；第二年年末的可行权条件为甲公司净利润两年平均增长 12%；第三年年末的可行权条件为甲公司净利润三年平均增长 13%。第一年年末和第二年年末均没有达到可行权条件，但是都预计下年可以达到行权条件；第三年年末达到可行权条件。如何确定等待期？

【答案】本题中的等待期是不确定的，第一年年末等待期预计为 2 年，第二年年末等待期预计为 3 年，第三年年末等待期为 3 年。

📖 易错易混点辨析

一般情况下，等待期是确定的，比如协议约定连续服务满 3 年，3 年后达到条件可以行权，那么等待期就是固定的 3 年，每年累计确认成本费用＝每份股票期权的公允价值×份数×人数（总人数－预计离职人数）×N/3，N 表示第 N 年（1~3），第一年为 1/3……第三年为 3/3；

但是有些情况下等待期是不确定的，比如协议约定：3 年内，每年达到一定条件就可以行权，第一年年末没有达到条件，但是预计第二年可以达到行权条件，那么第一年年末累计确认成本费用时等待期就是 2 年，确认成本费用＝每份股票期权的公允价值×份数×人数（总人数－预计离职人数）×1/2；第二年年末如果没有达到行权条件，但是预计第三年可以达到行权条件，那么第二年年末累计确认成本费用＝每份股票期权的公允价值×份数×人数（总人数－预计离职人数）×2/3。

易错易混点 5 集团股份支付中结算企业和接受服务企业的会计处理

【母题】甲集团由甲公司（系上市公司）、乙公司和丙公司组成，甲公司是乙公司和丙公司的母公司。2016 年 1 月 1 日，经股东大会批准，甲公司向乙公司 100 名高级管理人员每人授予 10 万份股票期权，行权条件为这些高级管理人员从授予股票期权之日起连续服务满 3 年，且甲集团 3 年净利润平均增长率达到 12%。符合行权条件后，每持有 1 份股票期权可以自 2019 年 1 月 1 日起 1 年内，以每股 3 元的价格购买 1 股甲公司普通股股票。

要求：简要说明等待期内甲公司和乙公司个别报表中的会计处理。

【答案】

甲公司个别报表中应作为权益结算的股份支付，等待期内确认长期股权投资和资本公积。

乙公司个别报表中应作为权益结算的股份支付，等待期内确认管理费用和资本公积。

【子题】接上，如果甲公司授予乙公司高级管理人员的是丙公司的股票期权，符合行权条件后，每持有 1 份股票期权可以自 2019 年 1 月 1 日起 1 年内，以每股 3 元的价格购买 1 股丙公司普通股股票。

要求：简要说明等待期内甲公司和乙公司个别报表的会计处理。

【答案】

甲公司个别报表中应作为现金结算的股份支付，等待期内确认长期股权投资和应付职工薪酬。

乙公司个别报表中应作为权益结算的股份支付，等待期内确认管理费用和资本公积。

易错易混点辨析

企业集团内股份支付	结算企业	接受服务企业
①结算企业以其本身权益工具结算	借：长期股权投资　贷：资本公积	借：管理费用等　贷：资本公积
	合并报表：抵销长期股权投资和资本公积	
②结算企业不是以其本身权益工具结算，而是以集团内其他企业的权益工具结算	借：长期股权投资　贷：应付职工薪酬	借：管理费用等　贷：资本公积
	合并报表：抵销长期股权投资和资本公积，差额计入合并报表管理费用等	
③接受服务企业具有结算义务，且授予本企业职工的是集团内其他企业权益工具	借：管理费用等　贷：应付职工薪酬	
	无合并报表处理	

机考过关必练

一、单项选择题

1. 下列表述中，属于股份支付的是（　　）。

A. 甲公司与其高管人员达成一项协议，若高管人员在本公司服务满 3 年，期满后甲公司将支付每人 100 万元作为奖励

B. 乙公司为其 100 名中层以上管理人员每人授予 100 份现金股票增值权，这些人员从 2016 年 1 月 1 日起必须在该公司连续服务满 3 年，即可按照当时股价的增长幅度获得现金

C. 丙公司根据股东的持股比例向股东支付相应数量的股份

D. 合并交易中合并方向被合并方支付股票以取得被合并方的股权

2. 2015 年 1 月 1 日，甲公司为其 50 名中层以上管理人员每人授予 500 份现金股票增值权，根据股份支付协议规定，这些职工从 2015 年 1 月 1 日起在该公司连续服务 4 年，即可按照当时的股价增长幅度获得现金，该增值权应在 2019 年 12 月 31 日之前行使完毕。2015 年和 2016 年未有管理人员离职，截至 2016 年年末累计确认负债150000 元，在 2017 年有 5 人离职，预计 2018 年没有管理人员离职，2017 年年末该股票增值权的公允价值为每份 12 元，该项股份支付对 2017 年当期管理费用的影响金额和 2017 年年末该项负债的累计金额分别是（　　）元。

A. 18750，120000　　　　　　　　　B. 75000，125000

C. 52500，202500　　　　　　　　　D. 22050，225000

3. 2015 年 1 月 1 日，甲公司向 50 名高管人员共授予 100 万份股票期权。根据股份支付协议，这些高管人员自 2015 年 1 月 1 日起在甲公司连续服务满 3 年，持有的每份股票期权即可以按照每股 5 元的价格购买 1 股甲公司普通股。授予日，每份股票期权的公允价值为 15 元。2015 年和 2016 年均没有高管人员

离开公司，甲公司预计在未来一年内将有 2 名高管人员离开公司，对应的股票期权为 4 万份。甲公司因该股份支付协议在 2016 年应确认的资本公积——其他资本公积累计金额为(　　)万元。

A. 390　　　　　　　　　　　　B. 416

C. 480　　　　　　　　　　　　D. 960

4. 对于以现金结算的股份支付，可行权日后相关负债公允价值发生变动的，其变动金额应在资产负债表日计入(　　)。

A. 资本公积　　　　　　　　　　B. 管理费用

C. 营业外支出　　　　　　　　　D. 公允价值变动损益

5. 下列各项中，属于可行权条件中的非市场条件的是(　　)。

A. 最低股价增长率

B. 营业收入增长率

C. 在本企业的服务年限要求

D. 将部分年薪存入公司专门建立的内部基金中

6. 某集团由甲公司和乙公司组成，其中甲公司为乙公司的母公司。2014 年 1 月 1 日，经股东大会批准，甲公司向乙公司 100 名高级管理人员每人授予 10 万份股票期权，股份支付协议规定，行权条件为这些高级管理人员从授予股票期权之日起连续服务满 3 年，符合行权条件后，每持有 1 份股票期权可以自 2017 年 1 月 1 日起 1 年内，以每股 5 元的价格购买 1 股甲公司普通股股票，在行权期间内未行权的股票期权将失效。甲公司估计授予日每股股票期权的公允价值为 12 元。2014 年，乙公司无高级管理人员离开。该年年末，甲公司预计乙公司未来 2 年无高级管理人员离开；每份股票期权的公允价值为 14 元。不考虑其他因素影响。则甲公司 2014 年应确认的长期股权投资为(　　)万元。

A. 0　　　　　　　　　　　　　B. 4000

C. 8000　　　　　　　　　　　　D. 12000

7. 2014 年 1 月 1 日，甲公司向 50 名高管人员每人授予 2 万份股票期权，股份支付协议规定，这些人员从被授予股票期权之日起连续服务满 2 年，即可按每股 6 元的价格购买甲公司 2 万股普通股股票（每股面值 1 元）。该期权在授予日的公允价值为每份 12 元。2015 年 10 月 20 日，甲公司从二级市场以每股 15 元的价格回购本公司普通股股票 100 万股，拟用于高管人员股权激励。在等待期内，甲公司没有高管人员离职。2015 年 12 月 31 日，高管人员全部行权，当日甲公司普通股股票市场价格为每股 16 元。2015 年 12 月 31 日，甲公司因高管人员行权应确认的"资本公积——股本溢价"科目的金额为(　　)万元。

A. 200　　　　　　　　　　　　B. 300

C. 500　　　　　　　　　　　　D. 1700

8. A 公司（上市公司）2016 年 9 月 10 日，股东大会提议一项股份支付的协议条款，条款内容为：为其 10 名中层以上管理人员每人授予 50 份现金股票增值权，这些人员从 2017 年 1 月 1 日起必须在该公司连续服务 2 年，即可按照当时股价的增长幅度获得现金。2016 年 11 月 30 日，该协议获得股东大会的批准。2017 年 1 月 1 日，A 公司正式授予本公司 10 名中层以上管理人员每人 50 份现金股票增值权。2018 年 12 月 31 日，假定 A 公司上述 10 名中层以上管理人员无一人离职，并且全部行权。不考虑其他因素，则 A 公司这项股份支付协议的授予日为(　　)。

A. 2016 年 9 月 10 日　　　　　　B. 2016 年 11 月 30 日

C. 2017 年 1 月 1 日　　　　　　D. 2018 年 12 月 31 日

二、多项选择题

1. 下列关于市场条件和非市场条件的说法正确的有(　　)。

A. 企业在确定权益工具在授予日的公允价值时，应考虑市场条件和非可行权条件的影响，而不考虑非市场条件的影响

B. 市场条件和非可行权条件是否得到满足，不影响企业对预计可行权情况的估计

C. 企业在确定权益工具在授予日的公允价值时，应考虑非市场条件的影响，而不考虑市场条件的影响

D. 非市场条件是否得到满足，不影响企业对预计可行权情况的估计

2. 下列各项中，属于以现金结算的股份支付的工具的有(   )。

    A. 优先股
    B. 模拟股票

    C. 现金股票增值权
    D. 限制性股票

3. 关于企业集团内涉及不同企业的股份支付交易的会计处理，下列说法中正确的有(   )。

    A. 结算企业以其本身权益工具结算的，应在个别财务报表中按授予日权益工具的公允价值确认长期股权投资和股本

    B. 结算企业不是以其本身权益工具而是以集团内其他企业的权益工具结算的，应当将该股份支付交易作为现金结算的股份支付进行会计处理

    C. 接受服务企业没有结算义务或授予本企业职工的是其本身权益工具的，应当将该股份支付交易作为权益结算的股份支付进行会计处理

    D. 接受服务企业具有结算义务且授予本企业职工的是企业集团内其他企业权益工具的，应当将该股份支付交易作为权益结算的股份支付进行会计处理

4. 下列关于企业授予权益工具的公允价值无法可靠计量处理中，正确的有(   )。

    A. 企业应当在获取对方提供服务的时点、后续的每个报告日以及结算日，以内在价值计量该权益工具，内在价值变动计入当期损益

    B. 以内在价值计量的已授予权益工具进行结算的，结算发生在等待期内的，企业应当将结算作为加速可行权处理，即立即确认本应于剩余等待期内确认的服务金额

    C. 以内在价值计量的已授予权益工具进行结算的，结算时支付的款项应当作为回购该权益工具处理，即减少所有者权益

    D. 以内在价值计量的已授予权益工具进行结算的，结算支付的款项高于该权益工具在回购日内在价值的部分，计入资本公积（股本溢价）

5. 关于股份支付可行权条款和条件的修改，下列表述中正确的有(   )。

    A. 如果修改增加了所授予的权益工具的公允价值，企业应按照权益工具公允价值的增加相应地确认取得服务的增加

    B. 如果修改增加了所授予的权益工具的数量，企业在处理可行权条件时，不应考虑修改后的可行权条件

    C. 如果企业缩短等待期、变更或取消业绩条件（非市场条件），企业在处理可行权条件时，应考虑修改后的可行权条件

    D. 如果企业以减少股份支付公允价值总额的方式修改条款或条件，企业应继续对取得的服务进行会计处理，如同该变更从未发生，除非企业取消了部分或全部已授予的权益工具

6. 下列关于企业以现金结算的股份支付的会计处理中，正确的是(   )。

    A. 等待期内的每个资产负债表日确认相关成本费用时，同时确认所有者权益

    B. 等待期内的每个资产负债表日按所承担负债的公允价值确认负债

    C. 等待期内按照所确认负债的金额计入成本或费用

    D. 可行权日后相关负债的公允价值变动计入公允价值变动损益

7. 下列关于回购股份进行股权激励的表述中，正确的有(   )。

    A. 属于现金结算的股份支付

    B. 属于权益结算的股份支付

    C. 回购股份时应按照回购股份的全部支出作为库存股处理，同时进行备查登记

    D. 回购股份时应按照回购股份的全部支出确认股本和资本公积，同时进行备查登记

8. 2014 年 1 月 1 日，A 公司向其 100 名高级管理人员每人授予 100 份股票期权，根据股份支付协议规定，这些人员从 2014 年 1 月 1 日起必须在该公司连续服务满 3 年，服务期满时才能以每股 5 元的价格购买 100 股 A 公司股票。A 公司估计该期权在授予日的公允价值为每份 15 元。2014 年有 10 名管理人员离开 A 公司，A 公司估计三年中离开的管理人员比例将达到 20%；2015 年又有 5 名管理人员离开 A 公司，A 公司估计第三年将不会再有管理人员离开，将三年中离开比例调整为 15%。则下列表述中正确的有(   )。

A. 2014 年年末 A 公司应确认当期管理费用 120000 元

B. 2014 年年末 A 公司应确认当期管理费用 40000 元

C. 2015 年年末 A 公司应确认当期管理费用 45000 元

D. 2015 年年末 A 公司应确认当期管理费用 42500 元

三、判断题

1. 对于权益结算的股份支付，在可行权日之后不再对已确认的成本费用和所有者权益总额进行调整。

（　　）

2. 股份支付的授予日是指企业按照股份支付协议授予职工权益工具的日期。 （　　）

3. 权益结算的股份支付和现金结算的股份支付，无论是否立即可行权，在授予日企业均不需要进行会计处理。 （　　）

4. 结算发生在等待期内的，企业应当将结算作为加速可行权处理，即立即确认本应于剩余等待期内确认的服务金额。 （　　）

5. 接受服务企业具有结算义务，且授予本企业职工的是企业集团内其他企业权益工具的，接受服务企业应确认成本费用，同时确认一项负债。 （　　）

6. 在估计所授予股份在授予日的公允价值时，应考虑在等待期内转让的限制和其他限制。 （　　）

四、计算分析题

1. 2014 年 1 月 1 日，经股东大会批准，甲公司与 50 名高级管理人员签署股份支付协议。协议规定：①甲公司向 50 名高级管理人员每人授予 10 万份股票期权，行权条件为：第一年年末的甲公司净利润增长率达到 20%；第二年年末的甲公司净利润两年平均增长 17%；第三年年末的甲公司净利润三年平均增长 10%；②符合行权条件后，每持有 1 份股票期权可以自次年 1 月 1 日起 1 年内，以每股 5 元的价格购买甲公司 1 股普通股股票（每股面值 1 元），在行权期间内未行权的股票期权将失效。甲公司估计授予日每份股票期权的公允价值为 15 元。2014 年至 2017 年，甲公司与股票期权有关的资料如下：

（1）2014 年，甲公司有 1 名高级管理人员离开公司，本年净利润增长率为 18%。该年年末，甲公司预计未来两年将有 1 名高级管理人员离开公司，预计至 2015 年年末可以满足两年净利润平均增长 17%。

（2）2015 年，甲公司没有高级管理人员离开公司，本年净利润增长率为 14%。该年年末，甲公司预计未来 1 年将有 2 名高级管理人员离开公司，预计 3 年平均净利润增长率将达到 12.5%。

（3）2016 年，甲公司有 1 名高级管理人员离开公司，本年净利润增长率为 15%。

（4）2017 年 3 月，48 名高级管理人员全部行权，甲公司共收到款项 2400 万元，相关手续已办理完成。

要求：

（1）计算甲公司 2014 年、2015 年、2016 年因股份支付应确认的费用，并编制相关会计分录。

（2）编制甲公司高级管理人员行权时的相关会计分录。

（答案中的金额单位用万元表示）

2. 2013 年 1 月 1 日，股东大会批准一项股权激励计划，乙公司对其 60 名中层以上管理人员每人授予 100 份现金股票增值权，根据股份支付协议规定，这些人员从 2013 年 1 月 1 日起必须在该公司连续服务满 3 年，即可自 2015 年 12 月 31 日起根据当时股价的增长幅度获得现金，该增值权应在 2017 年 12 月 31 日之前行使完毕。乙公司估计，该增值权在负债结算之前的每一资产负债表日以及结算日的公允价值和可行权后的每份增值权现金支出额如下：

单位：元

年　份	公允价值	支付现金
2013 年	15	
2014 年	18	
2015 年	19	20
2016 年	22	21
2017 年		22

2013 年有 2 名管理人员离开乙公司，乙公司估计未来两年中还将有 1 名管理人员离开；2014 年又有 2 名管理人员离开公司，公司估计第三年还将有 3 名管理人员离开；2015 年又有 2 名管理人员离开，2015 年 12 月 31 日，有 20 人行使股票增值权取得了现金，2016 年 12 月 31 日，有 20 人行使股票增值权取得了现金，2017 年 12 月 31 日，有 14 人行使股票增值权取得了现金。

要求：计算 2013 年至 2017 年每年应确认的费用（或损益）、应付职工薪酬余额和支付的现金，并编制有关的会计分录。（答案中的金额单位用元表示）

机考过关必练参考答案及解析

一、单项选择题

1. 【答案】B

【解析】股份支付，是指企业为获取职工和其他方提供服务而授予权益工具或承担以权益工具为基础确定的负债的交易。以股份为基础的支付可能发生在企业与股东之间、合并交易中的合并方与被合并方之间或者企业与其职工之间，只有发生在企业与其职工或向企业提供服务的其他方之间的交易，才可能符合股份支付的定义，选项 B 正确。

2. 【答案】C

【解析】2017 年年末应确认负债累计金额 = 12 × （50 - 5）× 500 × 3/4 = 202500（元），对 2017 年当期管理费用的影响金额 = 202500 - 150000 = 52500（元），所以选项 C 正确。

3. 【答案】D

【解析】甲公司因该股份支付协议在 2016 年应确认的资本公积——其他资本公积累计金额 = （100 - 4）× 15 × 2/3 = 960（万元）。

4. 【答案】D

【解析】对于现金结算的股份支付，企业在可行权日之后不再确认成本费用，负债（应付职工薪酬）公允价值的变动应当计入当期损益（公允价值变动损益），选项 D 正确。

5. 【答案】B

【解析】选项 A 属于市场条件；选项 C 属于服务期限条件；选项 D 不属于可行权条件。

6. 【答案】B

【解析】甲公司 2014 年应确认的长期股权投资 = 100 × 10 × 12 × 1/3 = 4000（万元）。

7. 【答案】B

【解析】本题为以权益结算的股份支付，因此是以授予日（即 2014 年 1 月 1 日）权益工具的公允价值为基础确认等待期的相关成本费用和资本公积（其他资本公积）。甲公司相关会计分录为：

2014 年 12 月 31 日

借：管理费用		600
贷：资本公积——其他资本公积	600 （50 × 2 × 12 × 1/2）	

2015 年 12 月 31 日

借：管理费用		600
贷：资本公积——其他资本公积	600 （50 × 2 × 12 × 2/2 - 600）	

至 2015 年 12 月 31 日，累计确认"资本公积——其他资本公积"科目的金额 = 50 × 2 × 12 = 1200（万元）。

回购股份时

借：库存股	1500 （100 × 15）	
贷：银行存款		1500

行权时

借：银行存款	600 （50 × 2 × 6）	
资本公积——其他资本公积	1200	
贷：库存股		1500
资本公积——股本溢价		300

甲公司因高管人员行权应确认的"资本公积——股本溢价"科目的金额为 300 万元，选项 B 正确。

8.【答案】B

【解析】授予日是指股份支付协议获得批准的日期，其中"获得批准"，是指企业与职工或其他方就股份支付的协议条款和条件已达成一致，该协议获得股东大会或类似机构的批准，所以选项 B 正确。

二、多项选择题

1.【答案】AB

【解析】业绩条件是指职工或其他方完成规定服务期限且企业已经达到特定业绩目标才可行权的条件，具体包括市场条件和非市场条件。企业在确定权益工具在授予日的公允价值时，应考虑市场条件和非可行权条件的影响，而不考虑非市场条件的影响。市场条件和非可行权条件是否得到满足，不影响企业对预计可行权情况的估计。故选项 A 和 B 正确，选项 C 和 D 不正确。对于可行权条件为业绩条件的股份支付，只要职工满足了其他所有非市场条件，企业就应当确认已取得的服务。

2.【答案】BC

【解析】以权益结算的股份支付最常用的工具有两类：限制性股票和股票期权。以现金结算的股份支付最常用的工具有两类：模拟股票和现金股票增值权。

3.【答案】BC

【解析】结算企业是接受服务企业的投资者，结算企业以其本身权益工具结算时，应当按照授予日权益工具的公允价值确认为对接受服务企业的长期股权投资，同时确认资本公积（其他资本公积），选项 A 错误；接受服务企业具有结算义务且授予本企业职工的是集团内其他企业权益工具的，应当将该股份支付交易作为现金结算的股份支付处理，选项 D 错误。

4.【答案】ABC

【解析】以内在价值计量的已授予权益工具进行结算的，结算支付的款项高于该权益工具在回购日内在价值的部分，计入当期损益，选项 D 错误。

5.【答案】ACD

【解析】如果修改增加了所授予的权益工具的数量，企业应将增加的权益工具的公允价值相应地确认为取得服务的增加，选项 B 错误。

6.【答案】BCD

【解析】等待期内的每个资产负债表日确认相关成本费用时，同时确认应付职工薪酬，不确认所有者权益，选项 A 不正确。

7.【答案】BC

【解析】企业以回购股份形式奖励本企业职工的，属于权益结算的股份支付；企业回购股份时，应按回购股份的全部支出作为库存股处理，同时进行备查登记，选项 B 和 C 正确。

8.【答案】BC

【解析】2014 年年末 A 公司应确认当期管理费用 = $15 \times 100 \times 100 \times （1-20\%） \times 1/3 = 40000$（元），2015 年年末 A 公司应确认当期管理费用 = $15 \times 100 \times 100 \times （1-15\%） \times 2/3 - 40000 = 45000$（元）。

三、判断题

1.【答案】√

2.【答案】×

【解析】授予日是指股份支付协议获得批准的日期。

3.【答案】×

【解析】除了立即可行权的股份支付外，无论权益结算的股份支付还是现金结算的股份支付，企业在授予日均不做会计处理。立即可行权的股份支付在授予日应进行会计处理。

4.【答案】√

5.【答案】√

【解析】接受服务企业具有结算义务，且授予本企业职工的是企业集团内其他企业权益工具的，应作为现金结算的股份支付进行会计处理。

6.【答案】×

【解析】在估计所授予股份在授予日的公允价值时，不应考虑在等待期内转让的限制和其他限制，因为这些限制是可行权条件中的非市场条件规定的。

四、计算分析题

1. 【答案】

（1）

①2014 年应确认的管理费用 =（50 − 1 − 1）× 10 × 15 × 1/2 = 3600（万元）。

借：管理费用　　　　　　　　　　　　　　　　　　　3600
　　贷：资本公积——其他资本公积　　　　　　　　　　　　3600

②2015 年应确认的管理费用 =（50 − 1 − 2）× 10 × 15 × 2/3 − 3600 = 1100（万元）。

借：管理费用　　　　　　　　　　　　　　　　　　　1100
　　贷：资本公积——其他资本公积　　　　　　　　　　　　1100

③2016 年应确认的管理费用 =（50 − 1 − 1）× 10 × 15 − 3600 − 1100 = 2500（万元）。

借：管理费用　　　　　　　　　　　　　　　　　　　2500
　　贷：资本公积——其他资本公积　　　　　　　　　　　　2500

（2）

借：银行存款　　　　　　　　　　　　　　　　　　　2400
　　资本公积——其他资本公积　　　　　　　　　　　　7200
　　贷：股本　　　　　　　　　　　　　480（48 × 10 × 1）
　　　　资本公积——股本溢价　　　　　　　　　　　　　9120

2. 【答案】

（1）2013 年 1 月 1 日授予日不做处理。

2013 年 12 月 31 日应确认的应付职工薪酬和当期管理费用 =（60 − 2 − 1）× 100 × 15 × 1/3 = 28500（元）。

借：管理费用　　　　　　　　　　　　　　　　　　　28500
　　贷：应付职工薪酬　　　　　　　　　　　　　　　　28500

（2）2014 年 12 月 31 日

应付职工薪酬余额 =（60 − 2 − 2 − 3）× 100 × 18 × 2/3 = 63600（元）；

应确认的当期管理费用 = 63600 − 28500 = 35100（元）。

借：管理费用　　　　　　　　　　　　　　　　　　　35100
　　贷：应付职工薪酬　　　　　　　　　　　　　　　　35100

（3）2015 年 12 月 31 日

应支付的现金 = 20 × 100 × 20 = 40000（元）；

应付职工薪酬余额 =（60 − 2 − 2 − 2 − 20）× 100 × 19 = 64600（元）；

应确认的当期管理费用 = 64600 + 40000 − 63600 = 41000（元）。

借：管理费用　　　　　　　　　　　　　　　　　　　41000
　　贷：应付职工薪酬　　　　　　　　　　　　　　　　41000

借：应付职工薪酬　　　　　　　　　　　　　　　　　40000
　　贷：银行存款　　　　　　　　　　　　　　　　　　40000

（4）2016 年 12 月 31 日

应支付的现金 = 20 × 100 × 21 = 42000（元）；

应付职工薪酬余额 =（60 − 2 − 2 − 2 − 20 − 20）× 100 × 22 = 30800（元）；

应确认的当期损益 = 30800 + 42000 − 64600 = 8200（元）。

借：公允价值变动损益　　　　　　　　　　　　　　　8200
　　贷：应付职工薪酬　　　　　　　　　　　　　　　　8200

借：应付职工薪酬　　　　　　　　　　　　　　　　　42000
　　贷：银行存款　　　　　　　　　　　　　　　　　　42000

（5）2017 年 12 月 31 日

应支付的现金 $= 14 \times 100 \times 22 = 30800$（元）；

应付职工薪酬余额为 0；

应确认的当期损益 $= 0 + 30800 - 30800 = 0$。

借：应付职工薪酬　　　　　　　　　　　　　　　　　　　　　　　　30800

　　贷：银行存款　　　　　　　　　　　　　　　　　　　　　　　　　　30800

第十一章　负债及借款费用

🔊 学习导读

　　本章属于比较重要的章节，主要介绍相关负债和借款费用的确认、计量和记录。

　　重点掌握内容包括：（1）应付职工薪酬的确认和计量；（2）一般公司债券和可转换公司债券的会计处理；（3）金融负债和权益工具的区分；（4）专门借款和一般借款利息资本化金额的计算。

　　近三年考试中本章平均分值为 6 分，题型一般为单项选择题、多项选择题、判断题和综合题。2017 年依旧关注上述内容。

易错易混集训

易错易混点 1 自产和外购产品发放给职工的账务处理

宏达公司是一家服装加工公司，共有职工 260 人，其中直接参加生产的职工 200 人，总部管理人员 60 人。2017 年 9 月，公司以其生产成本为 60 元的保暖内衣套装和外购的每盒不含税价格为 80 元的月饼礼盒作为中秋节福利发放给全体职工。保暖内衣套装售价为 100 元，适用的增值税税率为 17%；宏达公司购买的月饼礼盒取得了增值税专用发票，适用的增值税税率为 17%。

要求：根据上述业务，作出宏达公司相关的会计处理。

（1）保暖内衣套装售价总额 = 100 × 200 + 100 × 60 = 26000（元）；

保暖内衣套装承担的增值税销项税额 = 100 × 200 × 17% + 100 × 60 × 17% = 4420（元）；

应付职工薪酬总额 = 26000 + 4420 = 30420（元）；

保暖内衣套装的成本总额 = 60 × 260 = 15600（元）。

公司决定发放非货币性福利时：

借：生产成本　　　　　　　　　　　　　　　　　　　　　　　　　　　　　　23400

　　管理费用　　　　　　　　　　　　　　　　　　　　　　　　　　　　　　7020

　　　贷：应付职工薪酬——非货币性福利　　　　　　　　　　　　　　　　　　30420

实际发放非货币性福利时：

借：应付职工薪酬——非货币性福利　　　　　　　　　　　　　　　　　　　　30420

　　　贷：主营业务收入　　　　　　　　　　　　　　　　　　　　　　　　　　26000

　　　　　应交税费——应交增值税（销项税额）　　　　　　　　　　　　　　　　4420

借：主营业务成本　　　　　　　　　　　　　　　　　　　　　　　　　　　　15600

　　　贷：库存商品　　　　　　　　　　　　　　　　　　　　　　　　　　　　15600

（2）月饼礼盒的售价总额 = 80 × 200 + 80 × 60 = 20800（元）；

月饼礼盒的增值税进项税额 = 80 × 200 × 17% + 80 × 60 × 17% = 3536（元）；

应付职工薪酬总额 = 20800 + 3536 = 24336（元）。

公司决定发放非货币性福利时：

借：生产成本 18720
　　管理费用 5616
　　贷：应付职工薪酬——非货币性福利 24336

购买月饼礼盒时：

借：应付职工薪酬——非货币性福利 24336
　　贷：银行存款 24336

注：因公司购买月饼礼盒的目的就是作为职工福利，所以进项税直接计入应付职工薪酬处理，不记入"应交税费——应交增值税（进项税额）"。

📖 易错易混点辨析

①企业以其自产产品作为非货币性福利发放给职工的，应当根据受益对象，按照该产品的公允价值和相关税费，计入相关资产成本或当期损益，同时确认应付职工薪酬。

借：生产成本
　　管理费用
　　在建工程
　　研发支出等
　　贷：应付职工薪酬——非货币性福利
借：应付职工薪酬——非货币性福利
　　贷：主营业务收入
　　　　应交税费——应交增值税（销项税额）
借：主营业务成本
　　贷：库存商品

②企业以外购商品作为非货币性福利发放给职工的，应当按照该商品的公允价值和相关税费（不确认为收入），计算应计入成本费用和应付职工薪酬的金额。

决定发放非货币性福利：

借：生产成本
　　管理费用
　　在建工程
　　研发支出等
　　贷：应付职工薪酬——非货币性福利

购买商品实际发放：

借：应付职工薪酬——非货币性福利
　　贷：银行存款

易错易混点2 设定受益计划计入当期损益与其他综合收益

【母题·多选题】下列各项设定受益计划产生的职工薪酬成本中，企业应当在损益中确认的有(　　)。

A. 因职工当期服务导致的设定受益计划义务现值的增加额
B. 设定受益计划净负债或净资产的利息净额
C. 设定受益计划精算利得或损失
D. 设定受益计划结算利得或损失

【答案】ABD

【解析】设定受益计划精算利得或损失属于设定受益计划净负债或净资产的重新计量，应计入其他综合收益且在以后会计期间不应重分类计入当期损益，选项C错误。

【子题·多选题】下列各项中，属于其他综合收益且以后会计期间在满足规定条件时能重分类进损益的有(　　)。

A. 重新计量设定受益计划净负债或净资产产生的精算利得或损失

B. 按照权益法核算的在被投资单位以后会计期间不能重分类进损益的其他综合收益中所享有的份额

C. 可供出售金融资产公允价值变动形成的利得或损失

D. 持有至到期投资重分类为可供出售金融资产形成的利得或损失

【答案】CD

【解析】选项 A 和 B 属于以后期间不能重分类进损益的其他综合收益项目。

📖 易错易混点辨析

企业对设定受益计划计量时，应准确区分计入当期损益的金额和计入其他综合收益的金额：

（1）计入当期损益金额包括：①当期服务成本；②过去服务成本；③结算利得和损失；④设定受益计划净负债或净资产的利息净额。

（2）计入其他综合收益的金额包括：①精算利得和损失；②计划资产回报，扣除包括在设定受益净负债或净资产的利息净额中的金额；③资产上限影响的变动，扣除包括在设定受益计划净负债或净资产的利息净额中的金额。

【提示】设定受益净负债或净资产的重新计量计入其他综合收益，且在后续期间不应重分类计入损益，但是企业可以在权益范围内转移这些在其他综合收益中确认的金额。

易错易混点 3 权益工具与金融负债的区分

A. 公司发行 5 年后按面值强制赎回的优先股

B. 公司发行了股利率为 4% 的不可赎回累积优先股，公司可自行决定是否派发股利

C. 公司发行了一项年利率为 6%、无固定还款期限、可自主决定是否支付利息的不可累积永续债

D. 或有结算条款（一般情况下）

E. 或有结算条款（一项不具有可能性的条款）

F. 可回售工具（满足分类为权益工具的可回售工具的特征要求）

G. 长江公司以 200 万元等值的自身权益工具偿还所欠黄河公司债务

H. 公司发行不可赎回的优先股。该优先股每年每股的固定累积强制股利为人民币 5 元。如果当年的收益不足以支付股利，则该股利将在未来的年度支付。公司可以宣告额外的股利，但是必须在各类不同的股票间平均分配

【母题】上述 A 至 H 表述中，属于金融负债的有（ADG）。

【子题 1】上述 A 至 H 表述中，属于权益工具的有（BCEF）。

【子题 2】上述 A 至 H 表述中，属于复合金融工具的有（H）。

📖 易错易混点辨析

项　目	具体情形举例
金融负债	一项以面值 4 亿元人民币发行的优先股要求每年按 5% 的股息率支付优先股股息
	公司发行 5 年后按面值强制赎回的优先股
	甲公司以 200 万元等值的自身权益工具偿还所欠乙公司债务
	公司发行了名义金额为 20 元人民币的优先股，合同条款规定公司在 5 年后将优先股强制转换为普通股，转股价格为转股日前一工作日的该普通股市价
	或有结算条款（一般情况下）
	结算选择权（所有可供选择的结算方式均表明该衍生工具应当确认为权益工具的除外）
	子公司在个别财务报表中作为权益工具列报的特殊金融工具，在其母公司合并财务报表中对应的少数股东权益部分
	企业合同是通过固定金额的外币（即企业记账本位币以外的其他货币）交换固定数量的自身权益工具进行结算（一般情况下）
	发行方仅在清算时才有义务向另一方按比例交付其净资产的金融工具（一般情况下）

续表

项 目	具体情形举例
权益工具	公司发行了股利率为3%的不可赎回累积优先股，公司可自行决定是否派发股利
	公司发行了一项年利率为4%、无固定还款期限、可自主决定是否支付利息的不可累积永续债
	公司发行了每股面值人民币300元的优先股，公司能够自主决定是否派发优先股股息，当期未派发的股息不会累积至下一年度
	或有结算条款（一项不具有可能性的条款）
	可回售工具（满足分类为权益工具的可回售工具的特征要求）
复合金融工具	公司发行不可赎回的优先股。该优先股每年每股的固定累积强制股利为人民币5元。如果当年的收益不足以支付股利，则该股利将在未来的年度支付。公司可以宣告额外的股利，但是必须在各类不同的股票间平均分配

易错易混点4 分期付息、到期还本和到期一次还本付息的应付债券摊余成本的计算

【母题·单选题】甲公司于2017年1月1日发行3年期、每年1月1日支付上年度利息、到期一次还本的一般公司债券，债券面值为500万元，票面年利率为5%，实际年利率为6%，发行价格为486.63万元。甲公司采用实际利率法按年计提利息费用。则甲公司2017年年末应付债券的摊余成本为（ ）万元。

A. 500　　　　　　　　B. 495　　　　　　　　C. 490.83　　　　　　　　D. 486.63

【答案】C

【解析】因该债券甲公司2017年度应确认的利息费用 = 486.63 × 6% = 29.2（万元），2017年12月31日应付债券的摊余成本 = 486.63 + 29.2 − 500 × 5% = 490.83（万元）。

【子题·单选题】2017年1月1日，甲公司经批准发行3年期到期一次还本付息的一般公司债券。甲公司发行债券面值总额为1000万元，票面年利率为10%，实际年利率为4%，发行价格为1155.70万元，则2017年12月31日该债券的摊余成本为（ ）万元。

A. 1000　　　　　　　　B. 1201.93　　　　　　　　C. 1166.51　　　　　　　　D. 1101.93

【答案】B

【解析】2017年12月31日该债券的摊余成本 = 1155.70 × （1 + 4%） = 1201.93（万元）。

📖 易错易混点辨析

分期付息、到期偿还本金和最后一期利息的债券，应付债券的摊余成本 = 期初摊余成本 + 本期实际利息 − 本期应付利息，本期实际利息 = 期初摊余成本 × 实际利率，本期应付利息 = 债券面值 × 票面利率。

到期一次还本付息的债券，应付债券的摊余成本 = 期初摊余成本 + 本期实际利息，本期实际利息 = 期初摊余成本 × 实际利率。

易错易混点5 发行债券的交易费用对初始入账金额的影响

【母题·单选题】甲公司于2017年1月1日发行3年期，每年12月31日付息，到期还本的一般公司债券，债券面值为1500万元，票面年利率为5%，发行价格为1545万元，另发生交易费用20万元。则该债券在发行日的入账价值为（ ）万元。

A. 1500　　　　　　　　B. 1525　　　　　　　　C. 1545　　　　　　　　D. 1565

【答案】B

【解析】该债券在发行日的入账价值 = 1545 − 20 = 1525（万元）。

【子题·单选题】甲公司于2017年1月1日按每份面值500元发行了期限为2年、票面年利率为7%的可转换公司债券30万份，利息于每年年末支付，发生交易费用150万元。每份债券可在发行1年后转换为200股普通股。发行日市场上与之类似但没有转股权的公司债券的市场年利率为9%，假定不考虑其他因

素。2017 年 1 月 1 日，该债券负债成分的入账价值为( )万元。

A. 0   B. 527.74   C. 14472.26   D. 14327.54

【答案】D

【解析】分摊交易费用前甲公司发行的该项可转换公司债券的负债成分的公允价值 = $500 \times 30 \times 7\% / (1 + 9\%)$ + $500 \times 30 \times (1 + 7\%) / (1 + 9\%)^2$ = 963.30 + 13508.96 = 14472.26（万元），权益成分的公允价值 = $500 \times 30 - 14472.26$ = 527.74（万元），其中负债成分应负担的交易费用 = $14472.26 / (500 \times 30) \times 150$ = 144.72（万元），则分摊交易费用后债券负债成分的入账价值 = 14472.26 - 144.72 = 14327.54（万元）。

📖 易错易混点辨析

对于一般公司债券，交易费用全部是抵减应付债券的初始入账金额；对于可转换公司债券，交易费用应当在负债成分和权益成分之间按照各自的初始确认金额的相对比例进行分摊。

可转换公司债券发行收款由两部分构成
- ①负债成分公允价值（未来现金流量现值），按面值记入"应付债券——可转换公司债券（面值）"科目，面值与公允价值的差额记入"应付债券——可转换公司债券（利息调整）"科目
- ②权益成分公允价值（发行收款 - 负债成分公允价值）记入"其他权益工具"科目

可转换公司债券发行费用由两部分承担
- ①负债成分承担的发行费用记入"应付债券——可转换公司债券（利息调整）"科目
- ②权益成分承担的发行费用记入"其他权益工具"科目

易错易混点6 长期应付款的账面价值与列报金额的区别

【母题·单选题】2017 年 1 月 1 日，甲公司与乙公司签订一项商品购销合同，乙公司向甲公司销售一台大型机器设备，设备于当日发出。合同约定，甲公司采用分期付款方式购买该设备。该设备价款共计 900 万元，分 6 期平均支付，首期款项 150 万元于 2017 年 1 月 1 日支付，其余款项在 2017 年年末至 2021 年年末的 5 年期间平均支付，每年的付款日期为当年 12 月 31 日。甲公司按照合同约定如期支付了款项。假定实际年利率为 10%，（P/A，10%，5）= 3.7908，不考虑增值税等因素的影响。2017 年 12 月 31 日资产负债表中"长期应付款"项目列报的金额为( )万元。

A. 600   B. 475.48   C. 373.03   D. 750

【答案】C

【解析】2017 年 1 月 1 日"长期应付款"科目余额 = 900 - 150 = 750（万元），"未确认融资费用"科目余额 = $750 - 150 \times 3.7908$ = 181.38（万元），应支付本金余额 = 750 - 181.38 = 568.62（万元）；2017 年 12 月 31 日"长期应付款"科目余额 = 750 - 150 = 600（万元），"未确认融资费用"科目余额 = $181.38 - 568.62 \times 10\%$ = 124.52（万元），应支付本金余额 = 600 - 124.52 = 475.48（万元）；2018 年度未确认融资费用摊销额 = $475.48 \times 10\%$ = 47.55（万元），2017 年 12 月 31 日甲公司资产负债表中"一年内到期的非流动资产"项目应列示的金额 = 150 - 47.55 = 102.45（万元），"长期应付款"项目列报金额 = 475.48 - 102.45 = 373.03（万元）。

【子题·单选题】接上，其他条件不变，2017 年 12 月 31 日长期应付款的账面价值为( )万元。

A. 600   B. 475.48   C. 373.03   D. 750

【答案】B

【解析】接上题解析，2017 年 12 月 31 日长期应付款的账面价值 = 600 - 124.52 = 475.48（万元）。

📖 易错易混点辨析

长期应付款的账面价值 = 长期应付款的摊余成本 = 期初摊余成本 + 本期未确认融资费用的摊销 - 本期支付的款项

长期应付款在资产负债表中列报金额 = 账面价值 - "一年内到期的本金部分"

【提示】未确认融资费用是长期应付款的备抵科目，摊销时减少未确认融资费用，增加长期应付款账面价值。长期应付款账面价值＝长期应付款账面余额－未确认融资费用账面余额。

未实现融资收益是长期应收款的备抵科目，摊销时是减少未实现融资收益，增加长期应收款账面价值。长期应收款账面价值＝长期应收款账面余额－未实现融资收益账面余额－已计提的坏账准备。

易错易混点7 最低租赁付款额的确定

【母题·单选题】甲公司2017年1月10日采用融资租赁方式从乙公司租入一台大型设备。租赁合同规定：（1）该设备租赁期为6年，每年支付租金8万元；（2）或有租金为4万元；（3）履约成本为5万元；（4）承租人提供的租赁资产担保余值为7万元。不考虑其他因素，2017年1月10日，甲公司对该租入大型设备确认的最低租赁付款额为（ ）万元。

A. 51   B. 55   C. 58   D. 67

【答案】B

【解析】最低租赁付款额＝8×6＋7＝55（万元）；最低租赁付款额不包括或有租金和履约成本，或有租金和履约成本应在实际发生时计入当期损益。

【子题·单选题】接上，条件（4）改为"在租赁期届满时承租人优惠购买价格为7万元"，甲公司2017年1月10日对该租入大型设备确认的最低租赁付款额为（ ）万元。

A. 51   B. 55   C. 58   D. 67

【答案】B

【解析】最低租赁付款额＝8×6＋7＝55（万元）；最低租赁付款额不包括或有租金和履约成本，或有租金和履约成本应在实际发生时计入当期损益。

易错易混点辨析

	租赁合同没有规定优惠购买选择权时	租赁合同规定有优惠购买选择权时
最低租赁付款额	最低租赁付款额＝各期租金之和＋承租人或与其有关的第三方担保的资产余值	最低租赁付款额＝各期租金之和＋承租人行使优惠购买选择权而支付的款项
计提折旧总额	应计提折旧总额＝融资租入固定资产的入账价值－承租人担保余值	应计提折旧总额＝融资租入固定资产的入账价值－行使优惠购买权的情况下估计的预计净残值
计提折旧期间	应当在租赁期与租赁资产使用寿命两者中较短的期间内计提折旧	应当在租赁资产使用寿命内计提折旧

易错易混点8 暂停资本化的时间

【母题·单选题】2016年1月1日，甲公司从银行取得3年期专门借款200万元准备建造一栋厂房。甲公司采用出包方式建造厂房，2016年3月1日甲公司支付工程备料款100万元，4月1日厂房正式开始动工建造，8月1日因与施工方发生质量纠纷导致施工中断，2017年1月1日恢复正常施工，2017年6月30日该厂房达到预定使用状态。则甲公司该专门借款资本化期间为（ ）。

A. 2016年1月1日至2017年6月30日

B. 2016年3月1日至2017年6月30日

C. 2016年4月1日至2017年6月30日

D. 2016年4月1日至2016年7月31日和2017年1月1日至2017年6月30日

【答案】D

【解析】借款费用开始资本化的时点为2016年4月1日，暂停资本化的时间为2016年8月1日至2016年12月31日，停止资本化的时点为2017年6月30日。

【子题·单选题】接上，2016年8月1日至2016年12月31日中断的原因改为"东北因冬季无法施工导致的停工"，则甲公司该专门借款资本化期间为（ ）。

A. 2016年1月1日至2017年6月30日

B. 2016年3月1日至2017年6月30日

C. 2016 年 4 月 1 日至 2017 年 6 月 30 日

D. 2016 年 4 月 1 日至 2016 年 8 月 1 日和 2017 年 1 月 1 日至 2017 年 6 月 30 日

【答案】C

【解析】东北因冬季无法施工导致的停工为正常中断，不暂停资本化，所以资本化期间为 2016 年 4 月 1 日至 2017 年 6 月 30 日。

📖 易错易混点辨析

　　符合资本化条件的资产在购建或者生产过程中发生非正常中断、且中断时间连续超过 3 个月的，应当暂停借款费用的资本化。在中断期间所发生的借款费用，应当计入当期损益，直至购建或者生产活动重新开始。但是，如果中断是使所购建或者生产的符合资本化条件的资产达到预定可使用或者可销售状态必要的程序或者事先可预见的不可抗力因素导致的中断，所发生的借款费用应当继续资本化。

项目	概念	示例
正常中断	是使资产达到预定可使用或者可销售状态必要的程序及可预见的不可抗力因素导致的中断	①正常测试、调试停工 ②东北因冬季无法施工导致的停工等
非正常中断	是指企业管理决策上的原因或者其他不可预见的原因等所导致的中断	①企业因与施工方发生了质量纠纷 ②工程、生产用料没有及时供应 ③资金周转发生了困难 ④施工、生产过程中发生了安全事故 ⑤发生了劳动纠纷等

易错易混点 9　一般借款与专门借款利息资本化金额计算的区别

【母题·单选题】2017 年 1 月 1 日，甲公司于当日开工建造厂房，占用一笔一般借款。该一般借款于 2016 年 11 月 1 日借入，本金为 1000 万元，年利率为 6%。2017 年 1 月 1 日发生建造支出 400 万元，2017 年 3 月 1 日发生建造支出 250 万元。不考虑其他因素，甲公司按季度计算利息费用资本化金额。2017 年第一季度甲公司应予资本化的一般借款利息费用为（　　）万元。

A. 7.25　　　　　　　B. 6　　　　　　　C. 9　　　　　　　D. 15

【答案】A

【解析】2017 年第一季度甲公司应予资本化的一般借款利息费用 = 400 × 6% × 3/12 + 250 × 6% × 1/12 = 7.25（万元），或者 = 400 × 6%/4 × 3/3 + 250 × 6%/4 × 1/3 = 7.25（万元）。

【子题·单选题】2017 年 3 月 1 日，甲公司为购建厂房而借入专门借款 6000 万元，借款期限为 2 年，年利率为 6%。2017 年 4 月 1 日，甲公司开始购建厂房并向施工方支付了第一笔款项 4000 万元。在施工过程中，甲公司与施工方发生了质量纠纷，施工活动从 2017 年 7 月 1 日起中断。2017 年 12 月 1 日，质量问题解决，施工活动恢复正常。甲公司闲置借款资金均用于固定收益债券短期投资，月收益率为 0.4%。甲公司该在建厂房 2017 年度应资本化的利息费用为（　　）万元。

A. 48　　　　　　　B. 88　　　　　　　C. 110　　　　　　　D. 198

【答案】B

【解析】施工活动于 2017 年 7 月 1 日至 2017 年 11 月 30 日发生非正常中断且中断时间连续超过 3 个月，应暂停借款利息资本化，资本化的时间为 4 个月（4 月、5 月、6 月和 12 月），应予资本化的利息费用 = 6000 × 6% × 4/12 - （6000 - 4000）× 0.4% × 4 = 88（万元）。

📖 易错易混点辨析

　　一般借款利息费用资本化金额

　　= 累计资产支出超过专门借款部分的资产支出加权平均数 × 所占用一般借款的资本化率

　　所占用一般借款的资本化率 = 所占用一般借款加权平均利率

　　= 所占用一般借款当期实际发生的利息之和 ÷ 所占用一般借款本金加权平均数

【提示1】

①计算一般借款当期实际发生的利息，只需考虑借款在当期存在时间。

所占用一般借款本金加权平均数

=Σ（所占用每笔一般借款本金×每笔一般借款在当期所占用的天数/当期天数）

②当期所占用的天数为一般借款当期实际占用时间（无需扣除暂停资本化时间）

专门借款利息资本化金额=资本化期间实际发生的利息费用－资本化期间闲置资金收益

【提示2】专门借款利息资本化金额的计算与资产支出没有关系，不用计算资产支出加权平均数。

机考过关必练

一、单项选择题

1. 甲公司为增值税一般纳税人，销售商品适用的增值税税率为17%。2017年1月甲公司董事会决定将本公司生产的120件商品作为福利发放给公司管理人员。该批商品的单位成本为2万元，市场销售价格为每件2.5万元（不含增值税税额）。不考虑其他因素影响，甲公司在2017年因该项业务应计入管理费用的金额为（　）万元。

A. 351　　　　　B. 300　　　　　C. 240　　　　　D. 280.8

2. 企业因在职工劳动合同到期之前，解除与职工的劳动关系给予的补偿在发生时借方记入（　）科目。

A. 管理费用　　　　　　　　　B. 营业外支出

C. 销售费用　　　　　　　　　D. 根据受益对象进行确定

3. 2017年4月20日，甲公司以当月1日自银行取得的专门借款支付了建造办公楼的首期工程物资款，6月10日开始施工，6月20日因发现文物需要发掘保护而暂停施工，8月15日复工兴建。甲公司该笔借款费用开始资本化的时点为（　）。

A. 2017年4月1日　　　　　　　B. 2017年4月20日

C. 2017年6月10日　　　　　　　D. 2017年8月15日

4. 甲公司2017年1月1日发行三年期一般公司债券，每年1月1日支付上年度利息、到期一次还本，面值总额为10000万元，票面年利率为4%，发行价格为9465.40万元。甲公司按实际利率法确认利息费用。不考虑其他因素，甲公司发行此项债券时应确认的"应付债券——利息调整"的金额为（　）万元。

A. 0　　　　　B. 534.60　　　　　C. 267.3　　　　　D. 9800

5. 甲公司发行了名义金额为5元人民币的优先股，合同条款规定甲公司在3年后将优先股强制转换为普通股，转股价格为转股日前一工作日的该普通股市价。该金融工具是（　）。

A. 金融负债　　　　　　　　　B. 金融资产

C. 权益工具　　　　　　　　　D. 复合金融工具

6. 甲公司2016年1月1日发行3年期、每年1月1日支付上年度利息、到期一次还本的可转换公司债券，面值总额为2000万元，发行收款为2180万元，票面年利率为4%，实际年利率为6%。负债成分的公允价值为1893.08万元。不考虑其他因素，甲公司发行此项债券时应确认的"其他权益工具"的金额为（　）万元。

A. 0　　　　　B. 106.92　　　　　C. 286.92　　　　　D. 2000

7. 2017年1月1日，某公司以融资租赁方式租入一项固定资产，租赁期为8年，租金总额为8800万元。假定在租赁期开始日最低租赁付款额的现值为7000万元，租赁资产的公允价值为8000万元，租赁内含利率为10%，另外以银行存款支付初始直接费用50万元。则该项融资租入固定资产的入账价值为（　）万元。

A. 7000　　　　　B. 7050　　　　　C. 8050　　　　　D. 8800

8. 甲公司2016年1月1日发行面值总额为10000万元的一般公司债券，取得的款项专门用于建造厂房。该债券系分期付息、到期还本债券，期限为4年，票面年利率为10%，每年12月31日支付当年利息。该债券实际年利率为8%。债券发行价格总额为10662.10万元，款项已存入银行。厂房于2016年

1 月 1 日开工建造，并发生第一笔资产支出，2016 年度累计发生建造工程支出 5800 万元。经批准，当年甲公司将发行债券取得资金中尚未使用的部分投资于国债，取得投资收益 760 万元。2016 年 12 月 31 日工程尚未完工，该在建工程的账面余额为(　　)万元。

  A. 5800   B. 6652.97   C. 5892.97   D. 4692.97

9. 某企业于 2016 年 10 月 1 日用专门借款开工建造一项固定资产，2017 年 12 月 31 日该固定资产全部完工并投入使用，该企业为建造该固定资产借入两笔一般借款：第一笔为 2016 年 5 月 1 日借入的 1200 万元，借款年利率为 6%，期限为 3 年；第二笔为 2017 年 9 月 1 日借入的 600 万元，借款年利率为 4%，期限为 2 年；该企业 2017 年为购建固定资产所占用的一般借款的资本化率为(　　)。

  A. 5%   B. 4%   C. 6%   D. 5.71%

10. 除外币专门借款之外的其他外币借款本金及其利息所产生的汇兑差额应当计入(　　)。

  A. 资本化期间的计入资产成本，费用化期间的计入财务费用

  B. 制造费用

  C. 存货

  D. 财务费用

二、多项选择题

1. 下列各项中，属于借款费用的有(　　)。

  A. 银行借款的利息

  B. 债券溢价的摊销

  C. 承租人确认的融资租赁发生的融资费用

  D. 外币借款发生的汇兑差额

2. 关于设定受益计划，下列会计处理中正确的有(　　)。

  A. 设定受益计划修改所导致的与以前期间职工服务相关的设定受益计划义务现值的增加或减少计入其他综合收益

  B. 设定受益计划净负债或净资产的利息净额计入当期损益

  C. 重新计量设定受益计划净负债或净资产所产生的变动计入其他综合收益

  D. 当期服务成本计入其他综合收益

3. 下列关于承租人与融资租赁有关的会计处理的表述中，正确的有(　　)。

  A. 或有租金应于发生时计入当期损益

  B. 免租期内不确认费用

  C. 履约成本应计入租入资产成本

  D. 支付的优惠购买价款应冲减相关负债

4. 下列有关应付债券的相关说法中，正确的有(　　)。

  A. 发行债券时，如果债券票面利率低于市场利率，可以按低于债券票面价值的价格发行

  B. 溢价发行债券，发行价格低于债券票面价值

  C. 折价发行债券，债券票面利率低于市场利率

  D. 对于一次还本付息的债券，资产负债表日按债券面值乘以票面利率计算确定的应付未付利息应贷记"应付利息"科目

5. 以下符合"资产支出已经发生"的业务有(　　)。

  A. 用现金购买工程物资

  B. 将本公司产品用于符合资本化条件的固定资产建造

  C. 以赊购方式购买符合资本化条件的工程用材料而产生的带息债务

  D. 计提设备折旧

6. 企业发行的下列金融工具中，应分类为金融负债的有(　　)。

  A. 企业向其他方交付现金或其他金融资产的合同义务

  B. 企业在潜在不利条件下与其他方交换金融资产或金融负债的合同义务

  C. 企业将来须用或可用企业自身权益工具进行结算的非衍生工具合同，且根据该合同将交付可变数

量的自身权益工具

D. 企业将来须用或可用企业自身权益工具进行结算的衍生工具合同，且只能以固定数量的自身权益工具交换固定金额的现金或其他金融资产

7. 在确定借款费用暂停资本化的期间时，应当区别正常中断和非正常中断。下列各项中，属于非正常中断的有（ ）。

    A. 质量纠纷导致的中断   B. 安全事故导致的中断

    C. 劳动纠纷导致的中断   D. 资金周转困难导致的中断

8. 甲公司为建造固定资产于 2016 年 4 月 1 日从银行借入一笔期限为 5 年，年利率为 5.4% 的专门借款 2000 万元，另外该公司于 4 月 1 日从另一银行借入一般借款 500 万元，借款期限为 3 年，年利率为 5%。甲公司于 4 月 1 日购买一台设备，当日设备运抵公司并开始安装，当日支付货款 1200 万元，支付安装费 80 万元；6 月 1 日支付工程款 1200 万元；至年末该工程尚未完工，预计 2017 年年末完工。不考虑未动用专门借款的存款利息收入。下列关于甲公司在 2016 年的会计处理中正确的有（ ）。

    A. 应予资本化的专门借款利息金额为 40.5 万元

    B. 超过专门借款的累计资产支出加权平均数 280 万元

    C. 一般借款利息资本化金额 14 万元

    D. 应予资本化的利息金额 95 万元

9. 下列项目中，通过"其他权益工具"科目核算的有（ ）。

    A. 可转换公司债券权益成分公允价值

    B. 发行方发行的金融工具归类为权益工具

    C. 发行方发行的金融工具归类为金融负债

    D. 可供出售金融资产公允价值大于取得时成本

三、判断题

1. 未担保余值，是指租赁资产余值中扣除就承租人而言的担保余值以后的资产余值。   （ ）

2. 融资租赁中，承租人发生的初始直接费用如佣金、律师费、差旅费、谈判费等应当计入租入资产价值。   （ ）

3. 对认股权和债券分离交易的可转换公司债券，认股权持有人到期没有行权的，发行企业应在认股权到期时，将原计入其他权益工具的部分转入营业外收入。   （ ）

4. 企业发行分期付息的债券，实际收到的款项大于债券票面价值的差额采用实际利率法进行摊销时，各期确认的实际利息费用会逐期减少。   （ ）

5. 企业每一会计期间的利息资本化金额可以超过当期相关借款实际发生的利息金额。   （ ）

四、计算分析题

1. 甲股份有限公司（以下简称"甲公司"）相关交易或事项如下：

（1）经相关部门批准，甲公司于 2017 年 1 月 1 日按面值发行分期付息、到期一次还本的可转换公司债券 200 万份，每份面值为 100 元。可转换公司债券发行价格总额为 20000 万元，发行费用为 378.77 万元，可转换公司债券的期限为 2 年，自 2017 年 1 月 1 日起至 2018 年 12 月 31 日止；可转换公司债券的票面年利率为第一年 2%，第二年 2.5%，每年 6 月 30 日和 12 月 31 日计提利息，次年的 1 月 1 日支付上一年利息；可转换公司债券在发行 1 年后可转换为甲公司普通股股票，初始转股价格为每股 10 元，每份债券可转换为 10 股普通股股票（每股面值 1 元）；债券发行时二级市场上与之类似的没有附带转换权的债券市场年利率为 4%。

（2）2018 年 1 月 1 日，甲公司支付 2017 年度可转换公司债券利息 400 万元。

（3）2018 年 7 月 1 日，债券持有人将其持有的可转换公司债券全部转换为甲公司普通股股票。

已知复利现值系数表（部分）：

期 数	4%	5%
1	0.9615	0.9524
2	0.9246	0.9070

要求：

（1）编制 2017 年 1 月 1 日甲公司发行该可转换公司债券的会计分录。

（2）计算甲公司可转换公司债券 2017 年 12 月 31 日和 2018 年 6 月 30 日的摊余成本。

（3）编制 2018 年 7 月 1 日债券持有人将可转换公司债券全部转股的会计分录。

（本题答案中的金额单位用万元表示，计算结果保留两位小数）

2. A 公司拟建造一座大型生产车间，预计工程期为 2 年，有关资料如下：

（1）A 公司于 2017 年 1 月 1 日为该项工程借入专门借款 6000 万元，借款期限为 3 年，年利率 8%，利息按年支付；闲置专门借款资金均存入银行，假定月利率为 0.5%。借款利息按于每年年初支付。

（2）生产车间工程建设期间占用了两笔一般借款，具体如下：

①2016 年 12 月 1 日向某银行借入长期借款 4500 万元，期限为 3 年，年利率为 6%，按年计提利息，每年年初支付；

②2017 年 1 月 1 日溢价发行 5 年期公司债券 1000 万元，票面年利率为 8%，实际年利率为 5%，利息按年于每年年初支付，实际发行价格为 1044 万元，款项已全部收存银行。

（3）工程采用出包方式，于 2017 年 1 月 1 日动工兴建，2017 年 2 月 1 日，该项工程发生重大安全事故中断施工，直至 2017 年 6 月 1 日该项工程才恢复施工。

（4）2017 年有关支出如下：

①1 月 1 日支付工程进度款 2000 万元；

②7 月 1 日支付工程进度款 4500 万元；

③10 月 1 日支付工程进度款 3000 万元；

（5）截至 2017 年 12 月 31 日，工程尚未完工。A 公司按年计算资本化利息费用，为简化计算，假定全年按 360 天计算，每月按照 30 天计算。

要求：

（1）计算 2017 年专门借款利息资本化金额和费用化金额。

（2）计算 2017 年该项工程所占用的一般借款资本化率。

（3）计算 2017 年该项工程所占用的一般借款资本化金额和费用化金额。

（本题答案中的金额单位用万元表示，计算结果保留两位小数）

机考过关必练参考答案及解析

一、单项选择题

1.【答案】A

【解析】甲公司 2017 年因该业务应计入管理费用的金额 = 120 × 2.5 × （1 + 17%） = 351（万元）。

2.【答案】A

【解析】辞退福利是指因解除与职工的劳动关系给予的补偿，直接计入管理费用，而不能依据受益对象进行分配。

3.【答案】C

【解析】借款费用开始资本化必须同时满足以下三个条件：①资产支出已经发生；②借款费用已经发生；③为使资产达到预定可使用或者可销售状态所必要的构建或者生产活动已经开始。所以开始资本化时点为 2017 年 6 月 10 日。

4.【答案】B

【解析】甲公司 2017 年 1 月 1 日发行债券时应确认的"应付债券——利息调整"的金额 = 10000 − 9465.40 = 534.60（万元）。

5.【答案】A

【解析】此合同中的转股条款可视作甲公司将使用自身普通股结算 5 元人民币的义务，因转股价格为转股日前一工作日股票市价，自身股票的数量会发生变动，所以该金融工具是一项金融负债。

6.【答案】C

【解析】甲公司发行此债券时，应确认的"其他权益工具"的金额 = 发行价格 – 负债成分的公允价值 = 2180 – 1893.08 = 286.92（万元）。

7.【答案】B

【解析】该项融资租入固定资产的入账价值 = 7000 + 50 = 7050（万元）。

8.【答案】C

【解析】甲公司该在建工程在 2016 年 12 月 31 日的账面余额 = 5800 + （10662.10 × 8% – 760）= 5892.97（万元）。

9.【答案】D

【解析】一般借款资本化率 = （1200 × 6% + 600 × 4% × 4/12）/（1200 + 600 × 4/12）× 100% = 5.71%。

10.【答案】D

【解析】在资本化期间内，外币专门借款本金及其利息的汇兑差额，应当予以资本化，在费用化期间的汇兑差额，应当予以费用化；而除外币专门借款之外的其他外币借款本金及其利息所产生的汇兑差额无论是在资本化期间还是费用化期间，都应当计入财务费用。

二、多项选择题

1.【答案】ABCD

【解析】借款费用是企业因借入资金所付出的代价，包括借款利息、折价或者溢价的摊销、辅助费用的摊销以及因外币借款而发生的汇兑差额等。承租人确认的融资租赁发生的融资费用属于借款费用。

2.【答案】BC

【解析】选项 A，是过去服务成本，应计入当期损益；选项 D，当期服务成本应计入当期损益。

3.【答案】AD

【解析】选项 B，免租期内承租人应当确认租金费用；选项 C，承租人发生的履约成本应当在发生时直接计入当期损益。

4.【答案】AC

【解析】溢价发行债券，发行价格高于债券票面价值，选项 B 错误；对于一次还本付息的债券，资产负债表日按债券面值乘以票面利率计算确定的应付未付利息应贷记"应付债券——应计利息"科目，选项 D 错误。

5.【答案】ABC

【解析】资产支出包括为购建或者生产符合资本化条件的资产而支付的现金、转移非现金资产和承担带息债务形式发生的支出。

6.【答案】ABC

【解析】企业将来须用或可用企业自身权益工具进行结算的衍生工具合同且只能以固定数量的自身权益工具交换固定金额的现金或其他金融资产，应分类为权益工具，选项 D 错误。

7.【答案】ABCD

【解析】非正常中断，通常是由于企业管理决策上的原因或者其他不可预见的原因等所导致的中断。例如，企业因与施工方发生了质量纠纷、资金周转困难、发生安全事故、发生劳动纠纷等原因导致的中断。

8.【答案】BCD

【解析】2016 年应予资本化的专门借款利息金额 = 2000 × 5.4% × 9/12 = 81（万元），选项 A 错误；2016 年一般借款累计资产支出加权平均数 = （1200 + 80 + 1200 – 2000）× 7/12 = 280（万元），选项 B 正确；一般借款资本化率为 5%，一般借款资本化金额 = 280 × 5% = 14（万元），选项 C 正确；2016 年应予资本化的利息 = 81 + 14 = 95（万元），选项 D 正确。

9.【答案】AB

【解析】选项 C，通过"应付债券"科目核算，选项 D，通过"其他综合收益"科目核算。

三、判断题

1.【答案】×

【解析】未担保余值，是指租赁资产余值中扣除就出租人而言的担保余值以后的资产余值。

2.【答案】√

【解析】融资租赁中，承租人发生的初始直接费用如佣金、律师费、差旅费、谈判费等应当计入租入资产价值。

3.【答案】×

【解析】认股权持有人到期没有行权的，发行企业应当在到期时将原计入其他权益工具的部分转入资本公积（股本溢价）。

4.【答案】√

【解析】实际利率法下每期确认的利息费用 = 应付债券期初的摊余成本×实际利率。企业发行债券实际收到的款项大于债券票面价值的差额，若采用实际利率法进行摊销，应付债券期初的摊余成本会逐期减少，因而各期确认的实际利息费用也会逐期减少。

5.【答案】×

【解析】企业每一会计期间的利息资本化金额不应当超过当期相关借款实际发生的利息金额。

四、计算分析题

1.【答案】

（1）

①发行可转换公司债券时

负债成分相对应的公允价值 = $20000×2\%×0.9615+20000×（1+2.5\%）×0.9246=19338.9$（万元）；权益成分的公允价值 = $20000-19338.9=661.1$（万元）。

②2017 年 1 月 1 日甲公司可转换公司债券负债成分和权益成分应分摊的发行费用

负债成分应分摊的发行费用 = $19338.9/20000×378.77=366.25$（万元）；

权益成分应分摊的发行费用 = $378.77-366.25=12.52$（万元）。

③2017 年 1 月 1 日计算分摊费用以后的负债成分和权益成分的入账价值

负债成分的入账价值 = $19338.9-366.25=18972.65$（万元）；

权益成分的入账价值 = $661.1-12.52=648.58$（万元）。

借：银行存款	19621.23
应付债券——可转换公司债券（利息调整）	1027.35（20000-18972.65）
贷：应付债券——可转换公司债券（面值）	20000
其他权益工具	648.58

（2）

①计算确定甲公司可转换公司债券负债成分的实际年利率

设实际年利率为 R%，其对应的现值为 18972.65 万元，已知利率 4% 对应的现值为 19338.9 万元，利率 5% 对应的现值 = $20000×2\%×0.9524+20000×（1+2.5\%）×0.9070=18974.46$（万元）；

$（19338.9-18974.46）/（4\%-5\%）=（19338.9-18972.65）/（4\%-R\%）$，得出 R% = 5%。

【提示】为简化核算，将实际利率取整。

②2017 年 12 月 31 日的摊余成本 = $18972.65+18972.65×5\%-20000×2\%=19521.28$（万元）。

③2018 年 6 月 30 日摊余成本 = $19521.28+（20000-19521.28）/2=19760.64$（万元）。

（3）2018 年 7 月 1 日转股的会计分录为：

借：应付债券——可转换公司债券（面值）	20000
其他权益工具	648.58
应付利息	250
贷：股本	2000
资本公积——股本溢价	18659.22
应付债券——可转换公司债券（利息调整）	239.36

2.【答案】

（1）计算 2017 年专门借款利息资本化金额和费用化金额：

2017 年专门借款发生的利息金额 = $6000×8\%=480$（万元）；

专门借款应予以资本化的利息费用 = 6000×8%×8/12 - (6000 - 2000)×0.5%×2 = 320 - 40 = 280（万元）；

专门借款应予以费用化的利息费用 = 6000×8%×4/12 - 4000×0.5%×4 = 160 - 80 = 80（万元）。

（2）一般借款的资本化率 = (4500×6% + 1044×5%) / (4500 + 1044)×100% = 5.81%。

（3）2017 年占用的一般借款资产支出加权平均数 = 500×180/360 + 3000×90/360 = 1000（万元）；

2017 年一般借款实际发生的利息费用 = 4500×6% + 1044×5% = 322.20（万元）；

2017 年一般借款应予资本化的利息金额 = 1000×5.81% = 58.10（万元）；

2017 年应当计入当期损益的一般借款利息费用 = 322.2 - 58.1 = 264.1（万元）。

第十二章 债务重组

易错易混集训

易错易混点 1 将债务转为资本的会计处理

【母题·多选题】关于债务重组准则中将债务转为资本，下列说法中正确的有（   ）。

A. 债务人应当将债权人放弃债权而享有股份的面值总额确认为股本（或者实收资本），股份的公允价值总额与股本（或者实收资本）之间的差额确认为债务重组利得

B. 债务人应当将债权人放弃债权而享有股份的面值总额确认为股本（或者实收资本），股份的公允价值总额与股本（或者实收资本）之间的差额确认为资本公积

C. 重组债务的账面价值与股份的公允价值总额之间的差额，计入当期损益

D. 重组债务的账面价值与股份的面值总额之间的差额，计入当期损益

【答案】BC

【解析】将债务转为资本，债务人应当将债权人放弃债权而享有股份的面值总额确认为股本（或者实收资本），股份的公允价值总额与股本（或者实收资本）之间的差额确认为资本公积。重组债务的账面价值与股份的公允价值总额之间的差额，计入当期损益（属于债务重组利得）。

【子题·多选题】甲企业应收乙企业账款的账面余额为 234 万元。由于乙企业无法按时偿付该项应付账款，经双方协商同意，乙企业以增发其普通股股票的方式偿还债务。假设普通股股票每股面值为 1 元，市价为 3 元，乙企业以 70 万股抵偿该项债务，甲企业已经对该应收账款提取坏账准备 10 万元。甲企业将债权转为股权后作为可供出售金融资产核算，为取得该股权投资另支付直接相关费用 2 万元。下列处理中正确的有（   ）。

A. 乙企业确认重组利得 24 万元

B. 乙企业计入资本公积 140 万元

C. 甲企业确认债务重组损失 14 万元

D. 甲企业可供出售金融资产的初始投资成本为 210 万元

【答案】ABC

【解析】选项 D，债权转为股权投资时发生的相关税费根据确认的投资划分的类别不同，分别按照长期股权投资和各类金融资产的相关规定处理。因债权人取得股权作为可供出售金融资产核算，为取得股权支付的直接相关费用应计入资产成本，即甲企业可供出售金融资产的初始投资成本为 212 万元（$3 \times 70 + 2$）。

📖 易错易混点辨析

（1）处理原则

债务人	股份有限公司	①应当在满足金融负债终止确认条件时，终止确认重组债务，并将债权人因放弃债权而享有股份的面值总额确认为股本；股份的公允价值总额（市价）与股本之间的差额计入资本公积（股本溢价） ②重组债务的账面价值超过股份的公允价值总额的差额，作为债务重组利得计入当期营业外收入
	其他企业	①应当在满足金融负债终止确认条件时，终止确认重组债务，并将债权人因放弃债权而享有的股权份额确认为实收资本；股权的公允价值与实收资本之间的差额计入资本公积（资本溢价） ②重组债务账面价值超过股权的公允价值的差额，作为债务重组利得计入当期营业外收入
债权人		应当在满足金融资产终止确认条件时，终止确认重组债权，并将因放弃债权而享有股份的公允价值确认为对债务人的投资，重组债权的账面余额与股份的公允价值之间的差额确认为债务重组损失，计入营业外支出。但是如果债权人已对债权计提减值准备的，应当先将该差额冲减减值准备，冲减后仍有余额的，计入营业外支出（债务重组损失）；冲减后减值准备仍有余额的，应予转回并抵减当期资产减值损失

（2）相关会计处理

债务人	债权人
借：应付账款等 　贷：股本（面值）（实收资本） 　　　资本公积——股本溢价（资本溢价） 　　　营业外收入——债务重组利得（差额）	借：可供出售金融资产、长期股权投资等 　　营业外支出——债务重组损失（借方差） 　　坏账准备 　贷：应收账款等 　　　资产减值损失（贷方差）

易错易混点2 债务重组的判断

【母题·多选题】2016年1月1日，甲公司应收乙公司的一笔货款1000万元到期，由于乙公司发生财务困难，该笔货款预计短期内无法收回。甲公司已为该项债权计提坏账准备200万元，当日，甲公司就该债权与乙公司进行协商。下列协商方案中，属于债务重组的有（　　）。

A. 乙公司以公允价值为600万元的无形资产清偿

B. 减免100万元债务，剩余部分乙公司立即以现金偿还

C. 减免50万元债务，剩余部分乙公司延期两年偿还

D. 乙公司以公允价值为1000万元的可供出售金融资产偿还

【答案】ABC

【解析】债务重组是指在债务人发生财务困难的情况下，债权人按照其与债务人达成的协议或者法院的裁定作出让步的事项。选项D，债权人没有作出让步，所以不属于债务重组。

【子题·多选题】下列表述中属于进行债务重组时必然发生的有（　　）。

A. 债权人作出让步　　　　　　　　B. 债权人确认债务重组利得

C. 债务人发生财务困难　　　　　　D. 债务人确认债务重组利得

【答案】ACD

【解析】选项B，债务重组是指在债务人发生财务困难的情况下，债权人按照其与债务人达成的协议或者法院的裁定作出让步的事项。即债务重组时债权人作出让步，对债权人而言，不会出现利得。

📖 易错易混点辨析

债务重组，是指在债务人发生财务困难的情况下，债权人按照其与债务人达成的协议或者法院的裁定作出让步的事项。

债权人做出让步的情形主要包括债权人减免债务人部分债务本金或者利息、降低债务人应付债务的利率等。

【提示】 做题时主要抓住"让步"这两个字。让步是指债务人最终所归还的资产等公允价值小于所欠的账款。因此，当债务人最终所归还的资产等公允价值大于或等于所欠账款时，不属于债务重组。

易错易混点 3 以资产清偿债务的会计处理

【母题·单选题】（以现金清偿债务）

甲公司因乙公司发生严重财务困难，预计难以全额收回乙公司所欠货款 200 万元，经协商，甲公司同意乙公司以银行存款 140 万元结清了全部债务。甲公司对该应收账款已计提坏账准备 20 万元。假定不考虑其他因素，债务重组日甲公司应确认的损失为（　）万元。

A. 0　　　　　　　B. 20　　　　　　　C. 40　　　　　　　D. 60

【答案】 C

【解析】 以现金清偿债务的，债权人应当将重组债权的账面价值 180 万元（200 – 20）与收到的现金 140 万元之间的差额 40 万元，计入当期损益。

甲公司该债务重组业务的会计分录为：

借：银行存款　　　　　　　　　　　　　　　　　　　　　　　　　　140
　　坏账准备　　　　　　　　　　　　　　　　　　　　　　　　　　 20
　　营业外支出——债务重组损失　　　　　　　　　　　　　　　　　 40
　　贷：应收账款　　　　　　　　　　　　　　　　　　　　　　　　200

【子题·单选题】（以非现金资产清偿债务）

A 公司和 B 公司均为增值税一般纳税人，A 公司销售给 B 公司一批库存商品，形成应收账款 240 万元（含增值税），款项尚未收到。货款到期时 B 公司因资金周转困难无法按合同规定偿还债务，经双方协商，A 公司同意 B 公司用存货抵偿该项债务，该批存货公允价值 200 万元（不含增值税），增值税税额 34 万元，成本 120 万元，假设重组日 A 公司该应收账款已计提了 40 万元的坏账准备。不考虑其他因素，A 公司冲减资产减值损失的金额是（　）万元。

A. 0　　　　　　　B. 34　　　　　　　C. 10　　　　　　　D. 6

【答案】 B

【解析】 A 公司冲减资产减值损失的金额 =（200 + 34）–（240 – 40）= 34（万元）。

易错易混点辨析

总原则：债务重组日，债务人确认债务重组利得（营业外收入），债权人确认债务重组损失（营业外支出）或冲减原确认的资产减值损失金额。

（一）以现金清偿债务

1. 债务人的会计处理

以现金清偿债务的，债务人应当将重组债务的账面价值与实际支付现金之间的差额，计入当期损益（营业外收入）。

借：应付账款等
　　贷：银行存款
　　　　营业外收入——债务重组利得（差额）

2. 债权人的会计处理

以现金清偿债务的，债权人应当将重组债权的账面价值与收到的现金之间的差额，计入当期损益。借方差额记入"营业外支出"科目，贷方差额记入"资产减值损失"科目。

借：银行存款
　　坏账准备
　　营业外支出——债务重组损失（借方差额）
　　贷：应收账款等
　　　　资产减值损失（贷方差额）

（二）以非现金资产清偿债务

1. 债务人的会计处理

以非现金资产清偿债务的，债务人应当将重组债务的账面价值与转让的非现金资产公允价值（包含增值税销项税额）之间的差额，确认为债务重组利得，计入当期损益。转让的非现金资产公允价值与其账面价值之间的差额作为资产转让损益，计入当期损益。

【提示】

（1）债务人如果将属于增值税应税项目的非现金资产对外出售，获得的现金流入等包括该资产的公允价值和增值税税额两部分，也就是作为抵债的资产涉及缴纳的增值税的情况下，抵债金额为价税合计数。

（2）非现金资产视同按公允价值处置做相应的处理。换出资产公允价值与其账面价值之间的差额，应当分别不同情况处理：

换出资产	账务处理
①存货	应当作为销售处理，按其公允价值确认收入，同时结转相应的成本 a. 产品类存货：公允价值计入主营业务收入，同时结转主营业务成本 b. 材料类存货：公允价值计入其他业务收入，同时结转其他业务成本
②固定资产、无形资产	换出资产公允价值与其账面价值之间的差额，计入营业外收入或营业外支出
③长期股权投资、交易性金融资产、可供出售金融资产等	换出资产公允价值与其账面价值之间的差额，计入投资收益

2. 债权人的会计处理

借：××资产（取得资产的公允价值+应计入该资产成本的直接相关税费）

    应交税费——应交增值税（进项税额）

    营业外支出——债务重组损失（借方差额）

    坏账准备

  贷：应收账款等

    资产减值损失（贷方差额）

    银行存款等（支付的与取得该资产直接相关的税费）

【提示】若取得资产为交易性金融资产或采用成本法核算的长期股权投资，相关税费应计入当期损益。

易错易混点 4 修改其他债务条件的债务重组，债务人和债权人的会计处理

【母题】（不存在或有条件）

甲公司欠乙公司货款800万元，因甲公司出现财务困难，2016年4月1日经与乙公司协商，乙公司同意减免部分货款200万元，余款按1%月利率（与实际利率相同）支付利息，于当年9月30日与剩余债务一并偿还（利息无需按月计提），假定至债务重组日乙公司未就该项货款计提坏账准备。不考虑其他因素，分别列示债务人和债权人的会计处理。

债务人（甲公司）		债权人（乙公司）	
重组时：		重组时：	
借：应付账款	800	借：应收账款——债务重组	600
贷：应付账款——债务重组	600	营业外支出——债务重组损失	200
营业外收入——债务重组利得	200	贷：应收账款	800
偿还利息时：		收取利息时：	
借：财务费用	36（600×1%×6）	借：银行存款	36
贷：银行存款	36	贷：财务费用	36（600×1%×6）
债务重组日，甲公司确认债务重组利得200		债务重组日，乙公司确认债务重组损失200	

【子题】（存在或有条件）

接上题，假定其他条件不变，若甲公司在 9 月 30 日归还全部欠款前有盈利，余款按 2% 月利率支付利息（即若无盈利仍按 1% 月利率支付利息），预计甲公司之后几个月很可能盈利，假定至债务重组日乙公司未就该项货款计提坏账准备，不考虑其他因素。分别列示债务人和债权人的会计处理。

债务人（甲公司）	债权人（乙公司）
重组时： 借：应付账款　　　　　　　　　　800 　贷：应付账款——债务重组　　　　　600 　　　预计负债　　　36（600×1%×6） 　　　营业外收入——债务重组利得　164	重组时： 借：应收账款——债务重组　　　　　600 　　营业外支出——债务重组损失　　200 　贷：应收账款　　　　　　　　　　800
（1）出现好转： 一次付息 借：财务费用　　　36（600×1%×6） 　　预计负债　　　　　　　　　　　36 　贷：银行存款　　　　　　　　　　72	（1）出现好转： 收取利息 借：银行存款　　　　　　　　　　　72 　贷：财务费用　　　　　　　　　　72
（2）未出现好转： 借：财务费用　　　　　　　　　　　36 　贷：银行存款　　　　　　　　　　36 借：预计负债　　　　　　　　　　　36 　贷：营业外收入　　　　　　　　　36	（2）未出现好转： 借：银行存款　　　　　　　　　　　36 　贷：财务费用　　　　　　　　　　36
债务重组日，甲公司确认债务重组利得 164	债务重组日，乙公司确认债务重组损失 200

📖 易错易混点辨析

（1）或有应付金额，是指需要根据未来某种事项出现而发生的应付金额，而且该未来事项的出现具有不确定性。当其满足或有事项确认预计负债条件时，债务人应当进行确认。

（2）修改后的债务条款中涉及或有应收金额的，债权人不应当确认或有应收金额，不得将其计入重组后债权的账面价值。只有在或有应收金额实际发生时，才计入当期损益。

（3）附或有条件的债务重组，债务人和债权人的会计处理

债务人	①修改后的债务条款如涉及或有应付金额，且该或有应付金额符合或有事项中有关预计负债确认条件的，债务人应当将该或有应付金额确认为预计负债 ②重组债务的账面价值与重组后债务的入账价值和预计负债金额之和的差额，作为债务重组利得，计入营业外收入 ③或有应付金额，在随后会计期间最终没有发生的，企业应冲销已确认的预计负债，同时确认营业外收入
债权人	①修改后的债务条款中涉及或有应收金额的，债权人不应当确认或有应收金额，不得将其计入重组后债权的账面价值 ②只有在或有应收金额实际发生时，才计入当期损益

【提示】对于或有应收金额，如果是按照浮动利率计算的或有利息，则实际发生时，冲减财务费用；如果是直接约定的或有应付金额，则实际发生时，计入营业外收入。

机考过关必练

一、单项选择题

1. 下列关于债务重组会计处理的表述中不正确的是(　　)。

　A. 债权人将很可能发生的或有应收金额确认为应收债权

B. 债权人将实际收到的原未确认的或有应收金额计入当期损益

C. 债务人将很可能发生的满足条件的或有应付金额确认为预计负债

D. 债务人确认的或有应付金额在随后不需支付时转入当期损益

2. 甲公司因乙公司发生严重财务困难，预计难以全额收回乙公司所欠货款 240 万元，经协商，乙公司以银行存款 180 万元结清了全部债务。甲公司对该项应收账款已计提坏账准备 64 万元。假定不考虑其他因素，债务重组日该业务对甲公司损益的影响金额为(　　)万元。

A. −4　　　　　　　　B. 4　　　　　　　　C. 36　　　　　　　　D. 60

3. 甲公司和乙公司均为增值税一般纳税人。因甲公司发生财务困难，甲公司就其所欠乙公司的 1000 万元的货款（含增值税）与乙公司进行债务重组。根据债务重组协议，甲公司以银行存款 800 万元清偿。在进行债务重组之前，乙公司已经就该项债权计提了 160 万元的坏账准备。不考虑其他因素，甲公司在债务重组日应确认债务重组利得为(　　)万元。

A. 160　　　　　　　　B. 200　　　　　　　　C. 40　　　　　　　　D. 0

4. 长江公司欠黄河公司货款 1000 万元，因长江公司发生财务困难，经双方协商，黄河公司同意长江公司以其持有的一项原采用权益法核算的长期股权投资偿还全部债务。重组日长江公司该项投资的账面价值为 900 万元，其中投资成本 800 万元，损益调整 60 万元，其他综合收益 40 万元。债务重组日该项投资的公允价值为 945 万元。黄河公司将取得的该投资仍作为长期股权投资核算。不考虑其他因素，长江公司因该项债务重组业务对当期利润总额的影响金额为(　　)万元。

A. 140　　　　　　　　B. 100　　　　　　　　C. 55　　　　　　　　D. 45

5. 2016 年 7 月 1 日，甲公司发生财务困难，经协商以其生产的一批产品偿付应付乙公司账款 700 万元，该批产品的实际成本为 400 万元，未计提存货跌价准备，公允价值为 500 万元，增值税销项税额 85 万元由甲公司承担，不考虑其他因素，甲公司进行的下列会计处理中，不正确的是(　　)。

A. 确认债务重组利得 200 万元　　　　　　　　B. 确认主营业务成本 400 万元

C. 确认主营业务收入 500 万元　　　　　　　　D. 终止确认应付乙公司账款 700 万元

6. 2016 年 3 月 8 日，甲公司因无力偿还乙公司的 1000 万元货款，双方进行债务重组。按债务重组协议规定，甲公司以发行自身普通股股票 400 万股偿还该项债务，该股份的公允价值为 900 万元，面值总额为 400 万元。乙公司已对该应收账款计提了 50 万元的坏账准备，并将取得的甲公司股权作为交易性金融资产核算。甲公司于 2016 年 4 月 1 日办妥了增资批准手续，双方债权债务关系解除。不考虑其他因素，下列关于该项债务重组的表述中不正确的是(　　)。

A. 债务重组日为 2016 年 4 月 1 日

B. 乙公司因放弃债权而享有股权的入账价值为 900 万元

C. 甲公司应确认债务重组利得 100 万元

D. 乙公司应确认债务重组损失 100 万元

7. 2016 年 7 月 5 日，甲公司与乙公司协商进行债务重组，同意免去乙公司前期欠款中的 20 万元，剩余款项在 2016 年 9 月 30 日支付；同时约定，截至 2016 年 9 月 30 日，乙公司如果经营状况好转，现金流量充裕，应再偿还甲公司 12 万元。重组日，经估计这 12 万元届时被偿还的可能性为 70%。假定甲公司未就该项债权计提坏账准备且不考虑其他因素影响，2016 年 7 月 5 日，就该项债务重组业务，甲公司应确认的债务重组损失和乙公司应确认的债务重组利得分别为(　　)万元。

A. 8 和 8　　　　　　　B. 20 和 20　　　　　　　C. 20 和 8　　　　　　　D. 8 和 20

8. 甲公司应收乙公司货款 750 万元已逾期，双方经协商决定进行债务重组。债务重组协议规定：①乙公司以银行存款偿付甲公司货款 120 万元；②乙公司以一项固定资产和一项长期股权投资偿付所欠账款的余额。乙公司该项固定资产的账面原价为 300 万元，已提折旧 105 万元，已提减值准备 15 万元，公允价值为 130 万元；长期股权投资的账面价值为 300 万元，公允价值为 360 万元。甲公司对该项债权计提了 50 万元的坏账准备。假定不考虑增值税等其他因素，则该债务重组中甲公司债务重组损失的金额为(　　)万元。

A. 120　　　　　　　　B. 130　　　　　　　　C. 90　　　　　　　　D. 80

二、多项选择题

1. 关于债务人以非现金资产清偿全部债务的债务重组，下列各项中不属于债务人债务重组利得的有（　　）。
   A. 非现金资产账面价值小于其公允价值的差额
   B. 非现金资产账面价值大于其公允价值的差额
   C. 非现金资产公允价值小于重组债务账面价值的差额
   D. 非现金资产账面价值小于重组债务账面价值的差额

2. 海天公司清偿债务的下列方式中，属于债务重组的有（　　）。
   A. 根据转换协议将应付可转换公司债券转为资本
   B. 以公允价值小于所欠债务账面价值的非现金资产清偿债务
   C. 债权人作出让步，豁免债务的 20%，余款立即以银行存款清偿
   D. 以公允价值高于债务金额的投资性房地产清偿债务

3. 债务人（股份有限公司）以债务转为资本的方式进行债务重组时，下列会计处理中正确的有（　　）。
   A. 债务人应将债权人因放弃债权而享有股份的面值总额确认为股本
   B. 债务人应将股份公允价值总额与股本之间的差额确认为资本公积
   C. 债权人应将享有股份的公允价值确认为对债务人的投资
   D. 债权人已对债权计提减值准备的，应当先将享有股权的公允价值与应收债权的账面余额之间的差额冲减减值准备，减值准备不足以冲减的部分，计入营业外支出（债务重组损失）；冲减后减值准备仍有余额的，应将该余额转回抵减当期资产减值损失

4. 下列各项中，属于债务重组日债务人应计入重组后负债账面价值的有（　　）。
   A. 债权人同意减免的债务
   B. 债务人在未来期间应付的债务本金
   C. 债务人在未来期间应付的债务利息
   D. 债务人确认的符合预计负债确认条件的或有应付金额

5. 2016 年 5 月 1 日，甲公司应收乙公司的货款 3000 万元到期，乙公司由于财务困难无法偿还该债务，经甲乙双方协商，决定进行债务重组。以乙公司的 300 万股普通股清偿该债务，普通股每股面值为 1 元，公允价值为 9 元。甲公司取得投资后，对乙公司具有重大影响，至协议日甲公司已对该项债权计提了 50 万元的坏账准备。该项转股手续于 2016 年 5 月 20 日完成，并于当日办理了该债务重组的相关债权债务解除手续。下列相关会计处理中，正确的有（　　）。
   A. 甲公司债务重组日为 2016 年 5 月 20 日
   B. 甲公司应确认的长期股权投资为 2700 万元
   C. 甲公司应确认的债务重组损失为 250 万元
   D. 乙公司应确认的债务重组利得为 250 万元

6. M 公司和 N 公司均为增值税一般纳税人，销售商品适用的增值税税率均为 17%，销售不动产适用的增值税税率为 11%。M 公司向 N 公司销售一批商品，价款为 200 万元，增值税税额 34 万元，款项尚未收到，M 公司未对该货款计提坏账准备。因 N 公司发生资金困难，已无力偿还 M 公司的全部货款，经协商，N 公司以其拥有的一栋自用厂房和一项交易性金融资产进行偿债。N 公司该厂房的账面余额为 50 万元，已计提累计折旧 8 万元，已计提减值准备 2 万元，公允价值为 30 万元；交易性金融资产的账面价值为 85 万元，其中成本为 80 万元，公允价值变动收益为 5 万元，公允价值为 90 万元。不考虑其他因素，M 公司和 N 公司在债务重组日的会计处理中正确的有（　　）。
   A. M 公司确认债务重组损失 110.7 万元　　　　B. N 公司确认债务重组利得 110.7 万元
   C. N 公司确认营业外收入 100.7 万元　　　　　D. N 公司确认投资收益 10 万元

7. 乙公司因发生财务困难，就应付甲公司账款 500 万元与甲公司达成债务重组协议，甲公司同意免除乙公司 100 万元债务，并将剩余债务延期三年偿还，按年利率 5% 计息（等于实际年利率）；同时约定，如果乙公司第一年有盈利，则从第二年开始每年按 8% 计息。假定乙公司的或有应付金额满足预计负债确认条件，且第一年很可能盈利，下列关于乙公司债务重组日会计处理的表述中正确的有（　　）。

A. 乙公司重组后应付账款的入账价值为 424 万元

B. 乙公司重组后应付账款的入账价值为 400 万元

C. 乙公司应确认债务重组利得 76 万元

D. 乙公司应确认预计负债 12 万元

8. 以现金、非现金资产和修改其他债务条件组合重组方式清偿债务的情况下，债务人和债权人进行处理的先后顺序不正确的有(　　)。

A. 修改债务条件清偿方式、非现金资产清偿方式或债务转为资本清偿方式、现金清偿方式

B. 非现金资产清偿方式或债务转为资本清偿方式、现金清偿方式、修改债务条件清偿方式

C. 现金清偿方式、非现金资产清偿方式或债务转为资本清偿方式、修改债务条件清偿方式

D. 现金清偿方式、修改债务条件清偿方式、非现金资产清偿方式或债务转为资本清偿方式

三、判断题

1. 债务重组中债务人以投资性房地产进行抵债时，投资性房地产的公允价值与该投资性房地产的账面价值差额计入其他业务收入。　　　　　　　　　　　　　　　　　　　　　　　　　　　(　　)

2. 以现金清偿债务的，若债权人已对债权计提减值准备的，债权人实际收到的现金大于应收债权账面价值的差额，应冲减资产减值损失。　　　　　　　　　　　　　　　　　　　　　　　　　(　　)

3. 以非现金资产清偿债务，债务人在转让非现金资产过程中发生的一些税费，如资产评估费、运杂费等，直接计入资产转让损益。　　　　　　　　　　　　　　　　　　　　　　　　　　　(　　)

4. 对于增值税一般纳税人，如果债务人以库存商品作为抵债资产的，应付债务的账面价值与该库存商品的公允价值的差额计入债务重组利得。　　　　　　　　　　　　　　　　　　　　　　　(　　)

5. 因债务重组已确认为预计负债的或有应付金额，在随后会计期间最终没有发生的，债务人应冲销已确认的预计负债，同时确认为营业外收入。　　　　　　　　　　　　　　　　　　　　　　(　　)

6. 债务人以无形资产进行债务重组的，重组日无形资产公允价值与账面价值之间的差额，确认为债务重组利得。　　　　　　　　　　　　　　　　　　　　　　　　　　　　　　　　　　(　　)

四、计算分析题

甲公司和乙公司均为增值税一般纳税人，销售商品适用的增值税税率均为 17%。有关资料如下：

(1) 2015 年 12 月 31 日，甲公司获悉乙公司发生财务困难，对向乙公司销售商品的应收款项 1170 万元 (含增值税) 计提坏账准备 117 万元，此前未对该款项计提坏账准备。

(2) 2016 年 3 月 1 日，考虑到乙公司近期可能难以按时偿还该笔货款，经协商，甲公司同意免去乙公司 200 万元债务，剩余款项应在 2016 年 6 月 30 日前支付；同时约定，乙公司如果截至 6 月 30 日经营状况好转，现金流量比较充裕，应再偿还甲公司 50 万元。当日，乙公司估计至 6 月 30 日经营状况好转的可能性为 80%。

(3) 2016 年 6 月 30 日，乙公司经营状况好转，现金流量较为充裕，按约定偿还了对甲公司的重组债务。

要求：

(1) 编制甲公司与计提坏账准备相关的会计分录。

(2) 计算甲公司重组后应收账款的账面价值和重组损益，并编制甲公司有关业务的会计分录。

(3) 计算乙公司重组后应付账款的账面价值和重组损益，并编制乙公司有关业务的会计分录。

(4) 分别编制甲公司和乙公司 2016 年 6 月 30 日结清重组后债权债务的会计分录。

(答案中的金额单位以万元表示)

机考过关必练参考答案及解析

一、单项选择题

1.【答案】A

【解析】债务重组中，对债权人而言，若债务重组过程中涉及或有应收金额，不应当确认或有应收金额，于实际发生时计入当期损益，选项 A 错误，选项 B 正确；对债务人而言，如债务重组过程中涉及

或有应付金额，且该或有应付金额符合或事项中有关预计负债的确认条件的，债务人应将该或有应付金额确认为预计负债，日后没有发生时，转入当期损益，选项 C 和 D 正确。

2.【答案】B

【解析】债务重组日甲公司应冲减的资产减值损失金额 = 180 -（240 - 64）= 4（万元）。

3.【答案】B

【解析】甲公司确认债务重组利得的金额 = 1000 - 800 = 200（万元），选项 B 正确。

4.【答案】A

【解析】长江公司因该项债务重组业务对当期利润总额的影响金额 =（945 - 900）+ 40 +（1000 - 945）= 140（万元）。

5.【答案】A

【解析】甲公司确认债务重组利得 = 700 -（500 + 85）= 115（万元），选项 A 不正确；甲公司用于偿债的存货视同销售处理，确认主营业务收入 500 万元，结转主营业务成本 400 万元，同时终止确认应付账款 700 万元，选项 B、C 和 D 正确。

甲公司会计处理如下：

借：应付账款——乙公司		700
贷：主营业务收入		500
应交税费——应交增值税（销项税额）		85
营业外收入——债务重组利得		115
借：主营业务成本		400
贷：库存商品		400

6.【答案】D

【解析】双方解除债权债务关系的日期为债务重组日，即 2016 年 4 月 1 日，选项 A 正确；乙公司取得股权投资的入账价值应按取得时公允价值为基础确定，选项 B 正确；甲公司应确认债务重组利得 = 1000 - 900 = 100（万元），选项 C 正确；乙公司应确认债务重组损失 =（1000 - 50）- 900 = 50（万元），选项 D 错误。

7.【答案】C

【解析】甲公司应确认债务重组损失金额为债务豁免的 20 万元，对于或有应收金额 12 万元，甲公司在债务重组日不确认，应在实际收到时，计入当期损益。乙公司应确认债务重组利得 8 万元（20 - 12），其中债务豁免 20 万元，满足条件确认为预计负债的或有应付金额 12 万元。

8.【答案】C

【解析】甲公司应当确认债务重组损失 =（750 - 50）-（120 + 130 + 360）= 90（万元）。

二、多项选择题

1.【答案】ABD

【解析】债务人以非现金资产清偿债务的，应将转让非现金资产的公允价值和重组债务的账面价值之间的差额作为债务重组利得，计入营业外收入。

2.【答案】BC

【解析】选项 A 和 D，债权人没有做出让步，不属于债务重组。

3.【答案】ABCD

【解析】将债务转为资本的，债务人应当在满足金融负债终止确认条件时，终止确认重组债务，并将债权人因放弃债权而享有股份的面值总额确认为股本，股份的公允价值总额与股本之间的差额确认为资本公积，选项 A 和 B 正确；债权人应当将享有股份的公允价值确认为对债务人的投资，重组债权的账面余额与股份的公允价值之间的差额，债权人已对债权计提减值准备的，应当先将该差额冲减减值准备，冲减后仍有余额的，计入营业外支出（债务重组损失），冲减后减值准备仍有余额的，应予转回并抵减当期资产减值损失，选项 C 和 D 正确。

4.【答案】BD

【解析】选项 A，减免的债务不计入重组后负债账面价值；选项 C，债务人在未来期间应付的债务利息，按期计入财务费用，不计入重组后负债的账面价值。

5.【答案】ABC

【解析】债务重组日为办理相关债务解除手续的日期，选项A正确；甲公司应确认的长期股权投资金额＝300×9＝2700（万元），选项B正确；甲公司应确认的债务重组损失＝3000－300×9－50＝250（万元），选项C正确；乙公司应确认的债务重组利得＝3000－300×9＝300（万元），选项D不正确。

6.【答案】ABD

【解析】M公司确认的债务重组损失＝N公司确认的债务重组利得＝（200＋34）－〔30×（1＋11%）＋90〕＝110.7（万元），N公司用于抵债的厂房确定的营业外支出的金额10万元〔（50－8－2）－30〕不能抵减确认的营业外收入的金额，所以N公司计入营业外收入的金额为110.7万元，选项A和B正确，选项C错误；N公司确认的投资收益金额＝90－85＋5＝10（万元），选项D正确。

7.【答案】BC

【解析】乙公司重组后应付账款的入账价值为400万元，选项A不正确，选项B正确；乙公司应确认的重组利得＝应付债务账面余额－重组后应付债务的账面价值－预计负债＝500－（500－100）－（500－100）×（8%－5%）×2＝76（万元），选项C正确；乙公司应确认预计负债24万元〔（500－100）×（8%－5%）×2〕，选项D不正确。

乙公司会计分录：

借：应付账款	500
贷：应付账款——债务重组	400
预计负债	24
营业外收入——债务重组利得	76

8.【答案】ABD

【解析】在组合重组方式下，债务人和债权人在进行账务处理时，应根据债务清偿的顺序，一般情况下，应先考虑以现金清偿的方式，然后以非现金资产清偿或以债务转为资本方式清偿，最后是修改其他债务条件方式，选项C正确。

【提示】组合方式重组的处理原则

①债务人的会计处理

债务重组以现金清偿债务、非现金资产清偿债务、债务转为资本、修改其他债务条件等方式的组合进行的，债务人应当以支付的现金、转让的非现金资产公允价值、债权人享有股份的公允价值冲减重组债务的账面价值，再按照债务人修改其他债务条件的规定进行会计处理。

②债权人的会计处理

债务重组采用以现金清偿债务、非现金资产清偿债务、债务转为资本、修改其他债务条件等方式的组合进行的，债权人应当依次以收到的现金、接受的非现金资产公允价值、债权人享有股份的公允价值冲减重组债权的账面余额，再按债权人修改其他债务条件的规定进行会计处理。

三、判断题

1.【答案】×

【解析】债务重组中，债务人以投资性房地产进行抵债时，该投资性房地产的公允价值确认为其他业务收入，账面价值结转为其他业务成本。

2.【答案】√

3.【答案】√

4.【答案】×

【解析】对于增值税一般纳税人来说，其抵债的库存商品视同销售处理，企业在清偿该应付债务的同时，确认了"应交税费——应交增值税（销项税额）"，承担了另外一项负债，所以在计算债务重组利得时是要考虑增值税销项税额的影响，应当将应付债务的账面价值与库存商品公允价值和增值税销项税额之间的差额计入债务重组利得。

5.【答案】√

6.【答案】×

【解析】债务人以无形资产进行债务重组的，重组日无形资产公允价值与账面价值之间的差额，确认为处置无形资产利得或损失。

四、计算分析题

【答案】

（1）

借：资产减值损失　　　　　　　　　　　　　　　　　　　　　　　　　117

　　贷：坏账准备　　　　　　　　　　　　　　　　　　　　　　　　　　117

（2）

甲公司债务重组后应收账款的账面价值 = 1170 - 200 = 970（万元）；

甲公司债务重组损失 = （1170 - 117）- 970 = 83（万元）。

借：应收账款——债务重组　　　　　　　　　　　　　　　　　　　　　970

　　坏账准备　　　　　　　　　　　　　　　　　　　　　　　　　　　117

　　营业外支出——债务重组损失　　　　　　　　　　　　　　　　　　　83

　　贷：应收账款　　　　　　　　　　　　　　　　　　　　　　　　　1170

（3）

乙公司重组后应付账款的账面价值 = 1170 - 200 = 970（万元），满足条件确认为预计负债的金额为 50 万元，则乙公司重组收益 = 1170 - 970 - 50 = 150（万元）。

借：应付账款　　　　　　　　　　　　　　　　　　　　　　　　　　1170

　　贷：应付账款——债务重组　　　　　　　　　　　　　　　　　　　　970

　　　　预计负债　　　　　　　　　　　　　　　　　　　　　　　　　　50

　　　　营业外收入——债务重组利得　　　　　　　　　　　　　　　　　150

（4）

2016 年 6 月 30 日

甲公司：

借：银行存款　　　　　　　　　　　　　　　　　　　　　　　　　　1020

　　贷：应收账款——债务重组　　　　　　　　　　　　　　　　　　　　970

　　　　营业外收入　　　　　　　　　　　　　　　　　　　　　　　　　50

乙公司：

借：应付账款——债务重组　　　　　　　　　　　　　　　　　　　　　970

　　预计负债　　　　　　　　　　　　　　　　　　　　　　　　　　　50

　　贷：银行存款　　　　　　　　　　　　　　　　　　　　　　　　　1020

第十三章 或有事项

学习导读

本章属于不太重要章节，主要介绍或有事项的确认、计量和列报等内容。

本章重点掌握内容包括：（1）预计负债最佳估计数的计算；（2）亏损合同的计算；（3）重组义务的计量；（4）或有事项的确认和会计处理；（5）或有事项的披露等。

在近三年的考试中本章平均分值为 3 分，题型一般为单项选择题和判断题，2014 年与所得税一章结合在综合题中出现，2017 年考试仍应予以关注。

易错易混集训

易错易混点 1 或有负债和预计负债的区别

【母题·判断题】或有负债与或有事项相联系，有或有事项就有或有负债。（   ）

【答案】×

【解析】或有事项的结果可能会产生预计负债、或有负债或者或有资产。

【子题·多选题】如果与或有事项相关的义务是企业承担的现时义务，履行该义务很可能导致经济利益流出企业，并且该义务的金额能够可靠地计量，该或有事项应当确认预计负债。（   ）

【答案】√

【解析】或有事项在满足特定条件时会形成一项预计负债。

易错易混点辨析

根据或有事项准则的规定，与或有事项有关的义务在同时符合以下三个条件时，应当确认为预计负债：该义务是企业承担的现时义务；履行该义务很可能导致经济利益流出企业；该义务的金额能够可靠地计量。

或有负债和预计负债的区别：

（1）预计负债是企业承担的现时义务，或有负债是企业承担的潜在义务或者不符合确认条件的现时义务；

（2）预计负债导致经济利益流出企业的可能性是"很可能"并且金额能够可靠计量，或有负债导致经济利益流出企业的可能性是"可能"、"极小可能"，或者金额不能可靠计量；

（3）预计负债是已确认的负债，或有负债是不能加以确认的或有事项。

【提示】

除非或有负债极小可能导致经济利益流出企业，否则企业应当在附注中披露有关信息。

企业通常不应当披露或有资产，但或有资产很可能给企业带来经济利益的，应当披露其形成的原因、预计产生的财务影响等。

易错易混点 2 最佳估计数的确定

【母题·单选题】 2016 年 10 月 1 日，甲公司因合同违约而被乙公司起诉。2016 年 12 月 31 日，甲公司尚未接到人民法院的判决。甲公司预计，最终的判决很可能对其不利，并预计将要支付的赔偿金额在 100 万元至 140 万元之间，且该区间内每个金额发生的可能性大致相同。2016 年 12 月 31 日，甲公司因该项诉讼应确认的预计负债金额为(　　)万元。

A. 100　　　　　B. 140　　　　　C. 120　　　　　D. 0

【答案】 C

【解析】 预计负债应当按照履行相关现时义务所需支出的最佳估计数进行计量，当所需支出存在一个连续范围，且该范围内各种结果发生的可能性相同，最佳估计数应当按照该范围内的中间值，即上下限金额的平均数确定。本题中预计负债应确认的金额 =（100 + 140）/2 = 120（万元），选项 C 正确。

【子题 1·单选题】 接上例，其他条件不变，甲公司预计很可能败诉，预计支付 100 万元赔偿金的可能性为 60%，支付 120 万元赔偿金的可能性为 35%，支付 140 万元赔偿金的可能性是 5%，甲公司对该项诉讼应确认的预计负债金额为(　　)万元。

A. 100　　　　　B. 120　　　　　C. 140　　　　　D. 109

【答案】 A

【解析】 或有事项不存在连续范围且涉及单个项目的，按照最可能发生的金额确定。此题最可能发生的金额为 100 万元，所以甲公司应确认的预计负债金额为 100 万元。

【子题 2·单选题】 2016 年第一季度，甲公司共计销售 A 产品 1000 件，销售收入为 600 万元。根据甲公司的产品质量保证条款，该产品售出后一年内，如发生非人为质量问题，甲公司将负责免费维修。根据以前年度的维修记录，如果发生较小的质量问题，发生的维修费用为销售收入的 10%；如果发生较大的质量问题，发生的维修费用为销售收入的 20%。根据甲公司技术部门的预测，本季度销售的 A 产品中，80% 不会发生质量问题；15% 很可能发生较小质量问题；5% 很可能发生较大质量问题。假设本季度尚未发生维修支出，期初预计负债余额为 0，2016 年第一季度末，甲公司应在资产负债表中确认的预计负债的金额为(　　)万元。

A. 9　　　　　B. 15　　　　　C. 6　　　　　D. 0

【答案】 B

【解析】 或有事项不存在连续范围且涉及多个项目的，预计负债的金额为根据各种结果及其相关概率计算的一个加权平均数。2016 年第一季度末，甲公司应在资产负债表中确认的预计负债的金额 = 600 ×（0 × 80% + 10% × 15% + 20% × 5%）= 15（万元）。

📖 易错易混点辨析

（1）"单个项目"是指最终只能出现一种结果的事项，比如未决诉讼，最终的赔偿金额只能有一个。所以主要是确定一个最佳估计数。

确定最佳估计数一般有两种情况：第一种是给定一个连续区间，区间内每个金额出现的可能性相同，则最佳估计数应当按照该范围内的中间值，即上下限金额的平均数确定；第二种是所需支出不存在一个连续范围，或者虽然存在一个连续范围，但该范围内各种结果发生的可能性不相同，预计负债即按最有可能发生的金额确定。

（2）"多个项目"是指最终会出现几个结果的事项，比如产品的质量问题，有较大质量问题或较小质量问题，多个结果会同时出现，所以预计负债的金额是根据各种结果及其出现的概率计算的一个加权平均数。

易错易混点 3 未决诉讼和未决仲裁

【母题】 甲公司于 2016 年 11 月收到法院通知，被告知乙公司状告甲公司提供的材料因为存在质量问题，导致其利用甲公司所提供材料生产的产品存在质量问题，要求甲公司赔偿 300 万元。甲公司根据法律诉讼的进展情况以及专业人士的意见，认为对原告进行赔偿的可能性在 80% 以上，最有可能发生的赔偿金额存在于 220 万元至 260 万元之间，且在该区间的各金额发生的可能性相同。如败诉将承担诉讼费用 6 万元。不考虑其他因素。

要求：作出甲公司与上述业务有关的会计处理。

【答案】

甲公司应确认的预计负债 = （220 + 260）/2 + 6 = 246（万元）。

借：营业外支出 240
　　管理费用 6
　　贷：预计负债 246

【子题1】接上例，其他条件不变，假定因该诉讼事项基本确定从丙公司获得的补偿金额为80万元。

要求：作出甲公司的相关会计处理。

【答案】

借：营业外支出 240
　　管理费用 6
　　贷：预计负债 246
借：其他应收款 80
　　贷：营业外支出 80

【子题2】接母题，其他条件不变，假定甲公司2016年度财务报告于2017年4月1日对外报出，法院于2017年4月20日对该诉讼事项进行了判决，判决结果为甲公司需要支付赔偿款260万元，并承担诉讼费用8万元。双方均接受了判决，款项已经支付。

要求：作出甲公司的相关会计处理。

【答案】

借：营业外支出 20（260 - 240）
　　管理费用 2（8 - 6）
　　预计负债 246
　　贷：其他应付款 268
借：其他应付款 268
　　贷：银行存款 268

📖 易错易混点辨析

（1）对于未决诉讼实际发生的情况与预计负债的差额处理方法：

企业在资产负债表日之前，依据当时实际情况和所掌握的证据合理确认预计负债后，在非资产负债表日后事项期间进行判决，且双方不再上诉，应当将当期实际发生的诉讼损失金额与已确认的相关预计负债之间的差额，直接计入或冲减当期营业外支出。

（2）预期可得到补偿的处理方法：

企业清偿预计负债所需支出全部或部分预期由第三方补偿的：①补偿金额只有在基本确定能够收到时才能作为资产（其他应收款）单独确认；②确认的补偿金额不应当超过预计负债的账面价值；③补偿金额不能冲减预计负债的账面价值。

易错易混点4 亏损合同

【母题】2016年8月，甲公司与丙公司签订一份不可撤销的销售合同，约定甲公司在2017年2月末以每件0.3万元的价格向丙公司销售300件B产品，违约金为合同总价款的20%。2016年12月31日，甲公司库存B产品300件，成本总额为120万元，按目前市场价格计算的市价总额为110万元。假定不考虑其他因素，作出甲公司2016年12月31日的相关会计处理。

【答案】甲公司执行合同将发生的损失 = 120 - 300 × 0.3 = 30（万元）；不执行合同将发生的损失 = 300 × 0.3 × 20% + （120 - 110）= 28（万元）；甲公司应选择不执行合同的方案，即支付违约金。

会计分录：

借：资产减值损失 10（120 - 110）
　　贷：存货跌价准备 10

借：营业外支出　　　　　　　　　　　　　　　　　　　　　　　　　　　　　　　　　18

　　贷：预计负债　　　　　　　　　　　　　　　　　　　　　　　　　　　　　　　　18

【子题1】接上例，其他条件不变，假定甲公司库存 B 产品按目前市场价格计算的市价总额为 100 万元。作出甲公司 2016 年 12 月 31 日的相关会计处理。

【答案】甲公司执行合同将发生的损失 = 120 – 300 × 0.3 = 30（万元）；不执行合同将发生的损失 = 300 × 0.3 × 20% +（120 – 100）= 38（万元）；甲公司应选择执行合同的方案。

会计分录：

借：资产减值损失　　　　　　　　　　　　　　　　　　　　　　　　　　　　　　　30

　　贷：存货跌价准备　　　　　　　　　　　　　　　　　　　　　　　　　　　　　30

【子题2】甲公司 2016 年 12 月 10 日与丙公司签订不可撤销合同，约定在 2017 年 2 月 1 日以每件 2 万元的价格向丙公司提供 A 产品 200 件，若不能按期交货，甲公司将支付给丙公司合同总价款的 10% 作为违约金。签订合同时 A 产品尚未开始生产，2016 年 12 月 31 日甲公司准备生产 A 产品时，原材料价格突然上涨，预计生产 A 产品的单位成本将超过合同单价，预计 A 产品的单位成本为 2.3 万元，不考虑其他因素，作出甲公司 2016 年 12 月 31 日的相关会计处理。

【答案】甲公司履行合同发生的损失 = 200 ×（2.3 – 2）= 60（万元），不履行合同支付的违约金 = 200 × 2 × 10% = 40（万元），甲公司应选择不执行合同的方案，该合同无标的资产，因此应确认预计负债 40 万元。

会计分录：

借：营业外支出　　　　　　　　　　　　　　　　　　　　　　　　　　　　　　　　40

　　贷：预计负债　　　　　　　　　　　　　　　　　　　　　　　　　　　　　　　40

📖 易错易混点辨析

亏损合同产生的义务满足预计负债确认条件的，应当确认为预计负债。其中，亏损合同，是指履行合同义务不可避免会发生的成本超过预期经济利益的合同。

预计负债的计量应当反映退出该合同的最低净成本，即履行该合同的成本与未能履行该合同而发生的补偿或处罚两者之中较低者。

待执行合同变为亏损合同的处理原则如下：

	执行合同	违约	预计负债的确认
存在标的资产	合同数量 < 标的资产数量：按合同价对合同数量内部分计提减值，按市场价对合同数量外部分计提减值	将违约损失确认为预计负债，同时对标的资产按市场价格确认减值	只有违约才会按违约损失确认预计负债
	合同数量 = 标的资产数量：按合同价对标的资产计提减值		只有违约才会按违约损失确认预计负债
	合同数量 > 标的资产数量：按合同价对标的资产计提减值，同时对超过标的资产数量部分确认预计负债		执行合同和违约都会确认预计负债
不存在标的资产	继续执行合同的损失为按合同价与成本价计算的损失	违约损失	执行合同与违约损失中较低者为预计负债金额

【提示】如何判断是否存在标的资产？

标的资产是指销售合同中双方交易的标的物。企业在判断是否形成亏损合同时，某项产品已生产，说明"合同存在标的资产"；如果该项产品还未生产，说明"合同不存在标的资产"。

易错易混点 5　与重组有关的直接支出

【母题·单选题】甲公司管理层于 2016 年 12 月制定了一项关闭 A 产品生产线的业务重组计划，且该重组计划已对外公告。为了实施上述业务重组计划，甲公司预计将发生以下支出或损失：因辞退员工将支付补偿款 1000 万元；因撤销厂房租赁合同将支付违约金 50 万元；因将用于 A 产品生产的固定资产等转移至仓库将发生运输费 5 万元；因对留用员工进行培训将发生支出 3 万元；因推广新开发的 B 产品将发生广告费用 200 万元；因处置用于 A 产品生产的固定资产将发生减值损失 100 万元。至 2016 年 12 月 31 日，上述业务重组计划尚未实施，员工补偿及相关支出尚未支付。2016 年 12 月 31 日，甲公司由于该重组事项应当确认的"预计负债"科目的金额为（　　）万元。

A. 1050　　　　　　B. 1150　　　　　　C. 50　　　　　　D. 1155

【答案】C

【解析】2016 年 12 月 31 日，甲公司的业务重组计划中，因辞退员工支付的补偿款属于与重组义务有关的直接支出，应计入"应付职工薪酬"科目，因撤销厂房租赁合同将支付的违约金属于与重组义务有关的直接支出，应计入"预计负债"科目，因此 2016 年 12 月 31 日，甲公司由于该重组事项应当确认的"预计负债"科目的金额为 50 万元。

【子题·单选题】接上题，其他条件不变，则该项重组计划减少 2016 年度利润总额的金额为（　　）万元。

A. 1050　　　　　　B. 1150　　　　　　C. 50　　　　　　D. 1155

【答案】B

【解析】2016 年 12 月 31 日，因重组计划将支付的员工补偿款计入管理费用 1000 万元；因撤销厂房租赁合同将支付的违约金计入营业外支出 50 万元；因处置用于生产 A 产品的固定资产应确认的资产减值损失金额为 100 万元，故该项重组计划减少 2016 年度利润总额的金额 = 1000 + 50 + 100 = 1150（万元）。

会计分录：

借：管理费用　　　　　　　　　　　　　　　　　　　　　　　　1000
　　贷：应付职工薪酬　　　　　　　　　　　　　　　　　　　　　　　1000
借：营业外支出　　　　　　　　　　　　　　　　　　　　　　　　　50
　　贷：预计负债　　　　　　　　　　　　　　　　　　　　　　　　　　50
借：资产减值损失　　　　　　　　　　　　　　　　　　　　　　　　100
　　贷：固定资产减值准备　　　　　　　　　　　　　　　　　　　　　　100

📖 易错易混点辨析

判断某项支出是否属于与重组有关的直接支出：

支出项目	包　括	不包括	不包括的原因
自愿遣散	√		
强制遣散（如果自愿遣散目标未满足）	√		
将不再使用的厂房的租赁撤销费	√		
将职工和设备从拟关闭的工厂转移到继续使用的工厂		√	支出与继续进行的活动相关
剩余职工的再培训		√	支出与继续进行的活动相关
新经理的招聘成本		√	支出与继续进行的活动相关
推广公司新形象的营销成本		√	支出与继续进行的活动相关
对新营销网络的投资		√	支出与继续进行的活动相关
重组的未来可辨认经营损失（最新预计值）		√	支出与继续进行的活动相关
特定固定资产的减值损失		√	资产减值准备应当按照《企业会计准则第 8 号——资产减值》进行计提

【提示 1】因处置用于生产产品的固定资产发生的减值损失，不属于与重组计划直接相关的支出，但按照资产减值准则应对该资产计提固定资产减值准备，同时确认资产减值损失，所以会影响到利润总额。

【提示2】因辞退员工支付的补偿款属于预计负债，但是在应付职工薪酬科目核算。这里的应付职工薪酬属于预计负债的性质，但不计入预计负债科目。因已经在负债准则中规定，辞退福利要"借方计入管理费用，贷方计入应付职工薪酬"，为了前后一致，在或有事项准则就没有再将其单独确认为预计负债。如果题目问与重组义务有关的预计负债或者问与重组义务有关的直接支出，是要包括辞退福利的。如果题目问本期应确认的预计负债，就是说会计科目"预计负债"，这时不需要加上辞退福利的金额。

机考过关必练

一、单项选择题

1. 下列有关或有事项的表述中，正确的是（　　）。
   A. 或有资产与或有事项相联系，有或有事项就有或有资产
   B. 对于或有事项既要确认或有负债，也要确认或有资产
   C. 由于担保引起的或有事项随着被担保人债务的全部清偿而消失
   D. 只有对本单位产生不利影响的事项，才能作为或有事项

2. 下列不属于或有事项特征的是（　　）。
   A. 或有事项是由过去的交易或事项形成的
   B. 或有事项结果具有不确定性
   C. 或有事项的结果须由未来事项决定
   D. 或有事项结果可以由现在事项决定

3. 履行该义务很可能导致经济利益流出企业，是指履行与或有事项相关的现时义务时，导致经济利益流出企业的可能性超过（　　）。
   A. 50%　　　　　　B. 90%　　　　　　C. 75%　　　　　　D. 95%

4. 2016 年 12 月 31 日，甲公司涉及一项未决诉讼，预计很可能败诉，甲公司若败诉，需承担诉讼费 10 万元并支付赔偿款 300 万元，但基本确定可从保险公司获得 50 万元的补偿。2016 年 12 月 31 日，甲公司因该诉讼应确认预计负债的金额为（　　）万元。
   A. 260　　　　　　B. 250　　　　　　C. 300　　　　　　D. 310

5. 甲公司 2016 年年初"预计负债——产品质量保证"余额为 0。当年分别销售 A、B 产品 2 万件和 5 万件，销售单价分别为 50 元和 40 元。甲公司向购买者承诺产品售后 2 年内提供免费保修服务，预计保修期内这两种产品发生保修费的概率均在销售额的 2% ~8% 之间，且该范围内各种结果发生的可能性相同。2016 年实际发生产品保修费 6 万元。假定无其他或有事项，则甲公司 2016 年年末资产负债表"预计负债"项目的余额为（　　）万元。
   A. 6　　　　　　　B. 15　　　　　　　C. 7.5　　　　　　D. 9

6. 关于重组义务，下列说法中不正确的是（　　）。
   A. 企业承担的重组义务满足或有事项确认预计负债条件的，应当确认预计负债
   B. 重组是指企业制定和控制的，将显著改变企业组织形式、经营范围或经营方式的计划实施行为
   C. 企业应当按照与重组有关的全部支出确认预计负债
   D. 与重组有关的直接支出不包括留用职工岗前培训、市场推广、新系统和营销网络投入等支出

7. 下列交易或事项中，不影响发生当期营业利润的是（　　）。
   A. 企业发生的诉讼费用
   B. 因辞退员工将支付的补偿款
   C. 企业确认的债务担保损失
   D. 预计与当期产品销售相关的保修义务

8. 对于资产负债表日的诉讼事项，下列说法中不正确的是（　　）。
   A. 如果企业已被判决败诉，且企业不再上诉，则应当冲回原已确认的预计负债的金额
   B. 如果已判决败诉，但企业正在上诉，或者经上一级法院裁定暂缓执行等，企业应当在资产负债表日，根据已有判决结果合理估计很可能产生的损失金额，确认为预计负债

C. 如果法院尚未判决，则企业不应确认为预计负债

D. 如果法院尚未判决，但是经过咨询相关部门，估计败诉的可能性很大，而且损失金额能够合理估计，应当在资产负债表中将预计损失金额确认为预计负债

二、多项选择题

1. 下列各项交易或事项中，属于或有事项的有(　　)。

　　A. 未决诉讼或者未决仲裁　　　　　　B. 产品质量保证

　　C. 未来可能发生的交通事故　　　　　D. 未来可能发生的经营亏损

2. 与或有事项相关的义务确认预计负债，需要同时满足的条件有(　　)。

　　A. 该义务是企业承担的现时义务

　　B. 履行该义务很可能导致经济利益流出企业

　　C. 该义务的金额能够可靠地计量

　　D. 导致经济利益流出企业的可能性超过95%，达到基本确定的程度

3. 甲公司对售出产品提供"三包"服务，规定产品出售后一定期限内出现质量问题，负责退换或免费提供修理。甲公司2016年共销售A产品500万件，每件100元，取得收入50000万元，根据以往经验，预计该产品发生的"三包"费用占销售收入的3%。假定甲公司只生产和销售A产品，且2016年年初预计负债科目的余额为0。2016年实际发生"三包"费用1200万元。由于A产品技术比较落后，市场前景不好，甲公司于2016年10月31日停止生产A产品，并于2016年12月31日销售完毕已生产的A产品，该产品的"三包"期限截止日期为2017年6月30日，2017年1月1日至2017年6月30日期间实际发生"三包"费用100万元，均为人工成本。下列关于甲公司的会计处理正确的有(　　)。

　　A. 2016年12月31日，A产品的预计负债的余额是300万元

　　B. 2017年6月30日，A产品的预计负债的余额是0

　　C. 2017年6月30日，A产品的预计负债的余额是200万元

　　D. 2017年实际发生"三包"费用时，借记"预计负债"科目，贷记"应付职工薪酬"科目

4. 下列涉及预计负债的会计处理中，不正确的有(　　)。

　　A. 待执行合同变为亏损合同时，应当将全部损失立即确认为预计负债

　　B. 重组计划对外公告前不应就重组义务确认预计负债

　　C. 因某产品质量保证而确认的预计负债，如企业停止生产该产品，应将其余额立即冲销

　　D. 对期限较长的预计负债进行计量时应考虑货币时间价值的影响

5. 2016年9月，甲公司与丙公司签订一份B产品销售合同，合同约定甲公司应在2017年1月以每件1万元的价格向丙公司销售200件B产品，如发生违约，违约金为合同总价款的20%。2016年12月31日，甲公司库存B产品200件，成本总额为240万元，按目前市场价格计算的售价总额为260万元。假定甲公司销售B产品不发生销售费用，且不考虑其他因素，下列有关甲公司2016年对该销售合同会计处理的表述中不正确的有(　　)。

　　A. 应确认存货跌价准备20万元　　　　B. 应确认存货跌价准备40万元

　　C. 应确认预计负债40万元　　　　　　D. 应确认预计负债20万元

6. 下列关于或有负债和或有资产披露的说法中，正确的有(　　)。

　　A. 极小可能导致经济利益流出企业的或有负债，可以不在附注中披露

　　B. 或有负债在附注中披露时，应当披露或有负债经济利益流出不确定性的说明

　　C. 或有负债在附注中披露时，应当披露或有负债预计产生的财务影响，以及获得补偿的可能性；无法预计的，应当说明原因

　　D. 当或有资产很可能会给企业带来经济利益时，应当披露其形成的原因、预计产生的财务影响等

三、判断题

1. 预计负债应当按照履行相关现时义务所需支出的最佳估计数进行初始计量，所需支出存在一个连续范围，应当按照该范围内的中间值，即上下限金额的平均数确定。　　　　　　　　(　　)

2. 根据资产和负债不能随意抵销的原则，预期可获得的补偿在基本确定能够收到时应当确认为一项资

产，而不能作为预计负债金额的扣减。（　　）

3. 如果企业针对特定批次产品确认预计负债，则在保修期结束时，可将该产品的"预计负债——产品质量保证"科目余额用于其他产品，不用冲销。（　　）

4. 直接支出是企业重组必须承担的相关直接支出，并且与主体继续进行的活动无关的支出，不包括留用职工岗前培训、市场推广、新系统和营销网络投入等支出。（　　）

5. 企业在非资产负债表日后事项期间实际发生的担保诉讼损失金额与上期合理预计的预计负债金额相差较大时，应按前期重大会计差错更正的方法进行调整。（　　）

6. 企业应当在资产负债表日对确认的预计负债金额进行复核，相关因素发生变化表明预计负债金额不再能反映真实情况时，需要按照当前情况下企业清理和赔偿支出的最佳估计数对预计负债的账面价值进行相应的调整。（　　）

7. 企业通常不应当披露或有资产，但或有资产可能给企业带来经济利益的，应当披露其形成的原因、预计产生的财务影响等。（　　）

四、计算分析题

甲公司系增值税一般纳税人，有关资料如下：

资料一：2016 年 9 月 1 日，甲公司从乙公司购入 1 台不需安装的生产设备并投入使用，款项尚未支付，双方约定的付款期限为 3 个月。

2016 年 12 月 1 日，应付乙公司款项到期，甲公司虽有付款能力，但因该设备在使用过程中出现过故障，与乙公司协商未果，未按时支付。2016 年 12 月 5 日，乙公司向人民法院提起诉讼，至当年 12 月 31 日，人民法院尚未判决。甲公司法律顾问认为败诉的可能性为 70%，预计支付诉讼费 5 万元，逾期利息在 20 万元至 30 万元之间，且这个区间内每个金额发生的可能性相同。

资料二：甲公司为丙公司提供担保的某项银行借款合计 2000 万元于 2016 年 10 月到期。该借款系由丙公司于 2013 年 10 月从银行借入，甲公司预计丙公司不存在还款困难并为丙公司此项借款本息提供 60% 的担保。丙公司借入的款项至到期日应偿付本息为 2300 万元。由于丙公司出现经营困难无力偿还到期债务，债权银行向法院提起诉讼，要求丙公司及为其提供担保的甲公司偿还借款本息。至 2016 年 12 月 31 日法院尚未做出判决，甲公司法律顾问预计很可能承担此项债务担保义务，即需要偿还丙公司借款本息的 60%，预计需支付诉讼费用 20 万元。

资料三：甲公司对销售产品承担售后保修义务，年初"预计负债——产品质量保证"的余额是 10 万元，包含计提的 C 产品保修费用 4 万元。本期使用保修费用 7 万元，其中 C 产品保修费用 3 万元。本期 A 产品销售额为 100 万元，保修费预计为销售额的 1.5%，B 产品销售额为 80 万元，保修费预计为销售额的 2.5%，C 产品本期已不再销售且至本期末已售 C 产品已过保修期。

资料四：2016 年 12 月 10 日，甲公司与丁公司签订一项不可撤销的产品销售合同，且预收定金 150 万元。合同约定，甲公司应于 2017 年 2 月 1 日以每件 10 万元的价格向丁公司提供 D 产品 100 件，若违约，甲公司将双倍返还定金。2016 年 12 月 31 日，甲公司尚未开始生产，库存中没有 D 产品及生产该产品所需原材料。因原材料价格大幅上涨，甲公司预计生产 D 产品的成本为每件 12 万元，假定不考虑相关税费。

资料五：甲公司 2016 年 12 月 1 日制定了一项关闭 E 产品生产线的重组计划，重组计划预计发生下列支出：因辞退员工将支付补偿款 600 万元；因撤销厂房租赁合同将支付违约金 40 万元；因将用于 E 产品生产的固定资产等转移至仓库将发生运输费 4 万元；因对留用员工进行培训将发生支出 2 万元；因推广新款 F 产品将发生广告费 1600 万元；因处置用于 E 产品生产的固定资产将发生减值损失 200 万元。上述重组计划已于 2016 年 12 月 10 日经甲公司董事会批准，并于当日对外公布。至 2016 年 12 月 31 日，上述业务重组计划尚未实施，员工补偿及相关支出尚未支付。

要求：

（1）根据资料一，判断甲公司 2016 年年末就该未决诉讼是否应当确认预计负债及其理由；如果应当确认预计负债，编制相关会计分录。

（2）根据资料二，判断甲公司 2016 年年末就该债务担保是否应当确认预计负债及其理由；如果应当确认预计负债，编制相关会计分录。

（3）根据资料三，计算甲公司2016年年末就承担的售后保修义务应该确认的预计负债余额。

（4）根据资料四，判断甲公司是否应当就该或有事项相关的义务确认为预计负债，并简要说明理由。如需确认，计算确定预计负债的金额，编制确认预计负债的会计分录。

（5）根据资料五，计算甲公司因业务重组计划而减少的2016年利润总额的金额，并编制相关会计分录。

（答案中的金额单位用万元表示）

机考过关必练参考答案及解析

一、单项选择题

1.【答案】C

【解析】选项A，或有事项可能形成或有负债，也有可能形成或有资产，有或有事项并不一定就有或有资产；选项B，或有资产和或有负债是不能确认的；选项D，或有事项对本单位既可能是不利事项，也可能是有利事项。

2.【答案】D

【解析】或有事项具有以下特征：（1）或有事项是由过去的交易或事项形成的；（2）或有事项结果具有不确定性；（3）或有事项的结果须由未来事项决定。选项D不正确。

3.【答案】A

【解析】履行该义务很可能导致经济利益流出企业，是指履行与或有事项相关的现时义务时，导致经济利益流出企业的可能性超过50%。

4.【答案】D

【解析】应确认预计负债的金额 = 10 + 300 = 310（万元），基本确定可从保险公司获得的50万元补偿，应通过其他应收款核算，不能冲减预计负债的账面价值。

5.【答案】D

【解析】甲公司2016年年末资产负债表"预计负债"项目的余额 = （2×50 + 5×40）×（2% + 8%）÷2 - 6 = 9（万元），选项D正确。

6.【答案】C

【解析】企业应当按照与重组有关的直接支出确定预计负债金额，另外因辞退员工将支付的补偿款应确认为应付职工薪酬，选项C不正确。

7.【答案】C

【解析】选项A和B，计入管理费用，影响当期营业利润；选项C，计入营业外支出，不影响当期营业利润；选项D，计入销售费用，影响当期营业利润。

8.【答案】C

【解析】对于资产负债表日的诉讼事项，如果法院尚未判决的，企业应当向其律师或法律顾问等咨询，估计败诉的可能性以及败诉后可能发生的损失金额，并取得有关书面意见；如果败诉的可能性大于胜诉的可能性，并且损失金额能够合理估计的，应当在资产负债表日将预计损失金额确认为预计负债。

二、多项选择题

1.【答案】AB

【解析】或有事项是指过去的交易或事项形成的，未来可能发生的交通事故和经营亏损不属于或有事项。

2.【答案】ABC

【解析】与或有事项有关的义务同时满足下列条件时确认为负债：（1）该义务是企业承担的现时义务；（2）履行该义务很可能导致经济利益流出企业；（3）该义务的金额能够可靠地计量。

3.【答案】ABD

【解析】2016年12月31日，A产品确认的预计负债的余额 = 50000×3% - 1200 = 300（万元），选项A正确；已对其确认预计负债的产品，如果企业不再生产，那么应在相应的产品质量保证期满后，将

"预计负债——产品质量保证"科目余额冲销，不留余额，选项 B 正确，选项 C 错误；由于 2017 年实际发生"三包"费用均为人工成本，所以实际发生费用时，借记"预计负债"科目，贷记"应付职工薪酬"科目，选项 D 正确。

4.【答案】AC

【解析】待执行合同变成亏损合同时，企业拥有合同标的资产的，应当先对标的资产进行减值测试并按规定确认减值损失，如预计亏损超过该减值损失，应将超过部分确认为预计负债，而不是将全部损失确认为预计负债，选项 A 表述不正确；已对其确认预计负债的产品，如企业不再生产，则应在相应的产品质量保证期满后，将预计负债余额冲销，不留余额，而不是在停止生产该产品的时候立即冲销，选项 C 表述不正确。

5.【答案】ABD

【解析】甲公司执行合同将发生的损失 = 240 - 1 × 200 = 40（万元）；不执行合同将发生的损失 = 1 × 200 × 20% - （260 - 240）= 20（万元）；甲公司选择不执行合同，即支付违约金方案。

会计分录：

借：营业外支出　　　　　　　　　　　　　　　　　　　　　40（1 × 200 × 20%）

　　贷：预计负债　　　　　　　　　　　　　　　　　　　　　　　　　　　40

6.【答案】ABCD

三、判断题

1.【答案】×

【解析】在确定最佳估计数时，如果所需支出存在一个连续范围，并且该范围内各种结果发生的可能性相同，这种情况下应当按照该范围内的中间值，即上下限金额的平均数确定最佳估计数。

2.【答案】√

3.【答案】×

【解析】如果企业针对特定批次产品确认预计负债，则在保修期结束时，应将"预计负债——产品质量保证"科目余额冲销，不留余额，同时冲减销售费用。

4.【答案】√

5.【答案】×

【解析】企业在非资产负债表日后事项期间实际发生的担保诉讼损失金额与上期合理预计的预计负债之间的差额，直接计入或冲减当期营业外支出，不作为前期重大差错处理。

6.【答案】√

7.【答案】×

【解析】企业通常不应当披露或有资产，但或有资产很可能给企业带来经济利益的，应当披露其形成的原因、预计产生的财务影响等。"很可能"的情况下，发生的概率大于 50%，意味着形成资产的概率很高，这种情况下才需要进行披露。

四、计算分析题

【答案】

（1）应该确认预计负债。

理由：甲公司法律顾问认为败诉的可能性为 70%，履行该义务很可能导致经济利益流出企业，预计支付诉讼费 5 万元，逾期利息在 20 万元至 30 万元之间，且这个区间内每个金额发生的可能性相同，说明金额能够可靠计量，满足或有事项确认预计负债的条件，应当确认预计负债 = 5 + （20 + 30）/ 2 = 30（万元）。

会计分录：

借：营业外支出　　　　　　　　　　　　　　　　　　　　　　　　　25

　　管理费用　　　　　　　　　　　　　　　　　　　　　　　　　　　5

　　贷：预计负债　　　　　　　　　　　　　　　　　　　　　　　　　30

（2）应该确认预计负债。

理由：甲公司法律顾问认为很可能承担此项债务，履行该义务很可能导致经济利益流出企业，预计承担债务担保金额为 1380 万元 (2300×60%)，支付诉讼费 20 万元，说明金额能够可靠计量，应当确认预计负债 = 1380 + 20 = 1400 (万元)。

会计分录：

借：营业外支出　　　　　　　　　　　　　　　　　　　　　　　　　　　　　　　　　　1380

　　管理费用　　　　　　　　　　　　　　　　　　　　　　　　　　　　　　　　　　　　20

　　贷：预计负债　　　　　　　　　　　　　　　　　　　　　　　　　　　　　　　　　1400

(3) 本期 A 产品销售额为 100 万元，期末需要计提产品保修费用 = 100×1.5% = 1.5 (万元)；本期 B 产品销售额为 80 万元，期末需要计提产品保修费用 = 80×2.5% = 2 (万元)；C 产品已不再销售且已售 C 产品已过保修期，负债义务消失，期末冲减预计负债余额 1 万元 (4−3)，"预计负债"期末余额 = 期初 10 + 本期增加 (1.5 + 2) − 本期减少 7 − 本期冲销 1 = 5.5 (万元)。

(4) 应该确认预计负债。

理由：甲公司如果履行合同义务不可避免会导致发生的成本超过预期经济利益流入，所以属于亏损合同。该亏损合同不存在标的资产，企业应选择履行合同的损失与未履行合同而发生的损失两者中的较低者，确认为预计负债。

履行合同发生的损失 = (12−10)×100 = 200 (万元)；不履行合同发生的损失为 150 万元 (即多返还的超过定金的款项)，所以甲公司应选择不履行合同，预计负债金额为 150 万元。

会计分录：

借：营业外支出　　　　　　　　　　　　　　　　　　　　　　　　　　　　　　　　　　150

　　贷：预计负债　　　　　　　　　　　　　　　　　　　　　　　　　　　　　　　　　150

(5) 2016 年 12 月 31 日，因重组计划支付员工补偿款计入管理费用 600 万元；因撤销厂房租赁合同将支付的违约金计入营业外支出 40 万元；因处置用于生产 E 产品的固定资产应确认的资产减值损失金额为 200 万元，故该项重组计划减少 2016 年度利润总额的金额 = 600 + 40 + 200 = 840 (万元)。

会计分录：

借：管理费用　　　　　　　　　　　　　　　　　　　　　　　　　　　　　　　　　　　600

　　贷：应付职工薪酬　　　　　　　　　　　　　　　　　　　　　　　　　　　　　　　600

借：营业外支出　　　　　　　　　　　　　　　　　　　　　　　　　　　　　　　　　　40

　　贷：预计负债　　　　　　　　　　　　　　　　　　　　　　　　　　　　　　　　　40

借：资产减值损失　　　　　　　　　　　　　　　　　　　　　　　　　　　　　　　　　200

　　贷：固定资产减值准备　　　　　　　　　　　　　　　　　　　　　　　　　　　　　200

第十四章　收　入

🔊 学习导读

　　本章属于非常重要的章节，主要介绍收入的确认、计量及其账务处理，可与差错更正、资产负债表日后事项及所得税等章节结合考查主观题。

　　本章重点掌握的内容包括：（1）销售商品收入确认条件的判断；（2）销售商品收入的计算；（3）特殊商品销售业务的确认、计量和会计处理；（4）提供劳务收入的确认与计量；（5）建造合同中合同收入、合同费用及合同预计损失的计算等。

　　在近三年的考试中，题型一般为单项选择题、多项选择题、判断题和综合题。2017 年考试依旧应关注上述内容。

易错易混集训

易错易混点 1　销售退回与附有销售退回条件的商品销售

【母题·计算题】甲公司在 2017 年 10 月 18 日向乙公司销售一批商品，开出的增值税专用发票上注明的销售价格为 100 万元，增值税额为 17 万元，该批商品成本为 52 万元。乙公司在 2017 年 10 月 27 日支付货款，2017 年 12 月 5 日，该批商品因质量问题被乙公司退回，甲公司当日支付有关款项。假定甲公司已取得税务机关开具的红字增值税专用发票。甲公司的账务处理如下：

（1）2017 年 10 月 18 日销售实现时，按销售总价确认收入

借：应收账款——乙公司　　　　　　　　　　　　　　　　　　　　　　　117

　　贷：主营业务收入　　　　　　　　　　　　　　　　　　　　　　　　　100

　　　　应交税费——应交增值税（销项税额）　　　　　　　　　　　　　　　17

借：主营业务成本　　　　　　　　　　　　　　　　　　　　　　　　　　　52

　　贷：库存商品　　　　　　　　　　　　　　　　　　　　　　　　　　　　52

（2）在 2017 年 10 月 27 日收到货款

借：银行存款　　　　　　　　　　　　　　　　　　　　　　　　　　　　　117

　　贷：应收账款——乙公司　　　　　　　　　　　　　　　　　　　　　　117

（3）2017 年 12 月 5 日发生销售退回，取得红字增值税专用发票

借：主营业务收入　　　　　　　　　　　　　　　　　　　　　　　　　　　100

　　应交税费——应交增值税（销项税额）　　　　　　　　　　　　　　　　17

　　贷：银行存款　　　　　　　　　　　　　　　　　　　　　　　　　　　117

借：库存商品　　　　　　　　　　　　　　　　　　　　　　　　　　　　　52

　　贷：主营业务成本　　　　　　　　　　　　　　　　　　　　　　　　　　52

【子题·计算题】甲公司是一家健身器材销售公司，2017 年 1 月 1 日，甲公司向乙公司销售 5000 件健身器材，单位销售价格为 500 元，单位成本为 400 元，开出的增值税专用发票上注明的销售价格为 2500000 元，增值税税额为 425000 元。协议约定，乙公司应于 2 月 1 日之前支付货款，在 6 月 30 日之前有权退还健身器材。健身器材已经发出，款项尚未收到。假定甲公司根据过去的经验，估计该批健身器材退货率

为 20%；健身器材发出时纳税义务已经发生；实际发生销售退回时取得税务机关开具的红字增值税专用发票。（答案中金额单位以"万元"列示）

（1）2017 年 1 月 1 日发出健身器材

借：应收账款——乙公司	292.5	
贷：主营业务收入		250
应交税费——应交增值税（销项税额）		42.5
借：主营业务成本	200	
贷：库存商品		200

（2）2017 年 1 月 31 日确认估计的销售退回

借：主营业务收入	50	
贷：主营业务成本		40
预计负债		10

（3）2017 年 2 月 1 日前收到货款

| 借：银行存款 | 292.5 | |
| 贷：应收账款——乙公司 | | 292.5 |

（4）2017 年 6 月 30 日发生销售退回，取得红字增值税专用发票，款项已经支付

①实际退货量为 1000 件

借：库存商品	40	
应交税费——应交增值税（销项税额）	8.5	
预计负债	10	
贷：银行存款		58.5

②实际退货量为 800 件

借：库存商品	32	
应交税费——应交增值税（销项税额）	6.8	
主营业务成本	8	
预计负债	10	
贷：银行存款		46.8
主营业务收入		10

③实际退货量为 1200 件

借：库存商品	48	
应交税费——应交增值税（销项税额）	10.2	
主营业务收入	10	
预计负债	10	
贷：银行存款		70.2
主营业务成本		8

📖 易错易混点辨析

销售退回，是指企业售出的商品由于质量、品种不符合要求等原因而发生的退货。对于销售退回，应分别不同情况进行会计处理：

（1）对于未确认收入的售出商品发生销售退回的，企业应按已记入"发出商品"科目的商品成本金额，借记"库存商品"科目，贷记"发出商品"科目。

（2）对于已确认收入的售出商品发生退回的，企业一般应在发生时冲减当期销售商品收入，同时冲减当期销售商品成本。如该项销售退回已发生现金折扣的，应同时调整相关财务费用的金额；如该项销售退回允许扣减增值税税额的，应同时调整"应交税费——应交增值税（销项税额）"科目的相应金额。

（3）已确认收入的售出商品发生的销售退回属于资产负债表日后事项的，应当按照《企业会计准则第 29 号——资产负债表日后事项》的相关规定进行会计处理。

附有销售退回条件的商品销售，是指购买方依照有关协议有权退货的销售方式。在这种销售方式下，

应分别不同情况进行会计处理：

①企业根据以往经验能够合理估计退货可能性并确认与退货相关的负债的，通常应在发出商品时确认收入，并结转成本；期末按照合理估计的退货率冲减已经确认的收入和已经结转的成本，差额确认预计负债。退货期未满时发生退货，如果实际退货量小于估计退货量，按照比例冲减预计负债，待退货期满，再冲减剩下的预计负债；如果实际退货量大于估计退货量，冲减全部预计负债，超过预计退货量的部分冲减退货当期的收入和成本；

②企业不能合理估计退货可能性的，通常应在售出商品退货期满时确认收入。

易错易混点 2　售后租回形成经营租赁的会计处理

【母题·单选题】 2016 年 1 月 1 日，甲公司与乙公司签订资产转让合同。合同约定，甲公司将其办公楼以 1500 万元的价格出售给乙公司，同时甲公司自 2016 年 1 月 1 日至 2019 年 12 月 31 日期间内可继续使用该办公楼，但每年年末需支付给乙公司租金 100 万元，期满后乙公司收回该办公楼。该办公楼账面原值为 2000 万元，至出售当日已计提折旧 450 万元，未计提减值准备，预计尚可使用年限为 35 年；同等办公楼的市场售价为 1550 万元；市场上租用同等办公楼需每年支付租金 100 万元。假定不考虑税费及其他相关因素，甲公司上述业务影响其 2016 年度利润总额的金额为(　　)万元。

A. −50　　　　　　　B. −150　　　　　　　C. −300　　　　　　　D. −200

【答案】 B

【解析】 此项交易属于售后租回交易形成经营租赁，售价低于公允价值和账面价值，且售价小于账面价值产生的损失预计不能得到补偿，所以出售时应确认损失 = （2000 − 450） − 1500 = 50（万元），上述业务影响甲公司 2016 年度利润总额的金额 = − 50 − 100 = − 150（万元）。

会计处理：

借：固定资产清理		1550
累计折旧		450
贷：固定资产		2000
借：银行存款		1500
营业外支出		50
贷：固定资产清理		1550
借：管理费用		100
贷：银行存款		100

【子题·单选题】 2016 年 1 月 1 日，甲公司与乙公司签订资产转让合同。合同约定，甲公司将其办公楼以 1500 万元的价格出售给乙公司，同时甲公司自 2016 年 1 月 1 日至 2019 年 12 月 31 日期间内可继续使用该办公楼，但每年年末需支付乙公司租金 80 万元，期满后乙公司收回该办公楼。该办公楼账面原值为 2000 万元，至出售当日已计提折旧 450 万元，未计提减值准备，预计尚可使用年限为 35 年；同等办公楼的市场售价为 1550 万元；市场上租用同等办公楼需每年支付租金 100 万元。假定不考虑税费及其他相关因素，甲公司上述业务影响其 2016 年度利润总额的金额为(　　)万元。

A. −50　　　　　　　B. −92.5　　　　　　　C. −100　　　　　　　D. −87.5

【答案】 B

【解析】 此项交易属于售后租回交易形成经营租赁，售价低于公允价值和账面价值，且售价小于账面价值产生的损失以后可以通过少支付租金得到补偿（80 ＜ 100），所以出售时售价与账面价值差额计入递延收益 = （2000 − 450） − 1500 = 50（万元），甲公司上述业务影响 2016 年度利润总额的金额 = − 50/4 − 80 = − 92.5（万元）。

会计分录：

借：固定资产清理		1550
累计折旧		450
贷：固定资产		2000

```
借：银行存款                                          1500
    递延收益                                            50
    贷：固定资产清理                                         1550
借：管理费用                                            80
    贷：银行存款                                              80
借：管理费用                                          12.5
    贷：递延收益                                             12.5
```

📖 易错易混点辨析

企业售后租回交易被认定为经营租赁的具体会计处理如下表所示：

售后租回交易形成经营租赁	按照公允价值达成	售价与账面价值的差额应当计入当期损益	
	不是按照公允价值达成	售价大于账面价值	应确认利润
		售价低于公允价值（损失）	损失不能得到补偿，确认损失
			损失能够得到补偿，确认递延收益，以后摊销
	售价高于公允价值	售价高出公允价值的部分应予递延，并在预计的资产使用期限内摊销，公允价值与账面价值的差额计入当期损益	

易错易混点3 现金折扣、商业折扣、销售折让的会计处理

【母题·单选题】甲企业产品价目表列明，A 产品的销售价格为每件 400 元（不含增值税），购买 400 件以上，可获得 5% 的商业折扣，购买 800 件以上，可获得 10% 的商业折扣，2017 年 2 月 1 日甲企业销售给某客户 A 产品 700 件，并于当日收到款项。2 月 20 日甲企业因产品质量与合同约定略有不符，同意给予该客户 3% 的销售折让并已办理相关手续。假定不考虑增值税等因素影响，则甲企业此项销售业务应确认收入的金额为(   )元。

A. 280000   B. 266000   C. 258020   D. 271600

【答案】C

【解析】2 月 20 日发生的销售折让应冲减当期销售商品收入，甲企业此项销售业务应确认收入的金额 = $400 \times 700 \times (1-5\%) \times (1-3\%) = 258020$（元）。

【子题1·单选题】甲企业产品价目表列明，A 产品的销售价格为每件 400 元（不含增值税），购买 400 件以上，可获得 5% 的商业折扣，购买 800 件以上，可获得 10% 的商业折扣，2017 年 2 月 1 日甲企业销售给某客户 A 产品 700 件。规定对方付款条件为：2/10，1/20，n/30，购货单位于 2 月 8 日支付款项，2 月 20 日甲企业因产品质量与合同约定略有不符，同意给予购货方 3% 的销售折让并办理相关手续。假定不考虑增值税等因素影响，甲企业此项销售业务应确认收入的金额为(   )元。

A. 280000   B. 266000   C. 258020   D. 271600

【答案】C

【解析】现金折扣在实际发生时计入财务费用，不影响销售收入的金额；销售折让在发生时冲减当期销售商品收入，甲企业此项销售业务应确认收入的金额 = $400 \times 700 \times (1-5\%) \times (1-3\%) = 258020$（元）。

【子题2·单选题】接子题1，其他条件不变，假定 A 产品的成本为每件 200 元，未计提存货跌价准备，甲企业此项销售业务影响当期损益的金额为(   )元。

A. 140000   B. 133000   C. 112700   D. 120680

【答案】C

【解析】

销售实现时：

```
借：应收账款                                         266000
    贷：主营业务收入                          266000 [400×700×（1-5%）]
```

借：主营业务成本　　　　　　　　　　　　　　　　　　　　　140000（700×200）
　　贷：库存商品　　　　　　　　　　　　　　　　　　　　　　　140000
收款时：
借：银行存款　　　　　　　　　　　　　　　　　　　　　　　　260680
　　财务费用　　　　　　　　　　　　　　　　　　　　　　　　　5320（266000×2%）
　　贷：应收账款　　　　　　　　　　　　　　　　　　　　　　　266000
发生销售折让时：
借：主营业务收入　　　　　　　　　　　　　　　　　　　　　　7980
　　贷：银行存款　　　　　　　　　　　　　　　　　　　　　　　7980（266000×3%）
因此，影响当期损益的金额＝266000－140000－5320－7980＝112700（元）。

📖 易错易混点辨析

商业折扣	企业销售商品涉及商业折扣的，应当按照扣除商业折扣后的金额确定销售商品收入的金额
现金折扣	企业销售商品涉及现金折扣的，应当按照扣除现金折扣前的金额确定销售商品收入的金额
销售折让	如果销售折让发生在确认收入之前，则应在确认收入时直接按照扣除销售折让后的金额确认当期销售收入；如果销售折让发生在确认收入之后，且不属于资产负债表日后事项的，应在发生时冲减发生销售折让当期销售收入，如按规定允许扣减增值税销项税额的，还应冲减已确认的增值税销项税额

易错易混点4 完工进度的确定

【母题·单选题】甲公司于2017年10月接受一项产品安装任务，安装期为6个月，合同总收入为240万元，2017年度预收款项104万元，余款在安装完成时收回，当年实际发生的安装成本为110万元，预计还将发生成本50万元。2017年年末请专业测量师测量，产品安装进度为60%。假定不考虑其他相关税费的影响，2017年甲公司该安装业务应确认的收入金额为（　）万元。

A. 50　　　　　　　B. 144　　　　　　　C. 165　　　　　　　D. 240

【答案】B

【解析】甲公司2017年该安装业务应确认的收入＝240×60%＝144（万元）。

【子题·单选题】甲公司于2017年10月接受一项产品安装任务，安装期为6个月，合同总收入为240万元，2017年度预收款项104万元，余款在安装完成时收回，当年实际发生的安装成本为110万元，预计还将发生成本50万元。假定甲公司按实际发生的成本占预计总成本的比例确定完工进度，不考虑相关税费的影响，2017年甲公司该安装业务应确认的收入金额为（　）万元。

A. 50　　　　　　　B. 144　　　　　　　C. 165　　　　　　　D. 240

【答案】C

【解析】2017年甲公司该安装业务的完工进度＝110/（110＋50）×100%＝68.75%，2017年该安装业务应确认的收入金额＝240×68.75%＝165（万元）。

📖 易错易混点辨析

完工进度的计量方法：

项　　目	方　　法
专业测量法（优先选择）	由专业测量师对已经提供的劳务进行测量，并按一定方法计算确定完工程度
劳务量测量法	按照已经提供的劳务占应提供劳务总量的比例确定完工程度
劳务成本测量法	按照已经发生的成本占预计总成本的比例确定完工程度

【提示】一般专业测量完工进度是企业要支付一定的测量费用才能获取的信息，所以在题目中同时给出专业测量的完工进度和其他方法预测的完工进度时优先选择专业测量的完工进度。

易错易混点5　分期收款销售商品形成的长期应收款

【母题·单选题】2016 年 12 月 31 日，甲公司采用分期收款方式向乙公司销售一台设备，销售价格为 4000 万元（不含增值税税额），合同约定发出设备当日收取价款 1000 万元，余款分 3 次于每年 12 月 31 日等额收取，该产品在现销方式下的公允价值为 3723.2 万元，甲公司采用实际利率法摊销未实现融资收益，实际年利率为 5%。不考虑其他因素，则 2017 年 12 月 31 日甲公司资产负债表中"长期应收款"项目应当列示的金额为（　　）万元。

A. 2000　　　　　B. 1859.36　　　　　C. 952.33　　　　　D. 3000

【答案】C

【解析】2016 年 12 月 31 日长期应收款账面余额为 3000 万元，应确认未实现融资收益的金额 = 4000 – 3723.2 = 276.8（万元）；长期应收款的账面价值 = 3000 – 276.8 = 2723.2（万元），2017 年未实现融资收益摊销额 = 2723.2 × 5% = 136.16（万元），2017 年 12 月 31 日长期应收款账面价值 =（3000 – 1000）–（276.8 – 136.16）= 1859.36（万元）。甲公司该业务在 2017 年资产负债表"长期应收款"项目列报金额 = 长期应收款的账面价值 – 一年内到期的非流动资产 = 1859.36 –（1000 – 1859.36 × 5%）= 952.33（万元）。

【子题1·单选题】接母题，假定其他条件不变，则 2017 年 12 月 31 日甲公司该项业务形成的长期应收款的摊余成本为（　　）万元。

A. 2000　　　　　B. 1859.36　　　　　C. 952.33　　　　　D. 3000

【答案】B

【解析】2016 年 12 月 31 日长期应收款账面余额为 3000 万元，应确认未实现融资收益的金额 = 4000 – 3723.2 = 276.8（万元）；长期应收款的账面价值 = 3000 – 276.8 = 2723.2（万元），2017 年未实现融资收益摊销额 = 2723.2 × 5% = 136.16（万元），2017 年 12 月 31 日长期应收款账面价值 = 摊余成本 =（3000 – 1000）–（276.8 – 136.16）= 1859.36（万元）。

【子题2·单选题】接母题，假定其他条件不变，则 2017 年 12 月 31 日甲公司该项业务形成的长期应收款科目余额为（　　）万元。

A. 2000　　　　　B. 1859.36　　　　　C. 952.33　　　　　D. 3000

【答案】A

【解析】2017 年 12 月 31 日长期应收款科目余额 =（4000 – 1000）– 1000 = 2000（万元）。

📖易错易混点辨析

项　目	计算方法
长期应收款账面余额	"长期应收款"科目余额
长期应收款账面价值	"长期应收款"总账科目余额减去"未实现融资收益"和"坏账准备"明细科目余额
长期应收款列报金额	"长期应收款"总账科目余额减去"未实现融资收益"和"坏账准备"明细科目余额，再减去所属相关明细科目中将于一年内到期的部分

【提示】分期收款销售商品，实质上具有融资性质的，应当按照应收的合同或协议价款的公允价值确定销售商品收入金额。这里的应收的合同或协议价格的公允价值通常为商品现销价格或未来现金流量现值。应收的合同或协议价款与其公允价值之间的差额，应当在合同或协议期间内采用实际利率法进行摊销，冲减财务费用。未实现融资收益是长期应收款的备抵科目，摊销时减少未实现融资收益，增加长期应收款账面价值。

机考过关必练

一、单项选择题

1. 下列各项中，企业应当在发出商品时确认收入的是（　　　）。
   A. 视同买断方式委托代销商品，且不管商品是否卖出，是否获利，均与委托方无关
   B. 附有销售退回条件的商品销售（不能合理估计退货率）
   C. 售后租回形成融资租赁
   D. 支付手续费方式委托代销商品

2. 2017 年 7 月 1 日，甲公司开始代理销售由乙公司最新研制的 A 商品。代理销售协议约定，乙公司将 A 商品全部交由甲公司代理销售；甲公司采用收取手续费的方式为乙公司代理销售 A 商品，代理手续费收入按照乙公司确认的 A 商品销售收入（不含销售退回商品）的 5% 计算；顾客从购买 A 商品之日起 1 年内可以无条件退还。2017 年度，甲公司共计销售 A 商品 600 万元，至年末尚未发生退货。由于 A 商品首次投放市场，甲公司和乙公司均无法估计其退货的可能性，则甲公司 2017 年应当确认的收入金额为（　　　）万元。
   A. 30　　　　　　　　B. 600　　　　　　　　C. 300　　　　　　　　D. 0

3. 远洋公司为增值税一般纳税人，购买和销售商品适用的增值税税率为 17%。2017 年 3 月 1 日，远洋公司采用以旧换新方式销售给 A 公司产品 40 台，单位售价为 5 万元，单位成本为 3 万元，款项已收存银行；同时收回 40 台同类旧商品，每台回收价为 0.5 万元（收回后作为原材料），回收旧商品已取得增值税专用发票，相关款项通过银行转账支付。假定不考虑除增值税以外的其他因素，则下列关于远洋公司的会计处理不正确的是（　　　）。
   A. 该以旧换新业务影响损益的金额为 80 万元
   B. 应确认收入 180 万元
   C. 应确认原材料 20 万元
   D. 应结转成本 120 万元

4. 在销售产品或提供劳务的同时授予客户奖励积分的，应当将取得的货款扣除奖励积分公允价值的部分确认为收入，奖励积分的公允价值确认为（　　　）。
   A. 营业外收入　　　　B. 递延收益　　　　C. 资本公积　　　　D. 投资收益

5. 甲公司为增值税一般纳税人，销售商品适用的增值税税率为 17%。2017 年 4 月 1 日甲公司向乙公司销售一批商品，开出的增值税专用发票上注明的销售价格为 200 万元，增值税税额为 34 万元，款项尚未收到，该批商品的成本为 160 万元，未计提存货跌价准备。4 月 21 日乙公司在验收过程中发现商品质量不合格，要求甲公司在价格上给予 5% 的折让。甲公司同意给予折让，假设甲公司已确认销售收入，款项尚未收到，已开具红字增值税专用发票，不考虑其他因素，则甲公司因该事项应确认主营业务成本的金额为（　　　）万元。
   A. 0　　　　　　　　B. 160　　　　　　　　C. 152　　　　　　　　D. 140

6. 甲公司 2017 年发生如下交易或事项：（1）用公允价值为 500 万元的 A 产品进行非货币性资产交换；（2）向职工发放本公司生产的 B 产品 100 件，每件 B 产品市场价格为 2 万元，成本为 1.8 万元；（3）出售交易性金融资产，售价为 150 万元，账面价值为 120 万元；（4）签订一项融资租赁方式的售后租回业务，售价为 240 万元（公允价值），账面价值为 180 万元；（5）转让 W 专利权的使用权，收取使用费 6 万元；（6）收到税务部门返还的所得税税款 20 万元。甲公司 2017 年因上述事项应确认收入的金额为（　　　）万元。
   A. 1096　　　　　　　B. 706　　　　　　　C. 850　　　　　　　D. 946

7. 2017 年 12 月 1 日，甲公司（广告公司）和乙公司签订合同，合同约定甲公司为乙公司制作一部广告片，合同总收入为 1000 万元，甲公司应在 2018 年 2 月 10 日制作完成，2018 年 2 月 15 日交于乙公司。2017 年 12 月 5 日，甲公司已开始制作广告，至 2017 年 12 月 31 日完成制作任务的 40%。下列说法中正确的是（　　　）。

A. 甲公司 2017 年不应确认收入

B. 甲公司 2018 年应确认收入 1000 万元

C. 甲公司 2017 年应确认收入 400 万元

D. 甲公司 2017 年应确认收入 1000 万元

8. 2017 年 7 月 1 日，大唐建筑股份有限公司（以下简称"大唐公司"）与甲公司签订一项固定造价合同，承建甲公司的一幢办公楼，预计 2018 年 12 月 31 日完工；合同总金额为 1500 万元，预计总成本为 1000 万元。2017 年 11 月 20 日，因合同变更而增加收入 100 万元。截至 2017 年 12 月 31 日，大唐公司实际发生合同成本 450 万元，预计总成本金额不变。假定该建造合同的结果能够可靠地估计，且大唐公司按照已经发生的成本占预计总成本的比例确定完工进度，不考虑相关税费等影响因素，则大唐公司 2017 年度对该项建造合同应确认的收入为（　　）万元。

A. 450　　　　　　　B. 400　　　　　　　C. 720　　　　　　　D. 580

9. 2016 年 4 月 1 日，甲公司签订一项承担某工程建设任务的合同，该合同为固定造价合同，合同金额为 400 万元。工程自 2016 年 5 月开工，预计 2018 年 3 月完工。甲公司 2016 年实际发生成本为 108 万元，结算合同价款 90 万元；至 2017 年 12 月 31 日止累计实际发生成本 340 万元，累计结算合同价款 150 万元。甲公司签订合同时预计合同总成本为 360 万元，因工人工资调整及材料价格上涨等原因，2017 年年末预计合同总成本为 425 万元。假定合同完工进度按照累计实际发生的合同成本占合同预计总成本的比例确定，且不考虑相关税费，2017 年 12 月 31 日甲公司对该合同应确认的预计损失金额为（　　）万元。

A. 0　　　　　　　　B. 5　　　　　　　　C. 20　　　　　　　D. 25

10. 甲公司当月销售一批商品，月末发生如下事项，其中不影响本期销售收入的是（　　）。

A. 现金折扣　　　　B. 商业折扣　　　　C. 销售折让　　　　D. 销售退回

二、多项选择题

1. 下列各项中，表明已售商品所有权上的主要风险和报酬尚未转移给购货方的有（　　）。

A. 销售商品的同时，约定日后将以融资租赁方式租回

B. 销售商品的同时，约定日后将以高于原售价的固定价格回购

C. 已售商品附有无条件退货条款，但不能合理估计退货的可能性

D. 向购货方发出商品后，发现商品质量与合同不符，很可能发生退货

2. 下列各项中，不应计入发生当期损益的有（　　）。

A. 开发无形资产时发生的符合资本化条件的支出

B. 以公允价值计量的投资性房地产持有期间公允价值的变动

C. 经营用固定资产转为持有待售固定资产时其账面价值小于公允价值减去处置费用后的净额的差额

D. 对联营企业投资的初始投资成本大于应享有投资时联营企业可辨认净资产公允价值份额的差额

3. 甲公司为增值税一般纳税人，销售商品适用的增值税税率为 17%。2017 年 12 月 1 日，甲公司向乙公司销售一批商品，开出增值税专用发票上注明的销售价格为 20 万元，增值税税额为 3.4 万元，该批商品的成本为 18 万元，未计提存货跌价准备，商品已发出，款项已收到。协议约定，甲公司应于 2018 年 5 月 1 日将所售商品购回，回购价格为 22 万元（不含增值税税额）。假定不考虑其他因素，下列关于该事项的表述中，正确的有（　　）。

A. 甲公司在 2017 年 12 月 1 日确认主营业务收入 20 万元

B. 甲公司在 2017 年 12 月 1 日确认其他应付款 20 万元

C. 甲公司在 2017 年 12 月 31 日确认财务费用 0.4 万元

D. 甲公司在 2018 年 5 月 1 日确认主营业务收入 20 万元

4. 下列项目中，应当作为收入核算的有（　　）。

A. 出租投资性房地产取得的租金

B. 出售固定资产取得的净收益

C. 受托代销商品收取的手续费

D. 收到的政府为补偿企业已发生的费用而给予的政府补助

5. 下列关于商品销售收入确认的表述中，正确的有（　　）。

A. 采用预收款方式销售商品，在收取款项时确认收入

B. 以支付手续费方式委托代销商品，委托方应在向受托方移交商品时确认收入

C. 附有销售退回条件但不能合理确定退货可能性的商品销售，应在售出商品退货期届满时确认收入

D. 采用以旧换新方式销售商品，售出的商品应当按照销售商品收入确认条件确认收入，收回商品作为购进商品处理

6. 下列关于奖励积分的说法中，正确的有（　　）。

A. 企业在销售产品或提供劳务的同时授予客户奖励积分的，应当将销售取得的货款或应收货款在销售商品或提供劳务产生的收入与奖励积分的公允价值之间进行分配

B. 如果奖励积分的公允价值不能够直接观察到的，授予企业可以参考被兑换奖励物品的公允价值或其他估值技术估计奖励积分的公允价值

C. 获得奖励积分的客户满足条件时有权利取得第三方提供的商品或劳务的，如果授予企业代表第三方归集对价，授予企业应在第三方有义务提供奖励且有权接受因提供奖励的对价时，将原计入递延收益的金额与应支付给第三方的价款之间的差额确认为收入

D. 获得奖励积分的客户满足条件时有权利取得第三方提供的商品或劳务的，如果授予企业自身归集对价，应在履行奖励义务时按分配至奖励积分的对价确认收入

7. 下列各项中，企业应当作为让渡资产使用权确认收入的有（　　）。

A. 发放贷款确认利息收入　　　　　　　　B. 进行股权投资确认现金股利

C. 出租无形资产取得租金收入　　　　　　D. 提供设备特许权确认收入

8. 下列有关建造合同收入的确认与计量的表述中，正确的有（　　）。

A. 合同变更形成的收入不属于合同收入

B. 工程索赔、奖励形成的收入应当计入合同收入

C. 建造合同的结果不能可靠估计但合同成本能够收回的，按能够收回的实际合同成本的金额确认合同收入

D. 建造合同的结果能可靠估计的，但建造合同预计总成本超过合同总收入时，应将预计损失立即确认为当期费用

9. 关于售后回购，下列说法中正确的有（　　）。

A. 大多数情况下，售后以固定价格回购的交易属于融资交易，企业不应确认销售商品收入

B. 售后回购无论何种情况下均不能确认收入

C. 如果商品所有权上的主要风险和报酬已经转移，则在销售商品时确认收入

D. 如果商品所有权上的主要风险和报酬没有转移，应将售价与回购价的差额，在回购期间按期计提利息

10. 丁建筑公司（以下简称"丁公司"）与客户签订了一项总金额为 100 万元的建造合同，第一年实际发生工程成本为 40 万元，年末丁公司由于无法预计总成本所以不能确定完工进度，则关于丁公司下列会计处理中，正确的有（　　）。

A. 丁公司不能采用完工百分比法确认收入

B. 如果双方均能履行合同规定的义务，则丁公司应当确认合同收入 40 万元

C. 如果该公司当年与客户只办理价款结算 50 万元，丁公司当年应确认主营业务收入 50 万元

D. 如果该公司当年与客户只办理价款结算 20 万元，其余款项预计不能收回，丁公司当年应确认主营业务收入 20 万元

三、判断题

1. 如果建造合同的预计总成本超过合同总收入，则应将全部损失计入资产减值损失，原记入"工程施工——合同毛利"科目贷方部分也应当一并转入。　　　　　　　　　　　（　　）

2. 总承包商在采用累计实际发生的合同成本占合同预计总成本的比例确定总体工程的完工进度时，应将分包工程的工作量完成之前预付给分包单位的工程款项计入累计实际发生的合同成本。　（　　）

3. 售后租回交易认定为融资租赁，售价与资产账面价值之间的差额应予递延，并按该项租赁资产的折旧

进度进行分摊，作为折旧费用的调整。　　　　　　　　　　　　　　　　　（　　）

4. 如果合同或协议规定一次性收取使用费，且不提供后续服务的，应当视同销售该项资产一次性确认收入。　　　　　　　　　　　　　　　　　　　　　　　　　　　（　　）

5. 建造承包商为订立合同而发生的差旅费、投标费等，应当计入当期损益。　（　　）

6. 客户兑换奖励积分时，应以被兑换积分占授予积分总数的比例为基础将递延收益转入收入。　（　　）

7. 2016 年 12 月 M 公司按合同约定以离岸价向某外国公司出口产品时，对方告知由于其所在国开始实施外汇管制，无法承诺付款。为了开拓市场，M 公司仍于 2016 年年末交付产品，并在 2016 年年末确认相应的主营业务收入。　　　　　　　　　　　　　　　　　　　　　　（　　）

8. 工程完工前，"工程施工"账户的期末余额大于"工程结算"账户的期末余额，其差额应填列在资产负债表"存货"项目中。　　　　　　　　　　　　　　　　　　　　　　（　　）

9. 如果建造合同结果不能可靠计量的不确定因素不复存在，也不能改为按照完工百分比法确认合同收入和合同费用。　　　　　　　　　　　　　　　　　　　　　　　　　　（　　）

四、计算分析题

甲公司的内部审计师在对其 2015 年财务报表进行审计时，就以下事项的会计处理与财务部门进行沟通：

（1）2015 年，甲公司与经销商签订的合同约定：甲公司按照经销商要求发货，经销商按照甲公司确定的售价 3000 元/件对外出售 B 商品，双方按照实际售出数量定期结算，未售出商品由甲公司收回，经销商就所销售 B 商品收取提成费 200 元/件；甲公司向经销商发出 B 商品的数量、质量均符合合同约定，成本为 2400 元/件。甲公司 2015 年共发货 1000 件，经销商实际售出 800 件。（假定货款尚未结算）甲公司对上述事项的会计处理如下：

借：应收账款　　　　　　　　　　　　　　　　　　　　　　　　300
　　贷：主营业务收入　　　　　　　　　　　　　　　　　　　　　　　300
借：主营业务成本　　　　　　　　　　　　　　　　　　　　　　　240
　　贷：库存商品　　　　　　　　　　　　　　　　　　　　　　　　240
借：销售费用　　　　　　　　　　　　　　　　　　　　　　　　　20
　　贷：应收账款　　　　　　　　　　　　　　　　　　　　　　　　20

（2）甲公司 2014 年度因合同纠纷被起诉。在编制 2014 年度财务报表时，该诉讼案件尚未判决，甲公司根据法律顾问的意见，按最可能发生的赔偿金额 100 万元确认了预计负债。2015 年 7 月，法院判决甲公司赔偿原告 150 万元。甲公司决定接受判决，不再上诉，赔偿款已于判决当日支付。据此，甲公司相关会计处理如下：

借：以前年度损益调整　　　　　　　　　　　　　　　　　　　　50
　　预计负债　　　　　　　　　　　　　　　　　　　　　　　　100
　　贷：银行存款　　　　　　　　　　　　　　　　　　　　　　　150
借：利润分配——未分配利润　　　　　　　　　　　　　　　　　45
　　盈余公积　　　　　　　　　　　　　　　　　　　　　　　　　5
　　贷：以前年度损益调整　　　　　　　　　　　　　　　　　　　　50

（3）2015 年 7 月 1 日，甲公司向乙公司销售产品，销售价格为 1000 万元，并于当日取得乙公司转账支付的 1170 万元。销售合同中还约定：2016 年 6 月 30 日甲公司按 1100 万元的不含增值税价格回购该批商品，商品一直由甲公司保管，乙公司不承担商品实物灭失或损失的风险。在编制 2015 年财务报表时，甲公司将上述交易作为一般的产品销售处理，确认了销售收入 1000 万元，并结转销售成本 600 万元。

其他资料：假定本题中有关事项均具有重要性，不考虑相关税费及其他因素，企业按照净利润的 10% 提取法定盈余公积。

要求：判断甲公司对事项（1）至事项（3）的会计处理是否正确，并说明理由。对于甲公司会计处理不正确的，编制更正 2015 年度财务报表相关项目的会计分录。（答案中的金额单位以万元表示）

五、综合题

黄河公司为上市公司，系增值税一般纳税人，销售商品适用的增值税税率为17%，销售土地使用权适用的增值税税率为11%。黄河公司主要从事机器设备的生产和销售，无特别说明以下业务中销售价格均为公允价值（不含增值税税额），销售成本逐笔结转。2017年度，黄河公司有关业务资料如下：

（1）1月31日，向甲公司销售100台A机器设备，单位销售价格为40万元，单位销售成本为30万元，未计提存货跌价准备；设备已发出，款项尚未收到。合同约定，甲公司在6月30日前有权无条件退货。当日，黄河公司根据以往经验，估计该批机器设备的退货率为10%。6月30日，收到甲公司退回的A机器设备11台并验收入库，89台A机器设备的销售款项已收存银行。黄河公司发出该批机器设备时发生增值税纳税义务，实际发生销售退回时可以冲回增值税税额。

（2）3月25日，向乙公司销售一批B机器设备，销售价格为3000万元，销售成本为2800万元，未计提货跌价准备；该批机器设备已发出，款项尚未收到。黄河公司和乙公司约定的现金折扣条件为：2/10，1/20，n/30。4月10日，收到乙公司支付的款项。黄河公司计算现金折扣时不考虑增值税税额。

（3）6月30日，在二级市场转让其持有的丙公司10万股普通股股票，取得款项50万元已收存银行。该股票系2016年购入，初始取得成本为35万元，作为交易性金融资产核算；已确认相关公允价值变动收益8万元。

（4）9月30日，采用分期预收款方式向丁公司销售一批C机器设备。合同约定，该批C机器设备销售价格为580万元；丁公司应在合同签订时预付50%货款（不含增值税税额），剩余款项应于11月30日支付，支付剩余款项的同时黄河公司发出C机器设备。9月30日，收到丁公司预付的货款290万元并存入银行；11月30日，发出该批机器设备，收到丁公司支付的剩余货款及全部增值税税额并存入银行。该批C机器设备实际成本为600万元，已计提存货跌价准备30万元。黄河公司发出该批C机器时发生增值税纳税义务。

（5）11月30日，向戊公司销售一项无形资产（土地使用权），售价为200万元，相关款项222万元已收存银行。该项无形资产的成本为500万元，已摊销340万元，已计提无形资产减值准备30万元。

（6）12月1日，向庚公司销售100台D机器设备，销售价格为2400万元；该批机器设备总成本为1800万元，未计提存货跌价准备；该批机器设备尚未发出，相关款项已收存银行，同时发生增值税纳税义务。合同约定，黄河公司应于2018年5月1日按2500万元的价格（不含增值税税额）回购该批D机器设备。12月31日，计提当月与该回购交易相关的利息费用（利息费用按月平均计提）。

要求：根据上述资料，逐笔编制黄河公司2017年度相关业务的会计分录。

（"应交税费"科目要求写出明细科目及专栏名称，答案中的金额单位用万元表示）

机考过关必练参考答案及解析

一、单项选择题

1.【答案】A

【解析】选项B，在售出商品退货期满时确认收入；选项C，售后租回形成融资租赁因风险报酬没有转移，所以不应确认收入，相关商品的售价与账面价值的差额计入递延收益；选项D，支付手续费方式委托代销商品，委托方在收到代销清单时确认收入。

2.【答案】D

【解析】甲公司代理销售A商品附有销售退回条件，由于A商品首次投放市场不能合理估计其退货可能性，应在售出商品退货期满时确认收入，所以2017年度乙公司不能确认商品销售收入，甲公司也不能确认代理收入。

3.【答案】B

【解析】以旧换新方式销售商品，销售的商品应当按照销售商品收入确认条件确认收入，回收的商品作为购进商品处理，因此，远洋公司应确认的收入＝40×5＝200（万元），应结转的成本＝40×3＝120（万元），应确认的原材料＝40×0.5＝20（万元）。

相关会计处理如下：

借：银行存款　　　　　　　　　　　　　　　　　　　　　　　　　210.6

　　原材料　　　　　　　　　　　　　　　　　　　　　　　　　　20

　　应交税费——应交增值税（进项税额）　　　　　　　　　　　　3.4

　　　贷：主营业务收入　　　　　　　　　　　　　　　　　　　　　　200

　　　　　应交税费——应交增值税（销项税额）　　　　　　　　　　34

借：主营业务成本　　　　　　　　　　　　　　　　　　　　　　　120

　　贷：库存商品　　　　　　　　　　　　　　　　　　　　　　　　120

4.【答案】B

【解析】在销售产品或提供劳务的同时授予客户奖励积分的，应当将取得的货款扣除奖励积分公允价值的部分确认为收入，奖励积分的公允价值确认为递延收益。

5.【答案】B

【解析】销售折让发生时，只冲减销售收入，并不冲减销售成本，所以应确认主营业务成本的金额为160 万元。

6.【答案】B

【解析】甲公司 2017 年应确认收入的金额 = 500（事项 1）+ 100 × 2（事项 2）+ 6（事项 5）= 706（万元）。

7.【答案】C

【解析】广告制作费应在年度终了时根据项目的完工进度确认收入，甲公司 2017 年应确认的收入 = 1000 × 40% = 400（万元）。

8.【答案】C

【解析】该建造合同的结果能够可靠地估计，大唐公司应按完工百分比法确认收入。至 2017 年 12 月 31 日，合同完工进度 = 450 ÷ 1000 × 100% = 45%，合同总收入 = 1500 + 100 = 1600（万元），2017 年度对该项建造合同应确认的收入金额 = 1600 × 45% = 720（万元）。

9.【答案】B

【解析】2017 年 12 月 31 日，合同完工进度 = 340 ÷ 425 × 100% = 80%，甲公司对该合同应确认的预计损失 = （425 - 400）×（1 - 80%）= 5（万元）。

10.【答案】A

【解析】选项 A，企业销售商品涉及现金折扣的，应当按照扣除现金折扣前的金额确定销售商品收入金额，现金折扣在实际发生时计入当期损益（财务费用）；选项 B，企业销售商品涉及商业折扣的，应当按照扣除商业折扣后的金额确定销售商品收入金额；选项 C 和 D，对于销售折让和销售退回，企业应当冲减发生销售折让和销售退回当期的收入。

二、多项选择题

1.【答案】ABCD

【解析】选项 A，售后回租，且是以融资租赁方式租回资产的，销售资产的风险和报酬没有转移，将资产售价和账面价值的差额计入递延收益，不确认损益；选项 B，销售商品的同时，约定日后以固定价格回购的交易属于融资交易，销售资产的风险和报酬没有转移，将收到的款项通过其他应付款核算；选项 C，销售商品无法估计退货率的，销售商品的风险和报酬没有转移，销售商品时不能确认收入；选项 D，该项交易很可能发生退货，说明经济利益不是很可能流入企业，销售商品的风险和报酬没有转移，不满足收入确认条件。

2.【答案】ACD

【解析】选项 A，开发无形资产时发生的符合资本化条件的支出应计入无形资产成本，不影响当期损益；选项 C，经营用固定资产转为持有待售时其账面价值小于公允价值减去处置费用后的金额，不做账务处理；选项 D，对联营企业投资的初始投资成本大于应享有投资时联营企业可辨认净资产公允价值的差额不进行账务处理。

3.【答案】BC

【解析】此题属于售后回购业务，通常情况下，以固定价格回购的售后回购交易属于融资交易，商品所有权上的主要风险和报酬没有转移，企业不应确认收入，收到的款项应确认为一项负债；回购价格大于原售价的差额，企业在回购期间分期计提利息，计入财务费用。

甲公司2017年12月1日，账务处理如下：

借：银行存款　　　　　　　　　　　　　　　　　　　　　　　　　　23.4

　　贷：其他应付款　　　　　　　　　　　　　　　　　　　　　　　　20

　　　　应交税费——应交增值税（销项税额）　　　　　　　　　　　　3.4

借：发出商品　　　　　　　　　　　　　　　　　　　　　　　　　　18

　　贷：库存商品　　　　　　　　　　　　　　　　　　　　　　　　　18

回购价22万元与售价20万元之间的差额2万元，在2017年12月1日至2018年4月30日5个月内，每月月末计提0.4万元（2/5）的利息，借记"财务费用"科目，同时贷记"其他应付款"科目，选项B和C正确。

4.【答案】AC

【解析】出售固定资产取得的净收益和收到的政府为补偿企业已发生的费用而给予的政府补助，应该计入营业外收入，不属于收入核算范围，故选项B和D不符合题意。

5.【答案】CD

【解析】选项A，采用预收款方式销售商品，企业通常应在发出商品时确认收入；选项B，以支付手续费方式委托代销商品，委托方在收到受托方的代销清单时确认收入。

6.【答案】ABCD

7.【答案】ABC

【解析】让渡资产使用权收入包括利息收入、使用费收入等。企业对外出租资产收取的资金、进行债权投资收取的利息、进行股权投资取得的现金股利等，也构成让渡资产使用权收入。

8.【答案】BCD

【解析】选项A，合同变更形成的收入应当计入合同收入。

9.【答案】ACD

【解析】选项B，如果有确凿证据表明售后回购交易满足商品销售收入确认条件的，应确认收入，否则不应确认收入。

10.【答案】ABD

【解析】选项C，如果该公司当年与客户只办理价款结算50万元，大于工程成本40万元，丁公司当年应确认主营业务收入40万元，结转主营业务成本40万元，不应确认利润。

三、判断题

1.【答案】×

【解析】如果建造合同的预计总成本超过合同总收入，则形成的合同预计损失部分应当记入"资产减值损失"科目，原记入"工程施工——合同毛利"科目贷方部分不用结转。

2.【答案】×

【解析】在分包工程的工作量完成之前预付给分包单位的款项虽然是总承包商的一项资金支出，但是该支出没有形成相应的工作量，因此不应将这部分支出计入累计实际发生的合同成本中来确定完工进度。

3.【答案】√

4.【答案】√

5.【答案】×

【解析】建造承包商为订立合同而发生的差旅费、投标费等，能够单独区分和可靠计量且合同很可能订立的，应当予以归集，待取得合同时计入合同成本；未满足上述条件的，应当计入当期损益。

6.【答案】×

【解析】客户兑换奖励积分时，应以被兑换积分占预计将被兑换积分总数的比例为基础将递延收益转入收入。

7.【答案】×

【解析】M公司销售产品时并不满足关于预期的经济利益很可能流入企业这个关键条件，不应确认收入。

8.【答案】√

9.【答案】×

【解析】如果建造合同结果不能可靠计量的不确定因素不复存在，应当改为按完工百分比法确认合同收入和合同费用。

四、计算分析题

【答案】

（1）甲公司对事项（1）的会计处理不正确。

理由：该业务本质上属于收取手续费方式的委托代销，在经销商未对外实际销售前，与所转移商品所有权相关的主要风险和报酬并未实际转移，不能确认收入，也不能确认与未销售商品相关的手续费；应确认收入=800×0.3=240（万元），多确认60万元，应结转成本=800×0.24=192（万元），多结转48万元，应确认手续费=800×0.02=16（万元），多确认4万元。

更正分录如下：

借：营业收入（主营业务收入） 60

　贷：应收账款 60

借：存货（发出商品） 48

　贷：营业成本（主营业务成本） 48

借：应收账款 4

　贷：销售费用 4

（2）甲公司对事项（2）的会计处理不正确。

理由：上年度对诉讼事项确认的预计负债是基于编制上年度财务报表时的情形作出的最佳估计，在没有明确证据表明上年度会计处理构成会计差错的情况下，有关差额应计入当期损益。

更正分录如下：

借：营业外支出 50

　贷：利润分配——未分配利润 45

　　　盈余公积 5

（3）甲公司对事项（3）的会计处理不正确。

理由：如果以固定价格回购，表明商品所有权上的主要风险报酬没有转移，实质上属于融资交易，不能终止确认该项资产，收到的款项确认为其他应付款，回购价格大于原售价的差额在回购期间按期计提利息，计入财务费用和其他应付款。

更正分录如下：

借：营业收入（主营业务收入） 1000

　贷：其他应付款 1000

借：存货（库存商品） 600

　贷：营业成本（主营业务成本） 600

借：财务费用 50

　贷：其他应付款 50

五、综合题

【答案】

针对事项（1）：

2017年1月31日

借：应收账款 4680

　贷：主营业务收入 4000

　　　应交税费——应交增值税（销项税额） 680（4000×17%）

借：主营业务成本　　　　　　　　　　　　　　　　　　　　　　　3000
　　贷：库存商品　　　　　　　　　　　　　　　　　　　　　　　　　3000
借：主营业务收入　　　　　　　　　　　　　　　　　　　　　　　400
　　贷：主营业务成本　　　　　　　　　　　　　　　　　　　　　　　300
　　　　预计负债　　　　　　　　　　　　　　　　　　　　　　　　　100
2017 年 6 月 30 日
借：库存商品　　　　　　　　　　　　　　　　　　　　　　　　　330
　　应交税费——应交增值税（销项税额）　　　　　74.8（11×40×17%）
　　主营业务收入　　　　　　　　　　　　　　　　　　　　　　　　40
　　预计负债　　　　　　　　　　　　　　　　　　　　　　　　　　100
　　贷：主营业务成本　　　　　　　　　　　　　　　　　　　　　　　30
　　　　应收账款　　　　　　　　　　　　　　　　514.8［11×40×（1+17%）］
借：银行存款　　　　　　　　　　　　　4165.2［89×40×（1+17%）］
　　贷：应收账款　　　　　　　　　　　　　　　　　　　　　　　　　4165.2
针对事项（2）：
2017 年 3 月 25 日
借：应收账款　　　　　　　　　　　　　　　　　　　　　　　　　3510
　　贷：主营业务收入　　　　　　　　　　　　　　　　　　　　　　　3000
　　　　应交税费——应交增值税（销项税额）　　　　510（3000×17%）
借：主营业务成本　　　　　　　　　　　　　　　　　　　　　　　2800
　　贷：库存商品　　　　　　　　　　　　　　　　　　　　　　　　　2800
2017 年 4 月 10 日
借：银行存款　　　　　　　　　　　　　　　　　　　　　　　　　3480
　　财务费用　　　　　　　　　　　　　　　　　　　　30（3000×1%）
　　贷：应收账款　　　　　　　　　　　　　　　　3510（3000×1.17）
针对事项（3）：
2017 年 6 月 30 日
借：银行存款　　　　　　　　　　　　　　　　　　　　　　　　　50
　　公允价值变动损益　　　　　　　　　　　　　　　　　　　　　　8
　　贷：交易性金融资产——成本　　　　　　　　　　　　　　　　　　35
　　　　　　　　　　　　——公允价值变动　　　　　　　　　　　　　8
　　　　投资收益　　　　　　　　　　　　　　　　　　　　　　　　　15
针对事项（4）：
2017 年 9 月 30 日
借：银行存款　　　　　　　　　　　　　　　　　　　　　　　　　290
　　贷：预收账款　　　　　　　　　　　　　　　　　　　　　　　　　290
2017 年 11 月 30 日
借：银行存款　　　　　　　　　　　　　　　　　　　　　　　　388.6
　　预收账款　　　　　　　　　　　　　　　　　　　　　　　　　290
　　贷：主营业务收入　　　　　　　　　　　　　　　　　　　　　　　580
　　　　应交税费——应交增值税（销项税额）　　　　98.6（580×17%）
借：主营业务成本　　　　　　　　　　　　　　　　　　　　　　　570
　　存货跌价准备　　　　　　　　　　　　　　　　　　　　　　　30
　　贷：库存商品　　　　　　　　　　　　　　　　　　　　　　　　　600

针对事项（5）：

2017 年 11 月 30 日

借：银行存款   222

    累计摊销   340

    无形资产减值准备   30

   贷：无形资产   500

      应交税费——应交增值税（销项税额）   22（200×11%）

      营业外收入   70

针对事项（6）：

2017 年 12 月 1 日

借：银行存款   2808（2400×1.17）

   贷：其他应付款   2400

      应交税费——应交增值税（销项税额）   408

2017 年 12 月 31 日

借：财务费用   20 [（2500－2400）÷5]

   贷：其他应付款   20

第十五章　政府补助

学习导读

本章属于不太重要的章节，近三年的考试中，本章的平均分值为 2 分，题型一般为单项选择题和判断题。

本章主要介绍政府补助的会计处理，重点掌握的内容包括：（1）政府补助的主要形式和分类；（2）与收益相关的政府补助的会计处理；（3）与资产相关的政府补助的会计处理等。其中：与资产相关的政府补助最为重要，本章内容也可能与固定资产、无形资产和收入等其他章节结合在主观题中涉及。

易错易混集训

易错易混点 1　政府补助的主要形式

【母题·多选题】下列各项中，属于政府补助准则规范的政府补助的有（　　）。

A. 收到的财政贴息　　　　　　　　　　B. 收到先征后返的增值税

C. 政府减免的所得税　　　　　　　　　D. 收到政府为支持企业技术创新无偿拨付的款项

【答案】ABD

【解析】选项 C，不是从政府直接取得的资产，不属于政府补助。

【子题·单选题】下列各项中，不属于政府补助准则规范的政府补助的是（　　）。

A. 财政部门拨付给企业的粮食定额补贴　　　　B. 即征即退的增值税

C. 增值税出口退税　　　　　　　　　　　　　D. 收到政府无偿划拨的天然起源的天然林

【答案】C

【解析】选项 C，增值税出口退税实质上是政府归还企业事先垫付的资金，不属于政府补助范畴。

易错易混点辨析

政府补助的主要形式：

（1）财政拨款——无偿拨付的款项

（2）财政贴息——针对银行贷款利息给予的补贴

财政贴息主要有两种方式，一是财政将贴息资金直接支付给受益企业；二是财政将贴息资金直接拨付给贷款银行，由贷款银行以低于市场利率的优惠利率向企业提供贷款。

（3）税收返还

税收返还，是指政府按照国家有关规定采取先征后返（退）、即征即退等方式向企业返还的税款，属于以税收优惠形式给予的一种政府补助。

除了税收返还之外，税收优惠还包括直接减征、免征、增加计税抵扣额、抵免部分税额等形式，这类税收优惠体现了政策导向，但政府并未直接向企业无偿提供资产，因此不作为政府补助准则规范的政府补助处理。

【提示】增值税出口退税是对出口环节的增值税部分免征增值税，同时退回出口货物前道环节所征的进项税额。即本质上是归还企业事先垫付的资金，不能认定为政府补助。

（4）无偿划拨非货币性资产

【注意】需要说明的是，政府补助体现为以上几种形式，但并非所有这些形式的经济支持均属于政府补助准则规范的政府补助，应严格按照政府补助的定义来界定。

易错易混点2 与收益相关的政府补助

【母题·单选题】某企业收到与收益相关的政府补助用于补偿已发生的费用的，应在取得时计入（　　）。

A. 递延收益　　　B. 营业外收入　　　C. 其他综合收益　　　D. 其他业务收入

【答案】B

【解析】企业收到与收益相关的政府补助如果用于补偿已经发生的费用支出，直接计入当期营业外收入。

【子题·单选题】某企业收到与收益相关的政府补助用于补偿以后期间发生的费用的，应在取得时计入（　　）。

A. 递延收益　　　　　　　　　　　　　B. 资本公积

C. 营业外收入　　　　　　　　　　　　D. 其他业务收入

【答案】A

【解析】企业收到与收益相关的政府补助如果用于补偿以后期间发生的相关费用的，在取得时先计入递延收益，然后在确认相关费用的期间计入当期营业外收入。

📖 易错易混点辨析

与收益相关的政府补助应当在其补偿的相关费用或损失发生的期间计入损益。即：用于补偿企业以后期间费用或损失的，在取得时先确认为递延收益，然后在确认相关费用的期间计入当期营业外收入；用于补偿企业已发生费用或损失的，取得时直接计入当期营业外收入。

```
                  补偿企业以后期间的相关费用或损失，如        取得时确认为      递延收益
与收益相关         每季度初收到的季度粮食定额补贴等      ────────────→              
的政府补助                                                              以后期间分
                                                                        期摊销计入
                  补偿企业已发生的相关费用或损失，如增        直接计入          营业外收入
                  值税返还等                             ────────────→              
```

易错易混点3 与资产相关的政府补助

【母题·单选题】2016年2月，甲公司开始建造商业设施，建成后作为自营住宿、餐饮的场地。预计总成本为7000万元，因资金不足，甲公司按相关规定向有关部门提出补助2160万元的申请。2016年6月，政府相关部门批准了甲公司的申请并拨付甲公司2160万元财政拨款（同日到账）。2016年9月30日，商业设施达到预定可使用状态，实际发生建造成本6000万元，该商业设施预计使用年限为20年，预计净残值为零，采用年限平均法计提折旧。则2016年甲公司因该事项影响损益的金额为（　　）万元。

A. -144　　　　B. -48　　　　C. 0　　　　D. 81

【答案】B

【解析】2016年甲公司因该事项影响损益的金额 = $-6000/20 \times 3/12 + 2160/20 \times 3/12 = -48$（万元）。

【子题·单选题】接上题，假设2016年年末该商业设施尚未达到预定可使用状态，该商业设施预计使用年限为20年，预计净残值为零，采用年限平均法计提折旧。2016年甲公司因该事项影响损益的金额为（　　）万元。

A. -225　　　　B. -144　　　　C. 0　　　　D. 81

【答案】C

【解析】与资产相关的政府补助应当在取得时先确认为递延收益，然后自相关资产达到预定可使用状态、开始折旧或摊销时起，在该项资产使用寿命内平均分摊，分期计入各期营业外收入。因为2016年年末商业设施尚未达到预定可使用状态，所以在2016年不应计提折旧、不对递延收益进行分摊，因此2016年该事项不影响损益。

易错易混点辨析

与资产相关的政府补助，是指企业取得的、用于购建或以其他方式形成长期资产的政府补助。

企业取得与资产相关的政府补助，不能全额确认为当期收益，应当在取得时先确认为递延收益，然后自相关资产可供使用时起，在该项资产使用寿命内平均分配，计入当期营业外收入。

【提示】

①递延收益分配的起点是"相关资产可供使用时"，对于应计提折旧或摊销的长期资产，即为资产开始折旧或摊销的时点。

②递延收益分配的终点是"资产使用寿命结束或资产被处置时（孰早)"。相关资产在使用寿命结束时或结束前被处置（出售、转让、报废等)，尚未分配的递延收益余额应当一次性转入资产处置当期的收益（营业外收入)，不再予以递延。

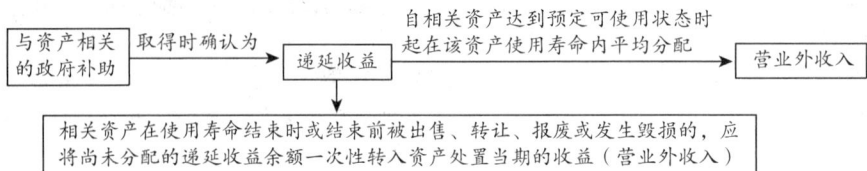

```
与资产相关    取得时确认为      ┌──────┐   自相关资产达到预定可使用状态时    ┌──────────┐
的政府补助  ───────────────→  │递延收益│ ──起在该资产使用寿命内平均分配──→ │营业外收入│
                              └──────┘                                  └──────────┘
          ┌──────────────────────────────────────────────────────────┐
          │相关资产在使用寿命结束时或结束前被出售、转让、报废或发生毁损的，应│
          │将尚未分配的递延收益余额一次性转入资产处置当期的收益（营业外收入)│
          └──────────────────────────────────────────────────────────┘
```

机考过关必练

一、单项选择题

1. 下列各项中，应作为政府补助核算的是( )。
    A. 直接减免的所得税　　　　　　　　B. 即征即退的增值税
    C. 增值税出口退税　　　　　　　　　D. 所得税加计抵扣

2. 甲公司为一家公共交通运输企业，根据当地政府有关规定，财政部门按企业的每辆车给予财政补贴款，于每个季度初支付。甲公司 2017 年 1 月初收到财政拨付的补贴款 1200 万元。不考虑其他因素，则 2017 年 1 月 31 日甲公司的递延收益余额为( )万元。
    A. 0　　　　　　B. 800　　　　　　C. 400　　　　　　D. 1200

3. 2017 年 2 月，甲公司需购置一台环保设备，因资金不足，按相关规定向有关部门提出 2160 万元的补助申请。2017 年 3 月 1 日，政府相关部门批准了甲公司的申请并拨付甲公司 2160 万元财政拨款（同日到账)。2017 年 4 月 30 日，甲公司购入环保设备并投入使用，实际成本为 3600 万元，预计使用寿命为 5 年，预计净残值为零，采用年限平均法计提折旧。不考虑其他因素，甲公司 2017 年因政府补助应确认的营业外收入的金额为( )万元。
    A. 2160　　　　　B. 432　　　　　C. 324　　　　　D. 288

4. 乙公司因生产环境保护产品和研发生态建设项目获得财政部门专项资金拨款 1500 万元，拨款文件指出其中 1000 万元属于政府以所有者身份投入的资金，500 万元用于弥补公司当期费用和损失，乙公司应确认( )。
    A. 递延收益 1000 万元　　　　　　　B. 营业外收入 1500 万元
    C. 递延收益 500 万元　　　　　　　 D. 营业外收入 500 万元

5. 甲粮食集团按国家有关规定以比较低的价格向军队供应大米，每吨售价 1400 元。市场上每吨售价 4000 元，差价由政府给予补贴。2016 年甲粮食集团向军队提供大米 10 万吨。甲粮食集团下列会计处理中正确的是( )。
    A. 确认营业收入 14000 万元　　　　B. 确认营业外收入 26000 万元
    C. 确认营业收入 26000 万元　　　　D. 确认营业收入 40000 万元

6. 2016 年甲公司因安置职工就业向国家申请财政补贴资金 50 万元，2016 年年末甲公司收到了财政拨付的对甲公司 2016 年度安置职工就业的补贴资金 50 万元。则在 2016 年年末甲公司应将收到的该笔财政补贴资金计入( )。

A. 生产成本 　　　　　　　　　　　　B. 递延收益

C. 营业外收入 　　　　　　　　　　　D. 资本公积

7. 下列各项关于政府补助的表述中，不正确的是(　　　)。

A. 与资产相关的政府补助可能表现为政府对企业购建长期资产给予经济支持

B. 政府以企业所有者身份向企业投入的固定资产不属于政府补助

C. 与收益相关的政府补助应当按照公允价值确认和计量，公允价值不能可靠取得的，按照名义金额（即 1 元）计量

D. 政府补助准则要求采用的会计处理方法是收益法中的总额法，以便更真实完整地反映相关信息

二、多项选择题

1. 下列有关政府补助的表述中，正确的有(　　　)。

A. 政府补助应当划分为与资产相关的政府补助和与收益相关的政府补助

B. 与资产相关的政府补助可能表现为政府向企业无偿划拨非货币性长期资产的形式

C. 企业应当在实际取得资产并办妥相关受让手续时按照其公允价值确认和计量，公允价值不能可靠取得的，按照评估价值计量

D. 与收益相关的政府补助，企业应当在取得时按照实际收到或应收的金额确认和计量

2. 企业收到的政府补助，可能记入的科目有(　　　)。

A. 资本公积 　　　　　　　　　　　　B. 营业外收入

C. 递延收益 　　　　　　　　　　　　D. 管理费用

3. 关于政府补助，下列说法中正确的有(　　　)。

A. 增加计税抵扣额属于政府补助

B. 政府资本性投入不属于政府补助

C. 不涉及资产直接转移的经济支持不属于政府补助准则规范的政府补助

D. 政府对企业的债务豁免属于政府补助

4. 甲粮食储备企业（以下简称"甲企业"）按照相关规定和有关主管部门每季度下达的轮换计划出售陈粮，同时购入新粮。为弥补甲企业发生的轮换费用，财政部门按轮换计划中规定的轮换量支付企业 0.04 元/斤的轮换费补贴。甲企业根据下达的轮换计划需要在 2015 年第 1 季度轮换储备粮 1.2 亿斤，补贴款项于每季度初收到。则下列关于甲企业该事项会计处理的表述中，正确的有(　　　)。

A. 1 月初将收到的款项确认为营业外收入 480 万元

B. 1 月初将收到的款项确认为递延收益 480 万元

C. 1 月份计入营业外收入的金额为 160 万元

D. 1 月末递延收益余额为 320 万元

5. 关于政府补助的计量，下列说法中正确的有(　　　)。

A. 企业取得的各种政府补助为货币性资产的，如通过银行转账等方式拨付的补助，通常按照实际收到的金额计量

B. 存在确凿证据表明该项补助是按照固定的定额标准拨付的，如按照实际销量或储备量与单位补贴定额计算的补助等，不能按照应收的金额计量

C. 政府补助为非货币性资产的，通常应当按照公允价值计量

D. 政府补助为非货币性资产的，公允价值不能可靠取得的，按照名义金额计量

6. 关于与资产相关的政府补助的计量，下列说法中正确的有(　　　)。

A. 企业取得与资产相关的政府补助时，应当全额计入当期营业外收入

B. 与资产相关的政府补助，是指企业取得的、用于购建或以其他方式形成长期资产的政府补助

C. 与资产相关的政府补助，相关资产在使用寿命结束时或结束前被处置（出售、转让、报废等），尚未分摊的递延收益余额应当一次性转入资产处置当期的收益，不再予以递延

D. 企业取得与资产相关的政府补助，如果是按照名义金额计量，应当在相关资产使用寿命内平均分摊递延收益，计入当期收益

7. 下列与政府补助相关的表述中，正确的有(　　　)。

A. 企业取得与收益相关的政府补助，用于补偿企业以后期间的相关费用或损失的，应在取得时先确认为递延收益，然后在确认相关费用的期间，计入当期损益

B. 企业因综合性项目取得的政府补助，需要将其分解为与资产相关的部分和与收益相关的部分，分别进行会计处理

C. 用于补偿企业已发生费用或损失的与收益相关的政府补助，取得时直接计入当期营业外收入

D. 综合性项目取得的政府补助难以区分的，将政府补助整体归类为与资产相关的政府补助

三、判断题

1. 政府与企业之间的债务豁免属于政府补助。　　　　　　　　　　　　　　　　　（　　）

2. 政府补助附有一定使用条件的，即要求企业取得政府补助款项按照规定的用途使用，这与无偿性矛盾。　　　　　　　　　　　　　　　　　　　　　　　　　　　　　　　　　　（　　）

3. 政府补助是指企业从政府无偿取得的货币性资产或非货币性资产，包括政府作为企业所有者投入的资本。　　　　　　　　　　　　　　　　　　　　　　　　　　　　　　　　　（　　）

4. 政府以购买者身份从企业购买商品支付对价，企业取得的款项属于政府补助。　　（　　）

5. 政府向企业无偿划拨长期非货币性资产属于与收益相关的政府补助。　　　　　　（　　）

6. 只有与资产相关的政府补助的会计核算，才会涉及递延收益科目。　　　　　　　（　　）

7. 对于不能合理确定价值的政府补助，应当在附注中披露该政府补助的性质、范围和期限。（　　）

机考过关必练参考答案及解析

一、单项选择题

1.【答案】B

【解析】选项 B，即征即退的增值税属于政府补助，其他选项均不属于政府补助。

2.【答案】B

【解析】与收益相关的政府补助用于补偿企业以后期间费用或损失的，在取得时先确认为递延收益，然后在确认相关费用的期间计入当期营业外收入。2017 年 1 月确认的营业外收入 = 1200÷3 = 400（万元），递延收益余额 = 1200 - 400 = 800（万元）。

3.【答案】D

【解析】与资产相关的政府补助，取得时应当计入递延收益，在相关资产达到预定可使用状态开始折旧或摊销时起，分期摊销计入营业外收入；甲公司 2017 年因政府补助应确认的营业外收入金额 = 2160÷5×8/12 = 288（万元）。

4.【答案】D

【解析】政府以所有者身份投入的资金不属于政府补助，用于补偿企业已发生的费用或损失，取得时直接计入当期营业外收入，所以乙公司确认营业外收入 500 万元。

5.【答案】D

【解析】该项交易具有商业实质，且与企业销售商品或提供劳务等日常经营活动密切相关，应当按照收入确认的原则进行会计处理，不属于政府补助，应确认营业收入 = 10×4000 = 40000（万元）。

6.【答案】C

【解析】企业收到的安置职工就业的财政拨付的补贴资金属于与收益相关的政府补助，用于补偿企业已发生的费用，应当在收到时计入营业外收入，选项 C 正确。

7.【答案】C

【解析】与收益相关的政府补助应当按照实际收到或应收的金额确认和计量，选项 C 表述错误。

二、多项选择题

1.【答案】ABD

【解析】企业应当在实际取得资产并办妥相关受让手续时按照其公允价值确认和计量，公允价值不能可靠取得的，按照名义金额（即 1 元）计量。

2.【答案】BC

【解析】企业取得的政府补助可能计入营业外收入，也可能计入递延收益，选项 B 和 C 正确。

3.【答案】BC

【解析】不涉及资产直接转移的经济支持不属于政府补助准则规范的政府补助，比如政府与企业间的债务豁免，除税收返还外的税收优惠，如直接减征、免征、增加计税抵扣额、抵免部分税额等。

4.【答案】BCD

【解析】甲企业于 1 月初收到补贴款项时计入递延收益 480 万元（12000×0.04），选项 B 正确；在 1 月末确认营业外收入的金额 ＝480/3 ＝160（万元），选项 C 正确；递延收益余额 ＝480－160 ＝320（万元），选项 D 正确。

5.【答案】ACD

【解析】存在确凿证据表明该项补助是按照固定的定额标准拨付的，应按照应收的金额计量，选项 B 错误。

6.【答案】BC

【解析】选项 A，企业取得与资产有关的政府补助时，不应当全额计入当期营业外收入，应当先计入递延收益，随着相关资产的使用逐渐计入以后各期收益；选项 D，企业取得与资产相关的政府补助，如果是按照名义金额计量，应当在取得时计入当期损益。

7.【答案】ABC

【解析】企业因综合性项目取得的政府补助，需要将其分解为与资产相关的部分和与收益相关的部分，分别进行会计处理；难以区分的，将政府补助整体归类为与收益相关的政府补助，视情况不同，计入当期损益或者在项目期内分期确认为当期损益，选项 D 不正确。

三、判断题

1.【答案】×

【解析】政府与企业间的债务豁免不涉及资产的直接转移，不属于政府补助。

2.【答案】×

【解析】政府补助附有一定使用条件的，即要求企业取得政府补助款项按照规定的用途使用，这与无偿性并不矛盾，只是政府为推行宏观经济政策，对企业使用政府补助的范围和方向进行了限制。

3.【答案】×

【解析】政府作为企业所有者投入的资本不属于政府补助。

4.【答案】×

【解析】政府以购买者身份从企业购买商品支付对价，虽然企业从政府取得经济资源，但企业交付了商品，具有互惠性，不属于政府补助。

5.【答案】×

【解析】政府向企业无偿划拨长期非货币性资产属于与资产相关的政府补助。

6.【答案】×

【解析】与收益相关的政府补助，补偿企业以后期间费用或损失的，在取得时先确认为递延收益，然后在确认相关费用的期间计入当期营业外收入。

7.【答案】√

第十六章　所得税

学习导读

　　本章属于比较重要的章节，主要阐述了所得税的确认和计量等内容，可单独出题，或与差错更正、财务报告等章节结合出主观题。

　　本章重点掌握的内容包括：（1）资产计税基础的确定；（2）负债计税基础的确定；（3）应纳税暂时性差异和可抵扣暂时性差异的确定；（4）递延所得税资产和递延所得税负债的确认和计量；（5）所得税费用的确认和计量等。其中：递延所得税、应交所得税和所得税费用的确认和计量内容最为重要。

　　在近三年的考试中平均分值在 10 分左右，各类题型均有覆盖。2017 年考试依旧关注上述内容。

易错易混集训

易错易混点 1　所得税税率变化递延所得税的确认

【母题】甲公司 2016 年 1 月 1 日购入乙公司的股票作为可供出售金融资产核算，买价为 240 万元，不考虑相关交易费用，2016 年 12 月 31 日公允价值为 300 万元，甲公司当年适用的所得税税率为 25%，确认递延所得税负债 15 万元（60×25%）。2017 年年末公允价值为 400 万元，根据所得税法规定甲公司属于高新技术企业，从 2018 年 1 月 1 日起甲公司适用的所得税税率变更为 15%，要求计算当年递延所得税负债的发生额以及递延所得税费用的发生额。

【答案】

思路一：2017 年 12 月 31 日，可供出售金融资产的账面价值为 400 万元，计税基础为取得时的成本 240 万元，应纳税暂时性差异的余额为 160 万元，所以递延所得税负债的余额为 24 万元（160×15%），因为在 2016 年已经确认了递延所得税负债 15 万元，所以本期确认的递延所得税负债为 9 万元，因为该递延所得税负债计入其他综合收益，所以不会影响所得税费用，即递延所得税费用的发生额为 0。

思路二：2017 年该可供出售金融资产公允价值变动为 100 万元，产生应纳税暂时性差异 100 万元，应确认递延所得税负债 15 万元（100×15%），但是由于本期期初递延所得税负债 15 万元是按照 25% 税率计算的，所以要按照新的税率进行计算，即本期期初递延所得税负债的余额 9 万元（60×15%），本期应转回期初确认的递延所得税负债 6 万元，因此本期递延所得税负债的发生额 = 15 − 6 = 9（万元）。因为该递延所得税负债计入其他综合收益，所以不会影响所得税费用，即递延所得税费用的发生额为 0。

易错易混点辨析

　　所得税税率发生变动时，计算递延所得税资产或递延所得税负债发生额有两种思路：

　　（1）通过计算本期的暂时性差异期末余额，得到本期递延所得税的期末余额，然后用递延所得税的期末余额减去期初余额得到本期递延所得税的发生额。

　　公式如下：

　　本期递延所得税负债（资产）=本期应纳税（可抵扣）暂时性差异的期末余额×变动后的所得税税

率－本期递延所得税负债（资产）的期初余额（首选）

（2）计算本期暂时性差异的发生额，从而计算与之对应的递延所得税的发生额，同时用新税率调整递延所得税的期初余额，将上述两部分相加，即可得到当期递延所得税的总发生额。

公式如下：

本期递延所得税负债（资产）＝本期应纳税（可抵扣）暂时性差异的发生额×变动后所得税税率＋期初递延所得税负债（资产）/变动前所得税税率×（变动后的所得税税率－变动前的所得税税率）

易错易混点2 无形资产暂时性差异的确认和计量

【母题·单选题】2017年1月1日，大海公司自行研发形成一项无形资产，该无形资产的入账价值为600万元，预计使用年限为10年，采用直线法摊销，无残值。税法规定允许按该无形资产初始入账价值的150%进行摊销，摊销方法、摊销年限和残值与会计上处理相同。2017年12月31日，对该项无形资产进行减值测试表明其未发生减值。假定大海公司适用的所得税税率为25%，则大海公司2017年12月31日应当确认递延所得税资产的金额为(　　)万元。

A. 0　　　　　　B. 12.5　　　　　　C. 15　　　　　　D. 17.5

【答案】A

【解析】2017年12月31日，大海公司该无形资产的账面价值＝600－600/10＝540（万元），计税基础＝540×150%＝810（万元），资产的账面价值小于计税基础，产生可抵扣暂时性差异270万元，但因该无形资产初始确认时不涉及损益类科目，不影响会计利润也不影响应纳税所得额，也不是企业合并交易，属于不确认递延所得税资产的特殊事项。如果确认递延所得税资产，则需调整资产、负债的入账价值，对实际成本进行调整将有违会计核算中的历史成本原则，影响会计信息的可靠性，该种情况下不确认相应的递延所得税资产，即本题应确认的递延所得税资产的金额为0。

【子题1·单选题】接上题，大海公司于2017年1月1日外购取得某项无形资产，成本为600万元，预计使用年限为10年，采用直线法摊销，无残值。税法规定，对该无形资产按照5年的期限采用直线法摊销，无残值，有关摊销额允许税前扣除。2017年12月31日，对该项无形资产进行减值测试表明其未发生减值。假定大海公司适用的所得税税率为25%，则大海公司2017年12月31日应当确认递延所得税负债的金额为(　　)万元。

A. 0　　　　　　B. 12.5　　　　　　C. 15　　　　　　D. 17.5

【答案】C

【解析】2017年12月31日，大海公司该无形资产的账面价值＝600－600/10＝540（万元），计税基础＝600－600/5＝480（万元），资产的账面价值大于计税基础，产生应纳税暂时性差异60万元，应确认递延所得税负债＝（540－480）×25%＝15（万元）。

【子题2·单选题】接上例子题，2018年12月31日，对该项无形资产进行减值测试表明其发生减值，预计可收回金额为300万元。假定大海公司适用的所得税税率为25%，则大海公司2018年12月31日应当确认递延所得税费用的金额为(　　)万元。

A. 15　　　　　　B. 30　　　　　　C. －15　　　　　　D. －30

【答案】D

【解析】2018年年末该无形资产减值前的账面价值＝540－600/10＝480（万元），大于可收回金额300万元，所以该无形资产发生了减值，减值后的账面价值为300万元，计税基础为360万元（480－600/5），资产的账面价值小于计税基础，产生可抵扣暂时性差异。2018年年末的递延所得税资产的余额＝（360－300）×25%＝15（万元），因此2017年度确认的递延所得税负债应予转回，即转回金额为15万元，故2018度应确认的递延所得税费用＝－15－15＝－30（万元）。

相关分录：

借：递延所得税资产　　　　　　　　　　　　　　　　　　　　　　　　　15

　　递延所得税负债　　　　　　　　　　　　　　　　　　　　　　　　　15

　贷：所得税费用　　　　　　　　　　　　　　　　　　　　　　　　　　　30

易错易混点辨析

（1）常用资产负债等暂时性差异的判定

项　目		账面价值	计税基础	是否确认递延所得税（符合条件）
无形资产	外购等方式	①使用寿命有限的无形资产账面价值＝原价－会计累计摊销－无形资产减值准备 ②使用寿命不确定的无形资产账面价值＝原价－无形资产减值准备	计税基础＝原价－税法累计摊销	是
	自行研发		计税基础＝账面价值×150%	否
固定资产		账面价值＝原价－会计累计折旧/摊销－减值准备	计税基础＝原价－税法累计折旧/摊销	是
成本模式计量的投资性房地产				
存货		账面价值＝成本－存货跌价准备	计税基础＝存货成本	是
长期股权投资（权益法核算）		无论是拟近期内出售还是拟长期持有，权益法下被投资方实现净利润和其他所有者权益变动等都会导致其账面价值发生变化	拟长期持有：计税基础＝初始取得时成本	否
			拟近期内出售：计税基础＝初始取得时成本	是
持有至到期投资		不存在减值： 账面价值＝摊余成本	计税基础＝摊余成本	否
		存在减值： 账面价值＝摊余成本－减值准备	计税基础＝摊余成本	是
可供出售金融资产		账面价值＝资产负债表日的公允价值	计税基础＝初始入账价值	是
交易性金融资产				
公允价值模式计量的投资性房地产				
预计负债	未来实际发生时允许税前扣除（产品质量保证费用等）	账面价值＝账面余额	计税基础＝0	是
	未来实际发生时不允许税前扣除（债务担保）		计税基础＝账面价值	否
预收账款	会计与税法均不确认收入	账面价值＝账面余额	计税基础＝账面价值	是
	会计上不确认收入，税法上计入应纳税所得额	账面价值＝账面余额	计税基础＝0	是
应付职工薪酬（工资）	税法规定在以后实际支付时允许扣除	账面价值＝账面余额	计税基础＝账面价值－未来期间税前列支的金额	是
	税法规定允许在当期扣除合理部分	账面价值＝账面余额	计税基础＝账面价值	否
广告费和业务宣传费	已支付相关款项（资产）	账面价值＝0	计税基础＝实际发生额－营业收入×15%	是
	未支付相关款项（负债）	账面价值＝账面余额	计税基础＝营业收入×15%	
业务招待费		账面价值＝账面余额	计税基础＝账面余额	否
未弥补亏损		账面价值＝0	计税基础＝未弥补亏损金额	是

（2）递延所得税资产（负债）的当期发生额和余额

资产或负债的账面价值与其计税基础的差额乘以所得税税率确认的递延所得税资产（或负债）都是截止到当期期末的余额，即：

①递延所得税资产（负债）的期末余额＝账面价值与计税基础的差额×所得税税率

②当期应确认的递延所得税资产（负债）＝递延所得税资产（负债）的期末余额－递延所得税资产（负债）的期初余额

（3）递延所得税费用＝当期递延所得税负债的增加＋当期递延所得税资产的减少－当期递延所得税负债的减少－当期递延所得税资产的增加

易错易混点3 自用房地产转为以公允价值进行后续计量的投资性房地产所得税的处理

【母题】甲公司与乙公司签订了一项租赁协议，将其自用办公楼出租给乙公司使用，租赁期开始日为2017年3月31日。2017年3月31日，该办公楼的账面余额为25000万元，已计提折旧5000万元，未计提减值准备，公允价值为23000万元，甲公司对该项投资性房地产采用公允价值模式进行后续计量。假定转换前该办公楼的计税基础与账面价值相等，转换日按税法规定，该办公楼预计尚可使用年限为10年，采用年限平均法计提折旧，预计净残值为0。2017年12月31日，该项办公楼的公允价值为24000万元。甲公司适用的所得税税率为25%，假定无其他纳税调整事项，计算甲公司2017年12月31日递延所得税负债余额。

【答案】2017年12月31日，投资性房地产账面价值为24000万元，计税基础＝（25000－5000）－（25000－5000）/10×9/12＝18500（万元），产生应纳税暂时性差异余额＝24000－18500＝5500（万元），则形成的递延所得税负债余额＝5500×25%＝1375（万元）。

【子题】接上题，计算甲公司2017年3月31日及2017年12月31日应确认递延所得税费用的金额。

【答案】2017年3月31日，投资性房地产账面价值为转换日公允价值，即23000万元；计税基础＝25000－5000＝20000（万元），因资产账面价值大于计税基础产生应纳税暂时性差异＝23000－20000＝3000（万元），应确认递延所得税负债＝3000×25%＝750（万元），由于投资性房地产转换时的公允价值大于其账面价值的差额计入其他综合收益，因此产生的递延所得税负债对应科目为其他综合收益，所以在2017年3月31日不确认递延所得税费用；2017年12月31日，投资性房地产的暂时性差异是由公允价值变动和折旧产生的，这部分递延所得税负债对应所得税费用，所以2017年12月31日应确认递延所得税费用625万元（1375－750）。

📖 易错易混点辨析

与当期及以前期间直接计入所有者权益的交易或事项相关的递延所得税应当计入所有者权益。所以投资性房地产转换时计入其他综合收益的部分是影响所有者权益而不影响递延所得税费用的。

易错易混点4 合并财务报表中商誉的确认

【母题】甲公司以发行本公司自身普通股方式取得乙公司100%的股权，发行的普通股市场价值为10000万元，购买日乙公司可辨认净资产的公允价值为9000万元（与账面价值相同）。假定：（1）该项合并属于控股合并，合并前甲公司与乙公司不存在关联方关系，合并过程中乙公司并未交纳所得税；（2）甲公司和乙公司均采用资产负债表债务法核算所得税，适用的所得税税率均为25%。

要求：

（1）计算递延所得税及考虑所得税以后乙公司可辨认净资产的公允价值的金额。

（2）计算甲公司合并财务报表中应确认的商誉。

【答案】

（1）

①乙公司可辨认净资产的公允价值等于账面价值，不产生暂时性差异，不确认递延所得税。

②税法不认可商誉的价值，即商誉的计税基础为0，其账面价值与计税基础产生的应纳税暂时性差异，不确认相关递延所得税负债。

因此，考虑所得税以后乙公司可辨认净资产的公允价值与账面价值相同，为 9000 万元。

（2）甲公司购买乙公司 100% 股权的合并成本为付出对价的公允价值，即 10000 万元，商誉 = 10000 - 9000 = 1000（万元）。

【提示】控股合并下，税法不认可商誉的价值，即计税基础为 0，与其账面价值的差额属于应纳税暂时性差异，但不确认递延所得税负债。

【子题】甲公司以发行本公司自身普通股方式取得乙公司 100% 的股权，发行的普通股市场价值为 10000 万元，购买日乙公司可辨认净资产的公允价值为 9000 万元，账面价值为 8000 万元，除下表所列项目外，其他可辨认资产、负债的公允价值与账面价值相同：

单位：万元

项　目	原值（成本）	预计使用年限	公允价值	尚可使用年限
固定资产（管理用）	1000	10	1200	6
存货	1500	—	2000	—
预计负债（计提的产品质量保证费）	0	—	100	—

假定：该项合并属于控股合并，合并前甲公司与乙公司无任何关联方关系，合并过程中乙公司未交纳所得税；乙公司该项固定资产采用年限平均法计提折旧，预计净残值为 0，至购买日已使用 4 年，甲公司和乙公司均采用资产负债表债务法核算所得税，适用的所得税税率均为 25%。假定未来期间能够取得足够的应纳税所得额用以利用可抵扣暂时性差异。

要求：

（1）计算递延所得税及考虑所得税以后乙公司可辨认净资产的公允价值的金额。

（2）计算甲公司合并财务报表中应确认的商誉。

【答案】

（1）由于购买日乙公司相关资产负债的公允价值与账面价值不同，导致甲公司合并财务报表中该资产负债的账面价值和计税基础不同，因而产生暂时性差异。

单位：万元

项　目	账面价值	计税基础	可抵扣暂时性差异	应纳税暂时性差异
固定资产（管理用）	1200	600（1000 - 1000/10 × 4）		600
存货	2000	1500		500
预计负债（计提的产品质量保证费）	100	0	100	
合计	—	—	100	1100

因此，甲公司合并报表中应确认的递延所得税负债 = 1100 × 25% = 275（万元），应确定的递延所得税资产 = 100 × 25% = 25（万元），对应科目均为资本公积，相关分录：

借：资本公积　　　　　　　　　　　　　　　　　　　　　　　　　　　　250
　　递延所得税资产　　　　　　　　　　　　　　　　　　　　　　　　　 25
　　贷：递延所得税负债　　　　　　　　　　　　　　　　　　　　　　　275

考虑所得税以后乙公司可辨认净资产的公允价值 = 9000 - 275 + 25 = 8750（万元）。

（2）合并财务报表中应确认的商誉金额 = 10000 - 8750 = 1250（万元）。

【提示】税法不认可商誉的价值，即计税基础为 0，与其账面价值产生应纳税暂时性差异，但不确认递延所得税负债。

【说明】本题主要考察因合并财务报表中被购买方的资产和负债的账面价值和计税基础不同形成的暂时性差异，因此确认递延所得税资产或负债，该递延所得税的确认影响商誉的计算，但并非商誉本身形成暂时性差异确认的递延所得税，本题涉及情形常与财务报告合并考察。

📖 **易错易混点辨析**

（1）可辨认净资产包含：可辨认的资产与可辨认的负债的差额，其中，商誉不具有可辨性，因而可辨认净资产不包含商誉，通常情况下，可辨认净资产＝可辨认资产－可辨认负债。

（2）非同一控制下的企业合并时，合并财务报表中认可的被购买方资产和负债的入账价值为购买日的公允价值，由于所得税是以独立的法人实体为对象计征的，合并财务报表并非法人实体，因而个别财务报表中的资产和负债的账面价值也是合并财务报表中该资产和负债的计税基础。所以纳入合并财务报表中的子公司的资产和负债的账面价值与计税基础产生的差异符合条件的要确认递延所得税资产（或负债），而递延所得税资产（或负债）都是构成可辨认净资产的一部分，所以在考虑所得税以后的被购买方的可辨认净资产的公允价值＝考虑所得税以前的可辨认净资产的公允价值＋合并财务报表调整增加的递延所得税资产－合并财务报表调整增加的递延所得税负债，如本题。

（3）商誉本身产生的暂时性差异

条件	情形	账面价值	计税基础	暂时性差异	是否确认递延所得税
会计上确认账面价值，税法上不认可	初始确认	会计上账面价值	0	应纳税暂时性差异	不确认递延所得税负债
	后续减值	减值后账面价值	0	应纳税暂时性差异	不确认递延所得税负债；减值部分也不确认递延所得税资产
会计上确认账面价值，税法上认可会计处理	初始确认	会计上账面价值	会计上账面价值	无差异	—
	后续计量	减值后账面价值	初始价值	可抵扣暂时性差异	需确认递延所得税资产（符合条件）

易错易混点 5　合并财务报表所得税的处理

【母题·单选题】2015年1月1日，甲公司以银行存款购入乙公司80%的股份，能够对乙公司实施控制。2016年1月1日乙公司从甲公司购进一项专利技术，购买价格为500万元，预计尚可使用年限为5年，无残值，采用直线法摊销。已知该项专利技术原值为800万元，预计使用年限为10年，无残值，采用直线法摊销，至乙公司取得该专利技术时已使用5年，税法的相关规定与会计相同。假定甲公司和乙公司均采用资产负债表债务法核算所得税，适用的所得税税率均为25%。不考虑其他因素，则2016年12月31日甲公司编制合并财务报表时，应确认的递延所得税资产的金额为（　　）万元。

A. 25　　　　　　　　B. 20　　　　　　　　C. 41.25　　　　　　　　D. 0

【答案】B

【解析】2016年年末，乙公司个别财务报表中，该项专利技术的账面价值＝500－500/5＝400（万元），计税基础＝账面价值＝500－500/5＝400（万元），不产生暂时性差异，不确认递延所得税；甲公司编制的合并财务报表中，该项专利技术的账面价值＝800－800/10×6＝320（万元），计税基础＝500－500/5＝400（万元），则甲公司合并财务报表中应确认的递延所得税资产＝（400－320）×25%－0＝20（万元）。

【子题1·单选题】接上题，假定不考虑其他因素，2016年年末，该项专利技术出现减值迹象，经测试，该专利技术的可收回金额为300万元，不考虑其他因素，则2016年12月31日甲公司编制合并财务报表时，应调整递延所得税资产的金额为（　　）万元。

A. 0　　　　　　　　B. 25　　　　　　　　C. 50　　　　　　　　D. 46.25

【答案】A

【解析】2016年年末，乙公司个别财务报表中，该项专利技术减值前的账面价值＝500－500/5＝400（万元），可收回金额为300万元，发生减值，减值后的该专利技术的账面价值为300万元，计税基础＝500－500/5＝400（万元），应确认递延所得税资产＝（400－300）×25%＝25（万元）；甲公司编制合并财务报表中，该专利技术的账面价值为300万元，计税基础为400万元，合并财务报表中应确认的递延所得税资产与乙公司个别财务报表中相同，由于个别财务报表中已经确认，因此合并财务报表中应调整的递延所得税资产的金额为0。

【子题2·单选题】 接上题，甲公司编制合并财务报表时，应列示的递延所得税资产金额为（　　）万元。

A. 0　　　　　　　B. 25　　　　　　　C. 50　　　　　　　D. 46.25

【答案】 B

【解析】 合并财务报表上列示的递延所得税资产应为合并财务报表中递延所得税资产的余额，即与乙公司个别财务报表中确认的金额相同，为25万元。

📖 易错易混点辨析

（1）合并财务报表中列示的相关项目的金额，要从合并财务报表角度出发，在合并财务报表中正常处理下所应确认列示的金额，要考虑合并财务报表角度认可的相关资产和负债的账面价值和计税基础，然后直接按照其差额确认递延所得税，即为合并财务报表中列示的金额。

（2）合并财务报表中要调整的金额，要考虑合并财务报表是根据个别财务报表编制的，那么合并财务报表要调整的金额，即为合并财务报表列示的金额减去个别财务报表中已经确认的金额。

机考过关必练

一、单项选择题

1. 下列各项中，能够产生可抵扣暂时性差异的是（　　）。
   A. 账面价值大于其计税基础的资产
   B. 账面价值小于其计税基础的负债
   C. 超过税法扣除标准的业务招待费
   D. 按税法规定可以结转以后年度的未弥补亏损

2. 下列各项负债中，其计税基础为零的是（　　）。
   A. 因债务担保而确认的预计负债　　　　　B. 因确认保修费用形成的预计负债
   C. 因购入存货形成的应付账款　　　　　　D. 因欠税产生的应交税款滞纳金

3. 2016年12月31日，甲公司因交易性金融资产和可供出售金融资产的公允价值变动，分别确认了20万元的递延所得税资产和10万元的递延所得税负债。甲公司当期应交所得税的金额为140万元。假定不考虑其他因素，该公司2016年度利润表"所得税费用"项目应列示的金额为（　　）万元。
   A. 120　　　　　　B. 140　　　　　　C. 160　　　　　　D. 180

4. 甲公司自行研发一项新技术，开发阶段形成的符合资本化条件的支出200万元，假定甲公司研发形成的无形资产在当期达到预定用途，并在当期摊销50万元。会计摊销方法、摊销年限和净残值均符合税法规定。甲公司当期期末无形资产的计税基础为（　　）万元。
   A. 150　　　　　　B. 120　　　　　　C. 0　　　　　　D. 225

5. 甲公司2017年7月以银行存款3500万元取得乙公司1000万股股票作为可供出售金融资产核算，2017年12月31日乙公司股票的公允价值为每股6元，税法规定，可供出售金融资产在持有期间公允价值的变动不计入当期应纳税所得额，待处置时一并计算计入应纳税所得额，甲公司适用的所得税税率为25%。不考虑其他因素，则2017年12月31日甲公司因该项金融资产计入其他综合收益的金额为（　　）万元。
   A. 0　　　　　　B. 1885　　　　　　C. 1875　　　　　　D. 1865

6. 甲公司期初递延所得税负债余额为6万元（对应所得税费用），期初递延所得税资产无余额，本期期末一项资产账面价值为340万元，计税基础为300万元（期初递延所得税负债因该项资产产生），本期期末一项负债账面价值为180万元，计税基础为150万元，甲公司适用的所得税税率为25%。无其他暂时性差异，假定不考虑其他因素，本期递延所得税收益为（　　）万元。
   A. 7.5　　　　　　B. 5　　　　　　C. 3.5　　　　　　D. -3.5

7. 2015年12月31日甲公司取得一幢房产作为投资性房地产核算，采用公允价值模式进行后续计量。取得时的入账金额为5000万元，预计使用年限为50年，预计净残值为零，2017年末公允价值为6000万元。税法要求采用年限平均法计提折旧，预计使用年限和净残值与会计规定相同。不考虑其他因素，2017 年 12 月 31 日甲公司该投资性房地产的计税基础为（　　　）万元。

　　A. 4500　　　　　　B. 4800　　　　　　C. 5000　　　　　　D. 6000

8. 甲公司所得税采用资产负债表债务法核算，适用的所得税税率为 25%。甲公司 2015 年年初产品质量保证金余额 80 万元，2015 年计提品质量保证金 50 万元，本期实际发生保修费用 80 万元。则甲公司 2015 年年末因产品质量保证金确认递延所得税资产的余额为（　　　）万元。

　　A. 12.5　　　　　　B. 0　　　　　　C. 15　　　　　　D. 22.5

9. 甲公司采用资产负债表债务法核算其所得税，适用的所得税税率为 25%。甲公司 2015 年实现利润总额 2000 万元，当年发生如下特殊调整事项：取得国债利息收入 50 万元；交易性金融资产公允价值下降 40 万元；可供出售金融资产公允价值上升 30 万元；超标的业务招待费 20 万元；因债务担保确认预计负债 60 万元。则甲公司 2015 年度应交所得税的金额为（　　　）万元。

　　A. 517.5　　　　　　B. 502.5　　　　　　C. 497.5　　　　　　D. 372.5

10. 甲公司 2016 年递延所得税负债的年初余额为 150 万元，对应所得税费用，递延所得税资产的年初余额为 0。2016 年新发生一项暂时性差异，交易性金融资产账面价值大于计税基础 400 万元，已知该公司截至当期期末所得税税率始终为 15%，从 2017 年起该公司不再享受所得税税收优惠，所得税税率将调整为 25%，不考虑其他因素，该公司 2016 年应确认的递延所得税费用为（　　　）万元。

　　A. 100　　　　　　B. 150　　　　　　C. 200　　　　　　D. 250

二、多项选择题

1. 下列关于资产和负债的计税基础理解的表述中，正确的有（　　　）。

　　A. 资产的计税基础代表的是资产在未来期间可予税前扣除的金额

　　B. 资产的计税基础代表的是账面价值在扣除税法规定未来期间允许税前扣除的金额之后的差额

　　C. 负债的计税基础代表的是负债在未来期间可予税前扣除的金额

　　D. 负债的计税基础代表的是账面价值在扣除税法规定未来期间允许税前扣除的金额之后的差额

2. 下列说法中，正确的有（　　　）。

　　A. 内部研究开发形成的无形资产，初始确认时其入账价值与计税基础之间产生的暂时性差异不确认递延所得税

　　B. 资产的账面价值大于计税基础时，产生可抵扣暂时性差异，应确认递延所得税资产

　　C. 与当期及以前期间直接计入所有者权益的交易或事项有关的当期所得税及递延所得税应当计入所有者权益

　　D. 如果未来期间很可能无法取得足够的应纳税所得额用以利用可抵扣暂时性差异带来的利益，应当减记递延所得税资产的账面价值，同时计入资产减值损失

3. 递延所得税资产或递延所得税负债可能对应的科目有（　　　）。

　　A. 所得税费用　　　　　　　　　　　B. 商誉

　　C. 其他综合收益　　　　　　　　　　D. 投资收益

4. 下列各事项中，产生可抵扣暂时性差异的有（　　　）。

　　A. 期末因确认保修费用形成的预计负债

　　B. 期末可供出售金融资产的公允价值上升

　　C. 因债务担保形成的预计负债

　　D. 期末发生的广告费用超过税法规定限额的部分

5. 假设递延所得税资产和负债对应科目为所得税费用，下列项目中，可能使本期所得税费用增加的有（　　　）。

　　A. 本期递延所得税负债贷方发生额

　　B. 本期递延所得税资产贷方发生额

　　C. 本期递延所得税资产借方发生额

　　D. 本期递延所得税负债借方发生额

6. 下列各项中，在计算应纳税所得额时应当纳税调减的有（　　　）。

　　A. 计提固定资产减值准备

　　B. 自行研发的无形资产发生的研究阶段支出

　　C. 发生的业务招待费税法上不允许扣除部分

　　D. 确认国债利息收入

7. 企业当期发生的所得税费用，正确的处理方法有(　　　)。

　　A. 一般情况下计入利润表

　　B. 与直接计入所有者权益的交易或者事项相关的递延所得税，应当计入留存收益

　　C. 与直接计入所有者权益的交易或者事项相关的递延所得税，应当计入所有者权益

　　D. 合并财务报表中因抵销未实现内部交易损益导致的合并资产负债表中资产、负债的账面价值与其按照税法规定的计税基础之间产生暂时性差异应当确认递延所得税资产或负债，同时调整所得税费用，但特殊情况的除外

8. 甲公司和乙公司均为增值税一般纳税人，销售商品适用的增值税税率均为 17%，假定甲公司和乙公司均采用资产负债表债务法核算所得税，适用的所得税税率均为 15%。甲公司系乙公司的母公司，2016 年 6 月 30 日，甲公司向乙公司销售一件产品，销售价格为 1000 万元，增值税税额为 170 万元，实际成本为 800 万元（未计提存货跌价准备），相关款项已收存银行。乙公司将购入的该产品确认为管理用固定资产（增值税进项税额可抵扣），预计使用年限为 10 年，预计净残值为零，采用年限平均法计提折旧，税法的相关规定与会计相同。假定不考虑其他因素，甲公司在 2017 年年末编制合并财务报表时的有关所得税的会计处理正确的有(　　　)。

　　A. 借：递延所得税资产　　　　　　　　　　　　　　　　　　　　　　　　　　50

　　　　　　贷：未分配利润——年初　　　　　　　　　　　　　　　　　　　　　50

　　B. 借：递延所得税资产　　　　　　　　　　　　　　　　　　　　　　　　　28. 5

　　　　　　贷：未分配利润——年初　　　　　　　　　　　　　　　　　　　　28. 5

　　C. 借：所得税费用　　　　　　　　　　　　　　　　　　　　　　　　　　　　3

　　　　　　贷：递延所得税资产　　　　　　　　　　　　　　　　　　　　　　　　3

　　D. 借：所得税费用　　　　　　　　　　　　　　　　　　　　　　　　　　　2. 5

　　　　　　贷：递延所得税资产　　　　　　　　　　　　　　　　　　　　　　　2. 5

9. 下列有关负债计税基础的确定中，正确的有(　　　)。

　　A. 企业因销售商品提供售后三包等原因于当期确认了 200 万元的预计负债，则该预计负债的账面价值为 200 万元，计税基础为 0

　　B. 企业因债务担保确认了预计负债 500 万元，则该项预计负债的账面价值为 500 万元，计税基础为 0

　　C. 企业收到客户预付的一笔款项 60 万元，因不符合收入确认条件，会计上作为预收账款反映，但符合税法规定的收入确认条件，该笔款项已计入当期应纳税所得额，则预收账款的账面价值为 60 万元，计税基础为 0

　　D. 企业当期期末确认应付职工薪酬余额 200 万元均为工资，按照税法规定的计税工资标准可以于当期扣除的合理部分为 180 万元，则"应付职工薪酬"科目的账面价值为 200 万元，计税基础为 200 万元

10. 下列关于所得税列报的说法中，正确的有(　　　)。

　　A. 一般情况下，在个别财务报表中，当期所得税资产与当期所得税负债与递延所得税资产及递延所得税负债可以以抵销后的净额列示

　　B. 一般情况下，在合并财务报表中，当期所得税资产与当期所得税负债与递延所得税资产及递延所得税负债可以以抵销后的净额列示

　　C. 合并财务报表中，纳入合并范围的企业中，一方的当期所得税资产或递延所得税资产与另一方的当期所得税负债或递延所得税负债一般不能予以抵销

　　D. 个别财务报表中，当期所得税资产或递延所得税资产与当期所得税负债或递延所得税负债一般不能予以抵销

三、判断题

1. 企业产生的可抵扣暂时性差异需要全部确认为递延所得税资产。　　　　　　　　　　　　(　　　)

2. 当某项交易同时具有"不是企业合并"及"交易发生时既不影响会计利润也不影响应纳税所得额"

特征时，企业不确认相关暂时性差异产生的递延所得税。　　　　　　　　　　（　　）

3. 乙企业为甲企业的联营企业，甲企业在确认该股权投资对应的投资收益时，对于可能产生的应纳税暂时性差异，甲企业一定确认相应的递延所得税负债。　　　　　　　　　　（　　）

4. 在计量递延所得税资产和递延所得税负债时，应当采用与收回资产或清偿债务的预期方式相一致的税率和计税基础。　　　　　　　　　　（　　）

5. 非同一控制下的吸收合并（符合免税条件），因资产、负债的入账价值与其计税基础不同产生的递延所得税资产或递延所得税负债，其确认结果将影响购买日的所得税费用。　　　　　　　　　　（　　）

6. 递延所得税资产计提的减值损失不得在以后期间转回。　　　　　　　　　　（　　）

7. 递延所得税资产和递延所得税负债的计量，无论税率是否发生变动，均应按资产负债表日的所得税率计算确定。　　　　　　　　　　（　　）

8. 直接计入所有者权益的交易或事项，在确认递延所得税负债的同时，应增加利润表中的所得税费用。　　　　　　　　　　（　　）

9. 对于因可供出售金融资产正常公允价值变动而确认的递延所得税资产或递延所得税负债，应作为递延所得税费用在利润表中列示。　　　　　　　　　　（　　）

四、计算分析题

甲公司为增值税一般纳税人，适用的所得税税率为25%，所得税采用资产负债表债务法核算。2016年全年累计实现的利润总额为10000万元。2016年发生以下经济业务：

资料一：2016年12月31日，应收账款账面余额为10000万元，减值测试前坏账准备的余额为300万元，减值测试后补提坏账准备200万元。根据税法规定，提取的坏账准备不允许税前扣除。

资料二：2016年9月，甲公司以银行存款支付产品保修费用400万元，同时在期末计了产品质量保修费用500万元。

资料三：年末根据可供出售金融资产公允价值变动增加其他综合收益200万元。根据税法规定，可供出售金融资产公允价值变动金额不计入应纳税所得额。

资料四：当年发生研究开发支出不符合资本化条件的支出200万元，全部费用化计入当期损益。根据税法规定，计算应纳税所得额时，当年实际发生的费用化研究开发支出可以按50%加计扣除。

资料五：当年实际发生的广告费用为25000万元，款项尚未支付。税法规定，企业发生的广告费、业务宣传费不超过当年销售收入15%的部分允许税前扣除，超过部分允许结转以后年度税前扣除。甲公司当年销售收入为150000万元。

要求：

（1）根据资料一至资料五，逐项分析甲公司每一交易或事项对递延所得税的影响金额（如无影响，也明确指出无影响的原因）。

（2）根据资料一至资料五，逐笔编制甲公司与递延所得税有关的会计分录（不涉及递延所得税的，不需要编制会计分录）。

（3）计算甲公司2016年度的应纳税所得额和应交所得税。

（答案中的金额单位用万元表示）

五、综合题

甲上市公司（以下简称"甲公司"）采用资产负债表债务法核算所得税，适用的所得税税率为25%。该公司2017年利润总额为6000万元，当年发生的交易或事项中，会计与税法存在差异的项目如下：

（1）2017年12月31日，甲公司应收账款余额为10000万元，对该应收账款计提了2000万元坏账准备。税法规定，企业按照应收账款期末余额的10%计提的坏账准备允许税前扣除，除已税前扣除的坏账准备外，应收款项发生实质性损失时允许税前扣除。

（2）甲公司2017年以5000万元取得一项到期一次还本付息的国债投资，作为持有至到期投资核算。该债券实际利率与票面利率相差较小，甲公司采用票面利率计算确认利息收入，当年确认国债利息收入300万元，计入持有至到期投资账面价值，该国债投资在持有期间未发生减值。税法规定，国债利息收入免征所得税。

（3）12月31日，甲公司根据收到的税务部门罚款通知，将应缴罚款500万元确认为营业外支出，款项尚未支付。税法规定，企业该类罚款不允许在计算应纳税所得额时扣除。

（4）当年实际发生的广告费用为 2800 万元，款项已支付。税法规定，企业发生的广告费、业务宣传费不超过当年销售收入 15% 的部分允许税前扣除，超过部分允许结转以后年度税前扣除。甲公司当年销售收入为 15000 万元。

（5）通过红十字会向地震灾区捐赠 600 万元，已计入营业外支出。税法规定，企业发生的公益性捐赠支出，在年度利润总额 12% 以内的部分，准予在计算应纳税所得额时扣除。

其他相关资料：

（1）假定预期未来期间甲公司适用的所得税税率不发生变化。

（2）甲公司预计未来期间能够产生足够的应纳税所得额用以抵扣可抵扣暂时性差异。

（3）假定甲公司递延所得税资产和递延所得税负债的期初余额均为 0。

要求：

（1）计算甲公司 2017 年应纳税所得额、应交所得税、递延所得税费用和所得税费用。

（2）编制甲公司 2017 年确认所得税费用的会计分录。

（答案中的金额单位用万元表示）

机考过关必练参考答案及解析

一、单项选择题

1.【答案】D

【解析】资产账面价值大于其计税基础、负债账面价值小于其计税基础，产生应纳税暂时性差异，选项 A 和 B 均不正确；超标的业务招待费不允许税前扣除，所以不会影响企业未来期间的应交所得税，即不产生暂时性差异，选项 C 不正确。

2.【答案】B

【解析】负债的计税基础为负债账面价值减去未来期间可以税前列支的金额。因确认保修费用形成的预计负债，税法允许在以后实际发生时税前列支，即该预计负债的计税基础 = 其账面价值 - 未来期间可税前扣除的金额 = 0。

3.【答案】A

【解析】本题相关会计分录如下：

借：所得税费用　　　　　　　　　　　　　　　　　　　　　　　120

　　　递延所得税资产　　　　　　　　　　　　　　　　　　　　　20

　　贷：应交税费——应交所得税　　　　　　　　　　　　　　　　140

借：其他综合收益　　　　　　　　　　　　　　　　　　　　　　　10

　　贷：递延所得税负债　　　　　　　　　　　　　　　　　　　　　10

从以上分录可知，该公司 2016 年度利润表"所得税费用"项目应列示的金额为 120 万元。

【提示】可供出售金融资产正常公允价值变动确认的递延所得税对应的是其他综合收益，而不是所得税费用。

4.【答案】D

【解析】甲公司当期期末无形资产的账面价值 = 200 - 50 = 150（万元），因为税法规定，企业为开发新技术、新产品、新工艺发生的研究开发费用，形成无形资产的按照无形资产成本的 150% 摊销，所以计税基础 = 150 × 150% = 225（万元）。

5.【答案】C

【解析】2017 年 12 月 31 日甲公司因该项金融资产计入其他综合收益的金额 = （6 × 1000 - 3500）×（1 - 25%）= 1875（万元）。

6.【答案】C

【解析】本期确认递延所得税资产 = （180 - 150）× 25% = 7.5（万元），本期确认递延所得税负债 = （340 - 300）× 25% - 6 = 4（万元）。

会计分录：

借：递延所得税资产　　　　　　　　　　　　　　　　　　　　　　　7.5

　　贷：递延所得税负债　　　　　　　　　　　　　　　　　　　　　　　4

　　　　所得税费用　　　　　　　　　　　　　　　　　　　　　　　　3.5

所得税费用在贷方，为所得税费用的减少，所以递延所得税收益是3.5万元。

7.【答案】B

【解析】2017年12月31日该投资性房地产的计税基础＝5000－5000/50×2＝4800（万元）。

8.【答案】A

【解析】甲公司2015年年末因产品质量保证金确认递延所得税资产余额＝（80＋50－80）×25%＝12.5（万元）。

9.【答案】A

【解析】甲公司2015年度应交所得税的金额＝（2000－50＋40＋20＋60）×25%＝517.5（万元）。

【提示】可供出售金融资产公允价值上升计入其他综合收益，既不影响利润总额也不影响应纳税所得额，所以不需要纳税调整。

10.【答案】C

【解析】递延所得税负债的本期发生额＝（150÷15%＋400）×25%－150＝200（万元），递延所得税负债增加，递延所得税费用增加，所以2016年确认的递延所得税费用为200万元。

二、多项选择题

1.【答案】AD

【解析】资产的计税基础是指资产未来期间可予税前扣除的金额，负债的计税基础是指账面价值扣除未来可予税前扣除的金额之后的差额，所以选项A和D正确。

2.【答案】AC

【解析】选项A，内部研发形成的无形资产初始确认时不涉及损益类科目，不影响会计利润也不影响应纳税所得额，也不是企业合并，属于不确认递延所得税资产的特殊事项。如果确认递延所得税资产，则需调整资产、负债的入账价值，对实际成本进行调整将有违会计核算中的历史成本原则，影响会计信息的可靠性，该种情况下不确认相应的递延所得税资产；选项B，资产的账面价值大于计税基础时，产生应纳税暂时性差异，符合条件时应确认递延所得税负债；选项C，与当期及以前期间直接计入所有者权益的交易或事项有关的当期所得税及递延所得税应当计入所有者权益；选项D，如果未来期间很可能无法取得足够的应纳税所得额用以利用可抵扣暂时性差异带来的利益，应当减记递延所得税资产的账面价值，同时计入所得税费用。

3.【答案】ABC

【解析】确认递延所得税资产或递延所得税负债对应的科目不会涉及投资收益，选项D错误。

4.【答案】AD

【解析】选项A，预计负债的计税基础为0，小于账面价值，产生可抵扣暂时性差异；选项B，资产的账面价值大于计税基础，产生应纳税暂时性差异；选项C，税法规定，企业因债务担保而确认的预计负债不得税前扣除，所以预计负债的账面价值和计税基础相等，不产生暂时性差异；选项D，企业发生的广告费和业务宣传费，超过当年销售收入15%的部分，以后年度可以税前扣除，因此产生可抵扣暂时性差异。

5.【答案】AB

【解析】所得税费用借方发生额表示增加，递延所得税资产或负债贷方发生额对应所得税费用的借方发生额，所以选项A和B正确。

6.【答案】BD

【解析】选项B和D，在计算应纳税所得额时应当纳税调减。

7.【答案】ACD

【解析】选项B，直接计入所有者权益的交易或事项主要有：会计政策变更采用追溯调整法调整期初留存收益，可供出售金融资产公允价值变动计入其他综合收益科目等。

8.【答案】BC

【解析】抵销分录如下：

借：未分配利润——年初	200（1000－800）	
贷：固定资产——原价		200
借：固定资产——累计折旧	10	
贷：未分配利润——年初		10〔（1000－800）/10/2〕
借：递延所得税资产	28.5	
贷：未分配利润——年初		28.5〔（200－10）×15%〕
借：固定资产——累计折旧	20	
贷：管理费用		20〔（1000－800）/10〕
借：所得税费用	3	
贷：递延所得税资产		3〔28.5－（200－10－20）×15%〕

9.【答案】ACD

【解析】选项 B，税法规定对于因债务担保确认的预计负债不允许税前扣除，所以因债务担保确认的预计负债的计税基础为 500 万元。

10.【答案】AC

【解析】一般情况下，在个别财务报表中，当期所得税资产与当期所得税负债及递延所得税资产与递延所得税负债可以以抵销后的净额列示。在合并财务报表中，纳入合并范围的企业中，一方的当期所得税资产或递延所得税资产与另一方的当期所得税负债或递延所得税负债一般不能予以抵销，除非所涉及的企业具有以净额结算的法定权利并且意图以净额结算，所以选项 A 和 C 正确。

三、判断题

1.【答案】×

【解析】企业产生的可抵扣暂时性差异，在满足确认条件时，应确认为递延所得税资产。

2.【答案】√

3.【答案】×

【解析】与联营企业、合营企业投资等相关的应纳税暂时性差异，投资企业一般应确认相应的递延所得税负债。但如果投资企业可以运用自身的影响力决定暂时性差异的转回，且该企业不希望其转回，此时投资企业无须确认相应的递延所得税负债。

4.【答案】√

5.【答案】×

【解析】非同一控制下的吸收合并（符合免税条件），合并时被购买方不交企业所得税，合并后资产、负债账面价值和计税基础之间确认的暂时性差异，导致的递延所得税资产或者递延所得税负债对应的是商誉或营业外收入，不计入所得税费用。

6.【答案】×

【解析】资产负债表日，企业应当对递延所得税资产的账面价值进行复核。如果未来期间很可能无法获得足够的应纳税所得额以利用可抵扣暂时性差异带来的利益，应当减记递延所得税资产的账面价值。在很可能获得足够的应纳税所得额时，减记的金额应当转回。

7.【答案】×

【解析】企业适用的所得税税率发生变化的，企业应对已确认的递延所得税资产和递延所得税负债按照新的税率重新计量。

8.【答案】√

9.【答案】×

【解析】可供出售金融资产正常公允价值变动通过"其他综合收益"科目核算，并不影响会计利润。

四、计算分析题

【答案】

（1）

资料一，确认递延所得税资产50万元。

分析：本期补提坏账准备200万元，导致该应收账面价值小于计税基础200万元，产生可抵扣暂时性差异200万元，所以应确认递延所得税资产50万元，减少所得税费用50万元。

资料二，确认递延所得税资产25万元。

分析：本期实际支付了产品质量保证费用。预计负债账面价值减少400万元，本期期末确认预计负债500万元，本期预计负债增加100万元，即可抵扣暂时性差异增加100万元，递延所得税资产增加25万元，递延所得税费用减少25万元。

资料三，确认递延所得税负债50万元，对递延所得税费用没有影响。

分析：本期可供出售金融资产公允价值变动增加200万元，使可供出售金融资产账面价值大于计税基础200万元，产生应纳税暂时性差异200万元，应确认递延所得税负债50万元，但是由于该暂时性差异计入其他综合收益，所以，递延所得税负债对应其他综合收益科目，不会影响递延所得税费用。

资料四，对递延所得税费用没有影响。

分析：本期自行研发无形资产过程中费用化的金额200万元，全部计入到管理费用，本期在计算应交所得税时加记50%扣除，即会减少应交所得税，但是并不会影响企业未来期间的应交所得税，所以不产生暂时性差异，即不会影响递延所得税费用。

资料五，确认递延所得税资产625万元。

分析：本期实际发生广告费用25000万元，但是税法本期允许税前扣除的金额 = 150000 × 15% = 22500（万元），即本期实际发生的广告费用中有2500万元不允许税前扣除，但是可以结转以后期间进行税前扣除，即超过税法规定的限额会减少以后期间的应交所得税，即产生可抵扣暂时性差异2500万元，所以会确认递延所得税资产625万元，减少递延所得税费用625万元。

（2）

资料一：

| 借：递延所得税资产 | 50 | |
| 贷：所得税费用 | | 50 |

资料二：

| 借：递延所得税资产 | 25 | |
| 贷：所得税费用 | | 25 |

资料三：

| 借：其他综合收益 | 50 | |
| 贷：递延所得税负债 | | 50 |

资料四：

不涉及递延所得税的处理。

资料五：

| 借：递延所得税资产 | 625 | |
| 贷：所得税费用 | | 625 |

（3）2016年度的应纳税所得额 = 10000 + 200 + 100 - 200 × 50% + 2500 = 12700（万元）；

2016年度的应交所得税 = 12700 × 25% = 3175（万元）。

五、综合题

【答案】

（1）事项一：应收账款账面价值 = 10000 - 2000 = 8000（万元），应收账款计税基础 = 10000 × （1 - 10%）= 9000（万元），应收账款形成的可抵扣暂时性差异 = 9000 - 8000 = 1000（万元）；

事项二：持有至到期投资账面价值为5000万元，计税基础5000万元，形成的暂时性差异为0；

事项三：尚未支付的罚款支出账面价值为500万元，税法规定罚款支出在税前不可以扣除，所以计税基础为 500 万元，暂时性差异为 0；

事项四：因广告费支出形成的资产的账面价值为 0，计税基础 = 2800 - 15000 × 15% = 550（万元），形成可抵扣暂时性差异 = 550 - 0 = 550（万元）；

事项五：按规定可税前扣除捐赠金额 = 6000 × 12% = 720（万元），大于实际发生额 600 万元，无需纳税调整。

①应纳税所得额 = 6000 + 1000 - 300 + 500 + 550 = 7750（万元）。

②应交所得税 = 7750 × 25% = 1937.5（万元）。

③递延所得税资产 = （1000 + 550）×25% = 387.5（万元），对应科目为所得税费用；

递延所得税负债为 0，递延所得税费用 = 0 - 387.5 = - 387.5（万元）。

④所得税费用 = 1937.5 - 387.5 = 1550（万元）。

（2）会计分录：

借：所得税费用		1550
递延所得税资产		387.5
贷：应交税费——应交所得税		1937.5

第十七章　外币折算

🔊 **学习导读**

　　本章属于比较重要章节，本章主要介绍了企业涉及外币业务的具体核算，常与其他章节结合出题。

　　本章重点掌握的内容有：（1）记账本位币的确定；（2）外币货币性项目汇兑差额的计算；（3）外币非货币性项目汇兑差额的处理；（4）外币财务报表的折算；（5）外币业务的会计处理。

　　在近三年的考试中，平均分值为7分，各类题型均有覆盖。2016年考试依旧关注上述内容。

易错易混集训

易错易混点1　外币交易对营业利润的影响

【母题·单选题】甲公司以人民币为记账本位币，外币业务采用发生日的即期汇率折算，按月计算汇兑损益。2016年7月"银行存款（美元）"账户月末余额为5000美元，月末即期汇率为1美元 = 6.30元人民币。8月10日将其中1000美元在银行兑换为人民币，银行当日美元买入价为1美元 = 6.25元人民币，当日即期汇率为1美元 = 6.32元人民币。甲公司本月没有其他涉及美元账户的业务，8月末即期汇率为1美元 = 6.28元人民币。不考虑其他因素，则2016年8月甲公司因上述事项影响营业利润的金额为（　　）元人民币。

A. 150　　　　　　B. -70　　　　　　C. -130　　　　　　D. -10

【答案】C

【解析】2016年8月甲公司因上述事项影响营业利润的金额 = 外币兑换汇兑差额 + 本期期末银行存款美元账户产生的汇兑差额 = $1000 \times (6.25 - 6.32) + [4000 \times 6.28 - (5000 \times 6.30 - 1000 \times 6.32)]$ = -130（元人民币）（汇兑损失）。

【子题·单选题】接母题，则2016年8月甲公司因上述外币交易影响营业利润的金额为（　　）元人民币。

A. 150　　　　　　B. -70　　　　　　C. -130　　　　　　D. -10

【答案】B

【解析】2016年8月甲公司因上述外币交易影响营业利润的金额 = 外币兑换汇兑差额 = $1000 \times (6.25 - 6.32)$ = -70（元人民币）。

📖 **易错易混点辨析**

　　企业因汇率变动产生的汇兑差额对损益的影响金额计算：

　　（1）若题目中问题为发生外币交易对当期损益或营业利润产生的影响，则计算该金额时，仅考虑当期发生的外币交易即可，无需考虑外币货币性项目在期末因汇率变动而影响损益部分；

（2）若题目中问题为题中涉及事项对当期损益或营业利润产生的影响，则需要考虑两部分，一是发生外币交易时产生的汇兑差额，二是外币货币性项目在期末因汇率变动而产生的汇兑差额。

易错易混点2 外币报表折算差额的核算

【母题·单选题】甲公司期末编制合并财务报表时，对其持有80%股份的境外经营子公司财务报表进行折算，该外币报表折算后资产总额为3400万元人民币，负债合计为2215万元人民币，所有者权益合计为1085万元人民币，不考虑其他因素，则由于外币财务报表折算产生的外币报表折算差额在合并资产负债表上"其他综合收益"项目应列示的金额为( )万元人民币。

A. 100　　　　　B. – 100　　　　　C. 80　　　　　D. 20

【答案】C

【解析】外币报表折算差额在合并资产负债表中"其他综合收益"项目应列示的金额 = （3400 – 2215 – 1085）×80% = 80（万元人民币）。少数股东应承担的部分并入少数股东权益列示于合并资产负债表。

【子题1·单选题】接母题，甲公司对子公司外币报表进行折算时产生的外币报表折算差额为( )万元人民币。

A. 100　　　　　B. – 100　　　　　C. 80　　　　　D. 20

【答案】A

【解析】甲公司对子公司外币报表进行折算时产生的外币报表折算差额 = 3400 – 2215 – 1085 = 100（万元人民币）。少数股东承担的外币报表折算差额，不在合并资产负债表中"其他综合收益"项目中列示，应在"少数股东权益"项目中列示，本题问的是产生的外币报表折算差额，所以这里应当包含少数股东承担的部分，选项A正确。

【子题2·单选题】甲公司以人民币为记账本位币，乙公司确定的记账本位币为美元，甲公司为乙公司的母公司。2×15年3月1日，甲公司以长期应收款形式借给乙公司500万美元，实质上构成对乙公司净投资的一部分。当年年末，乙公司的资产2500万美元，折合人民币15500万元，负债和所有者权益2500万美元，折合人民币15950万元（不含外币报表折算差额）。

2×15年3月1日的即期汇率为1美元 = 6.3元人民币，12月31日的即期汇率为1美元 = 6.2元人民币。假定少数股东不承担母公司长期应收款在合并报表中产生的外币报表折算差额。

甲公司在合并报表中因外币报表折算差额而记入"其他综合收益"项目的金额为( )万元人民币。

A. 410　　　　　B. – 410　　　　　C. 360　　　　　D. – 360

【答案】B

【解析】甲公司个别财务报表中"长期应收款"项目应当确认汇兑损失 = 500 × （6.3 – 6.2）= 50（万元人民币），合并财务报表中因外币报表折算差额记入"其他综合收益"项目的金额 = （15500 – 15950）×80% – 50 = – 410（万元人民币），即合并财务报表中应将长期应收款产生的汇兑差额由财务费用转入其他综合收益。

📖 易错易混点辨析

少数股东承担的外币财务报表折算差额，应并入少数股东权益列示于合并资产负债表。合并资产负债表上"其他综合收益"项目中包含的金额为母公司承担的外币报表折算差额。若对境外经营财务报表折算时，存在以母公司或子公司记账本位币反映的、实质上构成对子公司的净投资的外币货币性项目时，在合并报表中将该长期应收项目产生的汇兑差额转入"其他综合收益"项目。

易错易混点3 企业自身发生外币业务折算与境外经营报表折算采用汇率的区别

【母题·单选题】甲公司的记账本位币为人民币，该公司在美国有一子公司乙公司，乙公司的记账本位币为美元。2016年6月30日，乙公司购入某大型机器设备，该设备的原价为500万美元，当日的即期汇率为1美元 = 6.5元人民币，2016年12月31日的即期汇率为1美元 = 6.6元人民币。假定乙公司对该设备采用年限平均法计提折旧，预计使用年限为10年，预计净残值为0。不考虑其他因素的影响，甲公司在对乙公司财务报表进行折算时，该机器设备的列报金额为（　　）万元人民币。

A. 3135　　　　　　B. 3087.5　　　　　　C. 3250　　　　　　D. 3300

【答案】A

【解析】2016年年末乙公司个别报表中该大型机器设备的账面价值＝500－500/10×6/12＝475（万美元），甲公司在对乙公司财务报表进行折算时该机器设备的列报金额＝475×6.6＝3135（万元人民币）。

【子题·单选题】某外商投资企业记账本位币为人民币，外币业务采用交易发生日的即期汇率进行折算，按月计算汇兑损益。2016年6月30日进口某大型机器设备，该设备的原价为500万美元，当日的即期汇率为1美元＝6.5元人民币，2016年12月31日的即期汇率为1美元＝6.6元人民币。该企业对该设备采用年限平均法计提折旧，预计使用年限为10年，预计净残值为0。不考虑其他因素的影响，则该机器设备2016年12月31日的账面价值为（　　）万元人民币。

A. 3135　　　　　　B. 3087.5　　　　　　C. 3250　　　　　　D. 3300

【答案】B

【解析】该设备的初始入账价值＝500×6.5＝3250（万元人民币），2016年应计提的折旧额＝3250/10×6/12＝162.5（万元人民币），则2016年12月31日该机器设备的账面价值＝3250－162.5＝3087.5（万元人民币）。

📖 易错易混点辨析

资产的期末计量应当与外币报表折算区分开来。以历史成本计量的外币非货币性项目，已在交易发生日按当日即期汇率折算，资产负债表日不改变其原记账本位币金额。而外币财务报表折算时，资产项目应当采用资产负债表日的即期汇率进行折算。

期末，资产负债列报时，企业自身发生外币业务折算与境外经营报表折算采用汇率的区别：

项目		企业自身发生外币业务	境外经营报表折算
货币性项目（资产、负债）		期末即期汇率	期末即期汇率
非货币性项目（资产、负债）	历史成本计量	交易发生日即期汇率折算	期末即期汇率
	公允价值计量	公允价值确定日即期汇率折算	
所有者权益（除未分配利润和盈余公积外）		交易发生时即期汇率	交易发生时即期汇率
盈余公积		—	包括两部分的合计数：当期计提的盈余公积采用交易发生时的即期汇率或者当期平均汇率折算；期初盈余公积记账本位币金额为以前年度盈余公积记账本位币金额的累计
未分配利润		—	包括两部分的合计数：当期增加的未分配利润是根据利润表中折算为记账本位币的净利润，减去本期提取盈余公积，本期向股东分配股利等事项折算为记账本位币后的金额；期初未分配利润记账本位币金额为以前年度未分配利润记账本位币金额的累计

易错易混点4 资产和负债的汇兑收益及汇兑损失的计算

【母题·单选题】甲股份有限公司（以下简称"甲公司"）记账本位币为人民币，对外币交易采用交易发生时的即期汇率折算。2016年3月1日，甲公司对外出口一批原材料500吨，每吨价格200美元，当日的即期汇率为1美元＝6.35元人民币，款项尚未收回，假定甲公司按月计算汇兑损益。2016年3月31日的即期汇率为1美元＝6.72元人民币。根据上述资料，不考虑其他因素，2016年3月31日，该项应收账款产生的汇兑收益为（　　）元人民币。

A. 37000　　　　　　B. －37000　　　　　　C. 0　　　　　　D. 26100

【答案】A

【解析】甲公司该笔应收账款的汇兑差额 = 500 × 200 × （6.72 - 6.35） = 37000（元人民币），即产生汇兑收益 37000 元人民币。

【子题·单选题】甲公司记账本位币为人民币，外币业务采用交易发生时的即期汇率折算，每季度末计提利息和计算汇兑损益，2016 年 1 月 1 日甲公司从金融机构借入 500 万美元，期限为 6 个月，年利率 6%，到期一次还本付息，借入时即期汇率为 1 美元 = 7.06 元人民币，3 月 31 日即期汇率为 1 美元 = 7.07 元人民币，则甲公司 3 月 31 日该项短期借款产生的汇兑收益为（   ）万元人民币。

A. 5   B. -5   C. -5.75   D. -5.5

【答案】B

【解析】甲公司 3 月 31 日该项短期借款的汇兑差额 = 500 × （7.07 - 7.06） + 500 × 6% × 3/12 × （7.07 - 7.07） = 5（万元人民币），即产生汇兑收益 -5 万元人民币。

📖 易错易混点辨析

所谓汇兑收益，就是企业获益，反之就是损失：

外币账户期末汇兑差额 = 期末外币账户外币余额 × 期末汇率 - 期末外币账户记账本位币余额

如果上述计算结果为正，对外币资产类账户为汇兑收益，对外币负债类账户来说是汇兑损失；

如果上述计算结果为负，对外币资产类账户为汇兑损失，对外币负债类账户来说是汇兑收益。

易错易混点 5 外币货币性项目与外币非货币性项目期末的核算区别

【母题·单选题】某外商投资企业记账本位币为人民币，外币业务采用交易发生日的即期汇率进行折算，按年计算汇兑损益。2016 年 6 月 30 日进口某大型机器设备，该设备的原价为 500 万美元，当日的即期汇率为 1 美元 = 6.5 元人民币，2016 年 12 月 31 日的即期汇率为 1 美元 = 6.6 元人民币。该企业对该设备采用年限平均法提折旧，预计使用年限为 5 年，预计净残值为 0。不考虑其他因素的影响，则期末该机器设备产生的汇兑收益为（   ）万元人民币。

A. 0   B. 45   C. -45   D. 50

【答案】A

【解析】该企业购买的机器设备作为固定资产核算，属于以历史成本计量的非货币性项目，期末按照发生时的即期汇率折算，不产生汇兑差额，选项 A 正确。

【子题 1·单选题】接母题，假定购买该进口大型机器设备的款项尚未支付。不考虑其他因素，则期末该业务有关的应付账款产生的汇兑收益为（   ）万元人民币。

A. 0   B. 50   C. -50   D. 63.75

【答案】C

【解析】应付账款为货币性项目，期末与该业务有关的应付账款产生的汇兑收益 = 500 × （6.5 - 6.6） = -50（万元人民币）。

【子题 2·单选题】某外商投资企业记账本位币为人民币，外币业务采用交易发生日的即期汇率进行折算，按年计算汇兑损益。2016 年 6 月 30 日进口一批商品，成本为 500 万美元，当日的即期汇率为 1 美元 = 6.5 元人民币。2016 年 12 月 31 日，由于市场销售价格下滑，该批存货出现减值迹象，该批存货的可变现净值为 450 万美元，当日即期汇率为 1 美元 = 6.6 元人民币。不考虑其他因素的影响，则期末该批存货影响当期损益的金额为（   ）万元人民币。

A. -280   B. 45   C. -45   D. 50

【答案】A

【解析】期末该批存货成本 = 500 × 6.5 = 3250（万元人民币），可变现净值 = 450 × 6.6 = 2970（万元人民币），应确认的减值损失金额 = 3250 - 2970 = 280（万元人民币），因此该批存货影响当期损益的金额为 -280 万元人民币。

📖 易错易混点辨析

外币货币性项目与外币非货币性项目的区分及折算：

1. 货币性项目是企业持有的货币和将以固定或可确定金额的货币收取的资产或者偿付的负债。货币性项目分为货币性资产和货币性负债，货币性资产包括现金、银行存款、应收账款、其他应收款、长期应收款等；货币性负债包括应付账款、其他应付款、短期借款、应付债券、长期借款、长期应付款等。

期末或结算外币货币性项目时，应以资产负债表日或结算日即期汇率折算外币货币性项目，该项目因当日即期汇率不同于该项目初始入账时或前一期末即期汇率而产生的汇兑差额计入当期损益。

2. 非货币性项目是货币性项目以外的项目，如：存货、长期股权投资、交易性金融资产（股票、基金）、固定资产、无形资产等。

（1）对于以历史成本计量的外币非货币性项目，已在交易发生日按当日即期汇率折算，资产负债表日不应改变其原记账本位币金额，不产生汇兑差额。

（2）对于以成本与可变现净值孰低计量的存货，如果其可变现净值以外币确定，则在确定存货的期末价值时，应先将可变现净值折算为记账本位币，再与以记账本位币反映的存货成本进行比较。

（3）对于以公允价值计量的外币非货币性项目，期末公允价值以外币反映的，应当先将该外币金额按照公允价值确定当日的即期汇率折算为记账本位币金额，再与原记账本位币金额进行比较。属于以公允价值计量且其变动计入当期损益的金融资产（股票、基金等）的，折算后的记账本位币金额与原记账本位币金额之间的差额应作为公允价值变动损益（含汇率变动），计入当期损益；属于可供出售金融资产的，差额则应计入其他综合收益。

易错易混点 6　交易性金融资产与可供出售金融资产的汇兑差额

【母题·单选题】境内甲公司的记账本位币为人民币，外币交易采用交易发生时的即期汇率结算。2016年12月5日甲公司以每股7美元的价格购入乙公司持有的10000股A公司股票并作为交易性金融资产核算，当日即期汇率为1美元＝6.58元人民币，款项已支付。2016年12月31日，A公司股票的市价为每股7.5美元，当日的即期汇率为1美元＝6.45元人民币。假定不考虑相关税费的影响。甲公司2016年12月31日关于该项交易性金融资产影响当期损益的金额为（　　）元人民币。

A. 0

B. 32250

C. 23150

D. 32900

【答案】C

【解析】该项交易性金融资产属于外币非货币性项目，期末应确认的公允价值变动收益 ＝ 10000 × 7.5 × 6.45 − 10000 × 7 × 6.58 ＝ 23150（元人民币）。

【子题1·单选题】接母题，假如甲公司将该股票作为可供出售金融资产核算，则甲公司2016年12月31日该项可供出售金融资产影响当期损益的金额为（　　）元人民币。

A. 0

B. 32250

C. 23150

D. 32900

【答案】A

【解析】该项股票投资属于外币非货币性项目，期末应确认的其他综合收益的金额 ＝ 10000 × 7.5 × 6.45 − 10000 × 7 × 6.58 ＝ 23150（元人民币），不影响当期损益。

【子题2·判断题】企业持有的外币可供出售金融资产期末产生的汇兑差额计入其他综合收益。（　　）

【答案】×

【解析】可供出售金融资产外币货币性项目产生的汇兑差额计入当期损益，即财务费用；可供出售金融资产外币非货币性项目产生的汇兑差额计入所有者权益，即其他综合收益。

📖 **易错易混点辨析**

外币交易性金融资产和外币可供出售金融资产的会计处理：

项　　目		汇兑差额的处理	公允价值变动的处理
交易性金融资产		计入公允价值变动损益	计入公允价值变动损益
可供出售 金融资产	非货币性项目（权益工具）	计入其他综合收益	计入其他综合收益
	货币性项目（债务工具）	计入财务费用	计入其他综合收益

机考过关必练

一、单项选择题

1. 下列各项关于企业记账本位币的表述中，不正确的是(　　)。
    A. 企业的记账本位币一经确定，不得改变
    B. 企业因经营所处的主要经济环境发生重大变化，确需变更记账本位币的，应当采用变更当日的即期汇率将所有项目折算为变更后的记账本位币，折算后的金额作为新的记账本位币计量的历史成本
    C. 企业变更记账本位币时需要在附注中进行披露
    D. 企业记账本位币发生变更的，在按照变更当日的即期汇率将所有项目变更记账本位币时，其比较财务报表应当以可比当日的即期汇率折算所有资产负债和利润表项目

2. 企业发生的下列外币业务中，即使汇率变动不大，也不得使用即期汇率的近似汇率进行折算的是(　　)。
    A. 取得的外币借款
    B. 投资者以外币投入的资本
    C. 以外币购入的固定资产
    D. 销售商品取得的外币营业收入

3. 对境外经营财务报表折算时，不应当采用资产负债表日即期汇率进行折算的报表项目是(　　)。
    A. 固定资产
    B. 预收款项
    C. 盈余公积
    D. 可供出售金融资产

4. 甲股份有限公司（以下简称"甲公司"）为增值税一般纳税人，其记账本位币为人民币，对外币交易采用交易发生时的即期汇率折算。2016 年 3 月 1 日，甲公司从美国进口一批原材料 1000 吨，每吨的价格为 300 美元，当日的即期汇率为 1 美元 =6.7 元人民币，同时以人民币支付进口关税 20.1 万元人民币，支付进口增值税 37.59 万元人民币，货款尚未支付。甲公司按月计算汇兑损益。2016 年 3 月 31 日，即期汇率为 1 美元 =6.5 元人民币。根据上述资料，不考虑其他因素，2016 年 3 月 31 日，该项应付账款产生的汇兑收益的金额是(　　)万元人民币。
    A. 6 　　　　　B. –6 　　　　　C. 0 　　　　　D. 26.1

5. 某企业存货的可变现净值以外币确定，在确定存货的期末价值时，需要将存货可变现净值折算为记账本位币金额，对于折算后的记账本位币金额小于成本的差额应计入(　　)。
    A. 资产减值损失
    B. 财务费用
    C. 营业外支出
    D. 管理费用

6. 甲公司的记账本位币为人民币，对外币交易采用交易发生时的即期汇率折算。2016 年 12 月 5 日以每股 4 美元的价格购入 A 公司 10000 股股票作为交易性金融资产核算，当日即期汇率为 1 美元 =7.6 元人民币，款项已经支付，2016 年 12 月 31 日，A 公司股票公允价值为每股 4.2 美元，当日汇率为 1 美元 =7.4 元人民币，假定不考虑相关税费的影响，根据上述资料，甲公司期末应计入当期损益的金额为(　　)元人民币。
    A. 6800 　　　B. 800 　　　C. 10000 　　　D. 10600

7. 期末可供出售权益工具折算后的记账本位币金额与原记账本位币金额之间的差额应计入(　　)。
    A. 财务费用
    B. 公允价值变动损益
    C. 其他综合收益
    D. 营业外收入

8. 甲公司记账本位币为人民币，外币业务采用业务发生时的即期汇率进行折算，按月计算汇兑损益。2016 年 5 月 20 日，甲公司对外销售产品形成应收账款 500 万欧元，当日的即期汇率为 1 欧元 = 10.30 元人民币。5 月 31 日的即期汇率为 1 欧元 = 10.28 元人民币；6 月 1 日的即期汇率为 1 欧元 = 10.32 元人民币；6 月 30 日的即期汇率为 1 欧元 = 10.35 元人民币。7 月 10 日，甲公司收到该应收账款，当日即期汇率为 1 欧元 = 10.34 元人民币。甲公司因该应收账款 6 月份应当确认的汇兑收益为（　　）万元人民币。

    A. －10　　　　　　B. 15　　　　　　C. 25　　　　　　D. 35

9. 甲公司的记账本位币是欧元，其发生的下列交易中不属于外币交易的是（　　）。

    A. 买入以人民币计价的库存商品

    B. 买入以美元计价的债券作为可供出售金融资产

    C. 买入以欧元计价的无形资产

    D. 借入以人民币计价的长期借款

10. 某公司的记账本位币为人民币，对外币交易采用交易日的即期汇率折算。根据其与外商签订的投资合同，外商将分两次投入外币资本，投资合同约定的汇率为 1 英镑 = 15.5 元人民币。2015 年 4 月 1 日，该公司收到外商第一次投入资本 50 万英镑，当日即期汇率为 1 英镑 = 15.6 元人民币；2015 年 10 月 1 日，收到外商第二次投入资本 40 万英镑，当日即期汇率为 1 英镑 = 15.65 元人民币；2015 年 12 月 31 日的即期汇率为 1 英镑 = 15.8 元人民币。假设该公司没有其他外币投资。则 2015 年 12 月 31 日资产负债表中反映的外商投入的实收资本金额为（　　）万元人民币。

    A. 1406　　　　　　B. 1395　　　　　　C. 1422　　　　　　D. 2048

11. 某外商投资企业银行存款（美元）账户上期期末余额为 100000 美元，即期汇率为 1 美元 = 6.30 元人民币，该企业采用当日即期汇率作为记账汇率。该企业 2016 年 1 月 10 日将其中 20000 美元兑换为人民币，银行当日美元买入价为 1 美元 = 6.25 元人民币，当日即期汇率为 1 美元 = 6.32 元人民币。该企业本期没有其他涉及外币账户的业务，2016 年 1 月 31 日即期汇率为 1 美元 = 6.28 元人民币。则该企业 2016 年 1 月因上述事项应确认的财务费用（汇兑损失）为（　　）元人民币。

    A. 1200　　　　　　B. 1400　　　　　　C. 2600　　　　　　D. －200

12. 甲公司编制合并财务报表时，需要对其持有 70% 股份的境外经营子公司财务报表进行折算，该外币报表折算后资产总额为 2400 万元人民币，负债合计为 1500 万元人民币，所有者权益合计为 881 万元人民币，则产生的外币报表折算差额在合并资产负债表上"其他综合收益"项目应列示的金额是（　　）万元人民币。

    A. 19　　　　　　B. 13.3　　　　　　C. －13.3　　　　　　D. －19

二、多项选择题

1. 企业在选定记账本位币时应考虑的因素有（　　）。

    A. 该货币主要影响商品和劳务的销售价格，通常以该货币进行商品和劳务的计价和结算

    B. 该货币主要影响商品和劳务所需人工、材料和其他费用，通常以该货币进行上述费用的计价和结算

    C. 融资活动获得的货币以及保存从经营活动中收取款项所使用的货币

    D. 根据管理层的需要选择记账本位币

2. 某企业以人民币为记账本位币，下列关于该企业各项汇兑差额的处理中，应当计入当期财务费用的有（　　）。

    A. 在资本化期间内，企业的外币专门借款利息在期末按即期汇率折算的人民币金额与原账面已折算的人民币金额之间的差额

    B. 企业用外币购买并计价的交易性金融资产在期末按即期汇率折算的人民币金额与原账面已折算的人民币金额之间的差额

    C. 企业向银行购入外汇，用于支付进口设备货款，实际支付的人民币金额与按选定的折算汇率折合的人民币金额之间的差额

    D. 企业的外币银行存款在期末按即期汇率折算的人民币金额与原账面已折算的人民币金额之间的差额

3. 下列项目中,属于境外经营或视同境外经营的有(   )。

    A. 企业在境外的分支机构

    B. 采用相同于企业记账本位币的,在境内的子公司

    C. 采用不同于企业记账本位币的,在境内的合营企业

    D. 采用不同于企业记账本位币的,在境内的分支机构

4. 下列关于外币财务报表折算的表述中,正确的有(   )。

    A. 资产负债表中,资产和负债项目应当采用资产负债表日的即期汇率进行折算

    B. 资产负债表中,所有者权益项目,除"未分配利润"项目外,其他项目均应采用发生时的即期汇率进行折算

    C. 利润表中的收入和费用项目,应当采用交易发生日的即期汇率折算,也可以采用与交易发生日即期汇率近似的汇率进行折算

    D. 在部分处置境外经营时,应将合并资产负债表中所有者权益项目下列示的、与境外经营相关的全部外币财务报表折算差额转入当期损益

5. 甲公司记账本位币为人民币,乙公司在美国注册,在美国生产产品并全部在当地销售,生产所需原材料直接在美国采购,甲公司拥有乙公司 80% 股权,能够控制乙公司财务、经营决策。2×15 年年末,在对境外经营乙公司财务报表折算时,存在一特殊事项,甲公司应收乙公司款项 1000 万美元,该应收款项实质上构成对乙公司净投资的一部分,2×15 年 12 月 31 日折算的人民币金额为 8200 万元。2×16 年 12 月 31 日即期汇率为 1 美元 = 7.8 元人民币,假定少数股东不承担该长期应收款产生的外币报表折算差额。下列项目中正确的有(   )。

    A. 在对乙公司财务报表折算时,归属于乙公司少数股东的外币报表折算差额应并入少数股东权益项目

    B. 实质上构成对乙公司净投资的长期应收款产生的汇兑差额,在合并报表中所有者权益项目下列示

    C. 甲公司合并报表中,因该项长期应收款减少其他综合收益 400 万元

    D. 甲公司个别报表中,因"长期应收款——美元"账户产生的汇兑损失计入财务费用 400 万元人民币

6. 企业在资产负债表日,应当按照准则规定对外币货币性项目和外币非货币性项目进行处理,下列说法中正确的有(   )。

    A. 外币货币性项目,采用资产负债表日即期汇率折算

    B. 外币货币性项目,因资产负债表日即期汇率与初始确认时或者前一资产负债表日即期汇率不同产生的汇兑差额,计入当期损益

    C. 外币货币性项目,因资产负债表日即期汇率与初始确认时或者前一资产负债表日即期汇率不同而产生的汇兑差额,应计入其他综合收益

    D. 以历史成本计量的外币非货币性项目,仍采用交易发生日的即期汇率折算,不改变其原记账本位币金额

7. 下列说法中不正确的有(   )。

    A. 当期期末即期汇率上升时,其他应收款账户会产生汇兑收益

    B. 当期期末即期汇率上升时,实收资本账户会产生汇兑收益

    C. 当期期末即期汇率下降时,其他应付款账户会产生汇兑损失

    D. 当期期末即期汇率下降时,应收账款账户会产生汇兑收益

8. 境外经营的子公司在选择确定记账本位币时,除应考虑确定企业记账本位币需考虑因素外,还应当考虑的因素有(   )。

    A. 境外经营对其所从事的活动是否拥有很强的自主性

    B. 与母公司交易占其交易总量的比重

    C. 境外经营所产生的现金流量是否直接影响母公司的现金流量

    D. 境外经营所产生的现金流量是否足以偿付现有及可预期的债务

9. 下列各项属于外币货币性项目的有(　　)。
   A. 预收款项　　　　　　　　　　　　B. 预付款项
   C. 可供出售金融资产（债券）　　　　D. 应付职工薪酬

10. 甲公司的记账本位币为人民币，对外币交易采用交易日的即期汇率折算，按月计算汇兑损益。（1）2015年4月3日，向乙公司出口销售商品1000万美元，当日的即期汇率为1美元＝6.65元人民币。假设不考虑相关税费，货款尚未收到。(2) 4月30日，甲公司仍未收到该笔货款。当日的即期汇率为1美元＝6.6元人民币。(3) 5月20日收到上述货款并存入银行。当日即期汇率为1美元＝6.3元人民币；当日银行的美元买入价为1美元＝6.26元人民币。下列有关5月外币业务的会计处理，正确的有(　　)。
   A. 假定5月20日收到美元货款直接存入银行，则记入"银行存款——美元"科目的金额为6300万元人民币
   B. 假定5月20日收到美元货款直接存入银行，则确认财务费用的金额为300万元人民币
   C. 假定5月20日收到货款兑换为人民币后存入银行，则记入"银行存款——人民币"科目的金额为6300万元人民币
   D. 假定5月20日收到货款兑换为人民币后存入银行，则确认财务费用的金额为340万元人民币

11. 甲公司以人民币为记账本位币，对外币交易采用交易日的即期汇率折算。2015年6月30日以10万美元的价格从美国某供货商手中购入一台设备，并于当日支付了相应货款（假定新华公司有美元存款）。至2015年12月31日该设备未发生减值迹象。该设备预计使用年限为5年，预计净残值为0，采用年限平均法计提折旧。6月30日的即期汇率为1美元＝6.8元人民币，12月31日的即期汇率为1美元＝6.85元人民币。假定不考虑增值税等相关税费，甲公司下列说法中正确的有(　　)。
   A. 甲公司该固定资产的初始入账价值为68万元人民币
   B. 2015年年末该设备账面价值为61.2万元人民币
   C. 2015年年末该设备账面价值为61.65万元人民币
   D. 2015年该设备应计提折旧6.8万元人民币

三、判断题

1. 企业记账本位币一经确定，以后期间不得变更。　　　　　　　　　　　　　　　（　　）

2. 在我国，业务收支以人民币以外的货币为主的企业，可以选定其中一种货币作为记账本位币，并编制相关财务报表。　　　　　　　　　　　　　　　　　　　　　　（　　）

3. 企业的记账本位币为人民币，在将美元兑换成人民币的业务处理中不产生汇兑差额，银行存款的美元户和人民币户均按银行美元的卖出价处理。　　　　　　　　　　（　　）

4. 企业记账本位币发生变更的，在按照变更当日的即期汇率将所有项目变更为新记账本位币时，其比较财务报表应当以可比当日的即期汇率折算所有资产负债表和利润表项目。　　（　　）

5. 外币报表折算时，资产负债表中的长期股权投资项目，采用交易发生日的即期汇率折算。（　　）

6. 企业在资产负债表日，外币货币性项目，因资产负债表日即期汇率与初始确认时或者前一资产负债表日即期汇率不同而产生的汇兑差额，计入递延收益。　　　　　（　　）

7. 外币交易应当在初始确认时，采用交易发生日的即期汇率或交易发生当期期初的汇率将外币金额折算为记账本位币金额。　　　　　　　　　　　　　　　　　　　　（　　）

8. 企业处置境外经营时，应将已列入所有者权益（其他综合收益）的外币报表折算差额中与该境外经营相关部分，自所有者权益项目中转入处置当期损益；如果是部分处置境外经营，应当按处置的比例计算处置部分的外币报表折算差额，转入处置当期损益。　　（　　）

9. 以历史成本计量的外币非货币性项目，资产负债表日仍采用交易发生日的即期汇率折算，不应改变其原记账本位币金额，不产生汇兑差额。　　　　　　　　　　　　（　　）

10. 在对企业境外经营财务报表进行折算前，应当调整境外经营的会计期间及会计政策，使之与企业会计期间和会计政策相一致。　　　　　　　　　　　　　　　　　（　　）

11. 外币报表折算差额为折算后以记账本位币反映的净资产减去以记账本位币反映的实收资本、资本公积、其他综合收益、盈余公积及未分配利润后的余额。　　　　　（　　）

12. 归属于少数股东应分担的外币报表折算差额，在合并资产负债表和合并所有者权益变动表中所有者权益项目下单独作为"外币报表折算差额"项目列示。　　　　　　　　　　　　（　　）

四、计算分析题

1. 甲外商投资有限责任公司（以下简称"甲公司"）系增值税一般纳税人，销售和进口货物适用的增值税税率为17%，开设有外汇账户，会计核算以人民币作为记账本位币，外币交易采用交易发生日的即期汇率折算，按月确认汇兑损益。该公司2016年12月份发生的外币业务及相关资料如下：

（1）5日，从国外乙公司进口原料一批，货款200000欧元，当日即期汇率为1欧元=8.50元人民币，货款尚未支付。甲公司以人民币支付该原材料的进口关税170000元，支付进口增值税317900元，并取得海关完税凭证。

（2）14日，向国外丙公司出口销售商品一批（不考虑增值税），货款40000美元，当日即期汇率为1美元=6.34元人民币，商品已经发出，货款尚未收到，但满足收入确认条件。

（3）16日，以人民币从银行购入200000欧元并存入银行，当日欧元的卖出价为1欧元=8.30元人民币，中间价为1欧元=8.26元人民币。

（4）20日，因增资扩股收到境外投资者投入的1000000欧元，当日即期汇率为1欧元=8.24元人民币，其中，8000000元人民币作为注册资本入账。

（5）25日，向国外乙公司支付本月5日因购买原材料所欠的部分货款180000欧元，当日即期汇率为1欧元=8.51元人民币。

（6）28日，收到丙公司汇来的货款40000美元，当日即期汇率为1美元=6.31元人民币。

（7）31日，根据当日即期汇率对有关外币货币性项目进行调整并确认汇兑差额，当日有关外币的即期汇率为1欧元=8.16元人民币；1美元=6.30元人民币。有关项目的余额如下：

项　目	外币金额	调整前的人民币金额
银行存款（美元）	40000（借方）	252400（借方）
银行存款（欧元）	1020000（借方）	8360200（借方）
应付账款（欧元）	20000（贷方）	170000（贷方）

要求：

（1）根据资料（1）至（6），编制甲公司与外币业务相关的会计分录。

（2）根据资料（7），计算甲公司2016年12月31日确认的汇兑差额，并编制相应的会计分录。

2. 甲股份有限公司（以下简称"甲公司"）以人民币作为记账本位币，外币业务采用业务发生时即期汇率进行折算，按季核算汇兑差额。2016年3月31日有关外币账户余额如下：

项　目	外币金额（万美元）	折算汇率	折算金额（万元人民币）
长期借款（贷方）	2000	6.40	12800
应付利息（贷方）	30	6.40	192

长期借款2000万美元，系2015年1月1日借入的专门用于建造某生产线的外币借款，借款期限为36个月，年利率为6%，按季计提利息，每年1月1日和7月1日支付半年的利息。该生产线于2015年11月开工，至2016年3月31日，该生产线仍处于建造过程之中，已使用外币借款1200万美元，2016年第2季度该笔专门借款闲置部分产生的利息收入为12万美元，于季度末收到。预计该生产线将于2017年3月完工。假定不考虑借款手续费及专门借款闲置资金产生的利息收入形成的汇兑差额。2016年4月至6月，甲公司发生如下外币业务（假定不考虑增值税等相关税费）：

（1）4月1日，为建造该生产线进口一套设备，并以外币银行存款100万美元支付设备购置价款。设备于当月投入安装。当日即期汇率为1美元=6.40元人民币。

（2）5月10日，以外币银行存款向外国公司支付生产线安装费用60万美元。当日即期汇率为1美元=6.30元人民币。

（3）6 月 30 日，计提外币专门借款利息。假定外币专门借款应计利息通过"应付利息"科目核算。当日即期汇率为 1 美元＝6.20 元人民币。

要求：

（1）编制 2016 年第 2 季度与外币业务相关的会计分录。

（2）计算 2016 年第 2 季度计入在建工程的汇兑差额金额。

（3）编制 2016 年 6 月 30 日与汇兑差额相关的会计分录。

（答案中的金额单位用万美元或万元人民币表示）

机考过关必练参考答案及解析

一、单项选择题

1.【答案】A

【解析】与确定记账本位币相关的企业经营所处的主要经济环境发生重大变化的，如果确需变更记账本位币，是要对记账本位币变更的，选项 A 表述不正确。

2.【答案】B

【解析】企业收到投资者以外币投入的资本，无论是否有合同约定汇率，均不得采用合同约定汇率和即期汇率的近似汇率折算，而应当采用交易发生日的即期汇率折算。

3.【答案】C

【解析】对境外经营财务报表折算时，资产负债表中的资产和负债项目，采用资产负债表日的即期汇率折算，所有者权益项目除未分配利润项目外，其他项目采用发生时即期汇率折算。

4.【答案】A

【解析】应付账款产生汇兑损益 ＝（1000 × 300 × 6.5 − 1000 × 300 × 6.7）/10000 ＝ −6（万元人民币），即产生汇兑收益 6 万元人民币。

5.【答案】A

【解析】存货的可变现净值折算为记账本位币金额小于成本的差额应计入资产减值损失。

6.【答案】A

【解析】甲公司期末应计入当期损益的金额 ＝ 4.2 × 10000 × 7.4 − 4 × 10000 × 7.6 ＝ 6800（元人民币）。

取得交易性金融资产时：

借：交易性金融资产——成本　　　　　　　　　　　　　　304000（4 × 10000 × 7.6）

　　贷：银行存款——美元　　　　　　　　　　　　　　　　　　　　304000

期末按照公允价值调整：

借：交易性金融资产——公允价值变动　　　　　　　　　　　　6800

　　贷：公允价值变动损益　　　　　　　　　　　　　　　　　　　　6800

7.【答案】C

【解析】外币可供出售权益工具投资属于非货币性项目，期末因汇率变动而产生的汇兑差额与正常公允价值变动金额一并反映，计入其他综合收益；外币可供出售债务工具投资属于货币性项目，期末因汇率变动而产生的汇兑差额计入当期损益（财务费用），公允价值变动部分计入其他综合收益。

8.【答案】D

【解析】甲公司因该应收账款 6 月份应确认的汇兑收益 ＝ 500 ×（10.35 − 10.28）＝ 35（万元人民币）。

9.【答案】C

【解析】外币交易是指以外币计价或者结算的交易，包括：买入或者卖出外币计价的商品或者劳务；借入或者借出外币资金；其他以外币计价或者结算的交易，选项 C 不属于外币交易。

10.【答案】A

【解析】该公司 2015 年 12 月 31 日资产负债表中外商投入的实收资本金额 ＝ 50 × 15.6 + 40 × 15.65 ＝ 1406（万元人民币）。

11.【答案】C

【解析】该企业 2016 年 1 月因上述事项应确认的财务费用（汇兑损失）金额 =［（100000 × 6.30 − 20000 × 6.32）− 80000 × 6.28］+ 20000 ×（6.32 − 6.25）= 2600（元人民币）。

12.【答案】B

【解析】产生的外币报表折算差额在合并财务报表中"其他综合收益"项目应列示的金额 =（2400 − 1500 − 881）× 70% = 13.3（万元人民币）。少数股东应负担的外币报表折算差额部分应并入少数股东权益列示于合并资产负债表。

二、多项选择题

1.【答案】ABC

【解析】企业选定记账本位币，应当考虑下列因素：（1）该货币主要影响商品和劳务的销售价格，通常以该货币进行商品和劳务的计价和结算；（2）该货币主要影响商品和劳务所需人工、材料和其他费用，通常以该货币进行上述费用的计价和结算；（3）融资活动获得的货币以及保存从经营活动中收取款项所使用的货币。

2.【答案】CD

【解析】选项 A，应予以资本化，计入相关资产成本；选项 B，外币计价的交易性金融资产形成的汇兑差额应计入公允价值变动损益。

3.【答案】ACD

【解析】境外经营通常是指企业在境外的子公司、合营企业、联营企业、分支机构。当企业在境内的子公司、联营企业、合营企业或者分支机构选定的记账本位币不同于企业的记账本位币时，也应当视同境外经营，选项 A、C 和 D 正确。

4.【答案】ABC

【解析】企业在处置境外经营时，应当将合并资产负债表中所有者权益项目下已列入其他综合收益的外币报表折算差额中与该境外经营相关部分，自所有者权益项目转入处置当期损益；部分处置境外经营的，应当按处置的比例计算处置部分的外币财务报表折算差额，转入处置当期损益，选项 D 错误。

5.【答案】ABCD

【解析】在企业境外经营为其子公司的情况下，对境外经营财务报表折算时，企业在编制合并财务报表时，应按少数股东在境外经营所有者权益中所享有的份额计算少数股东应分担的外币报表折算差额，并入少数股东权益列示于合并资产负债表，选项 A 正确；存在实质上构成对子公司净投资的外币货币性项目产生的汇兑差额，在合并报表中所有者权益项目下列示，选项 B 正确；甲公司个别财务报表中"长期应收款——美元"账户产生的汇兑损失 = 8200 − 1000 × 7.8 = 400（万元人民币），计入财务费用，选项 D 正确；甲公司合并财务报表中该货币性项目产生的汇兑差额转入其他综合收益项目中，汇兑损失会减少其他综合收益项目金额，选项 C 正确。

6.【答案】ABD

【解析】外币货币性项目，应当采用资产负债表日即期汇率折算，因资产负债表日即期汇率与初始确认时或者前一资产负债表日即期汇率不同产生的汇兑差额，计入当期损益；对于以公允价值计量的股票、基金等非货币性项目，如果期末的公允价值以外币反映，则应当先将该外币按照公允价值确定当日的即期汇率折算为记账本位币金额，再与原记账本位币金额进行比较，其差额作为公允价值变动，记入"公允价值变动损益"科目或"其他综合收益"科目，选项 C 不正确。

7.【答案】BCD

【解析】外币投入资本只能以实际收到出资日的即期汇率折算，期末不需要进行账务处理，不产生外币资本折算差额，选项 B 不正确；当期期末即期汇率下降时，其他应付款账户会产生汇兑收益，而应收账款账户会产生汇兑损失，选项 C 和 D 不正确。

8.【答案】ABCD

9.【答案】CD

【解析】预收款项、预付款项因未来结算时金额不固定，属于外币非货币性项目。

10.【答案】ABD

【解析】假设 5 月 20 日收到美元货款直接存入银行，会计分录如下：

借：银行存款——美元 6300（1000×6.3）

财务费用 300

贷：应收账款——美元 6600（1000×6.6）（外币账户记账本位币余额）

假设 5 月 20 日收到货款兑换为人民币后存入银行，会计分录如下：

借：银行存款——人民币 6260（1000×6.26）

财务费用 340

贷：应收账款——美元 6600（外币账户记账本位币余额）

【提示】甲公司按月计算汇兑损益，4 月 30 日产生的汇兑差额（即 6.6×1000 与 6.65×1000 的差额）已经在 4 月 30 日确认了，所以在 5 月 20 日实际收到货款时，应收账款是以 4 月 30 日的即期汇率 1 美元等于 6.6 元人民币为基础计算的。

11.【答案】ABD

【解析】该设备初始入账价值 = 10×6.8 = 68（万元人民币），选项 A 正确；对于以历史成本计量的外币非货币性项目，已在交易日按即期汇率折算，资产负债表日不应改变其原记账本位币金额，不产生汇兑差额，故 2015 年该设备应计提折旧金额 = 68/5×6/12 = 6.8（万元人民币），期末该设备账面价值 = 68 – 6.8 = 61.2（万元人民币）。

三、判断题

1.【答案】×

【解析】企业记账本位币一经确定，不得随意变更，除非与确定记账本位币相关的企业经营所处的主要经济环境发生重大变化，可以变更记账本位币。

2.【答案】×

【解析】在我国，业务收支以人民币以外的货币为主的企业，可以选定其中一种货币作为记账本位币，但编制的财务报表应当折算为人民币金额。

3.【答案】×

【解析】企业发生外币交易时以发生时即期汇率将外币折算为记账本位币金额，外币兑换时实际卖出价与即期汇率的差额为发生外币时产生的汇兑差额计入当期损益（财务费用）。

4.【答案】√

5.【答案】×

【解析】外币报表折算时，资产负债表中的资产和负债项目，采用资产负债表日的即期汇率折算。

6.【答案】×

【解析】资产负债表日，对于外币货币性项目，应采用资产负债表日即期汇率折算，因资产负债表日即期汇率与初始确认时或者前一资产负债表日即期汇率不同而产生的汇兑差额，计入当期损益。

7.【答案】×

【解析】外币交易应当在初始确认时，采用交易发生日的即期汇率将外币金额折算为记账本位币金额；也可以采用按照系统合理的方法确定的、与交易发生日即期汇率近似的汇率折算。

8.【答案】√

9.【答案】√

10.【答案】√

11.【答案】√

12.【答案】×

【解析】归属于少数股东应分担的外币报表折算差额，应并入"少数股东权益"项目列示。

四、计算分析题

1.【答案】

（1）

①借：原材料 1870000（200000×8.5 + 170000）

应交税费——应交增值税（进项税额） 317900

贷：应付账款——乙公司（欧元）　　　　　　　　　　　1700000（200000×8.5）

　　银行存款——××银行（人民币）　　　　　　　　　487900（170000+317900）

②借：应收账款——丙公司（美元）　　　　　　　　　　253600（40000×6.34）

　　贷：主营业务收入　　　　　　　　　　　　　　　　　253600

③借：银行存款——××银行（欧元）　　　　　　　　　1652000（200000×8.26）

　　财务费用——汇兑差额　　　　　　　　　　　　　　8000

　　贷：银行存款——××银行（人民币）　　　　　　　　1660000（200000×8.3）

④借：银行存款——××银行（欧元）　　　　　　　　　8240000（1000000×8.24）

　　贷：实收资本　　　　　　　　　　　　　　　　　　　8000000

　　　　资本公积——资本溢价　　　　　　　　　　　　　240000

⑤借：应付账款——乙公司（欧元）　　　　　　　　　　1530000（180000×8.5）

　　财务费用——汇兑差额　　　　　　　　　　　　　　1800

　　贷：银行存款——××银行（欧元）　　　　　　　　　1531800（180000×8.51）

⑥借：银行存款——××银行（美元）　　　　　　　　　252400（40000×6.31）

　　财务费用——汇兑差额　　　　　　　　　　　　　　1200

　　贷：应收账款——丙公司（美元）　　　　　　　　　　253600（40000×6.34）

（2）期末计算汇兑差额

期末银行存款美元账户汇兑差额=40000×6.3-252400=-400（元人民币）（汇兑损失）

期末银行存款欧元账户汇兑差额=1020000×8.16-8360200=-37000（元人民币）（汇兑损失）

期末应付账款账户汇兑差额=20000×8.16-170000=-6800（元人民币）（汇兑收益）

借：应付账款——乙公司（欧元）　　　　　　　　　　　6800

　　财务费用　　　　　　　　　　　　　　　　　　　　30600

　　贷：银行存款——××银行（美元）　　　　　　　　　400

　　　　　　　——××银行（欧元）　　　　　　　　　　37000

2.【答案】

（1）

①4月1日

借：在建工程　　　　　　　　　　　　　　　　　　　640（100×6.40）

　　贷：银行存款——××银行（美元）　　　　　　　　　640

③5月10日

借：在建工程　　　　　　　　　　　　　　　　　　　378

　　贷：银行存款——××银行（美元）　　　　　　　　　378（60×6.30）

⑥6月30日

借：银行存款——××银行（美元）　　　　　　　　　　74.4（12×6.20）

　　在建工程　　　　　　　　　　　　　　　　　　　　111.6

　　贷：应付利息——××银行（美元）　　　　　　　　　186

【提示】第二季度利息=2000×6%×3/12×6.20=186（万元人民币），应计入在建工程的金额=186-12×6.20=111.6（万元人民币）。

（2）计入在建工程的汇兑差额

长期借款账户汇兑差额=2000×（6.20-6.40）=-400（万元人民币）（汇兑收益）；

应付利息账户汇兑差额=30×（6.20-6.40）+30×（6.20-6.20）=-6（万元人民币）（汇兑收益）；

计入在建工程的汇兑差额=-400-6=-406（万元人民币）。

（3）

借：长期借款——××银行（美元）　　　　　　　　　400

　　应付利息——××银行（美元）　　　　　　　　　　6

　　贷：在建工程　　　　　　　　　　　　　　　　　　　406

第十八章　会计政策、会计估计变更和差错更正

🔊 学习导读

本章属于较重要章节，主要介绍了会计政策及其变更的会计处理、会计估计及其变更的会计处理和前期差错及其更正的会计处理。

本章需要重点掌握的内容包括：（1）会计政策变更和会计估计变更的判定；（2）会计政策变更、会计估计变更和前期差错更正的会计处理。

在近三年考试中，本章的平均分值为4分。本章考试的题型一般为单项选择题、多项选择题和判断题，也有可能与资产负债表日后事项和所得税相结合在主观题出现。2017年考试依然重点掌握上述内容。

易错易混集训

易错易混点 1 会计政策和会计估计的概念、特点及处理方法

【母题·单选题】下列关于会计估计的表述中，不正确的是(　　)。

A. 会计估计的存在是由于经济活动中内在的不确定性因素的影响

B. 进行会计估计时，往往以最近可利用的信息或资料为基础

C. 由于会计估计带有不确定性，会削弱会计确认和计量的可靠性

D. 某项变更难以区分为会计政策变更或会计估计变更的，应作为会计估计变更

【答案】C

【解析】选项C，进行会计估计并不会削弱会计确认和计量的可靠性。

【子题·多选题】下列关于会计政策及其变更的表述中，正确的有(　　)。

A. 会计政策涉及会计原则、会计基础和具体会计处理方法

B. 变更会计政策表明以前会计期间采用的会计政策存在错误

C. 变更会计政策应能够更好地反映企业的财务状况和经营成果

D. 本期发生的交易或事项与前期相比具有本质差别而采用新的会计政策，不属于会计政策变更

【答案】ACD

【解析】会计政策变更，并不意味着以前期间的会计政策是错误的，只是由于情况发生了变化，或者掌握了新的信息、积累了更多的经验，使得变更会计政策能够更好地反映企业的财务状况、经营成果和现金流量，选项B错误。

📖 易错易混点辨析

项　目	会计政策	会计估计
概念	会计政策，是指企业在会计确认、计量和报告中所采用的原则、基础和会计处理方法	会计估计，是指企业对其结果不确定的交易或事项以最近可利用的信息为基础所做的判断

项　目	会计政策	会计估计
特点	（1）企业应在国家统一的会计准则制度规定的会计政策范围内选择适用的会计政策 （2）会计政策涉及会计原则、会计基础和具体会计处理方法 （3）会计政策应当保持前后各期的一致性	（1）会计估计的存在是由于经济活动中内在的不确定性因素的影响 （2）会计估计应当以最近可利用的信息或资料为基础 （3）进行会计估计并不会削弱会计核算的可靠性
处理方法	追溯调整法、未来适用法	未来适用法

易错易混点2 会计政策和会计估计的内容

【母题·单选题】下列各项中，不属于会计政策变更的是(　　)。

A. 变更固定资产的折旧方法

B. 投资性房地产由成本模式转换为公允价值模式

C. 发出存货的计价方法由先进先出法变更为移动加权平均法

D. 对子公司的个别报表的核算方法由权益法改为成本法

【答案】A

【解析】选项A，固定资产折旧方法的变更属于会计估计变更，不属于会计政策变更。

【子题·单选题】根据准则规定，下列各项属于会计估计变更的是(　　)。

A. 分期付款取得的固定资产由以购买价款进行初始计量改为以购买价款现值进行初始计量

B. 商品流通企业采购费用由计入当期损益改为计入取得存货的成本

C. 将内部研发项目开发阶段的支出由计入当期损益改为符合规定条件的计入无形资产的成本

D. 固定资产预计使用年限由 10 年改为 5 年

【答案】D

【解析】选项A属于计量属性发生变更；选项B属于列报项目发生变更；选项C属于会计确认发生变更，选项A、B和C均属于会计政策变更；固定资产折旧方法、折旧年限及预计净残值的改变属于会计估计变更，选项D正确。

易错易混点辨析

项目	会计政策	会计估计
内容	（1）财务报表的编制基础、计量基础和会计政策的确定依据等 （2）存货的计价，例如，企业发出存货成本的计量是采用先进先出法，还是采用其他计量方法 （3）固定资产的初始计量，例如，企业取得的固定资产初始成本是以购买价款，还是以购买价款的现值为基础进行计量 （4）无形资产的确认，例如，企业内部研究开发项目开发阶段的支出是确认为无形资产，还是在发生时计入当期损益 （5）投资性房地产的后续计量，例如，企业对投资性房地产的后续计量是采用成本模式，还是公允价值模式 （6）长期股权投资的核算，例如，企业对被投资单位的长期股权投资是采用成本法，还是采用权益法核算	（1）存货可变现净值的确定 （2）采用公允价值模式下投资性房地产公允价值的确定 （3）固定资产的预计使用寿命、预计净残值和折旧方法、弃置费用的确定 （4）消耗性生物资产可变现净值的确定、生产性生物资产的预计使用寿命、预计净残值和折旧方法的确定 （5）使用寿命有限的无形资产的预计使用寿命、预计净残值和摊销方法的确定 （6）非货币性资产公允价值的确定 （7）固定资产、无形资产、长期股权投资等非流动资产可收回金额的确定 （8）职工薪酬金额的确定 （9）与股份支付相关的公允价值的确定 （10）与债务重组相关的公允价值的确定 （11）预计负债初始计量的最佳估计数的确定

项　目	会计政策	会计估计
内容	（7）非货币性资产交换的计量，例如，非货币性资产交换是以换出资产的公允价值作为确定换入资产成本的基础，还是以换出资产的账面价值作为确定换入资产成本的基础 （8）收入的确认，例如，企业是采用完工百分比法确认收入，还是采用其他方法 （9）借款费用的处理，是指借款费用的处理方法，即采用资本化还是费用化 （10）外币折算，是指外币折算所采用的方法以及汇兑损益的处理 （11）合并政策，例如，母公司与子公司的会计年度不一致的处理原则；合并范围的确定原则等	（12）收入金额的确定、提供劳务完工进度的确定 （13）建造合同或劳务合同完工进度的确定 （14）与政府补助相关的公允价值的确定 （15）一般借款资本化金额的确定 （16）应纳税暂时性差异和可抵扣暂时性差异的确定 （17）与非同一控制下的企业合并相关的公允价值的确定 （18）租赁资产公允价值的确定、最低租赁付款额现值的确定、承租人融资租赁折现率的确定、融资费用和融资收入的确定、未担保余值的确定 （19）与金融工具相关的公允价值的确定、摊余成本的确定、金融资产减值损失的确定

易错易混点 3　累积影响数的判断和确认

【母题·单选题】华天公司 2014 年、2015 年分别以 4500000 元和 1100000 元的价格从股票市场购入 A、B 两只以交易为目的的股票（假定不考虑购入股票发生的交易费用），市价一直高于购入成本。华天公司采用成本与市价孰低法对购入股票进行计量。华天公司从 2016 年起对其以交易为目的购入的股票由成本与市价孰低改为公允价值计量，华天公司保存的会计资料比较齐备，可以通过会计资料追溯计算。假设华天公司适用的所得税税率为 25%，按净利润的 10% 提取法定盈余公积，按净利润的 5% 提取任意盈余公积。2015 年华天公司发行在外普通股加权平均数为 4500 万股。A、B 股票有关资料如下表所示。

两种方法计量的交易性金融资产账面价值

单位：元

股票 ＼ 会计政策	成本与市价孰低	2014 年年末公允价值	2015 年年末公允价值
A 股票	4500000	5100000	5100000
B 股票	1100000	—	1300000

根据上述资料，假定不考虑所得税以外的其他相关税费，华天公司会计政策变更的累积影响数为（　　）元。

A. 600000 　　　　　　　　　　　　　B. 150000

C. 200000 　　　　　　　　　　　　　D. 450000

【答案】D

【解析】华天公司 2016 年进行会计政策变更后累积影响数的金额 =（5100000 - 4500000）×（1 - 25%）= 450000（元）。

【子题·单选题】接母题，根据上述资料，假定不考虑所得税以外的其他相关税费，影响华天公司 2016 年期初留存收益的金额为（　　）元。

A. 600000 　　　　　　　　　　　　　B. 150000

C. 200000 　　　　　　　　　　　　　D. 450000

【答案】A

【解析】影响 2016 年期初留存收益的金额 =[（5100000 - 4500000）+（1300000 - 1100000）]×（1 - 25%）= 600000（万元）。

📖 易错易混点辨析

会计政策变更累积影响数，是指按照变更后的会计政策对以前各期追溯计算的列报前期最早期初留存收益应有金额与现有金额之间的差额。

【举例】报告年度是 2016 年，报告年度的前期就是 2015 年，那么对 2015 年期初留存收益的影响的是 2014 年 12 月 31 日之前的金额，不包含 2015 年的。

华天公司在 2014 年年末交易性金融资产按公允价值计量的账面价值为 5100000 元，按成本与市价孰低计量的账面价值为 4500000 元，两者的所得税影响合计为 150000 元，两者差异的税后净影响额为 450000 元，即为该公司 2015 年期初交易性金融资产由成本与市价孰低改为公允价值的累积影响数。

华天公司在 2015 年年末作为交易性金融资产核算的 A 股票和 B 股票按公允价值计量的账面价值合计为 6400000 元，按成本与市价孰低计量的账面价值合计为 5600000 元，两者的所得税影响合计为 200000 元，两者差异的税后净影响额为 600000 元（调整 2016 年报表期初留存收益），其中，450000 元是调整 2015 年累积影响数，150000 元是调整 2015 年当期金额。

易错易混点4　差错更正涉及所得税费用的调整

【母题】甲公司为增值税一般纳税人，所得税采用资产负债表债务法核算，适用的所得税税率为 25%，按净利润的 10% 计提盈余公积，2017 年 5 月 20 日，甲公司发现在 2016 年 12 月 31 日计算 A 库存商品的可变现净值时发生了差错，该库存商品的成本为 1000 万元，预计可变现净值为 700 万元，2016 年 12 月 31 日甲公司误将 A 库存商品的可变现净值预计为 900 万元，存货跌价准备少计提 200 万元。

要求：编制差错更正的会计处理。

【答案】

借：以前年度损益调整	200
贷：存货跌价准备	200
借：递延所得税资产	50
贷：以前年度损益调整	50
借：利润分配——未分配利润	150
贷：以前年度损益调整	150
借：盈余公积	15
贷：利润分配——未分配利润	15

【提示】税法处理在更正前后是不变的，所以应交所得税并没有错，不需要调整应交所得税。

【子题】甲公司适用的所得税税率为 25%。2016 年 8 月 31 日，甲公司与乙公司签订销售合同，合同约定甲公司以 600 万元价格向乙公司销售一批 B 产品；同时签订补充合同，约定于 2017 年 1 月 31 日甲公司以 800 万元的价格将该批 B 产品购回。B 产品并未发出，款项已于当日收存银行。该批 B 产品成本为 400 万元（未计提存货跌价准备）。甲公司 2016 年确认了主营业务收入 600 万元，并结转主营业务成本 400 万元，假定税法对涉及损益的事项处理口径与会计一致，且假设不考虑相关税费等其他因素。

要求：编制差错更正的会计处理。（不要求编制以前年度损益调整结转的分录）

【答案】

具有融资性质的售后回购，商品所有权上的风险与报酬并没有转移，不能确认收入、结转成本。2016 年度应确认财务费用 =（800 - 600）/5 × 4 = 160（万元）。

借：以前年度损益调整	600
贷：其他应付款	600
借：库存商品	400
贷：以前年度损益调整	400
借：以前年度损益调整	160
贷：其他应付款	160

借：应交税费——应交所得税　　　　　　　　　　　　90　〔（600 – 400 + 160）×25%〕
　　贷：以前年度损益调整　　　　　　　　　　　　　　　　　　　　90

📖 易错易混点辨析

1. 应交所得税是否调整

（1）如果会计准则和税法规定对涉及损益的事项处理口径一致（即税法允许调整应交所得税），则应调整应交所得税。

（2）如果会计准则和税法对涉及损益的事项处理口径不一致（即税法不允许调整应交所得税），则不应考虑应交所得税的调整。

会计和税法对差错调整口径一致	会计和税法对差错调整口径不一致
借：以前年度损益调整 　　贷：应交税费——应交所得税 （或作相反分录）	借：以前年度损益调整 　　贷：递延所得税资产或者负债 （或作相反分录）

2. 递延所得税是否调整

重要的前期差错更正涉及损益的事项是否要进行递延所得税的会计处理，主要与重要的前期差错更正是否会涉及暂时性差异有关。

（1）如果重要的前期差错更正导致资产、负债按照企业会计准则规定确定的账面价值与按照税法规定确定的计税基础之间产生暂时性差异，应分为应纳税暂时性差异与可抵扣暂时性差异，分别确认相关的递延所得税负债与递延所得税资产，并在此基础上确定利润表中的所得税费用。

（2）如果重要的前期差错更正未导致资产、负债按照企业会计准则规定确定的账面价值与按照税法规定确定的计税基础之间产生暂时性差异，则无需进行递延所得税的会计处理。

机考过关必练

一、单项选择题

1. 关于会计政策变更的说法中，下列正确的是（　　）。
   A. 会计政策变更表明以前的会计政策存在错误
   B. 会计政策变更一定采用追溯调整法进行会计处理
   C. 初次发生的交易或事项采用的新的会计政策，不属于会计政策变更
   D. 会计政策变更只涉及会计原则和会计基础

2. 下列各项中属于会计政策变更的是（　　）。
   A. 将固定资产的折旧方法由年限平均法调整为年数总和法
   B. 将固定资产折旧年限由 5 年改为 10 年
   C. 将所得税的核算方法由应付税款法变更为资产负债表债务法
   D. 将固定资产的预计净残值由 50 万元改为 30 万元

3. 乙公司适用的所得税税率为 25%。乙公司于 2013 年年末购入一台设备并投入管理部门使用，入账价值为 500 万元，预计使用年限为 10 年，预计净残值为 0，采用年限平均法计提折旧。2015 年年初，由于技术进步等原因，公司将该设备的折旧方法改为双倍余额递减法，预计尚可使用年限为 8 年，预计净残值不变。在此之前该设备未计提减值准备，则该项变更将导致 2015 年度乙公司的净利润减少（　　）万元。
   A. 50　　　　　　　B. 150　　　　　　　C. 65　　　　　　　D. 46.88

4. 2011 年 12 月 31 日，长江公司将一栋办公楼对外出租，并采用成本模式进行后续计量，当日该办公楼账面价值为 10000 万元，预计使用年限为 20 年，预计净残值为 0，采用年限平均法计提折旧。2015 年 1 月 1 日，长江公司持有的投资性房地产满足采用公允价值模式进行后续计量的条件，长江公司决定采用公允价值模式对该办公楼进行后续计量。当日，该办公楼公允价值为 15000 万元；2015 年 12 月

31 日，该投资性房地产的公允价值上升为 15500 万元。假定不考虑所得税等其他因素，则 2015 年长江公司该项投资性房地产影响所有者权益的金额为(　　)万元。

 A. 2750   B. 10000   C. 2500   D. 7000

5. 下列关于会计估计及其变更的表述中，正确的是(　　)。

 A. 会计估计应以最近可利用的信息或资料为基础

 B. 对结果不确定的交易或事项进行会计估计会削弱会计信息的可靠性

 C. 会计估计变更应根据不同情况采用追溯重述或追溯调整法进行处理

 D. 某项变更难以区分为会计政策变更和会计估计变更的，应作为会计政策变更处理

6. 下列用以更正能够确定累积影响数的重要前期差错的方法中，正确的是(　　)。

 A. 追溯重述法   B. 追溯调整法

 C. 红字更正法   D. 未来适用法

7. 2017 年 7 月 1 日，甲公司鉴于更为先进的技术被采用，经董事会决议批准，决定将 A 生产线的使用年限由 10 年缩短至 6 年，预计净残值为零，仍采用年限平均法计提折旧。A 生产线系 2015 年 12 月购入，并于当月投入生产产品，入账价值为 10500 万元；购入当时预计使用年限为 10 年，预计净残值为 500 万元。A 生产线一直没有计提减值准备。假定不考虑其他因素，A 生产线 2017 年应计提的折旧额为(　　)万元。

 A. 1500   B. 2000   C. 2500   D. 3000

8. 下列关于前期差错更正的会计处理表述中，正确的是(　　)。

 A. 对于不重要的前期差错，企业不需调整财务报表相关项目

 B. 企业应当采用未来适用法更正重要的前期差错

 C. 对于发生的重要的前期差错，企业应当在其发现当期的财务报表中，调整前期比较数据

 D. 对于发生的重要的前期差错，如影响损益，应将其对损益的影响数调整发现当期的期末留存收益

二、多项选择题

1. 下列属于会计估计变更的有(　　)。

 A. 应收账款计提坏账比例由 5% 调整到 10%

 B. 固定资产的预计净残值由 20 万元调整到 40 万元

 C. 发出存货成本计价方法由先进先出法改为移动加权平均法

 D. 投资性房地产由公允价值模式转换为成本模式进行处理

2. 下列说法正确的有(　　)。

 A. 会计估计变更仅影响当期的，其影响数应在变更当期予以确认

 B. 会计估计变更仅影响以前期间的，其影响数应调整本期期初留存收益

 C. 会计估计变更既影响当期又影响未来期间的，其影响数应当在变更当期和未来期间予以确认

 D. 企业对某项会计变更难以区分是会计估计变更还是会计政策变更的，应作为会计估计变更处理

3. 下列各项中，应采用未来适用法进行会计处理的有(　　)。

 A. 会计估计变更

 B. 滥用会计政策

 C. 本期发现的以前年度重大会计差错

 D. 企业因人为原因导致累积影响数无法计算

4. 在相关资料均能有效获得的情况下，对上年度财务报告批准报出后发生的下列事项，企业应当采用追溯重述法进行会计处理的有(　　)。

 A. 公布上年度利润分配方案

 B. 持有至到期投资因部分处置被重分类为可供出售金融资产

 C. 发现上年度一项投资性房地产由公允价值模式转为成本模式

 D. 发现上年度对使用寿命不确定且金额重大的无形资产按 10 年平均摊销

5. 关于会计政策变更的累积影响数，下列说法正确的有(　　)。

 A. 计算会计政策变更累积影响数时，不需要考虑利润或股利的分配

B. 如果提供比较财务报表，则对于比较财务报表可比期间以前的会计政策变更累积影响数，应调整比较财务报表最早期间的期初留存收益

C. 如果提供比较财务报表，则对于比较财务报表期间的会计政策变更，应调整各该期间净利润各项目和财务报表其他相关项目

D. 累积影响数的计算不需要考虑所得税的影响

6. 下列关于会计政策、会计估计及其变更的表述中，正确的有（　　　）。

A. 会计政策是企业在会计确认、计量和报告中所采用的原则、基础和会计处理方法

B. 会计估计以最近可利用的信息或资料为基础，不会削弱会计核算的可靠性

C. 企业应当在会计准则允许的范围内选择适合本企业情况的会计政策，但一经确定，不得随意变更

D. 会计政策变更只能采用追溯调整法进行会计处理

三、判断题

1. 进行会计估计不会削弱会计核算的可靠性。　　　　　　　　　　　　　　　　　（　　　）

2. 确定累积影响数的重要前期差错应当采用追溯调整法。　　　　　　　　　　　　（　　　）

3. 企业难以将某项变更区分为会计政策变更还是会计估计变更的，应将其作为会计估计变更处理。
　　　　　　　　　　　　　　　　　　　　　　　　　　　　　　　　　　　　（　　　）

4. 初次发生的交易或事项采用新的会计政策属于会计政策变更，应采用追溯调整法进行处理。（　　　）

5. 在未来适用法下，不需要计算会计政策变更产生的累积影响数，也无须重编以前年度的财务报表。
　　　　　　　　　　　　　　　　　　　　　　　　　　　　　　　　　　　　（　　　）

6. 会计政策变更的累积影响数，是对变更会计政策所导致的对净利润的累积影响，以及由此导致的对利润分配及未分配利润的累积影响金额，不包括分配的利润或股利。　　　　　　　　（　　　）

7. 会计政策变更时，只能采取追溯调整法进行会计处理。　　　　　　　　　　　　（　　　）

8. 会计政策变更的追溯调整会影响以前年度应交所得税的变动，即会涉及到应交所得税的调整。（　　　）

四、计算分析题

甲股份有限公司（以下简称"甲公司"）经董事会和股东大会批准，于 2017 年 1 月 1 日开始对有关会计政策和会计估计作出如下变更：

（1）将内部研发项目开发费用的处理由直接计入当期损益改为符合条件的资本化。2017 年发生符合资本化条件的开发费用为 1500 万元。税法规定，符合资本化条件的开发费用的计税基础为其资本化金额的 150%。

（2）将一项投资性房地产由成本模式计量转为以公允价值模式计量，该投资性房地产 2017 年年初的账面价值为 5500 万元，累计计提折旧 1500 万元，未发生减值，变更日的公允价值为 6000 万元，该投资性房地产在转换日的计税基础和其原账面价值相同。

（3）将一项管理用固定资产的折旧方法由年限平均法改为双倍余额递减法，甲公司该项固定资产原每年折旧金额为 200 万元（与税法相同），预计剩余使用年限为 5 年，按双倍余额递减法计提折旧时，2017 年应计提的折旧额为 260 万元，变更日该管理用固定资产的账面价值和原计税基础相同。

（4）所得税核算方法由应付税款法改为资产负债表债务法。

甲公司预计未来期间有足够的应纳税所得额以抵扣可抵扣暂时性差异，适用的所得税税率为 25%，预计未来期间不会发生变化，甲公司按照净利润的 10% 提取法定盈余公积。

要求：

（1）上述事项中，哪些属于会计政策变更，哪些属于会计估计变更（标明序号即可）。

（2）根据资料（2），编制投资性房地产由成本模式转为公允价值模式的会计分录。

（3）根据资料（3），计算管理用固定资产会计变更对 2017 年净利润的影响数。

五、综合题

甲公司的财务经理李某在复核 2016 年度财务报表时，对 2016 年的以下交易或事项会计处理的正确性提出质疑：

（1）甲公司于 2016 年 1 月 2 日从证券市场上购入丁公司于 2015 年 1 月 1 日发行的债券，该债券期限为三年、票面年利率为 5%、每年 1 月 5 日支付上年度的利息，到期日为 2017 年 12 月 31 日，到期一

次归还本金和最后一次利息。甲公司购入债券的面值为 1000 万元，实际支付价款为 1011.67 万元，另支付相关费用 20 万元。甲公司购入后将其划分为持有至到期投资。购入债券的实际年利率为 6%。甲公司会计处理如下：

借：持有至到期投资——面值　　　　　　　　　　　　　　　　　　　　　　1000
　　　　　　　　——利息调整　　　　　　　　　　　　　　　　　　　　　31.67
　　贷：银行存款　　　　　　　　　　　　　　　　　　　1031.67（1011.67＋20）
借：应收利息　　　　　　　　　　　　　　　　　　　　　　　　　　　　　　50
　　持有至到期投资——利息调整　　　　　　　　　　　　　　　　　　　　11.90
　　贷：投资收益　　　　　　　　　　　　　　　　　　　　61.90（1031.67×6%）

（2）1 月 10 日，从市场购入 200 万股乙公司发行在外的普通股，准备随时出售，以赚取差价，每股成本为 6 元。另支付交易费用 100 万元，对乙公司不具有控制、共同控制或重大影响。12 月 31 日，乙公司股票的市场价格为每股 7 元。相关会计处理如下：

借：可供出售金融资产——成本　　　　　　　　　　　　　　　　　　　　1300
　　贷：银行存款　　　　　　　　　　　　　　　　　　　　　　　　　　1300
借：可供出售金融资产——公允价值变动　　　　　　　　　　　　　　　　　100
　　贷：其他综合收益　　　　　　　　　　　　　　　　　　　　　　　　　100

（3）9 月 25 日，甲公司认为其所在地的房地产交易市场已经足够成熟，具备了采用公允价值模式计量的条件，决定将之前经营出租的房地产，采用公允价值模式进行后续计量。该房地产原价为 4000 万元，已提折旧 240 万元，已提减值准备 100 万元，当日的公允价值为 3800 万元。相关会计处理如下：

借：投资性房地产——成本　　　　　　　　　　　　　　　　　　　　　　3800
　　投资性房地产累计折旧　　　　　　　　　　　　　　　　　　　　　　　240
　　投资性房地产减值准备　　　　　　　　　　　　　　　　　　　　　　　100
　　贷：投资性房地产　　　　　　　　　　　　　　　　　　　　　　　　4000
　　　　其他综合收益　　　　　　　　　　　　　　　　　　　　　　　　　140

本题假定不考虑所得税及其他因素，甲公司按照净利润 10% 的比例提取法定盈余公积。

要求：根据以上资料，判断甲公司上述业务的会计处理是否正确，同时说明判断依据；如果甲公司的会计处理不正确，编制更正的会计分录（有关差错更正按当期差错处理，且不要求编制结转损益的会计分录）。

（答案中的金额单位用万元表示）

机考过关必练参考答案及解析

一、单项选择题

1.【答案】C

【解析】选项 A，变更会计政策并不表明以前的会计政策存在错误，而是因为经营环境、客观情况的改变，使企业原采用的会计政策所提供的信息已不能恰当地反映企业的财务状况和经营成果等情况，以便对外提供更可靠、更相关的信息；选项 B，会计政策变更有两种会计处理方法，即追溯调整法和未来适用法；选项 D，会计政策变更涉及会计原则、会计基础和具体会计处理方法。

2.【答案】C

【解析】选项 A、B 和 D，固定资产折旧方法、折旧年限以及净残值的改变属于会计估计变更。

3.【答案】D

【解析】该设备 2015 年度按年限平均法计提折旧 ＝500÷10＝50（万元），2015 年度按双倍余额递减法计提折旧 ＝（500－50）×2/8＝112.5（万元），该项变化将导致 2015 年度乙公司的净利润减少 ＝（112.5－50）×（1－25%）＝46.88（万元），选项 D 正确。

4.【答案】D

【解析】2015 年该投资性房地产影响所有者权益的金额 =〔15000 −（10000 − 10000/20 × 3）〕+（15500 − 15000）= 7000（万元），选项 D 正确。

5.【答案】A

【解析】会计估计应当以最近可利用的信息或资料为基础，选项 A 正确；会计估计不会削弱会计信息的可靠性，选项 B 错误；会计估计变更应采用未来适用法进行会计处理，选项 C 错误；某项变更难以区分会计政策变更和会计估计变更的，应作为会计估计变更处理，选项 D 错误。

6.【答案】A

【解析】用以更正能够确定累积影响数的重要前期差错方法为追溯重述法，选项 B、C 和 D 不正确。

7.【答案】A

【解析】至 2017 年 6 月 30 日 A 生产线已累计计提折旧额 =（10500 − 500）÷ 10 × 1.5 = 1500（万元）；2017 年变更后应计提折旧额 =（10500 − 1500）÷（6 − 1.5）× 6/12 = 1000（万元）；2017 年应计提折旧额 =（10500 − 500）÷ 10 × 6/12 + 1000 = 1500（万元）。

8.【答案】C

【解析】对于不重要的前期差错，企业不需调整财务报表相关项目的期初数，但应调整发现当期与前期相同的相关项目，选项 A 错误；企业应当采用追溯重述法更正重要的前期差错，但确定前期差错累积影响数不切实可行的除外，选项 B 错误；对于发生的重要的前期差错，如影响损益，应将其对损益的影响数调整发现当期的期初留存收益，选项 D 错误。

二、多项选择题

1.【答案】AB

【解析】选项 C，属于会计政策变更，但采用未来适用法核算；选项 D，属于会计差错，投资性房地产只能由成本模式转换为公允价值模式，不能由公允价值模式转换为成本模式。

2.【答案】ACD

【解析】企业对会计估计变更应采用未来适用法，不改变以前期间的会计估计，也不需要调整以前期间的报告结果，因此其影响数不调整期初留存收益，选项 B 错误。

3.【答案】AD

【解析】滥用会计政策应当作为重大会计差错处理，要采用追溯重述法进行核算，选项 B 错误；本期发现的以前年度重大会计差错，应该采用追溯重述法进行核算，选项 C 错误。

4.【答案】CD

【解析】选项 A 和 B 属于当期发生正常事项，作为当期事项在当期处理；选项 C 和 D 属于本年发现以前年度的重大差错，应当采用追溯重述法调整。

5.【答案】ABC

【解析】累积影响数的计算需要考虑所得税的影响，选项 D 错误。

6.【答案】ABC

【解析】会计政策变更有两种会计处理方法，追溯调整法和未来适用法，选项 D 错误。

三、判断题

1.【答案】√

2.【答案】×

【解析】确定累积影响数的重要前期差错应当采用追溯重述法。

3.【答案】√

4.【答案】×

【解析】初次发生的交易或事项采用新的会计政策，属于新的事项，不属于会计政策变更。

5.【答案】√

6.【答案】√

7.【答案】×

【解析】会计政策变更时，有两种会计处理方法，即追溯调整法和未来适用法。

8.【答案】×

【解析】一般来说，会计政策变更的追溯调整不会影响以前年度应交所得税的变动，也就是说不会涉及应交所得税的调整。

四、计算分析题

【答案】

（1）事项（1）、（2）和（4）属于会计政策变更，事项（3）属于会计估计变更。

（2）

转换日的分录：

借：投资性房地产——成本 6000

　　投资性房地产累计折旧 1500

　　贷：投资性房地产 7000

　　　　递延所得税负债 125

　　　　盈余公积 37.5

　　　　利润分配——未分配利润 337.5

（3）该固定资产会计估计变更使 2017 年净利润减少额 =（260 - 200）×（1 - 25%）= 45（万元）。

五、综合题

【答案】

（1）甲公司会计处理不正确。

理由：支付价款中包含已到付息期但尚未领取的利息应单独作为应收项目，不计入持有至到期投资成本，持有至到期投资成本 = 1011.67 + 20 - 1000 × 5% = 981.67（万元）。

更正分录如下：

借：应收利息 50

　　贷：持有至到期投资——利息调整 50

借：投资收益 3（1031.67 × 6% - 981.67 × 6%）

　　贷：持有至到期投资——利息调整 3

（2）甲公司将持有的乙公司股票划分为可供出售金融资产核算的处理不正确。

理由：因为购入后准备随时出售，赚取差价，应该划分为交易性金融资产核算。

更正分录如下：

借：交易性金融资产——成本 1200

　　投资收益 100

　　贷：可供出售金融资产——成本 1300

借：其他综合收益 100

　　贷：可供出售金融资产——公允价值变动 100

借：交易性金融资产——公允价值变动 200

　　贷：公允价值变动损益 200

（3）甲公司变更投资性房地产的后续计量模式的会计处理不正确。

理由：投资性房地产后续计量模式的变更属于会计政策变更，变更当日公允价值与账面价值之间的差额，应调整期初留存收益。

更正分录如下：

借：其他综合收益 140

　　贷：盈余公积 14

　　　　利润分配——未分配利润 126

第十九章　资产负债表日后事项

🔊 **学习导读**

本章属于较重要章节，主要阐述了资产负债表日后调整事项和非调整事项。

本章重点掌握的内容包括：（1）资产负债表日后事项涵盖期间的判断；（2）调整事项和非调整事项的区分；（3）调整事项的会计处理。

近三年考试中本章平均分值为 10 分，题型一般为单项选择题、判断题和综合题。2017 年考试依然重点掌握上述内容。

易错易混集训

易错易混点 1　资产负债表日后事项涵盖的期间

【母题·单选题】东方公司 2016 年的财务报告于 2017 年 3 月 1 日编制完成，董事会批准对外报出的日期为 2017 年 3 月 25 日，实际对外报出的日期是 2017 年 3 月 31 日，所得税的汇算清缴日期为 2017 年 5 月 31 日。则东方公司 2016 年资产负债表日后事项涵盖期间是（　　）。

A. 2017 年 1 月 1 日至 2017 年 3 月 1 日

B. 2017 年 1 月 1 日至 2017 年 3 月 25 日

C. 2017 年 1 月 1 日至 2017 年 3 月 31 日

D. 2017 年 1 月 1 日至 2017 年 5 月 31 日

【答案】B

【解析】资产负债表日后事项所涵盖的期间是自资产负债表日次日起至财务报告批准报出日止的一段时间，选项 B 正确。

【子题·单选题】新华公司 2016 年的年度财务报告于 2017 年 1 月 20 日编制完成，注册会计师完成年度财务报表审计工作并签署审计报告的日期为 2017 年 3 月 15 日，董事会批准财务报告对外公布的日期为 2017 年 3 月 26 日，财务报告实际对外公布的日期为 2017 年 4 月 8 日，由于在 2017 年 3 月 26 日至 4 月 8 日之间发生了重大事项，需要调整财务报表相关项目的数字，经调整后的财务报告再经董事会批准报出的日期为 2017 年 4 月 12 日，实际报出的日期为 2017 年 4 月 14 日，股东大会召开日期为 2017 年 4 月 20 日。则资产负债表日后事项涵盖的期间为（　　）。

A. 2017 年 1 月 1 日至 2017 年 1 月 10 日

B. 2017 年 1 月 1 日至 2017 年 3 月 15 日

C. 2017 年 1 月 1 日至 2017 年 3 月 26 日

D. 2017 年 1 月 1 日至 2017 年 4 月 12 日

【答案】D

【解析】资产负债表日后事项涵盖的期间为报告年度次年的 1 月 1 日或报告期间下一期间的第一天至董事会或类似机构批准财务报告对外公布的日期；财务报告批准报出以后、实际报出之前又发生与资产负债表日后事项有关的事项，并由此影响财务报告对外公布日期的，应以董事会或类似机构再次批准财务报告对外公布的日期为截止日期。

📖易错易混点辨析

资产负债表日后事项涵盖的期间是自资产负债表日次日起至财务报告批准报出日止的一段时间。

资产负债表日后事项涵盖期间，如下图所示：

重新调整报出日的资产负债表日后期间

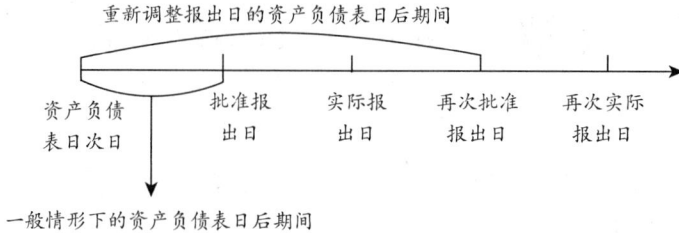

| 资产负债 | 批准报 | 实际报 | 再次批准 | 再次实际 |
| 表日次日 | 出日 | 出日 | 报出日 | 报出日 |

一般情形下的资产负债表日后期间

易错易混点 2 资产负债表日后调整事项与非调整事项的区分

【母题·单选题】某上市公司财务报告批准报出日为 2017 年 4 月 30 日，该公司在 2017 年资产负债表日后期间发生的以下事项中，属于调整事项的是(　　)。

A. 董事会通过的盈余公积转增股本的方案　　B. 资产负债表日后处置了某子公司

C. 上年度售出产品发生的销售折让　　D. 2017 年第一季度发生巨额亏损

【答案】C

【解析】选项 C 属于资产负债表日后调整事项。

【子题·单选题】在资产负债表日后至财务报表批准报出日之间发生的下列事项中，属于资产负债表日后非调整事项的是(　　)。

A. 以资本公积转增股本

B. 发现了财务报表舞弊

C. 发现原资产负债表日预计的资产减值损失严重不足

D. 实际支付的诉讼费赔偿额与原资产负债表日预计金额有较大差异

【答案】A

【解析】选项 A，资产负债表日后事项期间，企业以资本公积转增资本的，该事项在资产负债表日或资产负债表日以前并不存在，属于资产负债表日后非调整事项，不需对资产负债表日相关项目金额进行调整。

📖易错易混点辨析

资产负债表日后调整事项与非调整事项的区分

	调整事项	非调整事项
概念	是指对资产负债表日已经存在的情况提供了新的或进一步证据的事项	是指表明资产负债表日后发生的情况的事项
对报告年度报表的影响	影响资产负债表日财务报表项目金额；涉及报表附注的，还应作相应调整	不影响资产负债表日财务报表项目金额；重要的非调整事项需要披露
常见举例	①资产负债表日后诉讼案件结案，法院判决证实了企业在资产负债表日已经存在现时义务，需要调整原先确认的与该诉讼案件相关的预计负债，或确认一项新负债②资产负债表日后取得确凿证据，表明某项资产在资产负债表日发生了减值或者需要调整该项资产原先确认的减值金额③资产负债表日后进一步确定了资产负债表日前购入资产的成本或售出资产的收入④资产负债表日后发现了财务报表舞弊或差错	①资产负债表日后发生重大诉讼、仲裁和承诺②资产负债表日后资产价格、税收政策、外汇汇率发生重大变化③资产负债表日后因自然灾害导致资产发生重大损失④资产负债表日后发行股票和债券以及其他巨额举债⑤资产负债表日后资本公积转增资本⑥资产负债表日后发生巨额亏损⑦资产负债表日后发生企业合并或处置子公司⑧资产负债表日后，企业利润分配方案中拟分配的以及经审议批准宣告发放的股利或利润

易错易混点3 资产负债表日后调整事项涉及所得税的处理

【母题·单选题】甲公司为增值税一般纳税人，销售商品适用的增值税税率为17%。2016年的财务报告于2017年4月10日批准对外报出，适用的所得税税率为25%。甲公司2016年9月5日销售给乙公司一批商品。2017年4月8日，由于产品质量问题，本批货物被退回。该批商品的售价为1000万元，增值税销项税额为170万元，成本为800万元，乙公司货款尚未支付。经核实甲公司同意退货，所退商品当日已入库。假定2016年的所得税汇算清缴于2017年3月20日完成。不考虑其他因素，2016年12月31日甲公司因该事项资产负债表中列示的递延所得税资产为( )万元。

A. 50　　　　　　B. 12.5　　　　　　C. 200　　　　　　D. 0

【答案】A

【解析】所得税汇算清缴日以后发生的销售退回，不能调整应交所得税，应确认递延所得税资产=(1000-800)×25%=50（万元），故选项A正确。

【子题·单选题】接上，假如上述商品于2017年2月8日退回，不考虑其他因素，2016年12月31日甲公司因该事项资产负债表中列示的递延所得税资产为( )万元。

A. 50　　　　　　B. 12.5　　　　　　C. 200　　　　　　D. 0

【答案】D

【解析】所得税汇算清缴日以前发生的销售退回，应调整应交所得税，调整金额=(1000-800)×25%=50（万元），不影响递延所得税资产。

📖 易错易混点辨析

(1) 存在暂时性差异的调整事项，不论是汇算清缴日之前还是汇算清缴日之后，一律调整递延所得税，同时调整报告年度所得税费用。（比如针对资产补提减值准备，针对预计负债的补充确认等）

(2) 税法允许调整应纳税所得额，若发生在汇算清缴日之前，调整报告年度的应交所得税和所得税费用；若发生在汇算清缴日之后，不能调整报告年度的应交所得税（用递延所得税替代），应作为本年度的纳税调整事项，相应调整本年度的所得税费用和应交所得税。

	税法允许扣除或补交所得税	调整事项形成暂时性差异
汇算清缴日之前	借：应交税费——应交所得税 　　贷：以前年度损益调整——所得税费用 或 借：以前年度损益调整——所得税费用 　　贷：应交税费——应交所得税	主要是递延所得税资产 借：递延所得税资产 　　贷：以前年度损益调整——所得税费用
汇算清缴日之后	借：递延所得税资产 　　贷：以前年度损益调整——所得税费用 或 借：以前年度损益调整——所得税费用 　　贷：递延所得税负债	

【提示】针对资产负债表日后调整事项的题目，第一个条件是所得税汇算清缴时间；第二个条件是税法是否允许调整报告年度的应纳税所得额和应交所得税。考试中重点关注题目中的这两个条件。

易错易混点4 资产负债表日后期间发生的销售退回

【母题】2016年12月5日，甲公司销售一批商品给乙公司，取得销售收入8000万元，成本为5000万元。款项已经收到。2017年2月10日，因该批商品存在质量问题，乙公司经甲公司同意后退回了一半商品。甲公司2016年度的财务报告批准于2017年4月30日对外报出，不考虑其他因素，则2017年2月10日发生销售退回时会计处理为：（不考虑损益结转的处理）

借：以前年度损益调整——2016 年主营业务收入　　　　　　　　　　　　　　　　　4000

　　贷：其他应付款　　　　　　　　　　　　　　　　　　　　　　　　　　　　　4000

借：库存商品　　　　　　　　　　　　　　　　　　　　　　　　　　　　　　　　2500

　　贷：以前年度损益调整——2016 年主营业务成本　　　　　　　　　　　　　　　2500

【子题 1】接母题题干。2017 年 5 月 10 日，因该批商品存在质量问题，乙公司经甲公司同意后退回了一半商品。甲公司 2016 年度的财务报告批准于 2017 年 4 月 30 日对外报出，不考虑其他因素，则 2017 年 5 月 10 日发生销售退回时会计处理为：（不考虑损益结转的处理）

借：主营业务收入　　　　　　　　　　　　　　　　　　　　　　　　　　　　　　4000

　　贷：其他应付款　　　　　　　　　　　　　　　　　　　　　　　　　　　　　4000

借：库存商品　　　　　　　　　　　　　　　　　　　　　　　　　　　　　　　　2500

　　贷：主营业务成本　　　　　　　　　　　　　　　　　　　　　　　　　　　　2500

【子题 2】接母题题干。销售协议约定，乙公司应于 2017 年 2 月 1 日之前支付货款，在 2017 年 5 月 31 日之前有权退还 A 产品。A 产品已经发出，款项尚未收到。假定甲公司无法根据过去的经验估计该批 A 产品的退货率；2017 年 2 月 1 日 A 产品因为质量问题，乙公司经甲公司同意后退回全部商品，甲公司 2016 年度的财务报告批准于 2017 年 4 月 30 日对外报出，不考虑其他因素，则 2017 年 2 月 1 日发生销售退回时会计处理为：（不考虑损益结转的处理）

借：库存商品　　　　　　　　　　　　　　　　　　　　　　　　　　　　　　　　5000

　　贷：发出商品　　　　　　　　　　　　　　　　　　　　　　　　　　　　　　5000

📖 易错易混点辨析

（1）如果在报告年度正常销售，没有提到退货期、退货率等条件，正常确认收入结转成本，在资产负债表日后期间内因产品质量等原因发生退货，这种情况属于资产负债表日后调整事项，应调整报告年度收入、成本。（母题）

（2）如果在报告年度正常销售，没有提到退货期、退货率等条件，正常确认收入结转成本，在资产负债表非日后期间内因产品质量等原因发生退货，则不属于资产负债表日后事项，应冲减退回当月的收入、成本。（子题 1）

（3）如果在报告年度销售时，存在退货期，但无法合理估计退货率，此时不能确认收入结转成本，只做借记：发出商品，贷记：库存商品；在退货期内发生退货，不属于资产负债表日后事项，应借记：库存商品，贷记：发出商品；在退货期满时确认当期收入，结转当期成本。（子题 2）

机考过关必练

一、单项选择题

1. 某上市公司年度财务报告批准报出日之前发生的下列事项中，属于调整事项的是（　　　）。

　　A. 资产负债表日以前提起诉讼，以不同于已经确认的预计负债金额结案

　　B. 资产负债表日以后董事会作为分配股利的方案

　　C. 资产负债表日以后发生的事项导致诉讼而且已经结案

　　D. 资产负债表日以后董事会作出债务重组决定

2. 企业在资产负债表日至财务报告批准报出日之间发生的下列事项，属于非调整事项的有（　　　）。

　　A. 收到税务机关退回的上年度出口货物增值税

　　B. 在报告期间销售商品发生销售退回

　　C. 新证据表明资产减值在报告年度资产负债表日确定的金额与原估计不同

　　D. 发生火灾导致报告年度采购的原材料严重毁损

3. 资产负债表日后至财务报告批准报出日之间发生的调整事项在进行调整处理时，不能调整的是（　　　）。

　　A. 利润表　　　　　　B. 所有者权益变动表　　　　C. 资产负债表　　　　D. 现金流量表

4. 大海公司在 2017 年度财务会计报告批准报出前发现一台管理用固定资产未入账，属于重大差错。该固定资产系 2015 年 6 月自行建造，2015 年年末达到预定可使用状态，入账价值为 1600 万元。根据大海公司的折旧政策，该固定资产 2017 年应计提折旧 100 万元，2016 年应计提折旧 80 万元。大海公司按照净利润的 10% 提取法定盈余公积。不考虑其他因素，则其 2017 年度所有者权益变动表"上年金额"栏目的"未分配利润年初余额"应当调整减少（　　）万元。

    A. 100   B. 80   C. 54   D. 0

5. 2016 年 12 月 31 日，甲公司对一起未决诉讼确认的预计负债为 1000 万元。2017 年 3 月 6 日，法院对该起诉讼判决，甲公司应赔偿乙公司 700 万元；甲公司和乙公司均不再上诉。甲公司适用的所得税税率为 25%，按净利润的 10% 提取法定盈余公积，2016 年度财务报告批准报出日为 2017 年 3 月 31 日，预计未来期间能够取得足够的应纳税所得额用以抵扣可抵扣暂时性差异。不考虑其他因素，该事项导致甲公司 2016 年 12 月 31 日资产负债表"未分配利润"项目"期末余额"调整增加的金额为（　　）万元。

    A. 202.5   B. 200   C. 300   D. 225

6. 甲公司所得税采用资产负债表债务法核算，适用的所得税税率为 25%，2016 年 12 月 8 日甲公司向乙公司销售 B 产品 500 万件，单位售价为 30 元（不含增值税），单位成本为 20 元。合同约定，乙公司收到 B 产品后六个月内如发现质量问题有权退货，根据历史经验估计，B 产品的退货率为 15%。至 2016 年 12 月 31 日，上诉已销售产品尚未发生退回。甲公司 2016 年度财务报告批准报出前（退货期未满）发生退货 50 万件。甲公司 2016 年 12 月 31 日资产负债表中应确认的递延所得税资产为（　　）万元。

    A. 50   B. 62.5   C. 65   D. 70

7. 某上市公司 2016 年度财务报告经董事会批准报表对外公布日为 2017 年 4 月 20 日。2017 年 1 月 10 日，因产品质量原因，客户将 2016 年 12 月 10 日购入的一批大额商品（达到重要性要求）退回。下列关于产品退回相关处理的说法中，正确的是（　　）。

    A. 冲减 2017 年度会计报表营业收入等相关项目

    B. 冲减 2016 年度会计报表营业收入等相关项目

    C. 不做会计处理

    D. 在 2017 年度会计报告报出时，冲减利润表营业收入项目的上年数等相关项目

8. 东方公司 2016 年 10 月向西方公司出售原材料，售价 2000 万元，根据销售合同，西方公司应在收到原材料后 3 个月内付款。至 2016 年 12 月 31 日，西方公司尚未付款。2016 年 12 月 31 日东方公司依据掌握的资料判断，西方公司有可能破产清算，从而对该项债权计提了 20% 的坏账准备。东方公司 2016 年度资产负债表日后期间内，西方公司遭受重大自然灾害，导致东方公司 60% 的应收账款无法收回。不考虑增值税等其他因素。则东方公司 2016 年度财务报表中，该项债权的账面价值为（　　）万元。

    A. 2000   B. 1600   C. 800   D. 0

9. 甲公司于 2016 年 1 月 15 日取得一项无形资产，预计使用寿命为 5 年，2017 年 3 月 10 日甲公司发现 2016 年对该项无形资产仅摊销了 11 个月。甲公司 2016 年度的财务报告于 2017 年 3 月 31 日批准对外报出。假定该事项涉及的金额较大，属于重要的前期差错，不考虑其他因素，则甲公司下列会计处理中正确的是（　　）。

    A. 应作为调整事项处理，调整 2016 年 12 月 31 日资产负债表的期末数和 2016 年度利润表、所有者权益变动表的本年数

    B. 应作为调整事项处理，调整 2017 年 12 月 31 日资产负债表的期末数和 2017 年度利润表、所有者权益变动表的本年数

    C. 应作为非调整事项处理，影响 2016 年度财务报表以及附注

    D. 应作为非调整事项处理，不影响 2016 年度财务报表以及附注

二、多项选择题

1. 下列发生于报告年度资产负债表日次日至财务报告批准报出日之间的各事项中，应调整报告年度财务报表相关项目金额的有（　　）。

A. 董事会通过报告年度利润分配预案

B. 发现报告年度财务报告存在重要会计差错

C. 资产负债表日未决诉讼结案，实际判决金额与原资产负债表日确认预计负债的金额不同

D. 新证据表明存货在报告年度资产负债表日的可变现净值与原预计不同

2. 下列关于资产负债表日后调整事项的表述中，不正确的有(　　)。

A. 资产负债表日后取得确凿证据，表明某项资产在资产负债表日发生了减值或者需要调整该项资产原先确认的减值金额，属于资产负债表日后调整事项

B. 资产负债表日后发生重大诉讼、仲裁、承诺等属于资产负债表日后调整事项

C. 如果资产负债表日后事项对资产负债表日的情况提供了进一步的证据，证据表明的情况与原来的估计和判断不完全一致，则按照原来的估计进行会计处理

D. 资产负债表日后发现了财务报表舞弊或差错，若金额不重大，那么不作为调整事项处理

3. 甲公司 2016 年度的财务报告应当于 2017 年 2 月 27 日批准对外报出，该公司发生的下列事项中，必须在 2016 年财务报表附注中进行披露的有(　　)。

A. 2017 年 1 月 30 日，公司遭受水灾造成存货重大损失

B. 2017 年 2 月 20 日，从该公司董事持有 60% 股份的公司购货 800 万元

C. 2017 年 2 月 11 日，得知乙公司于 2016 年 12 月 20 日发生严重损失，应收乙公司货款估计全部无法收回，乙公司已于 2016 年报表中对该项应收款计提 40% 坏账

D. 2017 年 1 月 30 日，公司发生小火灾造成存货损失 200 元

4. 某公司 2016 年度的财务报告于 2017 年 3 月 20 日对外报出。该公司发生的下列事项中，应在 2016 年度财务报表附注中披露的有(　　)。

A. 2016 年 11 月 1 日，从该公司董事持有 51% 股份的公司购货 1000 万元

B. 2017 年 1 月 10 日，由于锅炉爆炸该公司发生资产损失 500 万元

C. 2017 年 1 月 20 日，发现上年度应予资本化的利息计入了财务费用

D. 2017 年 3 月 10 日，通过的利润分配方案中分配现金股利 100 万元

5. 甲股份有限公司（以下简称"甲公司"）2016 年度财务会计报告经注册会计师审计后，于 2017 年 4 月 26 日批准报出。甲公司对下列发生在 2017 年 1 月 1 日至 4 月 25 日之间的事项的会计处理中，正确的有(　　)。

A. 甲公司董事会于 2017 年 2 月 25 日提出分派股票股利方案，甲公司对该事项在 2016 年会计报表附注中作了相关披露，但未调整会计报表相关项目的金额

B. 因应收账款坏账准备估计有误，使得 2016 年度少确认利润 850000 元，甲公司作了相应的会计更正分录，同时在 2016 年度利润表和资产负债表上作了相应调整

C. 获知 2017 年 3 月 20 日某债务单位发生火灾，针对该公司应收账款中的 450000 元预计不能收回，甲公司据此作为坏账损失，调整了 2016 年度利润表、资产负债表的相关项目，并在会计报表附注中予以说明

D. 甲公司 2016 年 12 月与乙公司发生经济诉讼事项，2017 年 2 月 4 日经双方协商同意，由甲公司当日支付给乙公司 80000 元作为赔偿，乙公司撤回起诉。甲公司于 2017 年 2 月 5 日将此项应付赔偿款确认为 2016 年度的损失，并调整了 2016 年度的利润表、资产负债表相关项目，但未对现金流量表的有关项目进行调整

6. 关于资产负债表日后事项，下列说法中正确的有(　　)。

A. 资产负债表日后事项中的调整事项，涉及损益的事项，通过"以前年度损益调整"科目核算，然后将"以前年度损益调整"科目的余额转入"本年利润"科目

B. 资产负债表日后事项中的调整事项，无论是有利事项还是不利事项，均应当调整报告年度财务报表相关项目数字

C. 资产负债表日后期间发生的"已证实的资产发生减值"一定是调整事项

D. 资产负债表日后发生的调整事项如涉及现金收支项目的，均不调整报告年度资产负债表的货币资金项目和现金流量表正表各项目数字

三、判断题

1. 企业在报告年度资产负债表日次日至财务报告批准报出日之间取得确凿证据，表明某项资产在资产负债表日已发生减值的，应作为非调整事项进行处理。　　　　　　　　　　　　　　　（　　）

2. 资产负债表日后事项，是指资产负债表日至财务报告批准报出日之间发生的所有事项。　　（　　）

3. 资产负债表日后事项期间销售的商品，当年发生退货属于资产负债表日后非调整事项。　　（　　）

4. 企业在报告年度资产负债表日次日至财务报告批准报出日之间发生自然灾害导致资产发生重大损失，应作为非调整事项进行处理。　　　　　　　　　　　　　　　　　　　　　　　（　　）

5. 资产负债表日后期间股东大会宣告分配利润方案，属于资产负债表日后非调整事项。　　　（　　）

6. 资产负债表日后期间进一步确定了资产负债表日之前售出资产的收入属于调整事项。　　　（　　）

7. 资产负债表日后期间提取法定盈余公积属于非调整事项。　　　　　　　　　　　　　　　（　　）

四、计算分析题

甲公司2016年度的财务报告于2017年3月31日批准对外报出，所得税采用资产负债表债务法核算，适用的所得税税率为25%，假定该公司计提的各种资产减值准备均作为暂时性差异处理。所得税汇算清缴日为2017年4月30日。

2017年1月1日至3月31日甲公司发生如下交易或事项：

（1）2016年年末，甲公司应收乙公司账款2000万元，甲公司按照该项应收账款的余额10%提取了坏账准备。2017年2月15日甲公司得知乙公司已经于资产负债表日宣告破产清算，该项应收账款预计只能收回70%。税法规定，企业计提的坏账准备不得计入当年的应纳税所得额，待资产实际发生损失时允许税前扣除。

（2）2016年10月20日，甲公司因产品质量问题被消费者起诉，至2016年12月31日法院未判决，考虑很可能败诉，甲公司为此确认了200万元的预计负债。2017年2月20日，法院判决甲公司败诉，要求甲公司支付赔偿款300万元，甲公司服从判决，并于当日支付了赔偿款，假设税法规定该项赔偿款允许税前扣除。

（3）2017年1月5日销售商品100万元，已经确认收入，该批商品出现质量问题于2017年3月1日被退回。

（4）2017年2月27日，甲公司和乙银行签订了500万元的重要贷款合同，用于生产项目的技术改造，贷款期限自2017年3月1日至2019年12月31日止。

要求：

（1）指出上述事项中哪些属于资产负债表日后调整事项，哪些属于资产负债表日后非调整事项，注明序号即可。

（2）对资产负债表日后调整事项，编制相关调整会计分录。

（不需要编制损益结转分录，答案中金额单位以万元表示，有小数的，保留两位小数）

五、综合题

甲公司为一般纳税人，销售商品适用的增值税税率17%，所得税采用资产负债表债务法核算，适用的所得税税率25%，甲公司按净利润的10%提取法定盈余公积，假定该公司计提的各种资产减值准备和因或有事项确认的负债均作为暂时性差异处理。甲公司2016年度的财务报告于2017年4月30日批准报出，所得税汇算清缴日为5月31日。自2017年1月1日至4月30日会计报表公布前发生如下事项：

（1）1月12日，因企业管理不善引起一场意外火灾，造成公司生产车间某设备被烧毁。根据会计记录，被毁设备的账面原值为400万元，预计可使用年限为5年，自2015年12月投入使用，按年限平均法计提折旧，预计净残值率为10%，未计提减值准备。火灾造成的损失，保险公司同意给予40万元的赔款，其余损失（不考虑被毁设备清理费用和残值收入）由企业自负。假设税法对该项财产损失允许税前扣除，税法计提折旧的方法，预计使用年限和预计净残值与会计相同。

（2）甲公司与乙公司签订供销合同，合同规定甲公司在2016年11月供应给乙公司一批货物，由于甲公司未能按照合同发货，致使乙公司发生重大经济损失。乙公司通过法律要求甲公司赔偿经济损失500万元，该诉讼案在12月31日尚未判决，甲公司已确认预计负债400万元。2017年3月25日，经法院一审判决，甲公司需要赔偿乙公司经济损失 480 万元，甲公司不再上诉，赔偿款已支付。

（3）3 月 20 日，甲公司发现 2016 年 12 月 31 日计算 A 库存商品的可变现净值时发生差错，该库存商品的成本为 1000 万元，预计可变现净值应为 800 万元。2016 年 12 月 31 日，甲公司误将 A 库存商品的可变现净值预计为 850 万元。

（4）3 月 25 日，收到退货一批，该批退货系 2016 年 11 月销售给丙公司企业的某产品，销售收入 1000 万元，增值税税额 170 万元。结转的产品销售成本 800 万元，此项销售收入已在销售当月确认，但货款和税款于当年 12 月 31 日尚未收到。

2016 年年末甲公司对应收丙公司企业账款按 5% 计提坏账准备。退回的产品已验收入库。不考虑相关运杂费及其他费用。

要求：

（1）指出上述事项中哪些属于资产负债表日后调整事项，哪些属于非调整事项，注明序号即可；

（2）对资产负债表日后调整事项，编制相关调整会计分录。（答案中金额单位以万元表示，有小数的，保留两位小数）

机考过关必练参考答案及解析

一、单项选择题

1.【答案】A

【解析】选项 B、C 和 D 为非调整事项。

2.【答案】D

【解析】选项 A 属于当期发生的正常业务，不属于资产负债表日后事项；选项 B 和 C 属于调整事项。

3.【答案】D

【解析】资产负债表日后调整事项涉及现金收支的，现金流量表正表不做调整（但现金流量表补充资料的相关项目应进行调整，调整之后并不影响报告年度经营活动现金流量总额）。

4.【答案】D

【解析】2017 年所有者权益变动表的"上年金额"栏的"未分配利润年初余额"为 2016 年年初的金额，也就是 2015 年年末的金额，固 2015 年之前无错误，故所有者权益变动表"上年金额"栏目的"未分配利润年初余额"无需调整。

5.【答案】A

【解析】该事项对甲公司 2016 年 12 月 31 日资产负债表中"未分配利润"项目"期末余额"调整增加的金额 =（1000 − 700）×（1 − 25%）×（1 − 10%）= 202.5（万元）。

6.【答案】B

【解析】2016 年 12 月 31 日应确认的预计负债的金额 = 500 ×（30 − 20）× 15% = 750（万元），日后事项期间冲减预计负债 = 50 ×（30 − 20）= 500（万元），调整后预计负债的账面价值为 250 万元，计税基础 = 250 − 250 = 0 万元，应确认递延所得税资产 = 250 × 25% = 62.5（万元）。

7.【答案】B

【解析】报告年度或以前年度销售的商品，在年度资产负债表日至财务报告批准报出日退回，应冲减报告年度会计报表相关项目的金额。

8.【答案】B

【解析】导致东方公司应收账款损失的因素是自然灾害，自然灾害是不可预计的，应收账款发生损失这一事实在资产负债表日以后才发生，因此西方公司发生自然灾害导致东方公司应收项发生坏账的事项属于非调整事项，应收债权的账面价值仍然维持资产负债表日的账面价值，即 = 2000 ×（1 − 20%）= 1600（万元）。

9.【答案】A

【解析】该事项属于资产负债表日后调整事项，所以甲公司应调整 2016 年度资产负债表期末数和利润表、所有者权益变动表的本年数，选项 A 正确。

二、多项选择题

1. 【答案】BCD

【解析】选项 A，属于非调整事项，不调整报告年度财务报表。

2. 【答案】BCD

【解析】资产负债表日后发生重大诉讼、仲裁、承诺等属于资产负债表日后非调整事项，选项 B 不正确；如果资产负债表日后事项对资产负债表日的情况提供了进一步的证据，证据表明的情况与原来的估计和判断不完全一致，则需要对原来的会计处理进行调整，选项 C 不正确；资产负债表日后发现了财务报表舞弊或差错，无论金额是否重大，均作为资产负债表日后调整事项，选项 D 不正确。

3. 【答案】AB

【解析】选项 A，属于重要资产负债表日后非调整事项，应进行披露；选项 B，属于应披露的关联方关系和交易；选项 C，属于重要的资产负债负债表日后调整事项，需调整报表项目；选项 D，属于不重要的非调整事项，不需要进行披露。

4. 【答案】ABD

【解析】选项 C 属于资产负债表日后调整事项，应调整 2016 年度财务报表相关项目。

5. 【答案】ABD

【解析】自然灾害发生在资产负债表日后期间并导致资产发生重大损失属于非调整事项，只需披露，不需要调整报告年度报表项目，选项 C 不正确。

6. 【答案】BD

【解析】选项 A，资产负债表日后事项中的调整事项，涉及损益的事项，通过"以前年度损益调整"科目核算，然后将"以前年度损益调整"科目的余额转入"利润分配——未分配利润"科目；选项 C，资产负债表日后事项期间发生的"已证实资产发生减值"，可能是调整事项，也可能是非调整事项。

三、判断题

1. 【答案】×

【解析】企业在报告年度资产负债表日次日至财务报告批准报出日之间取得确凿证据，表明某项资产在资产负债表日已发生减值的，应作为调整事项处理。

2. 【答案】×

【解析】资产负债表日后事项，是指资产负债表日至财务报告批准报出日之间发生的有利或不利的事项，并不是所有的事项都是资产负债表日后事项。

3. 【答案】×

【解析】资产负债表日后事项期间销售的商品，当年发生退货不属于资产负债表日后事项。

4. 【答案】√

5. 【答案】√

6. 【答案】√

7. 【答案】×

【解析】按照相关法律规定，公司分配当年税后利润时，应当提取利润的百分之十列入公司法定公积金（即会计上所说的法定盈余公积）。因此，提取法定盈余公积本质上是企业的法定义务，是资产负债表日已经存在的义务，满足日后调整事项的定义，所以日后期间真正提取时，应作为日后调整事项来处理。

四、计算分析题

【答案】

（1）事项（1）、（2）为资产负债表日后调整事项，事项（3）、（4）为资产负债表日后非调整事项。

（2）

①事项（1）

调整分录：

借：以前年度损益调整 400

贷：坏账准备 400〔2000×（1-70%）-2000×10%〕

借：递延所得税资产　　　　　　　　　　　　　　　　　　　　100（400×25%）
　　贷：以前年度损益调整　　　　　　　　　　　　　　　　　　　100
②事项（2）
调整分录：
借：预计负债　　　　　　　　　　　　　　　　　　　　　　　200
　　以前年度损益调整　　　　　　　　　　　　　　　　　　　100
　　贷：其他应付款　　　　　　　　　　　　　　　　　　　　　300
借：其他应付款　　　　　　　　　　　　　　　　　　　　　　300
　　贷：银行存款　　　　　　　　　　　　　　　　　　　　　　300
【提示】该笔支付分录不影响报告年度报表。
借：以前年度损益调整　　　　　　　　　　　　　　　　　　　50
　　贷：递延所得税资产　　　　　　　　　　　　　　　　　　　50
借：应交税费——应交所得税　　　　　　　　　　　　　　75（300×25%）
　　贷：以前年度损益调整　　　　　　　　　　　　　　　　　　75

五、综合题
【答案】
（1）事项（2）、（3）和（4）均为调整事项。
（2）编制调整分录：
①事项（2）
借：以前年度损益调整　　　　　　　　　　　　　　　　　　　80
　　预计负债　　　　　　　　　　　　　　　　　　　　　　400
　　贷：其他应付款　　　　　　　　　　　　　　　　　　　　　480
借：其他应付款　　　　　　　　　　　　　　　　　　　　　　480
　　贷：银行存款　　　　　　　　　　　　　　　　　　　　　　480
借：应交税费——应交所得税　　　　　　　　　　　　　120（480×25%）
　　贷：以前年度损益调整　　　　　　　　　　　　　　　　　　120
借：以前年度损益调整　　　　　　　　　　　　　　　　　　　100
　　贷：递延所得税资产　　　　　　　　　　　　　　　　100（400×25%）
借：利润分配——未分配利润　　　　　　　　　　　　60（80－120＋100）
　　贷：以前年度损益调整　　　　　　　　　　　　　　　　　　60
借：盈余公积　　　　　　　　　　　　　　　　　　　　　　　6
　　贷：利润分配——未分配利润　　　　　　　　　　　　　　　6
②事项（3）
借：以前年度损益调整　　　　　　　　　　　　　　　　　　　50
　　贷：存货跌价准备　　　　　　　　　　　　　　　　　50（850－800）
借：递延所得税资产　　　　　　　　　　　　　　　　　　　12.5
　　贷：以前年度损益调整　　　　　　　　　　　　　　　　　12.5
借：利润分配——未分配利润　　　　　　　　　　　　　　　37.5
　　贷：以前年度损益调整　　　　　　　　　　　　　　　　　37.5
借：盈余公积　　　　　　　　　　　　　　　　3.75〔（50－12.5）×10%〕
　　贷：利润分配——未分配利润　　　　　　　　　　　　　　3.75
③事项（4）
借：以前年度损益调整——主营业务收入　　　　　　　　　　1000
　　应交税费——应交增值税（销项税额）　　　　　　　　　170
　　贷：应收账款　　　　　　　　　　　　　　　　　　　　　1170

借：库存商品　　　　　　　　　　　　　　　　　　　　　　　　　800

　　贷：以前年度损益调整——主营业务成本　　　　　　　　　　　　　　　800

借：坏账准备　　　　　　　　　　　　　　　　　58.5（1170×5%）

　　贷：以前年度损益调整——资产减值损失　　　　　　　　　　　58.5

借：应交税费——应交所得税　　　　　　　　50〔（1000-800）×25%〕

　　贷：以前年度损益调整——所得税费用　　　　　　　　　　　　　　50

借：以前年度损益调整——所得税费用　　　　　　　　　　　　　14.63

　　贷：递延所得税资产　　　　　　　　　　　　　　　　　　14.63

借：利润分配——未分配利润　　　　　　　　　　　　　　　　106.13

　　贷：以前年度损益调整　　　　106.13（1000-800-58.5-50+14.63）

借：盈余公积　　　　　　　　　　　　　　　　　　　　　　　10.61

　　贷：利润分配——未分配利润　　　　　　　　　　　　　　　　10.61

第二十章　财务报告

学习导读

　　本章属于非常重要章节，近三年考试中本章平均分值为 15 分左右，题型一般为单项选择题、多项选择题、判断题和综合题。

　　本章主要介绍合并财务报表合并范围的确定、调整分录和抵销分录的编制。应重点掌握内容包括：（1）财务报表列报的基本要求；（2）合并财务报表合并范围的确定；（3）合并财务报表调整分录和抵销分录的编制；（4）特殊交易在合并财务报表中的会计处理等。其中最重要的是调整分录和抵销分录的编制以及特殊交易在合并财务报表中的会计处理。此外，财务报告常与长期股权投资章节结合出题，应当予以重视。

易错易混集训

易错易混点 1　多次交易分步实现企业合并在合并财务报表中的处理

1. 可供出售金融资产转为成本法（非同一控制下企业合并）

甲公司于 2016 年 1 月 1 日以银行存款 4000 万元自公开市场购入 1000 万股乙公司普通股股票，占乙公司有表决权股份的 10%，将其分类为可供出售金融资产。2016 年 12 月 31 日乙公司股票收盘价为每股 6 元。

2017 年 3 月 1 日，甲公司以银行存款 35000 万元自非关联方处再次购入乙公司 50% 有表决权股份。当日，乙公司股票收盘价为每股 7 元，乙公司可辨认净资产公允价值为 65000 万元（与账面价值相等），其中：股本为 30000 万元，资本公积 10000 万元，盈余公积 5000 万元，未分配利润 20000 万元。甲公司取得乙公司该部分有表决权股份后，能够控制乙公司的财务和生产经营决策。甲公司与乙公司采用的会计政策及会计期间相同，上述购买股权的交易不构成"一揽子交易"，不考虑相关税费及其他因素的影响。

要求：

（1）计算甲公司个别报表长期股权投资初始投资成本。

（2）计算甲公司合并报表应确认的商誉，并编制购买日合并报表相关的会计分录。

【答案】

（1）长期股权投资初始投资成本 = 原投资公允价值 + 新增投资成本 = 7 × 1000 + 35000 = 42000（万元）。

（2）合并报表应确认的商誉 = 合并成本 − 购买日应享有被购买方可辨认净资产公允价值份额 = （35000 + 7 × 1000）− 65000 × （10% + 50%）= 3000（万元）。

会计分录：

借：股本	30000
资本公积	10000
盈余公积	5000
未分配利润	20000
商誉	3000
贷：长期股权投资	42000
少数股东权益	26000（65000 × 40%）

【提示】由于个别报表中已经将原可供出售金融资产公允价值变动确认的其他综合收益转至投资收益，故合并报表不需要再结转。

2. 权益法转为成本法（非同一控制下企业合并）

A 公司于 2016 年 3 月 1 日以 12000 万元取得 B 公司 20% 的股权，当日 B 公司可辨认净资产公允价值为 47000 万元，能够对 B 公司施加重大影响，A 公司采用权益法核算该项股权投资，当年度确认对 B 公司的投资收益为 450 万元，确认对 B 公司的其他综合收益为 150 万元（可转损益）。

2017 年 4 月 1 日，A 公司又斥资 15000 万元自 C 公司取得 B 公司另外 35% 的股权，能够对 B 公司实施控制，当日 B 公司可辨认净资产公允价值为 50000 万元（与账面价值相等），其中：股本 20000 万元，资本公积 10000 万元，盈余公积 5000 万元，未分配利润 15000 万元。2017 年 4 月 1 日，原 20% 股权投资的公允价值为 13000 万元。假设 A 公司与 C 公司在该交易发生前不存在任何关联方关系，上述购买股权的交易不构成"一揽子交易"。不考虑相关税费等其他因素。

要求：

(1) 计算 A 公司个别报表长期股权投资初始投资成本。

(2) 计算 A 公司合并报表应确认的商誉，并编制购买日合并报表相关的会计分录。

【答案】

(1) 长期股权投资初始投资成本 = 原投资在购买日的账面价值 + 新增投资成本 =（12000 + 450 + 150）+ 15000 = 27600（万元）。

(2)

合并成本 = 原投资在购买日的公允价值 + 新增投资成本 = 13000 + 15000 = 28000（万元）；合并报表应确认的商誉 = 合并成本 - 购买日应享有被购买方可辨认净资产公允价值份额 = 28000 - 50000 ×（20% + 35%）= 500（万元）。

会计分录：

借：长期股权投资　　　　　　　　　　　　　　　　　　400（13000 - 12600）
　　贷：投资收益　　　　　　　　　　　　　　　　　　　　　　400
借：其他综合收益　　　　　　　　　　　　　　　　　　150
　　贷：投资收益　　　　　　　　　　　　　　　　　　　　　　150
借：股本　　　　　　　　　　　　　　　　　　　　　20000
　　资本公积　　　　　　　　　　　　　　　　　　　10000
　　盈余公积　　　　　　　　　　　　　　　　　　　　5000
　　未分配利润　　　　　　　　　　　　　　　　　　　15000
　　商誉　　　　　　　　　　　　　　　　　　　　　　500
　　贷：长期股权投资　　　　　　　　　　　　　　　　　　28000
　　　　少数股东权益　　　　　　　　　　　　　22500（50000×45%）

【提示】个别报表中原权益法核算确认的其他综合收益在购买日暂不结转，合并报表应将其结转至投资收益；同时，合并报表中将原投资调整为公允价值，购买日原投资公允价值与账面价值差额计入投资收益。

3. 权益法转为成本法（同一控制下企业合并）

A 公司于 2016 年 3 月 1 日以 12000 万元取得 B 公司 20% 的股权，当日 B 公司可辨认净资产公允价值为 50000 万元，能够对 B 公司施加重大影响，A 公司采用权益法核算该项股权投资，当年度确认对 B 公司的投资收益为 450 万元，确认对 B 公司的其他综合收益为 150 万元。

2017 年 4 月 1 日，A 公司又斥资 15000 万元自同一集团内另一公司取得 B 公司另外 35% 的股权，能够对 B 公司实施控制，当日 B 公司相对于最终控制方而言的净资产账面价值为 60000 万元，其中，股本 30000 万元，资本公积（股本溢价）15000 万元，盈余公积 5000 万元，未分配利润 10000 万元，无商誉。上述购买股权的交易不构成"一揽子交易"，不考虑相关税费等其他因素影响。

要求：

(1) 计算 A 公司个别报表长期股权投资初始投资成本。

（2）编制合并日合并报表相关的会计分录。

【答案】

（1）个别报表中长期股权投资初始投资成本 = 60000 ×（20% + 35%）= 33000（万元）。

（2）会计分录：

借：留存收益（2016 年度的损益）		450
贷：资本公积		450
借：其他综合收益		150
贷：资本公积		150

【提示】为避免对被合并方净资产的价值重复计算，合并报表应将原权益法确认的相关损益、其他综合收益等进行冲减，借记"投资收益"、"留存收益"、"其他综合收益"等，贷记"资本公积"。

借：股本		30000
资本公积		15000
盈余公积		5000
未分配利润		10000
贷：长期股权投资		33000
少数股东权益		27000（60000 × 45%）
借：资本公积		8250
贷：盈余公积		2750（5000 × 55%）
未分配利润		5500（10000 × 55%）

【提示】同一控制下企业合并视同母子公司一直作为一个整体运行，抵销长期股权投资与子公司所有者权益之后，对于被合并方在合并前实现的留存收益中归属于合并方的部分，应当予以恢复。

📖 易错易混点辨析

合并类型	会计处理原则
可供出售金融资产转为成本法 （非同一控制下企业合并）	①初始投资成本 = 原投资公允价值 + 新增投资成本 ②合并成本 = 原投资公允价值 + 新增投资成本 ③商誉 = 合并成本 − 购买日应享有被购买方可辨认净资产公允价值份额 ④其他综合收益在个别报表结转，合并报表不用处理
权益法转为成本法 （非同一控制下企业合并）	①初始投资成本 = 原投资账面价值 + 新增投资成本 ②合并成本 = 原投资公允价值 + 新增投资成本 ③商誉 = 合并成本 − 购买日应享有被购买方可辨认净资产公允价值份额 ④其他综合收益（可转损益）和资本公积等在合并报表转至投资收益
权益法转为成本法 （同一控制下企业合并）	①初始投资成本 = 合并成本 = 应享有相对于最终控制方而言的可辨认净资产账面价值份额 + 最终控制方收购被合并方确认的商誉 ②同一控制下企业合并不产生新的商誉 ③原权益法确认的损益、其他综合收益等在合并报表中转至资本公积 ④一体化存续，合并报表中将被合并方在合并前实现的留存收益中归属于合并方的部分以合并方资本公积（股本溢价）为限予以恢复

易错易混点 2 处置部分子公司股权不丧失控制权和丧失控制权的处理

【母题·单选题】2015 年 7 月 1 日，甲公司以银行存款 450 万元取得乙公司 100% 的股份，形成非同一控制下企业合并。当日，乙公司可辨认净资产公允价值为 400 万元。2017 年 1 月 1 日，甲公司将乙公司的 20% 股权对外出售，售价为 150 万元，出售部分投资后仍能够对乙公司实施控制，剩余 80% 股权的公允价值为 600 万元。出售日乙公司按购买日可辨认净资产公允价值持续计算的净资产价值为 600 万元，其中乙公司实现净利润 150 万元，因可供出售金融资产公允价值上升增加其他综合收益 50 万元。不考虑其他因素，合并财务报表中因该项业务应确认的投资收益为(　　)万元。

A. 0　　　　　　　　B. 150　　　　　　　　C. 240　　　　　　　　D. 100

【答案】A

【解析】处置部分股权未丧失对子公司的控制权时，合并财务报表中不确认投资收益。处置价款与处置长期股权投资相对应享有子公司自购买日或合并日开始持续计算的净资产份额之间的差额，在合并报表中，应调整资本公积（资本溢价或股本溢价），资本公积不足冲减的，调整留存收益。

【子题·单选题】2015 年 7 月 1 日，甲公司以银行存款 450 万元取得乙公司 100% 的股份，形成非同一控制下企业合并。当日，乙公司可辨认净资产公允价值为 400 万元。2017 年 1 月 1 日，甲公司将乙公司的 80% 股权对外出售，售价为 600 万元，出售部分投资后能够对乙公司施加重大影响，剩余 20% 股权的公允价值为 150 万元。出售日乙公司按购买日可辨认净资产公允价值持续计算的净资产价值为 600 万元，其中乙公司实现净利润 150 万元，因可供出售金融资产公允价值上升增加其他综合收益 50 万元。不考虑其他因素，合并财务报表中因该项业务应确认的投资收益为(　　)万元。

A. 0　　　　　　　　B. 150　　　　　　　　C. 240　　　　　　　　D. 100

【答案】B

【解析】本题中甲公司出售 80% 乙公司股份导致丧失控制权，合并财务报表中应确认的投资收益 = $(600+150)-[600+(450-400×100\%)]+50=150$（万元）。

📖易错易混点辨析

出售股权			
方式	项目	个别报表	合并报表
不丧失控制权处置部分对子公司投资	①长期股权投资	继续采用成本法核算	抵销后 = 0；抵销前长期股权投资 = 剩余部分投资自购买日或合并日开始持续计算金额 + 商誉
	②商誉		购买日商誉
	③投资收益	处置收入与处置部分对应长期股权投资账面价值的差额	不确认投资收益
	④资本公积		出售股权收入 – 处置部分相对应享有子公司自购买日或合并日开始持续计算的净资产价值份额
丧失控制权处置部分对子公司投资	①长期股权投资	根据情况选择作为长期股权投资按照权益法核算或作为以公允价值计量的金融资产核算，若选择权益法核算，长期股权投资需要追溯处理	按照丧失控制权日的公允价值对剩余的股权投资重新计量
	②商誉		商誉 = 0
	③投资收益	处置收入与处置部分对应长期股权投资账面价值的差额	（出售收入 + 剩余股权公允价值）– （子公司自购买日或合并日开始持续计算的净资产价值×原投资比例 + 商誉）+ 结转原已确认的其他综合收益（可转损益部分）、其他所有者权益变动
	④资本公积		资本公积 = 0（仅指该项处置业务）

易错易混点 3 母子公司顺流、逆流交易对少数股东损益的影响

【母题·单选题】A 公司是 B 公司的母公司，持有 B 公司 80% 股权。2016 年 B 公司按购买日公允价值持续计算实现的净利润为 200 万元。2016 年 4 月 1 日，B 公司向 A 公司出售一批存货，成本为 80 万元，未计提存货跌价准备，售价为 100 万元（不含增值税），至 2016 年 12 月 31 日，A 公司尚未将该批存货对外出售。

不考虑相关税费及其他因素的影响，2016 年在合并报表中应确认的少数股东损益为（　　）万元。

A. 40　　　　　　　　B. 36　　　　　　　　C. 24　　　　　　　　D. 20

【答案】B

【解析】本题中为逆流交易，少数股东应当按比例承担逆流交易形成的未实现内部交易损益，因此，2016 年在合并报表中应确认的少数股东损益 =［200 －（100 － 80）］×20% = 36（万元）。

【子题 1·单选题】A 公司是 B 公司的母公司，持有 B 公司 80% 股权。2016 年 B 公司按购买日公允价值持续计算实现的净利润为 200 万元。2016 年 4 月 1 日，A 公司向 B 公司出售一批存货，成本为 80 万元，未计提存货跌价准备，售价为 100 万元（不含增值税），至 2016 年 12 月 31 日，B 公司尚未将该批存货对外出售。不考虑相关税费及其他因素的影响，2016 年在合并报表中应确认的少数股东损益为（　　）万元。

A. 40　　　　　　　　B. 36　　　　　　　　C. 24　　　　　　　　D. 20

【答案】A

【解析】本题中为顺流交易，少数股东不承担顺流交易形成的未实现内部交易损益，因此，2016 年在合并报表中应确认的少数股东损益 = 200×20% = 40（万元）。

【子题 2·单选题】A 公司是 B 公司的母公司，持有 B 公司 80% 股权。2016 年 B 公司按购买日公允价值持续计算实现的净利润为 200 万元。2016 年 4 月 1 日，B 公司向 A 公司出售一批存货，成本为 80 万元，未计提存货跌价准备，售价为 100 万元（不含增值税），至 2016 年 12 月 31 日，A 公司尚未将该批存货对外出售。2017 年 B 公司按购买日公允价值持续计算实现的净利润为 100 万元；A 公司将上述内部交易存货在 2017 年全部对外出售。不考虑相关税费及其他因素的影响，2017 年在合并报表中应确认的少数股东损益为（　　）万元。

A. 16　　　　　　　　B. 4　　　　　　　　C. 24　　　　　　　　D. 20

【答案】C

【解析】内部逆流交易未实现损益在交易当年调整减少合并报表中 B 公司的净利润，以后期间损益实现应当调整增加净利润，因此，2017 年在合并报表中应确认的少数股东损益 =［100 +（100 － 80）］× 20% = 24（万元）。

📖 易错易混点辨析

（1）母公司向子公司出售资产（顺流交易）所发生的未实现内部交易损益，应当全额抵销"归属于母公司所有者的净利润"（子题 1 的情形，母公司将商品出售给子公司，未实现的内部交易损益在母公司，少数股东无需承担，所以在计算少数股东损益时不用考虑）。

（2）子公司向母公司出售资产（逆流交易）所发生的未实现内部交易损益，应当按照母公司对该子公司的分配比例在"归属于母公司所有者的净利润"和"少数股东损益"之间分配抵销（母题的情形，子公司将商品出售给母公司，未实现内部交易损益在子公司，所以少数股东应按比例分摊未实现内部交易损益）。

（3）子公司向母公司出售资产（逆流交易）所发生的未实现内部交易损益，交易当期调整减少子公司在合并报表中的净利润，以后期间未实现内部交易损益得以实现，应当调整增加子公司在合并报表中的净利润（子题 2 的情形）。

易错易混点 4　母子公司内部交易（存货）对合并财务报表的影响

【母题·多选题】甲公司是乙公司的母公司，持有乙公司 80% 股权。2016 年 6 月 1 日，甲公司将其生产的一批产品出售给乙公司，售价为 600 万元（不含增值税），成本为 400 万元，未计提存货跌价准备。乙公司取得该批产品作为存货核算，至 2016 年 12 月 31 日，乙公司已对外售出该批存货的 80%，售价为 520 万元，期末该批存货未发生减值。不考虑其他因素，下列各项关于合并报表中的处理，表述正确的有（　　）。

A. 合并报表应抵销的营业收入为 600 万元　　　B. 合并报表应抵销的营业成本为 400 万元

C. 合并报表应抵销的存货为 40 万元　　　　　　D. 合并报表应抵销的营业成本为 560 万元

【答案】ACD

【解析】2016年合并报表中该内部交易抵销分录：

借：营业收入 600

贷：营业成本 560

存货 40〔（600－400）×20%〕

因此，合并财务报表中应抵销营业收入600万元、抵销营业成本560万元、抵销存货40万元。

【子题·多选题】甲公司是乙公司的母公司，持有乙公司80%股权。2016年6月1日，甲公司将其生产的一批产品出售给乙公司，售价为600万元（不含增值税），成本为400万元，未计提存货跌价准备。乙公司取得该批产品作为存货核算，至2016年12月31日，乙公司已对外售出该批存货的80%，售价为520万元，期末该批存货未发生减值。不考虑其他因素，下列各项关于合并报表中的处理，表述正确的有（ ）。

A. 合并报表应列示的营业收入为520万元 B. 合并报表应列示的营业成本为320万元

C. 合并报表应列示的存货为80万元 D. 合并报表应列示的营业成本为480万元

【答案】ABC

【解析】

2016年合并报表中该内部交易抵销分录：

借：营业收入 600

贷：营业成本 560

存货 40〔（600－400）×20%〕

①合并财务报表应列示的营业收入为对外部第三方销售确认的收入520万元；或，合并财务报表应列示的营业收入＝个别财务报表（600＋520）－合并财务报表抵销金额600＝520（万元）。

②合并财务报表应列示的营业成本＝内部交易销售方产品原账面价值×对外出售比例＝400×80%＝320（万元）；或，合并财务报表应列示的营业成本＝个别财务报表（400＋600×80%）－合并财务报表抵销金额560＝320（万元）。

③合并财务报表应列示的存货＝内部交易销售方产品原账面价值×未对外出售比例＝400×20%＝80（万元）；或，合并财务报表应列示的存货＝个别财务报表120－合并财务报表抵销金额40＝80（万元）。

📖易错易混点辨析

项 目	甲公司（个别报表）	乙公司（个别报表）	抵销分录		合并金额
			借方	贷方	
营业收入	600	520	600		520
营业成本	400	480		560	320
存货	0	120		40	80

【提示】合并报表列示金额应当从合并报表角度来确定，内部交易在合并报表角度应当抵销，即从合并报表角度视同从未发生，则合并报表列示金额应当是按照内部交易销售方个别报表原账面价值为基础计算确定的金额。内部交易固定资产、无形资产等也是同理，按照内部交易销售方个别报表原账面价值为基础计算确定列示金额，内部交易购买方个别报表列示金额与合并报表列示金额的差额，即为合并报表应抵销金额。

易错易混点5 母子公司内部交易存货确认的递延所得税资产在合并财务报表上的列报金额和抵销金额的计算

【母题·单选题】甲公司是乙公司的母公司。2015年乙公司从甲公司购进A商品100件作为存货核算，购买价格为每件2万元。甲公司该批A商品成本为每件1.5万元，未计提存货跌价准备。2015年乙公司对外销售A商品60件，每件销售价格为2.2万元；年末结存40件。2015年12月31日，A商品每件可变现净值为 1.6 万元。假定甲公司和乙公司适用的所得税率均为 25%，均采用资产负债表债务法核算所得税。合并财务报表中期初递延所得税资产无余额，不考虑增值税等其他因素，2015 年年末甲公司编制合并财务报表时，调整抵销分录中调整的递延所得税资产金额为（　　）万元。

A. 5　　　　　　　　B. 1　　　　　　　　C. 8.75　　　　　　　　D. 4

【答案】B

【解析】合并财务报表抵销分录：

借：营业收入	200
贷：营业成本	180
存货	20 [40×（2-1.5）]
借：存货——存货跌价准备	16 [40×（2-1.6）]
贷：资产减值损失	16
借：递延所得税资产	1 [（20-16）×25%]
贷：所得税费用	1

【子题·单选题】接母题，不考虑其他因素，2015 年年末甲公司编制合并财务报表时，应在合并财务报表中列示的递延所得税资产金额为（　　）万元。

A. 5　　　　　　　　B. 1　　　　　　　　C. 8.75　　　　　　　　D. 4

【答案】A

【解析】2015 年 12 月 31 日，合并财务报表中结存存货的账面价值 = 40×1.5 = 60（万元），计税基础 = 40×2 = 80（万元），应在合并财务报表中列示的递延所得税资产金额 =（80-60）×25% = 5（万元）。

📖 易错易混点辨析

内部交易形成的存货，其产生的递延所得税资产余额在合并财务报表中的列报金额 =（计税基础-合并财务报表中的账面价值）×适用的所得税税率；合并财务报表账面价值是按照成本与可变现净值孰低计量的，成本即按销售方原个别报表账面价值计算的成本，计税基础是销售方的销售价格。

内部交易形成的存货，其产生的递延所得税资产在合并财务报表中的调整抵销金额 = 合并财务报表中递延所得税资产的余额-个别财务报表中因减值确认的递延所得税资产-合并财务报表中递延所得税资产的期初调整金额。

易错易混点6 母子公司股权变动引起的现金流量在合并财务报表中的列示

【母题·判断题】企业因购买子公司的少数股权支付的现金，在合并财务报表中属于投资活动现金流量。（　　）

【答案】×

【解析】母公司购买子公司少数股权，在母公司个别财务报表中，增加了长期股权投资，应作为"投资支付的现金"处理；但站在合并财务报表的角度，并无资产增加，仅仅反映的是一项权益性交易，实质上是集团对其权益持有者（少数股东）的一项分配，也可以理解为少数股东收回投资，所以应作为"支付的其他与筹资活动有关的现金"，属于筹资活动现金流量。

【子题·判断题】企业因取得投资增加子公司支付的现金，在合并财务报表中属于投资活动现金流量。（　　）

【答案】√

📖 易错易混点辨析

（1）购买股权增加子公司，母公司个别财务报表属于投资活动，合并财务报表属于投资活动；

（2）购买少数股东股权，母公司个别财务报表属于投资活动，合并财务报表属于筹资活动；

（3）不丧失控制权处置子公司部分股权，母公司个别财务报表属于投资活动，合并财务报表属于筹资活动；

（4）丧失控制权处置子公司股权，母公司个别财务报表属于投资活动，合并财务报表属于投资活动。

易错易混点7 同一控制、非同一控制下增加子公司合并报表的处理

【母题·多选题】下列关于非同一控制下增加子公司合并报表处理的表述中，正确的有(　　)。

A. 应当自购买日开始将子公司纳入合并报表范围

B. 应当将该公司自购买日至报告期期末的收入、费用、利润纳入合并利润表

C. 应当将该公司购买日至报告期期末的现金流量纳入合并现金流量表

D. 应当调整合并资产负债表的期初数

【答案】ABC

【解析】选项D，非同一控制下企业合并，应当从购买日开始编制合并财务报表，不调整合并资产负债表的期初数。

【子题·多选题】下列关于同一控制下增加子公司合并报表处理的表述中，正确的有(　　)。

A. 应当调整合并资产负债表的期初数

B. 应当将该子公司自合并当期期初至报告期期末的收入、费用、利润纳入合并利润表

C. 应当将该子公司自合并当期期初至报告期期末的现金流量纳入合并现金流量表

D. 应当自合并日开始将子公司纳入合并报表范围

【答案】ABC

【解析】选项D，同一控制下企业合并视同合并后形成的企业集团报告主体自最终控制方开始实施控制时一直是一体化存续下来的，应当视同期初开始就已经将子公司纳入合并报表范围。

📖 易错易混点辨析

基本原则	同一控制下企业合并	增加的子公司或业务，视同合并后形成的企业集团报告主体自最终控制方开始实施控制时一直是一体化存续下来的
	非同一控制下企业合并	增加的子公司或业务，应当从购买日开始编制合并财务报表
合并资产负债表	同一控制下企业合并	应当调整合并资产负债表的期初数，合并资产负债表的留存收益项目应当反映母子公司视同一直作为一个整体运行至合并日应实现的盈余公积和未分配利润的情况，同时应当对比较报表的相关项目进行调整
	非同一控制下企业合并	不调整合并资产负债表的期初数
合并利润表	同一控制下企业合并	应当将该子公司或业务自合并当期期初至报告期期末的收入、费用、利润纳入合并利润表，而不是从合并日开始纳入合并利润表，同时应当对比较报表的相关项目进行调整 由于合并当期期初至合并日实现的净利润是因企业合并准则所规定的同一控制下企业合并的编表原则所致，而非母公司管理层通过生产经营活动实现的净利润，因此，应当在合并利润表中单列"其中：被合并方在合并前实现的净利润"项目进行反映
	非同一控制下企业合并	应当将该子公司或业务自购买日至报告期期末的收入、费用、利润纳入合并利润表
合并现金流量表	同一控制下企业合并	应当将该子公司或业务自合并当期期初至报告期期末的现金流量纳入合并现金流量表，同时应当对比较报表的相关项目进行调整
	非同一控制下企业合并	应当将该子公司购买日至报告期期末的现金流量纳入合并现金流量表

机考过关必练

一、单项选择题

1. 2016 年 10 月 12 日，甲公司向其子公司乙公司销售一批商品，售价为 100 万元（不含增值税），款项已收到，乙公司取得该批商品后将其作为存货核算；该批商品成本为 60 万元，未计提存货跌价准备，至 2016 年 12 月 31 日，乙公司已将该批商品对外销售 70%。不考虑其他因素，甲公司在编制 2016 年 12 月 31 日合并资产负债表时，"存货"项目应列示的金额为（　　）万元。

   A. 18 　　　　　　　B. 30 　　　　　　　C. 12 　　　　　　　D. 60

2. 2016 年 1 月 1 日，新华股份有限公司（以下简称"新华公司"）以银行存款 3000 万元取得 A 股份有限公司（以下简称"A 公司"）60% 的股份，能够控制 A 公司财务和生产经营决策。当日 A 公司可辨认净资产账面价值为 3500 万元，公允价值为 4000 万元，差额为一项管理用固定资产导致。该项固定资产原价为 700 万元，已计提折旧 400 万元，未计提固定资产减值准备，公允价值为 800 万元，采用年限平均法计提折旧，预计尚可使用年限为 5 年，预计净残值为零。新华公司与 A 公司在此之前不存在关联方关系，不考虑其他因素，则该项固定资产在新华公司 2016 年编制的合并财务报表中应列示的金额为（　　）万元。

   A. 800 　　　　　　B. 500 　　　　　　C. 640 　　　　　　D. 400

3. 非同一控制下控股合并，合并财务报表中对子公司个别财务报表进行调整时，子公司可辨认净资产公允价值和账面价值的差额应计入（　　）。

   A. 资本公积 　　　　　　　　　　　　　B. 营业外收入

   C. 营业外支出 　　　　　　　　　　　　D. 商誉

4. 甲公司是乙公司的母公司，持有乙公司 70% 股权。2016 年 6 月 30 日，甲公司将一台设备出售给乙公司，该设备的原值为 500 万元，至出售时已计提折旧 200 万元，未计提减值准备，售价为 450 万元。乙公司取得后作为管理用固定资产，预计尚可使用年限为 5 年，预计净残值为零，采用年限平均法计提折旧。不考虑其他因素，甲公司在 2016 年 12 月 31 日编制合并财务报表时应抵销的"固定资产"项目金额为（　　）万元。

   A. 300 　　　　　　B. 150 　　　　　　C. 15 　　　　　　　D. 135

5. 下列各项中，被投资方应纳入投资方合并财务报表合并范围的是（　　）。

   A. 投资方和其他投资方对被投资方实施共同控制

   B. 投资方拥有被投资方半数以上表决权但不能控制被投资方

   C. 投资方未拥有被投资方半数以上表决权但有权决定其财务和经营政策

   D. 投资方直接拥有被投资方半数以上表决权但被投资方已经被宣告破产清算

6. 甲公司为乙公司的母公司，2015 年 12 月 3 日，甲公司向乙公司销售一批商品，增值税专用发票上注明的销售价款为 1000 万元，增值税税额为 170 万元，款项已收到；该批商品成本为 700 万元。假定不考虑其他因素，甲公司在编制 2015 年度合并现金流量表时，"销售商品、提供劳务收到的现金"项目应抵销的金额为（　　）万元。

   A. 300 　　　　　　B. 700 　　　　　　C. 1000 　　　　　　D. 1170

7. 甲公司为乙公司的母公司，甲公司和乙公司均采用资产负债表债务法核算所得税，适用的所得税税率均为 25%。2016 年 10 月乙公司以 450 万元（不含增值税）的价格从甲公司购入一批存货，该批存货的成本为 300 万元，未计提存货跌价准备。至年末乙公司将该批存货对外出售 60%，剩余存货的可变现净值为 160 万元，乙公司个别报表计提存货跌价准备 20 万元。不考虑其他因素，2016 年 12 月 31 日合并资产负债表中因该存货应列示的递延所得税资产金额为（　　）万元。

   A. 5 　　　　　　　B. 0 　　　　　　　C. 15 　　　　　　　D. 10

8. 2015 年 12 月 20 日，新华公司支付货币资金 780 万元购买 A 公司 100% 的股权，在此之前新华公司与 A 公司不存在关联方关系。购买日 A 公司现金余额为 900 万元，则下列关于该事项对新华公司所在集团的现金流量表的影响的说法中，正确的是（　　）。

A. 筹资活动现金流入 120 万元　　　　　　B. 筹资活动现金流出 780 万元

C. 投资活动现金流入 120 万元　　　　　　D. 投资活动现金流出 780 万元

9. 甲公司是乙公司的母公司，2016 年 5 月 2 日，甲公司出售 200 件商品给乙公司，每件售价为 6 万元，每件成本 3 万元，未计提存货跌价准备。至 2016 年 12 月 31 日，乙公司从甲公司购买的上述商品尚有 100 件未对外出售，其可变现净值为每件 2.5 万元。假设不考虑其他因素，2016 年 12 月 31 日编制合并财务报表时，该项内部交易应抵销的存货跌价准备金额为（　　　）万元。

A. 0　　　　　　B. 600　　　　　　C. 300　　　　　　D. 350

10. 甲公司 2016 年 1 月 1 日以银行存款 5000 万元自非关联方处购入乙公司 80% 股权，当日乙公司可辨认净资产公允价值为 5000 万元，账面价值为 4000 万元，其差额为一项管理用无形资产导致，该无形资产采用直线法摊销，预计尚可使用年限为 5 年，无残值。2016 年乙公司实现净利润 2200 万元，分派现金股利 600 万元，此外不存在其他影响所有者权益变动的事项。不考虑所得税及内部交易等其他因素影响，2016 年年末甲公司编制合并财务报表时，按照权益法调整后的长期股权投资金额为（　　　）万元。

A. 6120　　　　　　B. 7200　　　　　　C. 6600　　　　　　D. 6200

二、多项选择题

1. 下列各项中，投资方在确定合并财务报表合并范围时应予考虑的因素有（　　　）。

A. 被投资方的设立目的

B. 投资方是否拥有对被投资方的权力

C. 投资方是否通过参与被投资方的相关活动而享有可变回报

D. 投资方是否有能力运用对被投资方的权力影响其回报金额

2. 企业在报告期内出售子公司，报告期期末编制合并财务报表时，下列表述中正确的有（　　　）。

A. 不调整合并资产负债表的期初数

B. 应将被出售子公司期初至出售日的现金流量纳入合并现金流量表

C. 应将被出售子公司期初至出售日的相关收入和费用纳入合并利润表

D. 应将被出售子公司期初至出售日的净利润计入合并利润表投资收益

3. 下列关于投资性主体的说法中，正确的有（　　　）。

A. 当母公司由非投资性主体转变为投资性主体时，除仅将为其投资活动提供相关服务的子公司纳入合并财务报表范围编制合并财务报表外，企业自转变日起对其他子公司不应予以合并

B. 当母公司由投资性主体转变为非投资性主体时，应将原未纳入合并财务报表范围的子公司于转变日纳入合并财务报表范围

C. 如果母公司是投资性主体，则只应将那些为投资性主体的投资活动提供相关服务的子公司纳入合并范围

D. 母公司应当将其子公司纳入合并范围，不包括母公司控制的被投资单位可分割部分、结构化主体

4. 甲公司为乙公司的母公司，2015 年甲公司对乙公司应收账款的账面价值为 2500 万元（与 2014 年相同），坏账准备余额为 50 万元。2015 年内应收账款对应的坏账准备计提比例未发生增减变化。乙公司个别资产负债表中应付账款 2550 万元系 2014 年从甲公司购入商品发生的应付购货款。不考虑所得税等其他因素的影响，则在 2015 年合并工作底稿中应编制的与内部债权债务相关的抵销分录有（　　　）。

A. 借：应付账款　　　　　　　　　　　　　　　　　　　　　　　　　　2550

　　　贷：应收账款　　　　　　　　　　　　　　　　　　　　　　　　　　2550

B. 借：应付账款　　　　　　　　　　　　　　　　　　　　　　　　　　2500

　　　贷：应收账款　　　　　　　　　　　　　　　　　　　　　　　　　　2500

C. 借：应收账款——坏账准备　　　　　　　　　　　　　　　　　　　　50

　　　贷：资产减值损失　　　　　　　　　　　　　　　　　　　　　　　　50

D. 借：应收账款——坏账准备　　　　　　　　　　　　　　　　　　　　50

　　　贷：未分配利润——年初　　　　　　　　　　　　　　　　　　　　50

5. 下列关于多次交易分步实现的非同一控制下企业合并，合并财务报表中的处理正确的有（　　）。

A. 购买方对于购买日之前持有的按照权益法核算的长期股权投资，按照该股权在购买日的公允价值重新计量，公允价值与账面价值的差额计入当期投资收益

B. 购买日之前持有的被购买方的股权于购买日的公允价值与购买日新购入股权所支付对价的公允价值之和，作为合并财务报表中的合并成本

C. 合并成本与购买日应享有被购买方可辨认净资产公允价值份额的差额，确认为商誉或者计入当期损益

D. 购买日之前持有的被购买方的股权按照权益法核算确认的其他综合收益等（可转损益部分），应当转为购买日所属当期投资收益

6. 下列关于不丧失控制权情况下处置部分子公司投资的会计处理的表述中，正确的有（　　）。

A. 个别财务报表中出售股权取得的价款与所处置投资账面价值的差额计入投资收益

B. 合并财务报表中应当按照权益性交易进行会计处理

C. 合并财务报表中投资收益的金额为处置长期股权投资取得的价款与处置长期股权投资相对应享有子公司可辨认净资产份额之间的差额

D. 合并财务报表中因控制权未发生转移，不考虑商誉减值因素，购买日计算的商誉应保持不变

7. A 公司 2015 年 1 月 1 日以银行存款 6000 万元取得甲公司 80% 有表决权股份，能够对甲公司实施控制。交易前 A 公司与甲公司不存在关联方关系，当日甲公司可辨认净资产公允价值为 6100 万元，账面价值为 6000 万元，差额为一项管理用无形资产导致。该项无形资产原价为 900 万元，已计提折旧 200 万元，未计提减值准备，公允价值为 800 万元，预计尚可使用年限为 5 年，预计净残值为零，采用直线法摊销。2015 年 12 月 31 日 A 公司实现净利润 3000 万元，甲公司实现净利润 1200 万元。不考虑其他因素影响，则下列关于 A 公司 2015 年年底编制合并利润表的说法中，正确的有（　　）。

A. 投资收益列示的金额为 944 万元

B. 合并净利润金额为 4180 万元

C. 归属于母公司所有者的净利润金额为 3944 万元

D. 少数股东损益的列示金额为 236 万元

8. 甲公司是丙公司的母公司，持有丙公司 60% 的股权，成本为 6000 万元，未计提减值准备，购买日合并报表确认商誉 300 万元。2016 年 12 月 31 日，甲公司将其持有的对丙公司长期股权投资中的 1/3 出售给丁公司，取得价款 2400 万元，处置日剩余股权的公允价值为 4800 万元，当日丙公司自购买日开始持续计算的可辨认净资产价值为 12000 万元，其中，丙公司因可供出售金融资产公允价值上升增加其他综合收益 200 万元，其余均为实现的净利润。出售股权后，甲公司对丙公司的持股比例为 40%，丧失了对丙公司的控制权，能够对其施加重大影响。不考虑所得税等其他因素，下列各项中正确的有（　　）。

A. 甲公司个别财务报表中因处置长期股权投资应确认投资收益 400 万元

B. 应当终止确认商誉和少数股东权益

C. 处置股权在合并财务报表中应确认的投资收益为 –180 万元

D. 合并财务报表中甲公司按比例享有的其他综合收益在处置股权时应全部结转至损益

9. 甲公司持有乙公司 70% 股权，能够控制乙公司，甲公司 2015 年度合并财务报表中少数股东权益为 950 万元。2016 年度，乙公司发生净亏损 3500 万元，无其他所有者权益变动，除乙公司外，甲公司没有其他子公司。不考虑其他因素，下列关于甲公司编制 2016 年度合并财务报表的处理中，正确的有（　　）。

A. 母公司所有者权益减少 950 万元

B. 少数股东承担乙公司净亏损 950 万元

C. 母公司承担乙公司净亏损 2450 万元

D. 少数股东权益的列报金额为 –100 万元

10. A 公司于 2015 年 6 月 30 日以银行存款 10000 万元取得 B 公司 60% 股权，能够对 B 公司实施控制，当日 B 公司可辨认净资产公允价值为 15000 万元（与账面价值相等）。2016 年 6 月 30 日又以 4000 万元

取得 B 公司少数股东持有的 B 公司 20% 股权，当日 B 公司自购买日开始持续计算的可辨认净资产价值为 17500 万元，净资产变动均为 B 公司实现的净利润。A 公司与 B 公司合并前不存在关联方关系，不考虑其他因素的影响，有关该事项，下列关于合并报表中处理正确的有（　　）。

A. 2015 年 6 月 30 日购买日合并商誉为 1000 万元

B. 2016 年 6 月 30 日取得 20% 股权时确认商誉为 500 万元

C. 2016 年 6 月 30 日合并报表上因购买少数股权需调减资本公积 500 万元

D. 2016 年 6 月 30 日合并报表上列示的少数股东权益为 3500 万元

三、判断题

1. 财务报表项目应当以总额列报，资产和负债、收入和费用、直接计入当期利润的利得项目和损失项目的金额不能相互抵销，即不得以净额列报，但企业会计准则另有规定的除外。　　　　　　　　（　　）

2. 报告中期新增的符合纳入合并财务报表范围条件的子公司，如无法提供可比中期合并财务报表，可不将其纳入合并范围。　　　　　　　　　　　　　　　　　　　　　　　　　　　　　（　　）

3. 一个投资性主体的母公司如果其本身不是投资性主体，则应当将其控制的全部主体，包括投资性主体以及通过投资性主体间接控制的主体，纳入合并财务报表范围。　　　　　　　　　　　（　　）

4. 对于同一控制下企业合并中取得的子公司，如果不存在与母公司会计政策和会计期间不一致的情况，则不需要对该子公司的个别财务报表进行调整，只需要抵销内部交易对合并财务报表的影响即可。
　　　　　　　　　　　　　　　　　　　　　　　　　　　　　　　　　　　　　（　　）

5. 子公司少数股东分担的当期亏损超过了少数股东在该子公司期初所有者权益中所享有的份额，差额部分仍应当冲减少数股东权益，即少数股东权益可以出现负数。　　　　　　　　　　　（　　）

6. 子公司向少数股东支付的现金股利或利润，在合并现金流量表中应当在"投资活动产生的现金流量"项目反映。　　　　　　　　　　　　　　　　　　　　　　　　　　　　　　　　（　　）

7. 由于子公司的少数股东对子公司进行增资，导致母公司股权稀释但未丧失控制权的，母公司应当按照增资前的股权比例计算其在增资前子公司账面净资产中的份额，与增资后按母公司持股比例计算的在增资后子公司账面净资产份额之间的差额计入资本公积，资本公积不足冲减的，调整留存收益。
　　　　　　　　　　　　　　　　　　　　　　　　　　　　　　　　　　　　　（　　）

8. 合并财务报表准则规定，子公司持有母公司的长期股权投资，应当视为企业集团的库存股，作为所有者权益的减项，在合并资产负债表中所有者权益项目下以"减：库存股"项目列示。　　（　　）

9. 向母公司转移资金能力受到严格限制的子公司，不纳入母公司合并范围。　　　　　　（　　）

10. 个别资产负债表本期期末无内部应收账款，则本期编制合并财务报表时也无与内部应收账款相关的抵销分录。　　　　　　　　　　　　　　　　　　　　　　　　　　　　　　　　（　　）

四、计算分析题

甲公司 2015 年发生以下相关业务：

（1）2015 年 1 月 1 日，甲公司以银行存款 5000 万元取得乙公司 60% 股权，能够对乙公司的财务和经营政策实施控制。当日，乙公司可辨认净资产公允价值与账面价值相等。甲公司和乙公司在此项交易之前无关联方关系。

（2）2015 年 7 月 1 日，甲公司从乙公司购入 A 商品一批作为存货核算，增值税专用发票上注明的价款为 500 万元，增值税税额为 85 万元，至 2015 年 12 月 31 日，甲公司尚未支付上述款项，A 商品尚未对外销售，未出现减值迹象。

乙公司生产该批商品的实际成本为 400 万元，未计提存货跌价准备。2015 年 12 月 31 日，乙公司对该笔应收款项计提了 8 万元的坏账准备。

（3）2015 年 8 月 30 日，甲公司向乙公司销售其生产的设备一台，增值税专用发票上注明的价款为 3000 万元，增值税税额为 510 万元，款项已收存银行，该设备的实际成本为 2700 万元，未计提存货跌价准备。

乙公司将该设备作为管理用固定资产核算，采用年限平均法计提折旧，预计使用年限为 10 年，预计净残值为零。

（4）2015 年 12 月 31 日，甲公司按面值 1000 万元向乙公司定向发行一般公司债券（假定未发生交易费用），款项已收存银行。该债券期限为 5 年，票面年利率与实际年利率均为 4%，自次年起每年 12 月 31 日付息，到期一次还本。

乙公司将购入的上述债券划分为持有至到期投资。

（5）其他相关资料

①甲公司和乙公司均以公历年度作为会计年度，采用相同的会计政策。

②甲公司和乙公司适用的所得税税率均为 25%，所得税均采用资产负债表债务法核算，假定不考虑除所得税、增值税之外的其他因素。

要求：

（1）编制甲公司取得乙公司 60% 股权时的会计分录。

（2）编制 2015 年 12 月 31 日合并财务报表中各项内部交易的抵销分录。（不要求编制与合并现金流量表相关的抵销分录）

（本题答案中的金额单位用万元表示）

五、综合题

1. 甲公司为上市公司，原持有乙公司 30% 股权，能够对乙公司施加重大影响。甲公司 2015 年及 2016 年发生的相关交易事项如下：

（1）2015 年 1 月 1 日，甲公司从乙公司的控股股东丙公司处受让乙公司 50% 股权，受让价格为 13000 万元，款项已用银行存款支付，并办理了股东变更登记手续。购买日，乙公司可辨认净资产的账面价值为 18000 万元，公允价值为 20000 万元（含原未确认的无形资产公允价值 2000 万元），除原未确认入账的无形资产外，其他各项可辨认资产及负债的公允价值与账面价值相同。上述无形资产系一项商标权，自购买日开始尚可使用 10 年，预计净残值为零，采用直线法摊销。甲公司受让乙公司 50% 股权后，合计持有乙公司 80% 股权，能够对乙公司实施控制。甲公司受让乙公司 50% 股权时，原所持乙公司 30% 股权的账面价值为 5400 万元，其中投资成本 4500 万元，损益调整 870 万元，其他权益变动 30 万元；公允价值为 6200 万元。

（2）2015 年 1 月 1 日，乙公司个别财务报表中所有者权益的账面价值为 18000 万元，其中实收资本 15000 万元，资本公积 100 万元，盈余公积 290 万元，未分配利润 2610 万元。2015 年度，乙公司个别财务报表实现净利润 500 万元，因可供出售金融资产公允价值变动产生的其他综合收益 60 万元。

（3）2016 年 1 月 1 日，甲公司向丁公司转让乙公司 70% 股权，转让价格为 20000 万元，款项已经收到，并办理了股东变更登记手续。出售日，甲公司所持乙公司剩余 10% 股权的公允价值为 2500 万元。转让乙公司 70% 股权后，甲公司不能对乙公司实施控制、共同控制和重大影响，将其作为可供出售金融资产核算。

其他相关资料：

甲公司与丙公司、丁公司于交易发生前无任何关联方关系。甲公司受让乙公司 50% 股权后，甲公司与乙公司无任何关联方交易。

乙公司按照净利润的 10% 计提法定盈余公积，不计提任意盈余公积。2015 年度及 2016 年度，乙公司未向股东分配利润。不考虑相关税费及其他因素。

要求：

（1）根据资料（1），计算甲公司 2015 年度个别报表中受让乙公司 50% 股权后长期股权投资的初始投资成本，并编制与取得该股权相关的会计分录。

（2）根据资料（1），计算甲公司 2015 年度合并财务报表中购买乙公司的合并成本及应列报的商誉。

（3）根据资料（1）和（2）编制甲公司 2015 年度合并资产负债表和合并利润表相关的调整及抵销分录。

（4）根据上述资料，计算甲公司 2016 年度个别财务报表中因处置 70% 股权应确认的投资收益，并编制相关会计分录。

（5）根据上述资料，计算甲公司 2016 年度合并财务报表中因处置 70% 股权应确认的投资收益。

2. 甲股份有限公司（以下简称"甲公司"）为上市公司，2015 年度和 2016 年度有关业务资料如下：

（1）2015 年度有关业务资料如下：

①2015 年 1 月 1 日，甲公司以银行存款 1000 万元，自非关联方 H 公司购入其持有的乙公司 80% 有表决权股份。当日，乙公司可辨认资产、负债的公允价值与其账面价值相同，所有者权益总额为 1000 万元，其中：股本为 800 万元，资本公积为 100 万元，盈余公积为 20 万元，未分配利润为 80 万元。在此之前，甲公司与乙公司不存在关联方关系。

②2015 年 3 月，甲公司向乙公司销售 A 商品一批，售价为 150 万元。至 2015 年 12 月 31 日，乙公司已将该批 A 商品全部对外售出，甲公司未收到该货款，且未计提坏账准备。

③2015 年 6 月，甲公司自乙公司购入 B 商品作为管理用固定资产核算，采用年限平均法计提折旧，预计尚可使用年限为 4 年，预计净残值为 0。乙公司出售该商品的售价为 230 万元，成本为 150 万元，未计提存货跌价准备；甲公司已于当日支付货款。

④2015 年 10 月，甲公司自乙公司购入 D 商品一批，已于当月支付货款。乙公司出售该批商品的售价为 50 万元，成本为 30 万元，未计提存货跌价准备。至 2015 年 12 月 31 日，甲公司购入的该批 D 商品仍有 80% 未对外销售，形成期末存货，未发生减值。

⑤2015 年度，乙公司实现净利润 220 万元，年末计提盈余公积 22 万元，股本和资本公积未发生变化，无其他导致所有者权益变动的交易或事项。

（2）2016 年度有关业务资料如下：

①2016 年 1 月 1 日，甲公司取得非关联方丙公司 30% 有表决权股份，能够对丙公司施加重大影响。取得投资时，丙公司可辨认资产、负债的公允价值与其账面价值相同。

②2016 年 3 月，甲公司收回上年度向乙公司销售 A 商品的全部货款。

③2016 年 4 月，甲公司将结存的上年度自乙公司购入的 D 商品全部对外出售。

④2016 年 11 月，甲公司向丙公司销售 E 商品，丙公司购入后作为存货核算。甲公司出售该批 E 商品的售价为 300 万元，成本为 200 万元，未计提存货跌价准备。至 2016 年 12 月 31 日，丙公司尚未对外售出该批 E 商品，且 E 商品未发生减值。

⑤2016 年 12 月，甲公司以 500 万元的价格从丙公司购入一批账面价值为 300 万元的 F 商品，该批 F 商品至年末对外出售 60%，剩余部分未发生减值。

⑥2016 年度，乙公司实现净利润 350 万元，年末计提盈余公积 35 万元，股本和资本公积未发生变化，无其他导致所有者权益变动的交易或事项。

（3）其他相关资料：

①甲公司、乙公司与丙公司的会计年度和采用的会计政策相同。

②不考虑增值税、所得税等相关税费。

③假定乙公司在 2015 年度和 2016 年度均未分配股利。

要求：

（1）编制甲公司 2015 年 12 月 31 日合并乙公司财务报表的相关调整抵销分录。

（2）编制甲公司 2016 年 12 月 31 日合并乙公司财务报表的相关调整抵销分录。

（3）编制甲公司 2016 年 12 月 31 日合并乙公司财务报表时对甲、丙公司之间未实现内部交易损益的抵销分录。

（答案中的金额单位用万元表示）

3. 甲公司和乙公司均采用资产负债表债务法核算所得税，适用的所得税税率 25%。2×15 年至 2×16 年甲公司和乙公司与长期股权投资及其内部交易或事项相关的资料如下：

2×15 年度资料：

（1）1 月 1 日，甲公司以银行存款 18500 万元自非关联方购入乙公司 80% 有表决权的股份。交易前，甲公司不持有乙公司的股份且与乙公司不存在关联方关系；交易后，甲公司取得乙公司的控制权。当日，乙公司可辨认净资产账面价值为 23000 万元（与公允价值相等），其中股本 6000 万元、资本公积 5000 万元、盈余公积 2000 万元、未分配利润 10000 万元。

（2）3 月 10 日，甲公司向乙公司销售 A 产品一批，售价为 2000 万元（不含增值税），成本为 1400 万元，未计提存货跌价准备。截至当年年末，乙公司对外销售 A 产品的 60%，剩余部分形成存货，年末可变现净值为 600 万元，乙公司对其计提存货跌价准备 200 万元；甲公司应收款项 2000 万元尚未收回，计提坏账准备 100 万元。

（3）7 月 1 日，甲公司将其一项专利权以 1000 万元的价格转让给乙公司，款项于当日收存银行。甲公司该专利权的原价为 1000 万元，预计使用年限为 10 年、无残值，采用直线法进行摊销，至转让时已摊销 5 年，未计提减值准备。乙公司取得该专利权后作为管理用无形资产核算，预计尚可使用 5 年，无残值，采用直线法进行摊销，对该项专利权的尚可使用年限、残值及摊销方法税法规定与乙公司相同。

（4）乙公司当年实现的净利润为 6000 万元，提取盈余公积 600 万元，向股东分配现金股利 3000 万元；因持有的可供出售金融资产公允价值上升计入当期其他综合收益的金额为 500 万元，除此之外无其他影响所有者权益的事项。

2×16 年度资料：

2×16 年度，甲公司与乙公司未发生内部交易，至 2×16 年 12 月 31 日，乙公司上年自甲公司购入的 A 产品剩余部分全部对外售出；乙公司支付了上年所欠甲公司货款 2000 万元。

假定：甲公司和乙公司采用的会计政策和会计期间相同，不考虑所得税以外的相关税费及其他因素。

要求：

（1）编制甲公司 2×15 年 12 月 31 日合并乙公司财务报表时按照权益法调整长期股权投资的调整分录以及与该项投资直接相关的（含甲公司内部投资收益）抵销分录。

（2）编制甲公司 2×15 年 12 月 31 日合并乙公司财务报表时与内部购销交易相关的抵销分录。（不要求编制与合并现金流量表相关的抵销分录）

（3）编制甲公司 2×16 年 12 月 31 日合并乙公司财务报表时与内部购销交易相关的抵销分录。（不要求编制与合并现金流量表相关的抵销分录）

机考过关必练参考答案及解析

一、单项选择题

1.【答案】A

【解析】甲公司在编制 2016 年 12 月 31 日合并资产负债表时，"存货"项目应列示的金额 = 60 ×（1 - 70%）= 18（万元）。

2.【答案】C

【解析】购买日该项固定资产应当按照公允价值纳入合并报表，则该项固定资产在 2016 年合并财务报表的列示金额 = 800 - 800/5 = 640（万元）。

3.【答案】A

【解析】非同一控制下控股合并，合并财务报表中对子公司个别财务报表进行调整时，子公司可辨认净资产公允价值和账面价值的差额应通过"资本公积"项目调整。

4.【答案】D

【解析】甲公司应编制的抵销分录为：

借：营业外收入 150［450 -（500 - 200）］
　　贷：固定资产——原价 150
借：固定资产——累计折旧 15（150/5×6/12）
　　贷：管理费用 15

因此，应抵销固定资产项目的金额 = 150 - 15 = 135（万元）。

5.【答案】C

【解析】纳入投资方合并范围的前提是实施控制，选项 A 和 B 没有达到控制，不纳入合并报表范围；选项 D，已被宣告破产清算的原子公司不是母公司的子公司，不纳入合并报表范围。

6.【答案】D

【解析】合并财务报表中"销售商品、提供劳务收到的现金"项目应抵销的金额 = 1000 + 170 = 1170（万元）。

7. 【答案】C

【解析】合并报表中剩余存货的成本 = 300 × （1 − 60%）= 120（万元），未发生减值，计税基础 = 450 × （1 − 60%）= 180（万元），产生可抵扣暂时性差异 = 180 − 120 = 60（万元），合并报表应列示的递延所得税资产 = 60 × 25% = 15（万元）。

8. 【答案】C

【解析】子公司及其他营业单位在购买日持有的现金和现金等价物大于母公司支付对价中以现金支付的部分，按子公司及其他营业单位在购买日持有的现金和现金等价物减去母公司支付的现金及现金等价物后的净额在"收到其他与投资活动有关的现金"项目反映，本题中该事项影响新华公司投资活动现金流入的金额 = 900 − 780 = 120（万元）。

9. 【答案】C

【解析】对于 2016 年 12 月 31 日结存的存货，乙公司个别财务报表计提的存货跌价准备 = 100 × （6 − 2.5）= 350（万元）；站在合并财务报表的角度，应计提的存货跌价准备 = 100 × （3 − 2.5）= 50（万元），所以，合并财务报表中应抵销存货跌价准备的金额为 300 万元（350 − 50）。

10. 【答案】A

【解析】长期股权投资按照权益法调整后的金额 = 5000 + ［2200 − 600 − （5000 − 4000）/5］× 80% = 6120（万元）。

二、多项选择题

1. 【答案】ABCD

【解析】合并财务报表的合并范围是指纳入合并财务报表编报的子公司的范围，应当以控制为基础予以确定。投资方要实现控制，必须具备两项基本要素：一是因涉入被投资方而享有可变回报；二是拥有对被投资方的权力，并且有能力运用对被投资方的权力影响其回报金额。除此之外，还应该综合考虑所有相关事实和情况，其中，对被投资方的设立目的和设计的分析，贯穿于判断控制的始终。

2. 【答案】ABC

【解析】选项 D，不能将净利润计入合并利润表的投资收益项目。

3. 【答案】ABC

【解析】选项 D，母公司应当将其子公司纳入合并范围，包括母公司控制的被投资单位可分割部分、结构化主体。

4. 【答案】AD

【解析】2015 年合并工作底稿中应编制的抵销分录为：

借：应付账款		2550
贷：应收账款		2550
借：应收账款——坏账准备		50
贷：未分配利润——年初		50

5. 【答案】ABCD

【解析】选项 C，合并成本大于应享有购买日被购买方可辨认净资产公允价值份额，确认为商誉，合并成本小于应享有购买日被购买方可辨认净资产公允价值份额，计入当期损益（营业外收入），但由于购买日不编制合并利润表，因此用留存收益代替营业外收入。

6. 【答案】ABD

【解析】选项 C，不丧失控制权处置部分子公司投资，在合并报表中视为权益性交易，应将处置价款与处置长期股权投资相对应享有子公司自购买日开始持续计算的净资产份额之间的差额，调整资本公积（资本溢价或股本溢价），资本公积不足冲减的，调整留存收益。因此投资收益金额为零。

7. 【答案】BCD

【解析】合并财务报表角度调整后的子公司净利润 = 1200 − ［800 − （900 − 200）］/5 = 1180（万元），母公司应享有的部分 = 1180 × 80% = 944（万元），列示在母公司的净利润中，不体现在投资收益项目下，选项 A 错误；合并净利润 = 3000 + 1180 = 4180（万元），选项 B 正确；归属于母公司所有者的净利润 = 3000 + 944 = 3944（万元），选项 C 正确；少数股东损益 = 1180 × 20% = 236（万元），选项 D 正确。

8.【答案】ABCD

【解析】选项 A，甲公司个别财务报表中因处置长期股权投资应确认的投资收益 = 2400 – 6000 × 1/3 = 400（万元）；选项 B，因处置股权导致丧失控制权，被投资方不再纳入合并范围，合并财务报表中应当终止确认商誉和少数股东权益；选项 C 和 D，合并报表中应确认的投资收益 = （2400 + 4800）– 12000 × 60% – 300 + 200 × 60% = –180（万元），合并报表中甲公司按比例享有的其他综合收益 120 万元（200 × 60%）应当全部结转至投资收益。

9.【答案】CD

【解析】选项 A，母公司所有者权益减少金额 = 3500 × 70% = 2450（万元）；选项 B，少数股东承担乙公司净亏损 = 3500 × 30% = 1050（万元）；选项 C，母公司承担乙公司净亏损为 2450 万元；选项 D，少数股东权益列报金额 = 950 – 1050 = –100（万元）。

10.【答案】ACD

【解析】选项 A，购买日合并商誉 = 10000 – 15000 × 60% = 1000（万元）；选项 B，购买少数股权属于权益性交易，不确认新的商誉；选项 C，应调整减少资本公积 = 4000 – 17500 × 20% = 500（万元）；选项 D，合并财务报表上列示的少数股东权益 = 17500 × 20% = 3500（万元）。

三、判断题

1.【答案】√

2.【答案】×

【解析】合并财务报表的合并范围应当以控制为基础予以确定，符合纳入合并财务报表范围的子公司均应纳入合并财务报表合并范围。

3.【答案】√

4.【答案】√

5.【答案】√

6.【答案】×

【解析】对于子公司向少数股东支付现金股利或利润，在合并现金流量表中应当在"筹资活动产生的现金流量"之下的"分配股利、利润或偿付利息支付的现金"项目下"其中：子公司支付给少数股东的股利、利润"项目反映。

7.【答案】√

8.【答案】√

9.【答案】×

【解析】不论子公司的规模大小、子公司向母公司转移资金能力是否受到严格限制，也不论子公司的业务性质与母公司或企业集团内其他子公司是否有显著差别，只要是能够被母公司施加控制的，都应纳入合并范围。

10.【答案】×

【解析】即使个别资产负债表本期期末无内部应收账款，本期合并工作底稿中也可能存在内部应收账款相关的抵销分录。

四、计算分析题

【答案】

（1）

借：长期股权投资　　5000

　　贷：银行存款　　5000

（2）

①内部交易存货抵销

借：营业收入　　500

　　贷：营业成本　　400

　　　　存货　　100

借：递延所得税资产   25（100×25%）

    贷：所得税费用   25

②内部债权债务抵销

借：应付账款   585

    贷：应收账款   585

借：应收账款——坏账准备   8

    贷：资产减值损失   8

借：所得税费用   2

    贷：递延所得税资产   2（8×25%）

③内部固定资产交易抵销

借：营业收入   3000

    贷：营业成本   2700

      固定资产——原价   300

借：固定资产——累计折旧   10（300/10×4/12）

    贷：管理费用   10

借：递延所得税资产   72.5〔（300－10）×25%〕

    贷：所得税费用   72.5

④内部债券交易抵销

借：应付债券   1000

    贷：持有至到期投资   1000

五、综合题

1.【答案】

（1）个别财务报表中应当按照原持有的股权投资账面价值加上新增投资成本之和作为改按成本法核算的长期股权投资的初始投资成本。所以，初始投资成本＝5400＋13000＝18400（万元）。

借：长期股权投资   18400

    贷：长期股权投资——投资成本   4500

             ——损益调整   870

             ——其他权益变动   30

      银行存款   13000

（2）合并财务报表中的合并成本＝购买日之前所持被购买方的股权于购买日的公允价值＋购买日新购入股权所支付对价的公允价值＝6200＋13000＝19200（万元）。

合并商誉＝合并成本－购买日应享有被购买方可辨认净资产公允价值份额＝19200－20000×80%＝3200（万元）。

（3）

借：无形资产   2000

    贷：资本公积   2000

借：管理费用   200

    贷：无形资产——累计摊销   200（2000÷10）

借：长期股权投资   800（6200－5400）

    贷：投资收益   800

借：资本公积——其他资本公积   30

    贷：投资收益   30

调整后的净利润＝（500－2000÷10）＝300（万元）。

借：长期股权投资   240（300×80%）

    贷：投资收益   240

借：长期股权投资 48（60×80%）

　　贷：其他综合收益 48

调整后的长期股权投资的账面价值＝18400＋800＋240＋48＝19488（万元）。

借：实收资本 15000

　　资本公积 2100（2000＋100）

　　其他综合收益 60

　　盈余公积 340（290＋50）

　　年末未分配利润 2860（2610＋500－200－50）

　　商誉 3200

　　贷：长期股权投资 19488

　　　　少数股东权益 4072

借：投资收益 240

　　少数股东损益 60

　　年初未分配利润 2610

　　贷：提取盈余公积 50

　　　　年末未分配利润 2860

（4）因处置投资等原因导致对被投资单位由能够实施控制转为公允价值计量的，首先应按处置投资的比例结转应终止确认的长期股权投资账面价值；在丧失控制权之日剩余股权的公允价值与账面价值之间的差额计入当期投资收益；即视同处置原持有的全部股权，再按照公允价值购入一项新的股权。

个别财务报表中确认的投资收益＝（20000－18400×70%/80%）＋（2500－18400×10%/80%）＋30＝4130（万元）。

借：银行存款 20000

　　贷：长期股权投资 16100（18400×70%/80%）

　　　　投资收益 3900

借：资本公积——其他资本公积 30

　　贷：投资收益 30

借：可供出售金融资产 2500

　　贷：长期股权投资 2300（18400×10%/80%）

　　　　投资收益 200

【提示】个别报表处置股权剩余部分转为可供出售金融资产时，应将原30%的投资确认的其他权益变动对应的资本公积30万元结转到投资收益。

（5）合并财务报表中因处置股权应确认的投资收益＝［（处置股权取得的对价＋剩余股权公允价值）－原有子公司自购买日开始持续计算的净资产×原持股比例＋商誉］＋其他综合收益、其他所有者权益变动×原持股比例＝（20000＋2500）－［（20000＋300＋60）×80%＋3200］＋60×80%＝3060（万元）。

2.【答案】

由于涉及对逆流交易的抵销，本题用两种方法进行解答，主要关注两种方法对逆流交易调整子公司净利润的不同处理方式。

第一种方法（按教材做法，调整子公司净利润时不考虑内部交易）：

（1）

①抵销 A 商品内部交易

借：营业收入 150

　　贷：营业成本 150

②抵销内部债权债务

借：应付账款 150

　　贷：应收账款 150

③抵销 B 商品（作为固定资产核算）内部交易

借：营业收入 230

　贷：营业成本 150

　　固定资产——原价 80

借：固定资产——累计折旧 10（80/4×6/12）

　贷：管理费用 10

借：少数股东权益 14〔（80－10）×20%〕

　贷：少数股东损益 14

借：购建固定资产、无形资产和其他长期资产支付的现金 230

　贷：销售商品、提供劳务收到的现金 230

④抵销 D 商品内部交易

借：营业收入 50

　贷：营业成本 50

借：营业成本 16〔（50－30）×80%〕

　贷：存货 16

借：少数股东权益 3.2（16×20%）

　贷：少数股东损益 3.2

借：购买商品、接受劳务支付的现金 50

　贷：销售商品、提供劳务收到的现金 50

⑤按照权益法调整对子公司的长期股权投资

借：长期股权投资 176（220×80%）

　贷：投资收益 176

⑥抵销母公司长期股权投资与子公司所有者权益

借：股本 800

　资本公积 100

　盈余公积 42

　年末未分配利润 278（80＋220－22）

　商誉 200（1000－1000×80%）

　贷：长期股权投资 1176（1000＋176）

　　少数股东权益 244（1220×20%）

⑦抵销投资收益

借：投资收益 176（220×80%）

　少数股东损益 44（220×20%）

　年初未分配利润 80

　贷：提取盈余公积 22

　　年末未分配利润 278

（2）

①抵销 A 商品内部交易对应现金流量

借：购买商品、接受劳务支付的现金 150

　贷：销售商品、提供劳务收到的现金 150

②抵销 B 商品（作为固定资产核算）内部交易

借：年初未分配利润 80

　贷：固定资产——原价 80

借：固定资产——累计折旧 10

　贷：年初未分配利润 10

借：固定资产——累计折旧   20（80/4）

    贷：管理费用   20

借：少数股东损益   4（20×20%）

    贷：少数股东权益   4

③抵销 D 商品内部交易

借：年初未分配利润   16［（50－30）×80%］

    贷：营业成本   16

借：少数股东损益   3.2（16×20%）

    贷：少数股东权益   3.2

④按照权益法调整对子公司的长期股权投资

借：长期股权投资   456

    贷：年初未分配利润   176

      投资收益   280（350×80%）

⑤抵销母公司长期股权投资与子公司所有者权益

借：股本   800

    资本公积   100

    盈余公积   77（42＋35）

    年末未分配利润   593（278＋350－35）

    商誉   200（1000－1000×80%）

    贷：长期股权投资   1456（1000＋176＋280）

      少数股东权益   314（1570×20%）

⑥抵销投资收益

借：投资收益   280（350×80%）

    少数股东损益   70（350×20%）

    年初未分配利润   278

    贷：提取盈余公积   35

      年末未分配利润   593

（3）

①借：营业收入   90（300×30%）

    贷：营业成本   60（200×30%）

      投资收益   30

②借：长期股权投资   24［（500－300）×（1－60%）×30%］

    贷：存货   24

第二种方法：

（1）

①抵销 A 商品内部交易

借：营业收入   150

    贷：营业成本   150

②抵销内部债权债务

借：应付账款   150

    贷：应收账款   150

③抵销 B 商品（作为固定资产核算）内部交易

借：营业收入   230

    贷：营业成本   150

      固定资产——原价   80

借：固定资产——累计折旧　　　　　　　　　　　　　　　10（80/4×6/12）

　　贷：管理费用　　　　　　　　　　　　　　　　　　　　　　　　　10

借：购建固定资产、无形资产和其他长期资产支付的现金　　　　230

　　贷：销售商品、提供劳务收到的现金　　　　　　　　　　　　　230

④抵销 D 商品内部交易

借：营业收入　　　　　　　　　　　　　　　　　　　　　　　50

　　贷：营业成本　　　　　　　　　　　　　　　　　　　　　　　　50

借：营业成本　　　　　　　　　　　　　　　16〔（50 － 30）×80%〕

　　贷：存货　　　　　　　　　　　　　　　　　　　　　　　　　　16

借：购买商品、接受劳务支付的现金　　　　　　　　　　　　50

　　贷：销售商品、提供劳务收到的现金　　　　　　　　　　　　　50

⑤按照权益法调整对子公司的长期股权投资

子公司净利润经过调整后的金额 ＝ 220 －〔（230 － 150）－（230 － 150）/4×6/12〕－（50 － 30）× 80% ＝ 134（万元）。

借：长期股权投资　　　　　　　　　　　　　　107.2（134×80%）

　　贷：投资收益　　　　　　　　　　　　　　　　　　　　　　　107.2

⑥抵销母公司长期股权投资与子公司所有者权益

借：股本　　　　　　　　　　　　　　　　　　　　　　　　800

　　资本公积　　　　　　　　　　　　　　　　　　　　　　　100

　　盈余公积　　　　　　　　　　　　　　　　　　　42（20 ＋ 22）

　　年末未分配利润　　　　　　　　　　　　192（80 ＋ 134 － 22）

　　商誉　　　　　　　　　　　　　　200（1000 － 1000×80%）

　　贷：长期股权投资　　　　　　　　　　1107.2（1000 ＋ 107.2）

　　　少数股东权益　　　　　　　　　　　226.8（1134×20%）

⑦抵销投资收益

借：投资收益　　　　　　　　　　　　　　　　107.2（134×80%）

　　少数股东损益　　　　　　　　　　　　　　26.8（134×20%）

　　年初未分配利润　　　　　　　　　　　　　　　　　　　80

　　贷：提取盈余公积　　　　　　　　　　　　　　　　　　　　　22

　　　年末未分配利润　　　　　　　　　　　　　　　　　　　　192

（2）①抵销 A 商品内部交易对应现金流量

借：购买商品、接受劳务支付的现金　　　　　　　　　　　150

　　贷：销售商品、提供劳务收到的现金　　　　　　　　　　　　150

②抵销 B 商品（作为固定资产核算）内部交易

借：年初未分配利润　　　　　　　　　　　　　　　　　　80

　　贷：固定资产——原价　　　　　　　　　　　　　　　　　　80

借：固定资产——累计折旧　　　　　　　　　　　　　　　10

　　贷：未分配利润——年初　　　　　　　　　　　　　　　　　10

借：固定资产——累计折旧　　　　　　　　　　　　　20（80/4）

　　贷：管理费用　　　　　　　　　　　　　　　　　　　　　　20

③抵销 D 商品内部交易

借：未分配利润——年初　　　　　　　　　16〔（50 － 30）×80%〕

　　贷：营业成本　　　　　　　　　　　　　　　　　　　　　　16

④按照权益法调整对子公司的长期股权投资

子公司净利润经过调整后的金额 ＝ 350 ＋（230 － 150）/4 ＋（50 － 30）×80% ＝ 386（万元）。

借：长期股权投资　　　　　　　　　　　　　　　　　　　　　　　　　416
　　贷：未分配利润——年初　　　　　　　　　　　　　　　　　　　107.2
　　　　投资收益　　　　　　　　　　　　　　　　　308.8（386×80%）
⑤抵销母公司长期股权投资与子公司所有者权益
借：股本　　　　　　　　　　　　　　　　　　　　　　　　　　　　800
　　资本公积　　　　　　　　　　　　　　　　　　　　　　　　　　100
　　盈余公积　　　　　　　　　　　　　　　　　　　　　77（42＋35）
　　年末未分配利润　　　　　　　　　　　　　543（192＋386－35）
　　商誉　　　　　　　　　　　　　　　　200（1000－1000×80%）
　　贷：长期股权投资　　　　　　　　　1416（1000＋107.2＋308.8）
　　　　少数股东权益　　　　　　　　　　　　　　304（1520×20%）
⑥抵销投资收益
借：投资收益　　　　　　　　　　　　　　　　　　308.8（386×80%）
　　少数股东损益　　　　　　　　　　　　　　　　77.2（386×20%）
　　年初未分配利润　　　　　　　　　　　　　　　　　　　　　　　192
　　贷：提取盈余公积　　　　　　　　　　　　　　　　　　　　　　　35
　　　　年末未分配利润　　　　　　　　　　　　　　　　　　　　　543
（3）
①借：营业收入　　　　　　　　　　　　　　　　　　　90（300×30%）
　　贷：营业成本　　　　　　　　　　　　　　　　　　60（200×30%）
　　　　投资收益　　　　　　　　　　　　　　　　　　　　　　　　　30
②借：长期股权投资　　　　　　24〔（500－300）×（1－60%）×30%〕
　　贷：存货　　　　　　　　　　　　　　　　　　　　　　　　　　　24

3.【答案】
（1）合并财务报表中按照权益法调整，取得投资当年应确认的投资收益＝6000×80%＝4800（万元）。
借：长期股权投资　　　　　　　　　　　　　　　　　　　　　　　4800
　　贷：投资收益　　　　　　　　　　　　　　　　　　　　　　　4800
应确认的其他综合收益＝500×80%＝400（万元）。
借：长期股权投资　　　　　　　　　　　　　　　　　　　　　　　400
　　贷：其他综合收益　　　　　　　　　　　　　　　　　　　　　400
分配现金股利调整减少长期股权投资＝3000×80%＝2400（万元）。
借：投资收益　　　　　　　　　　　　　　　　　　　　　　　　2400
　　贷：长期股权投资　　　　　　　　　　　　　　　　　　　　2400
调整后长期股权投资的账面价值＝18500＋4800－2400＋400＝21300（万元）。
抵销长期股权投资和子公司所有者权益：
借：股本　　　　　　　　　　　　　　　　　　　　　　　　　　6000
　　资本公积　　　　　　　　　　　　　　　　　　　　　　　　5000
　　其他综合收益　　　　　　　　　　　　　　　　　　　　　　500
　　盈余公积　　　　　　　　　　　　　　　　　2600（2000＋600）
　　年末未分配利润　　　　　　12400（10000＋6000－600－3000）
　　商誉　　　　　　　　　　　　　　100（18500－23000×80%）
　　贷：长期股权投资　　　　　　　　　　　　　　　　　　　21300
　　　　少数股东权益　　　　　　　　　　　　　　　　　　　　5300
借：投资收益　　　　　　　　　　　　　　　　　　　　　　　4800
　　少数股东损益　　　　　　　　　　　　　　　1200（6000×20%）
　　年初未分配利润　　　　　　　　　　　　　　　　　　　　10000

贷：提取盈余公积	600
对所有者（或股东）的分配	3000
年末未分配利润	12400

（2）2×15 年 12 月 31 日内部购销交易相关的抵销分录：

①

借：营业收入	2000
贷：营业成本	1760
存货	240〔（2000－1400）×（1－60%）〕
借：存货——存货跌价准备	200
贷：资产减值损失	200
借：递延所得税资产	10
贷：所得税费用	10（40×25%）

②

借：应付账款	2000
贷：应收账款	2000
借：应收账款——坏账准备	100
贷：资产减值损失	100
借：所得税费用	25（100×25%）
贷：递延所得税资产	25

③

借：营业外收入	500（1000－1000/10×5）
贷：无形资产——原价	500
借：无形资产——累计摊销	50（500/5×6/12）
贷：管理费用	50
借：递延所得税资产	112.5〔（500－50）×25%〕
贷：所得税费用	112.5

（3）2×16 年 12 月 31 日内部购销交易相关的抵销分录：

①

借：年初未分配利润	240
贷：营业成本	240
借：存货——存货跌价准备	200
贷：年初未分配利润	200
借：营业成本	200
贷：存货——存货跌价准备	200
借：递延所得税资产	10
贷：年初未分配利润	10
借：所得税费用	10
贷：递延所得税资产	10

②

借：应收账款——坏账准备	100
贷：年初未分配利润	100
借：资产减值损失	100
贷：应收账款——坏账准备	100
借：年初未分配利润	25
贷：递延所得税资产	25

借：递延所得税资产　　　　　　　　　　　　　　　　　　　　　　25

　　贷：所得税费用　　　　　　　　　　　　　　　　　　　　　　　25

③

借：年初未分配利润　　　　　　　　　　　　　　　　　　　　　　500

　　贷：无形资产——原价　　　　　　　　　　　　　　　　　　　500

借：无形资产——累计摊销　　　　　　　　　　　　　　　　　　　50

　　贷：年初未分配利润　　　　　　　　　　　　　　　　　　　　50

借：无形资产——累计摊销　　　　　　　　　　　100（500/5）

　　贷：管理费用　　　　　　　　　　　　　　　　　　　　　　　100

借：递延所得税资产　　　　　　　　　　　　　　　　　　　　　　112.5

　　贷：年初未分配利润　　　　　　　　　　　　　　　　　　　　112.5

借：所得税费用　　　　　　　　　　　　　　　25（100×25%）

　　贷：递延所得税资产　　　　　　　　　　　　　　　　　　　　25

第二十一章　事业单位会计

🔊 **学习导读**

　　本章属于不重要章节，本章主要介绍了事业单位会计概述和事业单位特定业务的核算。

　　本章需要掌握的内容有：（1）事业单位会计要素；（2）国库集中支付业务的核算；（3）长期投资的核算；（4）固定资产的核算；（5）无形资产的核算；（6）结转结余和结余分配的核算。

　　本章历年考题中出现的题目不多，分值一般在 1 至 3 分之间，主要是以客观题形式考察，不涉及与其他章节综合出题的情况。

易错易混集训

易错易混点 1　外购固定资产扣留质量保证金的处理

【母题】2015 年 1 月 1 日，某事业单位购入一台办公设备，价款为 10 万元，扣留质量保证金 0.2 万元，质保期为 6 个月。该单位以财政授权支付的方式支付了 9.8 万元并取得了全款发票。2015 年 6 月 30 日质保期满，该单位以财政授权支付的方式支付了质量保证金 0.2 万元。假设不考虑其他相关税费，要求写出该事业单位与购入设备相关的会计处理。

2015 年 1 月 1 日购入设备

借：固定资产　　　　　　　　　　　　　　　　　　　　　　　　　　　　10
　　贷：非流动资产基金——固定资产　　　　　　　　　　　　　　　　　　　　10
同时

借：事业支出　　　　　　　　　　　　　　　　　　　　　　　　　　　　10
　　贷：零余额账户用款额度　　　　　　　　　　　　　　　　　　　　　　　9.8
　　　　其他应付款　　　　　　　　　　　　　　　　　　　　　　　　　　　0.2
2015 年 6 月 30 日质保期满支付质量保证金

借：其他应付款　　　　　　　　　　　　　　　　　　　　　　　　　　　0.2
　　贷：零余额账户用款额度　　　　　　　　　　　　　　　　　　　　　　　0.2

【子题】接母题。假定该事业单位以财政授权支付的方式支付了 9.8 万元并取得了不包含质量保证金的发票。要求写出该事业单位与购入设备相关的会计处理。

2015 年 1 月 1 日购入设备

借：固定资产　　　　　　　　　　　　　　　　　　　　　　　　　　　　10
　　贷：非流动资产基金——固定资产　　　　　　　　　　　　　　　　　　　　10
同时

借：事业支出　　　　　　　　　　　　　　　　　　　　　　　　　　　　9.8
　　贷：零余额账户用款额度　　　　　　　　　　　　　　　　　　　　　　　9.8

2015 年 6 月 30 日质保期满支付质量保证金

借：事业支出　　　　　　　　　　　　　　　　　　　　　　　　　　　　0.2
　　贷：零余额账户用款额度　　　　　　　　　　　　　　　　　　　　　　0.2

📖 易错易混点辨析

（1）事业单位购入固定资产涉及质量保证金额，按照固定资产确定的成本借记"固定资产"科目，贷记"非流动资产基金——固定资产"科目；

（2）若取得的固定资产发票为全款发票，则借记"事业支出"科目金额为构成该固定资产成本的全部支出金额（即包含质量保证金），同时将质量保证金部分作为其他应付款［扣留期在 1 年以内（含 1 年）］或长期应付款（扣留期超过 1 年）处理，实际支付质量保证金时做冲减其他应付款或长期应付款的处理；

（3）若取得的固定资产发票为不包含质量保证金的发票，则借记"事业支出"科目金额为实际支出金额，不涉及确认其他应付款等，实际支付质量保证金时再确认相应的事业支出即可；

（4）无论取得的发票是否为全款发票，在进行会计处理时，涉及财政补助收入、零余额账户用款额度等时，均以实际发生的支付金额为准。

易错易混点 2　国库集中支付业务的核算

【母题·单选题】在财政直接支付方式下，年度终了，根据本年度财政直接支付预算指标数与当年财政直接支付实际支出数的差额，借记"财政应返还额度——财政直接支付"科目，贷记(　　)科目。

A. 财政补助收入　　　　　　　　　　　　B. 事业支出

C. 零余额账户用款额度　　　　　　　　　D. 其他收入

【答案】A

【解析】在财政直接支付方式下，年度终了，根据本年度财政直接支付预算指标数与当年财政直接支付实际支出数的差额，借记"财政应返还额度——财政直接支付"科目，贷记"财政补助收入"科目。

【子题·单选题】在财政授权支付方式下，年度终了，依据代理银行提供的对账单作注销额度的相关账务处理，借记"财政应返还额度——财政授权支付"科目，贷记(　　)科目。

A. 财政补助收入　　　　　　　　　　　　B. 事业支出

C. 零余额账户用款额度　　　　　　　　　D. 其他收入

【答案】C

【解析】在财政授权支付方式下，年度终了，依据代理银行提供的对账单作注销额度的相关账务处理，借记"财政应返还额度——财政授权支付"科目，贷记"零余额账户用款额度"科目。

📖 易错易混点辨析

	财政直接支付	财政授权支付
收到"财政直接支付入账通知书"或"授权支付到账通知书"时	借：事业支出、存货等 　贷：财政补助收入（通知书中的直接支付金额）	借：零余额账户用款额度 　贷：财政补助收入（通知书所列数额） 按规定支用额度时： 借：事业支出、存货等 　贷：零余额账户用款额度
年度终了	按照本年度财政直接支付预算指标数与当年财政直接支付实际支出数的差额： 借：财政应返还额度——财政直接支付 　贷：财政补助收入	依据代理银行提供的对账单注销额度： 借：财政应返还额度——财政授权支付 　贷：零余额账户用款额度

续表

	财政直接支付	财政授权支付
下年度恢复额度	下年度恢复额度时无需进行账务处理，待事业单位以财政直接支付方式发生实际支出时： 借：事业支出等 　　贷：财政应返还额度——财政直接支付	年初恢复额度时： 借：零余额账户用款额度 　　贷：财政应返还额度——财政授权支付 实际发生支用额度时做冲减零余额账户用款额度处理
本年度财政授权支付方式下预算指标数与下达数不等时的处理（财政直接支付不涉及）		本年度财政授权支付预算指标数大于零余额账户用款额度下达数的，根据未下达的用款额度： 借：财政应返还额度——财政授权支付 　　贷：财政补助收入 下年度收到财政部门批复的上年末未下达零余额账户用款额度时： 借：零余额账户用款额度 　　贷：财政应返还额度——财政授权支付

易错易混点3 事业基金

【母题·多选题】下列各项中，会引起事业单位年末资产负债表中事业基金总额发生变化的有(　　　　)。

A. 以银行存款购入国债
B. 以银行存款购入固定资产
C. 提取职工福利基金
D. 将闲置固定资产对外投资

【答案】ABC

【解析】

选项A的分录如下：

借：长期投资
　　贷：银行存款
借：事业基金——一般基金
　　贷：非流动资产基金——长期投资

选项B的分录如下：

借：固定资产
　　贷：非流动资产基金——固定资产
借：事业支出
　　贷：银行存款

"事业支出"期末转入"事业结余"，年末"事业结余"转入"非财政补助结余分配"，最后"非财政补助结余分配"转入"事业基金"。

选项C的分录如下：

借：非财政补助结余分配
　　贷：专用基金——职工福利基金

年末，"非财政补助结余分配"转入"事业基金"。

选项D的分录如下（假定不考虑相关税费）：

借：长期投资
　　贷：非流动资产基金——长期投资
借：非流动资产基金——固定资产
　　累计折旧（投出固定资产已计提折旧）
　　贷：固定资产（投出固定资产的账面余额）

【子题·多选题】下列各项中，最终会引起事业单位的事业基金发生增减变化的有(   )。

A. 固定资产出租收入

B. 清理报废固定资产残料变价收入

C. 有企业所得税纳税义务的事业单位应缴纳的企业所得税

D. 以银行存款购入国债

【答案】ACD

【解析】选项B，清理报废固定资产残料变价收入，应根据国家有关规定处理，一般结转至"应缴国库款"科目。

📖易错易混点辨析

　　财政补助结转结余不参与事业单位的结余分配，不转入事业基金，所以涉及财政补助的项目是不会影响事业基金的。事业基金的主要来源为：

　　第一，年末，将"非财政补助结余分配"科目余额结转至事业基金，借记或贷记"非财政补助结余分配"科目，贷记或借记"事业基金"科目。

　　第二，将留归本单位使用的非财政补助专项（项目已完成）剩余资金结转至事业基金，借记"非财政补助结转"科目，贷记"事业基金"科目。

易错易混点4 事业单位和企业对于资产取得和后续计量的区别

【母题·判断题】事业单位依法取得长期投资时，以货币资金取得的长期投资，按照实际支付的全部价款（包括购买价款以及税金、手续费等相关税费）作为投资成本；以非现金资产取得的长期投资，按照非现金资产的公允价值加上相关税费作为投资成本。(   )

【答案】×

【解析】事业单位依法取得长期投资时，以货币资金取得的长期投资，按照实际支付的全部价款（包括购买价款以及税金、手续费等相关税费）作为投资成本；以非现金资产取得的长期投资，按照非现金资产的评估价值加上相关税费作为投资成本。

【子题1·判断题】事业单位购入的无形资产，其成本包括购买价款、相关税费以及归属于该项资产达到预定用途所发生的其他支出。(   )

【答案】√

【子题2·判断题】企业以非货币性资产作为对价通过企业合并以外其他方式取得长期股权投资时，按照付出非货币性资产的公允价值以及相关税费作为长期股权投资的初始投资成本。(   )

【答案】√

【母题·单选题】事业单位长期投资在持有期间收到的利润或者利息应计入(   )。

A. 其他收入　　　　　　　　　　　　B. 投资收益

C. 长期投资　　　　　　　　　　　　D. 财政补助收入

【答案】A

【解析】事业单位长期投资在持有期间应采用成本法核算，收到利润或者利息时，按照实际收到的金额借记"银行存款"等科目，贷记"其他收入——投资收益"科目。

【子题·单选题】对于企业持有的长期股权投资采用权益法核算时，被投资方宣告发放现金股利时，投资企业应借记"应收股利"科目，贷记(   )科目。

A. 投资收益　　　　　　　　　　　　B. 长期股权投资

C. 其他收入　　　　　　　　　　　　D. 财政补助收入

【答案】B

【解析】对于企业持有的长期股权投资，采用权益法核算时，被投资方宣告发放现金股利时，投资企业应借记"应收股利"科目，贷记"长期股权投资——损益调整"科目。

易错易混点辨析

（一）取得资产入账价值的确定

	取得资产	取得方式	入账价值
事业单位	取得长期投资	以货币资金取得	实际支付全部价款
		以固定资产取得	评估价值＋相关税费
		以已入账无形资产取得	
		以未入账无形资产取得	
	取得固定资产	以外购方式取得	购买价款＋相关税费＋固定资产交付使用前所发生的可归属于该项资产的运输费、装卸费、安装调试费、专业人员服务费等
	取得无形资产	以外购方式取得	购买价款＋相关税费＋归属于该项资产达到预定用途所发生的其他支出
企业	取得长期股权投资	同一控制	相对于最终控制方而言的被合并方所有者权益账面价值的份额＋最终控制方收购被合并方时确认的商誉
		非同一控制	付出对价的公允价值
		企业合并以外其他方式	付出对价的公允价值＋相关税费
	取得固定资产	以外购方式取得	购买价款＋相关税费＋固定资产交付使用前所发生的可归属于该项资产的运输费、装卸费、安装调试费、专业人员服务费等
	取得无形资产	以外购方式取得	购买价款＋相关税费＋归属于该项资产达到预定用途所发生的其他支出

（二）后续计量

项　目		核算方法	现金股利的处理
事业单位长期投资		成本法	借：银行存款等 　贷：其他收入——投资收益
企业取得的股权投资	长期股权投资	权益法（重大影响或者共同控制）	借：应收股利 　贷：长期股权投资——损益调整 实际收到时： 借：银行存款 　贷：应收股利
		成本法（控制）	借：应收股利 　贷：投资收益 实际收到时： 借：银行存款 　贷：应收股利
	作为金融资产核算（不具有控制、共同控制或重大影响）		借：应收股利 　贷：投资收益 实际收到时： 借：银行存款 　贷：应收股利

机考过关必练

一、单项选择题

1. 在财政授权支付方式下核算国库集中支付业务时，事业单位收到代理银行盖章的"授权支付到账通知书"时，根据通知书所列数据，借方应计入的科目为（　　）。
   - A. 财政补助收入
   - B. 事业支出
   - C. 零余额账户用款额度
   - D. 财政返还额度

2. 下列各项中，不属于事业单位会计要素的是（　　）。
   - A. 资产
   - B. 净资产
   - C. 所有者权益
   - D. 收入与支出

3. 事业单位以固定资产取得的长期投资，按照该固定资产的评估价值加上相关税费，借记"长期投资"科目，贷记"非流动资产基金——长期投资"科目，按照发生的相关税费，借记（　　）科目，贷记"银行存款"等科目。
   - A. 其他支出
   - B. 事业基金
   - C. 其他应付款
   - D. 长期应付款

4. 事业单位持有的长期投资在持有期间收到的利润或者利息应计入（　　）。
   - A. 投资收益
   - B. 其他收入
   - C. 捐赠收入
   - D. 财政补助收入

5. 甲单位为全额拨款的事业单位，实行国库集中支付制度。2016 年 12 月 31 日，甲单位确认的财政直接支付额度结余为 400 万元，注销的财政授权支付额度结余为 1000 万元。甲单位进行相应会计处理后，"财政应返还额度"科目的余额为（　　）万元。
   - A. 0
   - B. 400
   - C. 1000
   - D. 1400

6. 2015 年 3 月 1 日，某事业单位融资租入专用设备一台，租赁合同确定的租赁价款为 50 万元，分 5 年付清，每年支付 10 万元，第一笔租金于 2015 年 3 月 1 日以银行存款转账支付，租赁期满后该事业单位可按照 0.1 万元的优惠价格购买该设备；当日，该事业单位以银行存款支付运费和保险费 0.6 万元。则该事业单位融资租入该专用设备的入账价值为（　　）万元。
   - A. 50
   - B. 50.1
   - C. 50.6
   - D. 50.7

7. 甲事业单位 2016 年 1 月 10 日开始自行研发无形资产，12 月 31 日达到预定用途，发生申请登记注册费 3 万元，研究过程中发生研究开发支出 40 万元。假定不考虑其他因素，甲事业单位 2016 年对上述业务会计处理中，正确的是（　　）。
   - A. 确认事业支出 3 万元，确认无形资产 40 万元
   - B. 确认事业支出 40 万元，确认无形资产 3 万元
   - C. 确认经营支出 43 万元，确认无形资产 0 万元
   - D. 确认经营支出 3 万元，确认无形资产 40 万元

8. 下列关于事业单位对非经营用无形资产摊销的会计处理中，正确的是（　　）。
   - A. 增加事业支出
   - B. 增加其他支出
   - C. 减少事业基金
   - D. 减少非流动资产基金

9. 某事业单位 2015 年 12 月 31 日"事业基金"科目贷方余额为 100 万，"经营结余"科目贷方余额为 10 万元。该事业单位 2016 年有关资料如下：收到附属单位上缴收入 55 万元，发生非专项资金支出 50 万元，取得事业收入 100 万元，发生"事业支出——项目支出"100 万元，经营收入 80 万元，经营支出 60 万元，按照有关规定提取职工福利基金 50 万元。如不考虑相关税费及其他因素，该事业单位 2016 年年末的事业基金余额为（　　）万元。
   - A. 135
   - B. 85
   - C. 125
   - D. 115

10. 2016 年 12 月 31 日，某事业单位有关收支科目的余额如下：上级补助收入的贷方余额为 200 万元，事业收入的贷方余额为 100 万元，经营收入的贷方余额为 150 万元，事业支出的借方余额为 150 万元，经营支出的借方余额为 175 万元。假定事业收入、支出均为非专项资金，不考虑其他因素，则

2016 年年末转入"非财政补助结余分配"科目的金额为(　　)万元。

A. 150　　　　　　B. 125　　　　　　C. −25　　　　　　D. 175

11. 某事业单位当期有关科目资料如下："上级补助收入"4000 万元，"附属单位上缴收入"400 万元，"事业收入"300 万元，"其他收入"100 万元；"事业支出"2000 万元，"上缴上级支出"300 万元，"对附属单位补助支出"100 万元。则事业结余的余额为(　　)万元。

A. 2000　　　　　　B. 2400　　　　　　C. 1700　　　　　　D. 2300

12. 2015 年 12 月 1 日，甲事业单位启动一项科研项目。当年收到上级主管部门拨付的非财政专项资金 600 万元，至 2015 年 12 月 31 日，已发生事业支出 560 万元，项目未结。下列会计处理中不正确的是(　　)。

A. 期末将 600 万元上级补助收入转入非财政补助结转

B. 期末将 560 万元事业支出转入非财政补助结转

C. 期末将非财政补助结转 40 万元转入非财政补助结余

D. 期末非财政补助结转不转入非财政补助结余

二、多项选择题

1. 下列关于事业单位会计的表述中，不正确的是(　　)。

A. 事业单位会计核算采用收付实现制

B. 事业单位的会计报表包括资产负债表、利润表和现金流量表

C. 事业单位各项财产物资应当按照取得或购建时的公允价值进行计量

D. 事业单位会计核算目标是向会计信息使用者提供与事业单位财务状况、事业成果、预算执行等有关的会计信息

2. 关于事业单位净资产，下列说法中正确的有(　　)。

A. 期末应将财政补助剩余资金结转至事业基金

B. 财政补助结转资金是指当年支出预算已执行但尚未完成或因故未执行，下年需按原用途继续使用的财政补助资金

C. 财政补助结余资金是指支出预算工作目标已完成，或由于受政策变化、计划调整等因素影响工作终止，当年剩余的财政补助资金

D. 事业结余是指事业单位一定期间除财政补助收支、非财政专项资金收支和经营收支以外各项收支相抵后的余额

3. 下列关于国库集中支付业务核算的表述中，正确的有(　　)。

A. 对于财政直接支付的资金，事业单位应于收到财政国库支付执行机构委托银行转来的"财政直接支付入账通知书"时，按入账通知书中标明的金额确认财政补助收入，同时计入相关支出或增记相关资产

B. 对于财政授权支付的资金，事业单位应于实际收到代理银行盖章的"授权支付到账通知书"时，按照通知书标明的数额确认财政补助收入，并增记零余额账户用款额度，按规定支用额度时作冲减零余额账户用款额度的会计处理

C. 在财政直接支付方式下，年度终了，事业单位依据本年度财政直接支付预算指标数与当年财政直接支付实际支出数的差额，确认财政补助收入并增记财政应返还额度；下年度恢复财政直接支付额度后，事业单位在发生实际支出时，应冲减财政应返还额度

D. 在财政授权支付方式下，年度终了，事业单位依据代理银行提供的对账单注销额度时，增记财政应返还额度，并冲减零余额账户用款额度；如果单位本年度财政授权支付预算指标数大于零余额账户用款额度下达数，根据两者的差额，确认财政补助收入并增记财政应返还额度。下年年初恢复额度或下年度收到财政部门批复的上年末未下达零余额账户用款额度时，作冲减财政应返还额度的会计处理

4. 下列关于事业单位长期投资的会计处理中，正确的有(　　)。

A. 处置长期股权投资，应将账面余额转入待处置资产损溢

B. 处置长期股权投资，实际转让或报经批准予以核销时冲减非流动资产基金

C. 对外转让或到期收回长期债券投资时，实际收到的金额与投资成本的差额计入其他收入

D. 对外转让或到期收回长期债券投资时，将非流动资产基金转入事业基金

5. 2017 年 1 月 1 日，甲事业单位购入一批办公用器材，价款为 280 万元，扣留质量保证金 60 万元，质保期为 6 个月。该单位以财政授权支付的方式支付了 220 万元并取得了全款发票。2017 年 6 月 30 日质保期满，该单位以财政授权支付的方式支付了质量保证金 60 万元。假设不考虑其他相关税费，下列关于甲事业单位的会计处理中，正确的有（   ）。

    A. 2017 年 1 月 1 日

    借：固定资产   280

        贷：非流动资产基金——固定资产   280

    B. 2017 年 1 月 1 日

    借：事业支出   280

        贷：零余额账户用款额度   220

            其他应付款   60

    C. 2017 年 6 月 30 日

    借：事业支出   60

        贷：零余额账户用款额度   60

    D. 2017 年 6 月 30 日

    借：其他应付款   60

        贷：零余额账户用款额度   60

6. 下列关于事业单位固定资产的说法中正确的有（   ）。

    A. 事业单位持有的单位价值虽未达到规定标准，但使用期限超过 1 年（不含 1 年）的大批同类物资，作为固定资产核算和管理

    B. 事业单位购置固定资产发生的支出，在实际支付购买价款时确认为当期支出或减少专用基金中的修购基金，同时增加固定资产原值和非流动资产基金科目金额

    C. 事业单位固定资产计提折旧时，借记"管理费用"科目，贷记"累计折旧"科目

    D. 处置固定资产时，应相应减少非流动资产基金科目金额

7. 关于事业单位无形资产的处置，下列会计处理中正确的有（   ）。

    A. 应将其账面余额和相关的累计摊销转入"待处置资产损溢"科目

    B. 实际转让、调出、捐出、核销时，将相关的非流动资产基金余额转入"待处置资产损溢"科目

    C. 对处置过程中取得的收入、发生的相关费用通过"待处置资产损溢"科目核算

    D. 处置净收入由"待处置资产损溢"科目转入事业基金

8. 关于事业单位取得无形资产时的会计处理，下列表述中正确的有（   ）。

    A. 事业单位购入无形资产时，应当按照其实际成本入账，其成本包括购买价款、相关税费以及归属于该项资产达到预定用途所发生的其他支出

    B. 无形资产增加时，应当相应增加非流动资产基金，按照确定的无形资产成本，借记"无形资产"科目，贷记"非流动资产基金——无形资产"科目；同时，按照实际支付金额，借记"事业支出"等科目，贷记"财政补助收入"、"零余额账户用款额度"、"银行存款"等科目

    C. 委托软件公司开发软件视同外购无形资产进行处理，在支付软件开发费时，按照实际支付的金额作为无形资产的成本入账

    D. 自行开发并按照法律程序申请取得的无形资产，按照依法取得时发生的注册费、聘请律师费等费用作为无形资产的成本入账，依法取得前所发生的研究开发支出也应计入无形资产成本

9. 下列事业单位账户中，年末应无余额的有（   ）。

    A. 经营结余   B. 上级补助收入

    C. 非财政补助结转   D. 非财政补助结余分配

10. 事业单位下列收入中，期末应转入事业结余科目的有（   ）。

    A. 事业收入   B. 上级补助收入

    C. 其他收入（非专项资金收入）   D. 财政补助收入

11. 下列关于结转结余和结余分配核算的表述中，正确的有(   )。

    A. 事业单位应当严格区分财政补助结转结余和非财政补助结转结余

    B. 非财政补助结转结余通过设置"非财政补助结转"、"事业结余"、"经营结余"、"非财政补助结余分配"等科目核算

    C. 经营结余是事业单位一定期间除财政补助收支、非财政专项资金收支和经营收支以外各项收支相抵后的余额

    D. 非财政补助结转资金是指支出预算工作目标已完成，或由于受政策变化、计划调整等因素影响工作终止，当年剩余的财政补助资金

三、判断题

1. 事业单位长期投资在持有期间可以采用成本法核算，也可以采用权益法核算。   (   )

2. 事业单位转让或核销长期股权投资时，应将长期股权投资转入待处置资产，按照长期股权投资账面余额，借记"待处置资产损溢"科目，贷记"长期投资"科目。   (   )

3. 事业单位期末固定资产净值与对应的"非流动资产基金——固定资产"科目金额可能相等。   (   )

4. 事业单位对固定资产计提折旧时，应当按月计提，按照实际计提金额，借记"非流动资产基金——固定资产"科目，贷记"累计折旧"科目。   (   )

5. 事业单位按照有关规定提取职工福利基金的，按提取的金额，借记"财政补助结余分配"科目，贷记"专用基金——职工福利基金"科目。   (   )

6. 事业单位的无形资产预期不能为事业单位带来服务潜能或经济利益时，可以直接核销。   (   )

7. 期末，事业单位应当根据经营收入本期发生额，借记"经营收入"科目，贷记"经营结余"科目；根据经营支出本期发生额，借记"经营结余"科目，贷记"经营支出"科目。年末，应将"经营结余"的全部余额结转入"非财政补助结余分配"科目，借记"经营结余"科目，贷记"非财政补助结余分配"科目，或作相反分录。   (   )

8. 事业单位对其经营活动按照权责发生制原则核算，对预收预付款项等部分经济业务或者事项也采用权责发生制核算。   (   )

机考过关必练参考答案及解析

一、单项选择题

1.【答案】C

【解析】在财政授权支付方式下，事业单位收到代理银行盖章的"授权支付到账通知书"时，根据通知书所列数额，借记"零余额账户用款额度"科目，贷记"财政补助收入"科目，选项C正确。

2.【答案】C

【解析】事业单位会计要素分为五大类，即资产、负债、净资产、收入和支出。

3.【答案】A

【解析】事业单位以固定资产取得的长期投资，应按照发生的相关税费，借记"其他支出"科目，贷记"银行存款""应缴税费"等科目。

4.【答案】B

【解析】事业单位持有长期投资期间收到利润或者利息时，按照实际收到的金额，借记"银行存款"等科目，贷记"其他收入——投资收益"科目。

5.【答案】D

【解析】"财政应返还额度"科目的余额 = 400 + 1000 = 1400（万元）。

年末会计处理如下：

借：财政应返还额度——财政直接支付		400
——财政授权支付		1000
贷：财政补助收入		400
零余额账户用款额度		1000

6.【答案】D

　　【解析】该事业单位融资租入的该项专用设备的入账价值 = 50 + 0.1 + 0.6 = 50.7（万元）。

7.【答案】B

　　【解析】事业单位自行开发并按照法律程序申请取得的无形资产，按照依法取得时发生的注册费、聘请律师费等费用作为无形资产的成本入账，依法取得前所发生的研究开发支出，不作为无形资产成本，应于发生时直接计入当期支出，所以应确认经营支出或事业支出 40 万元，确认无形资产 3 万元。

8.【答案】D

　　【解析】事业单位无形资产计提摊销，按照实际摊销金额，借记"非流动资产基金——无形资产"，贷记"累计摊销"，选项 D 正确。

9.【答案】B

　　【解析】2016 年年末，事业结余的金额 =（55 + 100）−（50 + 100）= 5（万元）；经营结余的金额 = 80 − 60 + 10 = 30（万元）；非财政补助结余分配的金额 = 5 + 30 − 50 = − 15（万元），事业基金余额 = 100 − 15 = 85（万元）。

10.【答案】A

　　【解析】2016 年年末，事业结余金额 =（200 + 100）− 150 = 150（万元），经营结余金额 = 150 − 175 = − 25（万元），经营结余为亏损，不转入结余分配，所以转入非财政补助结余分配科目的金额为 150 万元。

11.【答案】B

　　【解析】事业结余的余额 =（4000 + 400 + 300 + 100）−（2000 + 300 + 100）= 2400（万元）。

12.【答案】C

　　【解析】项目未结，非财政补助结转不转入非财政补助结余，选项 C 错误。

二、多项选择题

1.【答案】ABC

　　【解析】事业单位会计核算一般采用收付实现制，但部分经济业务或者事项的核算采用权责发生制，选项 A 错误；事业单位的会计报表包括资产负债、收入支出表和财政补助收入支出表，选项 B 错误；事业单位各项财产物资应当按照取得或购建时的实际成本进行计量，除国家另有规定外，事业单位不得自行调整其账面价值，选项 C 错误；事业单位会计核算目标是向会计信息使用者提供与事业单位财务状况、事业成果、预算执行等有关的会计信息，选项 D 正确。

2.【答案】BCD

　　【解析】选项 A，财政拨款结转结余不参与事业单位的结余分配、不转入事业基金，单独设置"财政补助结转"、"财政补助结余"科目核算。

3.【答案】ABCD

4.【答案】ABCD

5.【答案】ABD

　　【解析】会计分录如下：

2017 年 1 月 1 日购入办公用器材

借：固定资产　　　　　　　　　　　　　　　　　　　　　　　　　280

　　贷：非流动资产基金——固定资产　　　　　　　　　　　　　　　　　280

同时

借：事业支出　　　　　　　　　　　　　　　　　　　　　　　　　280

　　贷：零余额账户用款额度　　　　　　　　　　　　　　　　　　　　220

　　　　其他应付款　　　　　　　　　　　　　　　　　　　　　　　　60

2017 年 6 月 30 日质保期满支付质量保证金

借：其他应付款　　　　　　　　　　　　　　　　　　　　　　　　60

　　贷：零余额账户用款额度　　　　　　　　　　　　　　　　　　　　60

6.【答案】ABD

【解析】事业单位固定资产计提折旧时，应借记"非流动资产基金——固定资产"科目，贷记"累计折旧"科目，选项C不正确。

7.【答案】ABC

【解析】处理完毕，按照处置收入扣除相关处理费用后的净收入根据国家有关规定处理，通常借记"待处置资产损溢"，贷记"应缴国库款"等科目。

8.【答案】ABC

【解析】自行开发并按照法律程序申请取得的无形资产，按照依法取得时发生的注册费、聘请律师费等费用作为无形资产的成本入账，依法取得前所发生的研究开发支出不作为无形资产成本，应当于发生时直接计入当期支出，选项D不正确。

9.【答案】BD

【解析】选项A，经营结余期末如为借方余额，为经营亏损则不予结转；选项C，项目未完成时，"非财政补助结转"科目有余额。

10.【答案】ABC

【解析】期末，事业单位应将事业收入、上级补助收入、附属单位上缴收入、其他收入本期发生额中的非专项资金收入结转入事业结余，财政补助收入要结转入财政补助结转科目。

11.【答案】AB

【解析】选项C，事业结余是事业单位一定期间除财政补助收支、非财政专项资金收支和经营收支以外各项收支相抵后的余额，经营结余是事业单位一定期间各项经营收支相抵后余额弥补以前年度经营亏损后的余额；选项D，非财政补助结转资金是指事业单位除财政补助收支以外的各项资金收入与其相关支出相抵后剩余滚存的、须按规定用途使用的结转资金。

三、判断题

1.【答案】×

【解析】事业单位长期投资在持有期间应采用成本法核算，除非追加（或收回）投资，其账面价值一直保持不变。

2.【答案】√

3.【答案】√

4.【答案】√

5.【答案】×

【解析】事业单位按照有关规定提取职工福利基金的，按提取的金额，借记"非财政补助结余分配"科目，贷记"专用基金——职工福利基金"科目。

6.【答案】×

【解析】事业单位的无形资产预期不能为事业单位带来服务潜能或经济利益时，也应当按规定报经批准后核销。

7.【答案】×

【解析】期末，事业单位应当根据经营收入本期发生额，借记"经营收入"科目，贷记"经营结余"科目；根据经营支出本期发生额，借记"经营结余"科目，贷记"经营支出"科目。年末，如"经营结余"科目为贷方余额，将余额结转入"非财政补助结余分配"科目，借记"经营结余"科目，贷记"非财政补助结余分配"科目；如为借方余额，为经营亏损，不予结转。

8.【答案】×

【解析】事业单位对其经营活动按照权责发生制原则核算，对应收应付款项等部分经济业务或者事项也采用权责发生制核算。

第二十二章　民间非营利组织会计

🔊 **学习导读**

　　本章属于不重要章节，主要阐述民间非营利组织概述和民间非营利组织会计的核算。

　　考生主要掌握民间非营利组织的会计要素和民间非营利组织特定业务的会计核算。

　　近三年考题中出现的题目不多，分值一般在 1 至 2 分之间，主要是以单项选择题和判断题的形式考察。

易错易混集训

易错易混点 1　限定性收入和非限定性收入的区分

【母题·单选题】2016 年 3 月 1 日，某社会团体与甲企业签订一份捐赠协议。协议规定，甲企业向该社会团体捐赠 150000 元，款项将在协议签订后的 20 日内汇至该社会团体银行账户中，假定甲企业未规定该笔款项的用途。2016 年 3 月 15 日，该社会团体收到了甲企业捐赠的款项。假定不考虑其他因素，下列表述中正确的是(　　)。

A. 该社会团体应于 2016 年 3 月 1 日确定捐赠收入——非限定性收入 150000 元

B. 该社会团体应于 2016 年 3 月 1 日确定受托代理资产 150000 元

C. 该社会团体应于 2016 年 3 月 15 日确定捐赠收入——非限定性收入 150000 元

D. 该社会团体应于 2016 年 3 月 15 日确定捐赠收入——限定性收入 150000 元

【答案】C

【解析】由于甲企业未规定该笔捐赠款项的用途，所以该笔业务属于非限定性捐赠收入，该社会团体应于实际收到款项时确认"捐赠收入——非限定性收入"150000 元，选项 C 正确。

【子题·单选题】2016 年 3 月 1 日，某社会团体与甲企业签订一份捐赠协议。协议规定，甲企业向该社会团体捐赠 150000 元，款项将在协议签订后的 20 日内汇至该社会团体银行账户中，协议规定该社会团体应当将这笔款项用于某项学术课题的研究。2016 年 3 月 15 日，该社会团体收到了甲企业捐赠的款项。假定不考虑其他因素，下列表述中正确的是(　　)。

A. 该社会团体应于 2016 年 3 月 1 日确定捐赠收入——限定性收入 150000 元

B. 该社会团体应于 2016 年 3 月 1 日确定受托代理资产 150000 元

C. 该社会团体应于 2016 年 3 月 15 日确定捐赠收入——非限定性收入 150000 元

D. 该社会团体应于 2016 年 3 月 15 日确定捐赠收入——限定性收入 150000 元

【答案】D

【解析】由于协议规定该社会团体应当将这笔款项用于某项学术课题的研究，但并未严格规定具体受益人或者受益单位，所以该笔业务属于限定性捐赠收入，该社会团体应于实际收到款项时确认"捐赠收入——限定性收入"150000 元，选项 D 正确。

📖 易错易混点辨析

捐赠收入是指民间非营利组织接受其他单位或者个人捐赠所取得的收入，应当根据相关资产提供者对资产的使用是否设置了限制，划分为限定性捐赠收入和非限定性捐赠收入分别进行核算。

如果捐赠人对捐赠资产的使用设置了时间限制或者（和）用途限制，则所确认的相关捐赠收入为限定性捐赠收入；如果捐赠方对捐赠的使用没有设置时间限制或用途限制，则所确认的相关捐赠收入为非限定性捐赠收入。

易错易混点 2 受托代理业务与捐赠收入的区分

【母题·多选题】2015 年 12 月 1 日，甲民间非营利组织与乙企业签订了一份捐赠合作协议，协议约定：乙企业将通过甲民间非营利组织向丙民办大学捐赠 360000 元，乙企业应当在协议签订后的 10 日内将款项汇往甲民间非营利组织银行账户，甲民间非营利组织应当在收到款项后的 10 日内将款项汇往丙民办大学的银行账户。2015 年 12 月 8 日，乙企业按照协议规定将款项汇至甲民间非营利组织账户。2015 年 12 月 15 日，甲民间非营利组织按照协议规定将款项汇至丙民办大学账户。假定不考虑相关税费及其他因素影响。下列说法中正确的有（　　）。

A. 此项业务属于受托代理业务

B. 此项业务属于限定性捐赠收入

C. 甲民间非营利组织应当于 2015 年 12 月 8 日确认受托代理资产 360000 元

D. 甲民间非营利组织应当于 2015 年 12 月 8 日确认捐赠收入——限定性收入 360000 元

【答案】AC

【解析】受托代理业务是指民间非营利组织从委托方收到受托资产，并按照委托人的意愿将资产转赠给指定的其他组织或者个人的受托代理过程，因此本题属于受托代理业务，选项 A 和 C 正确。

【子题·多选题】2015 年 12 月 1 日，甲民间非营利组织与乙企业签订了一份捐赠合作协议，协议约定：乙企业将向甲民间非营利组织捐赠 360000 元用于资助贫困地区的儿童，乙企业应当在协议签订后的 10 日内将款项汇往甲民间非营利组织银行账户。根据此协议，2015 年 12 月 8 日，甲民间非营利组织收到了乙企业捐赠的款项 360000 元。2015 年 12 月 15 日，甲民间非营利组织将 360000 元转赠给数家贫困地区的小学。假定不考虑相关税费及其他因素影响。下列说法中正确的有（　　）。

A. 此项业务属于受托代理业务

B. 此项业务属于限定性捐赠收入

C. 甲民间非营利组织应当于 2015 年 12 月 8 日确认受托代理资产 360000 元

D. 甲民间非营利组织应当于 2015 年 12 月 8 日确认捐赠收入——限定性收入 360000 元

【答案】BD

【解析】捐赠属于非交换交易的一种，通常是指某个单位或个人（捐赠人）自愿地将现金或其他资产无偿地转让给另一单位或个人（受赠人），或者无偿地清偿或取消该单位或个人（受赠人）的负债。本题中由于捐赠人对捐赠资产设置了限制，所以属于限定性捐赠收入，选项 B 和 D 正确。

📖 易错易混点辨析

受托代理业务与捐赠收入的区分：

受托代理业务	捐赠收入
民间非营利组织并非最终受益人，只是中介人	在一定情况下，民间非营利组织可以是最终受益人
没有权利改变受益人和受托代理资产的用途	在按照资产提供者的要求使用这些受赠资产的前提下，可以在提供者的限定范围内选择具体的受益人
委托人要明确指出具体受益人或受益单位	不需要明确到具体受益人，有一个大致的范围，其具体受益人由民间非营利组织确定

易错易混点 3 限定性净资产和非限定性净资产的转换

【母题·判断题】如果限定性净资产的限制已经解除，民间非营利组织应当对净资产进行重新分类，将限定性净资产转为非限定性净资产，借记"限定性净资产"科目，贷记"非限定性净资产"科目。（　　）

【答案】√

【子题·判断题】期末，民间非营利组织不得将非限定性净资产转为限定性净资产。（　　）

【答案】×

【解析】有些情况下，资源提供者或者国家法律、行政法规会对以前期间未设置限制的资产增加时间或用途限制，应将非限定性净资产转入限定性净资产，借记"非限定性净资产"科目，贷记"限定性净资产"科目。

📖 易错易混点辨析

限定性净资产和非限定性净资产是可以相互转换的，但是需要满足一定的条件。即：

如果限定性净资产的限制已经解除，民间非营利组织应当对净资产进行重新分类，将限定性净资产转为非限定性净资产；有些情况下，资源提供者或者国家法律、行政法规会对以前期间未设置限制的资产增加时间或用途限制，应将非限定性净资产转入限定性净资产。

机考过关必练

一、单项选择题

1. 2015 年 1 月 1 日，甲基金会与乙公司签订了一份受托代理协议，规定乙公司通过该基金会向某地三所固定贫困小学捐款 50 万元，用于购买图书等学习用品，乙公司应于签订协议后 15 日内将款项汇至甲基金会银行账户，甲基金会应于收到款项的 15 日内将该款项汇至各个学校银行账户。甲基金会与乙公司均按照协议约定执行。下列说法错误的是（　　）。

　　A. 甲基金会收到银行存款时，应借记"银行存款——受托代理资产"科目 50 万元

　　B. 甲基金会收到银行存款时，应贷记"受托代理负债"科目 50 万元

　　C. 甲基金会收到银行存款时，应贷记"营业外收入"科目 50 万元

　　D. 甲基金会将该笔资产转入贫困学校时，应借记"受托代理负债"科目，贷记"银行存款——受托代理资产"科目

2. 2015 年 12 月 20 日，甲基金会与乙企业签订了一份捐赠协议。协议规定在 2016 年 1 月 1 日至 2016 年 12 月 31 日，乙企业在此期间每收到 5 元钱即向甲基金会捐款 1 元钱，以资助失学儿童，款项每月月底支付一次，乙企业承诺总捐赠金额将超过 50 万元，则下列说法正确的是（　　）。

　　A. 甲基金会在 2015 年年末应该确认捐赠收入 50 万元

　　B. 甲基金会可以在会计报表附注中披露预计 2016 年将得到捐赠 50 万元的信息

　　C. 捐赠承诺满足非交换交易收入的确认条件

　　D. 乙企业的捐赠属于非限定性捐赠

3. 下列关于民间非营利组织会计的说法中，不正确的是（　　）。

　　A. 会计基本假设包括会计主体、持续经营、会计分期和货币计量

　　B. 以收付实现制为基础进行会计核算

　　C. 分为资产、负债、净资产、收入和费用五大会计要素

　　D. 对于一些特殊的交易事项引入公允价值计量属性

4. 甲社会团体按照会员代表大会通过的会员收缴办法的规定，该社会团体的个人会员应当每年交纳 100 元会费，每年度会费应当在当年度 1 月 1 日至 6 月 30 日缴纳，当年未按时交纳会费的会员下年度自动失去会员资格。该社会团体共有会员 1000 人。截至 2016 年 6 月 30 日，800 人交纳当年会费，150 人交纳了 2016 年度至 2018 年度的会费，50 人尚未缴纳当年会费，该社会团体 2016 年度应确认的会费收入为（　　）元。

　　A. 95000　　　　　　B. 100000　　　　　　C. 125000　　　　　　D. 130000

5. 下列关于民间非营利组织的受托代理业务，表述错误的是（　　）。

　　A. 在受托代理业务中，民间非营利组织没有权力改变受益人和受托代理资产的用途

B. 受托代理资产为非现金资产的，在转赠或者转出受托代理资产时，应按其账面余额借记"受托代理负债"科目，贷记"现金——受托代理资产"、"银行存款——受托代理资产"、"其他货币资金——受托代理资产"科目

C. 受托代理资产为非现金资产的，如果捐赠方没有提供有关凭据的，受托代理资产应当按照其公允价值作为入账价值

D. 收到的受托代理资产如果为现金、银行存款或者其他货币资金，可以直接通过"现金"、"银行存款"、"其他货币资金"科目下设置"受托代理资产"明细科目核算

6. 某民间非营利组织，按照规定每位会员需每年缴纳 10 元会费同时限定该会费用途，2016 年 1 月 10 日实际收到当年度会费 12 万元，假定该民间非营利组织按月确认收入。则 2016 年该民间非营利组织会费的相关处理中，错误的是（　　）。

A. 2016 年 1 月 10 日实际收到当年度会费时，借记"银行存款"科目 12 万元，贷记"预收账款"科目 12 万元

B. 2016 年 1 月月末确认会费收入时，借记"预收账款"科目 1 万元，贷记"会费收入——限定性收入"科目 1 万元

C. 2016 年年末，借记"会费收入——限定性收入"科目 12 万元，贷记"限定性净资产"科目 12 万元

D. 2016 年年末，借记"会费收入——非限定性收入"科目 12 万元，贷记"非限定性净资产"科目 12 万元

7. 2016 年 4 月 25 日，某社会团体对外出售杂志 3 万份，每份售价为 10 元，款项已于当日收到（假定均为银行存款），每份杂志的成本为 5 元。假定不考虑其他因素，该销售符合收入确认条件，下列与该业务相关的会计处理错误的是（　　）。

A. 确认商品销售收入 300000 元

B. 确认业务活动成本 150000 元

C. 2016 年 12 月 31 日将业务活动成本转入非限定性净资产

D. 2016 年 12 月 31 日将业务活动成本转入限定性净资产

8. 甲民间非营利组织 2015 年 5 月收到乙公司捐赠的现金 80000 元，乙公司要求甲民间非营利组织将此款项用于购买图书捐赠给希望小学。在 2015 年 12 月 31 日，甲民间非营利组织尚未发生购买图书等相关支出。2016 年 1 月 1 日，乙公司撤销了对所捐赠款项的用途限制。下列与该业务相关的处理中，错误的是（　　）。

A. 甲民间非营利组织在收到捐款时确认"捐赠收入——限定性收入"80000 元

B. 2015 年年末，将"捐赠收入——限定性收入"科目转入到"限定性净资产"科目

C. 2015 年年末，将该笔收入转入到"非限定性净资产"科目

D. 2016 年 1 月 1 日，将限定性净资产转入到非限定性净资产

9. 对于因无法满足捐赠所附条件而必须退还给捐赠人的部分捐赠款项，民间非营利组织应将该部分需要偿还的款项确认为（　　）。

A. 管理费用　　　　　B. 其他费用　　　　　C. 筹资费用　　　　　D. 业务活动成本

10. 甲民间非营利组织与某企业签订了劳务捐赠协议，约定自签订协议时起一年内，该企业每月 15 日将指派 20 名职工到甲民间非营利组织，由甲民间非营利组织分配需要提供劳务地点，下列关于甲民间非营利组织对该项劳务捐赠的处理中正确的是（　　）。

A. 按收到的提供劳务公允价值确定捐赠收入——非限定性收入

B. 按收到的提供劳务公允价值确定捐赠收入——限定性收入

C. 无需进行账务处理，也无需再会计报表附注中做相关披露

D. 无需进行账务处理，但应当在会计报表附注中做相关披露

二、多项选择题

1. 下列收入中，属于民间非营利组织收入的有（　　）。

A. 政府补助收入　　　　　　　　B. 事业收入

C. 捐赠收入　　　　　　　　　　D. 会费收入

2. 下列各项中，属于民间非营利组织的特征的有(　　)。
   A. 该组织不以营利为宗旨和目的
   B. 资源提供者向该组织投入资源不取得经济回报
   C. 资源提供者不享有该组织的所有权
   D. 资源提供者对该组织的净资产拥有所有权

3. 民间非营利组织的会计报表应该包括(　　)。
   A. 资产负债表　　　　B. 业务活动表　　　　C. 现金流量表　　　　D. 利润表

4. 下列各项关于民间非营利组织的受托代理业务的说法中，正确的是(　　)。
   A. 受托代理业务中，民间非营利组织并不是受托代理资产的最终受益人，只是代受益人保管这些资产
   B. 受托代理业务通常应当签订明确的书面协议，而且通常是委托方、受托方和受益人三方共同签订的
   C. 民间非营利组织应当设置受托代理资产登记簿，加强对受托代理资产的管理
   D. 在受托代理业务中民间非营利组织有权力改变受托代理资产的用途

5. 2016 年 9 月 1 日，某基金会与乙企业签订了一份捐赠协议。协议规定，乙企业将向该基金会捐赠 50 万元，其中 47 万元用于资助贫困地区的儿童，3 万元用于此次捐赠活动的管理，款项将在协议签订后的 20 日内汇至该基金会银行账户。根据此协议，2016 年 9 月 12 日，该基金会收到了乙企业捐赠的款项 50 万元。2016 年 10 月 9 日，该基金会将 47 万元转赠给数所贫困地区的小学，并发生了 2.5 万元的管理费用。2016 年 12 月 14 日，该基金会与乙企业签订了一份补充协议，协议规定，此次捐赠活动结余的 0.5 万元由该基金会自由支配。下列处理中正确的有(　　)。
   A. 2016 年 9 月 1 日，不满足捐赠收入的确认条件，不需要进行账务处理
   B. 2016 年 9 月 12 日确认"捐赠收入——限定性收入"50 万元
   C. 2016 年 12 月 14 日，将剩余 0.5 万元由"捐赠收入——限定性收入"科目转入"捐赠收入——非限定性收入"科目
   D. 2016 年 10 月 9 日应确认业务活动成本 47 万元，管理费用 2.5 万元

6. 下列关于民间非营利组织会计核算的说法中，正确的有(　　)。
   A. 业务活动成本是指民间非营利组织为了实现其业务活动目标、开展其项目活动或提供服务所发生的费用
   B. 如果民间非营利组织从事的项目、提供的服务或者开展的业务比较单一，可以将相关费用全部归集在"业务活动成本"项目下进行核算和列报
   C. 如果民间非营利组织的某些费用是属于业务活动、管理活动和筹资活动等共同发生的，而且不能直接归属于某一类活动，则应当将这些费用按照合理的方法在各项活动中进行分配
   D. 如果民间非营利组织从事的项目、提供的服务或者开展的业务种类较多，应当在"业务活动成本"项目下分项目、服务或者业务大类进行核算和列报

7. 某社会团体 2017 年 1 月 1 日，得到一笔 15 万元的政府补助实拨款，要求将其中 10 万元用于资助养老院，剩余 5 万元可以归该社会团体自由使用。下列关于该社会团体的相关处理中正确的有(　　)。
   A. 收到捐赠时，借记"银行存款"15 万元，贷记"政府补助收入——限定性收入"15 万元
   B. 收到捐赠时，借记"银行存款"15 万元，贷记"政府补助收入——非限定性收入"15 万元
   C. 收到捐赠时，借记"银行存款"15 万元，贷记"政府补助收入——限定性收入"10 万元、"政府补助收入——非限定性收入"5 万元
   D. 2017 年末，借记"政府补助收入——非限定性收入"5 万元，贷记"非限定性净资产"5 万元

8. 下列各项中，属于民间非营利组织应确认为捐赠收入的有(　　)。
   A. 接受劳务捐赠　　　　　　　　　　B. 接受有价证券捐赠
   C. 接受办公用房捐赠　　　　　　　　D. 接受货币资金捐赠

9. 下列各项关于民间非营利组织捐赠业务的处理中，正确的有(　　)。
   A. 如果捐赠人对捐赠资产的使用设置了时间限制或用途限制，则所确认的相关捐赠收入为限定性收入
   B. 捐赠承诺满足非交换交易收入的确认条件

C. 民间非营利组织对于其劳务捐赠，不予以确认，但应当在会计报表附注中作相关披露

D. 如果限定性捐赠收入的限制在确认收入的当期得以解除，应当将其转为非限定性捐赠收入

10. 关于民间非营利组织受托代理资产入账价值的确定，下列说法中正确的有(　　)。

A. 若为现金、银行存款或其他货币资金，应当按照实际收到的金额作为受托代理资产的入账价值

B. 若为短期投资、存货、固定资产等非现金资产，应按照收到的非现金资产的公允价值作为受托代理资产的入账价值

C. 若为短期投资、存货、固定资产等非现金资产，应按照委托方提供的有关凭据上标明的金额作为受托代理资产的入账价值

D. 若为短期投资、存货、固定资产等非现金资产，若捐赠方没有提供有关凭据的，应按照收到的非现金资产的公允价值作为受托代理资产的入账价值

11. 2016 年 12 月 10 日，A 民间非营利组织、B 民间非营利组织与 C 企业共同签订一份捐赠协议，协议规定：C 企业将通过 A 民间非营利组织向 B 民间非营利组织下属的 10 家老年福利院（附有具体的受赠福利院名单）捐赠 30 台医疗器械，每家福利院 3 台。相关凭证上标明每台医疗器械的价值为 12000 元（与公允价值相差不大）。C 企业应当在协议签订后的 10 日内将医疗器械运至 A 民间非营利组织。A 民间非营利组织应当在医疗器械运抵后的 20 日内安排志愿者将医疗器械送至各福利院。2016 年 12 月 18 日，C 企业按照协议约定将医疗器械运至 A 民间非营利组织。假设截至 2016 年 12 月 31 日，A 民间非营利组织尚未将医疗器械运至各福利院。下列关于 A 民间非营利组织的相关处理中，正确的有(　　)。

A. 该业务应在 2016 年 12 月 31 日资产负债表中"受托代理资产"和"受托代理负债"项目反映，金额均为 360000 元

B. 在 2016 年 12 月 31 日资产负债表中"固定资产"项目反映该业务，金额为 360000 元

C. 在会计报表附注中披露该受托代理业务情况

D. A 民间非营利组织不需要做任何处理

12. 下列各项中属于民间非营利组织编制财务会计报告的重要意义的有(　　)。

A. 如实反映民间非营利组织的经济资源、债务情况、收入、成本费用和现金流量情况

B. 解脱民间非营利组织管理层的受托责任

C. 为捐赠人、会员、债权人等会计信息使用者提供决策有用的信息

D. 提高民间非营利组织的透明度，增强其社会公信力

三、判断题

1. 在实务中，民间非营利组织既可能作为受赠人，接受其他单位或个人的捐赠；也可能作为捐赠人，对其他单位或个人做出捐赠。　　　　　　　　　　　　　　　　　　　　（　　）

2. "受托代理资产"科目的期末借方余额，反映民间非营利组织期末尚未转出的受托代理资产的价值；"受托代理负债"科目的期末贷方余额，反映民间非营利组织尚未清偿的受托代理负债。（　　）

3. 一般情况下，民间非营利组织的会费收入为非限定性收入，除非相关资产提供者对资产的使用设置了限制。并且，民间非营利组织的会费收入通常属于交换交易收入。　　　　　（　　）

4. "业务活动成本"科目的借方反映当期业务活动成本的实际发生额。在会计期末，应当将该科目当期借方发生额转入"限定性净资产"科目。　　　　　　　　　　　　　　　（　　）

5. 民间非营利组织核算中，只能将限定性净资产重分类为非限定性净资产。　　　　（　　）

6. 民间非营利组织对其受托代理的非现金资产，如果资产存在凭据且凭据上标明的金额与其公允价值相差较大，应以该资产的公允价值作为入账价值。　　　　　　　　　　（　　）

7. 在受托代理业务中，委托人无需明确指出具体受益人的姓名或受益单位。　　　　（　　）

机考过关必练参考答案及解析

一、单项选择题

1.【答案】C

【解析】民间非营利组织收到的受托代理资产为现金资产时，按实际收到的金额，借记"银行存

款——受托代理资产"科目，贷记"受托代理负债"科目；在转赠或转出受托代理资产时，借记"受托代理负债"科目，贷记"银行存款——受托代理资产"科目。

2.【答案】B

【解析】捐赠承诺不满足非交换交易收入的确认条件。民间非营利组织对于捐赠承诺，不应予以确认，但是可以在会计报表附注中作相关披露，因此选项 A 和 C 的说法不正确，选项 B 说法正确；此捐款是用于资助失学儿童的，属于限定性捐赠，选项 D 说法不正确。

3.【答案】B

【解析】选项 B，民间非营利组织的会计核算以权责发生制为基础。

4.【答案】A

【解析】会费收入反映的是当期会费收入的实际发生额，当年有 50 人未交纳会费，不符合收入确认条件，则该社会团体 2016 年度应确认的会费收入 = 100 × （800 + 150）= 95000（元），选项 A 正确。

5.【答案】B

【解析】受托代理资产为现金资产的，在转赠或者转出受托代理资产时，应按其账面余额借记"受托代理负债"科目，贷记"现金——受托代理资产"、"银行存款——受托代理资产"、"其他货币资金——受托代理资产"科目。受托代理资产为非现金资产的，在转赠或者转出受托代理资产时，应当按照转出受托代理资产的账面余额，借记"受托代理负债"科目，贷记"受托代理资产"科目，选项 B 表述错误。

6.【答案】D

【解析】一般情况下，民间非营利组织的会费收入为非限定性收入，除非相关资产提供者对资产的使用设置了限制，本题中该会费收入已明确限定用途，所以年末将"会费收入——限定性收入"转到"限定性净资产"中，选项 D 错误。

7.【答案】D

【解析】选项 D，在会计期末，民间非营利组织应当将业务活动成本当期借方发生额转入"非限定性净资产"科目，期末结转后该科目应无余额。

8.【答案】C

【解析】选项 C，具有限定用途的资产，在条件解除时转入到非限定性净资产中；本题至 2015 年年末仍没有解除限定条件，要将捐赠收入转入到限定性净资产。

9.【答案】A

【解析】对于接受的附条件捐赠，如果存在需要偿还全部或部分捐赠资产或者相应金额的现时义务时（比如因无法满足捐赠所附条件而必须将部分捐赠款退还给捐赠人时），按照需要偿还的金额，借记"管理费用"科目，贷记"其他应付款"等科目，选项 A 正确。

10.【答案】D

【解析】劳务捐赠是捐赠的一种，但民间非营利组织对于接受的劳务捐赠，不予确认，但应当在会计报表附注中做相关披露。

二、多项选择题

1.【答案】ACD

【解析】事业收入属于事业单位收入，不属于民间非营利组织收入。

2.【答案】ABC

【解析】民间非营利组织应当同时具备以下三个特征：（1）该组织不以营利为宗旨和目的；（2）资源提供者向该组织投入资源不取得经济回报；（3）资源提供者不享有该组织的所有权。选项 D 不正确。

3.【答案】ABC

【解析】民间非营利组织的会计报表至少应当包括资产负债表、业务活动表和现金流量表三张基本报表，选项 A、B 和 C 正确。

4.【答案】ABC

【解析】在受托代理业务中，民间非营利组织只是起到中介人的作用，帮助委托人将资产转赠或转交给指定的受益人，并没有权力改变受益人和受托代理资产的用途，选项 D 不正确。

5.【答案】ABCD

6.【答案】ABCD

7.【答案】CD

【解析】民间非营利组织收到政府补助时，限定资产用途部分应记入"政府补助收入——限定性收入"，未限定用途部分记入"政府补助收入——非限定性收入"。相关会计处理为：

借：银行存款　　　　　　　　　　　　　　　　　　　　　　　　　　　　　15

　　贷：政府补助收入——限定性收入　　　　　　　　　　　　　　　　　　　10

　　　　　　　　　　——非限定性收入　　　　　　　　　　　　　　　　　　5

年末将非限定性收入转入非限定性净资产中：

借：政府补助收入——非限定性收入　　　　　　　　　　　　　　　　　　　　5

　　贷：非限定性净资产　　　　　　　　　　　　　　　　　　　　　　　　　5

8.【答案】BCD

【解析】民间非营利组织对于接受的劳务捐赠，不予确认，但应当在会计报表附注中作相关披露，选项A不正确。

9.【答案】ACD

【解析】选项B，捐赠承诺不满足非交换交易收入的确认条件，不应予以确认，但可以在会计报表附注中作相关披露。

10.【答案】AD

【解析】如果受托代理资产为短期投资、存货、长期投资、固定资产和无形资产等非现金资产，应当视不同情况确定其入账价值：如果委托方提供了有关凭证（如发票、报关单、有关协议等），应当按照凭证上标明的金额作为入账价值，如果凭证上标明的金额与受托代理资产的公允价值相差较大，受托代理资产应当以其公允价值作为入账价值；如果捐赠方没有提供有关凭证的，受托代理资产应当按照其公允价值作为入账价值，选项B和C不正确。

11.【答案】AC

【解析】A民间非营利组织该项业务应当在2016年12月31日资产负债表中的"受托代理资产"和"受托代理负债"项目反映，金额均为360000元（12000×30）。同时，应当在会计报表附注中，披露该受托代理业务的情况，选项A和C正确。

12.【答案】ABCD

三、判断题

1.【答案】√

2.【答案】√

3.【答案】×

【解析】民间非营利组织的会费收入通常属于非交换交易收入。

4.【答案】×

【解析】在会计期末，应当将"业务活动成本"科目当期借方发生额转入"非限定性净资产"科目。

5.【答案】×

【解析】如果限定性净资产的限制已经解除，应当将限定性净资产重分类为非限定性净资产；有些情况下，资源提供者或国家法律等会对以前期间未设置限制的资产增加时间或用途限制，应将非限定性净资产转入限定性净资产。

6.【答案】√

7.【答案】×

【解析】在受托代理业务中，委托人通常需要明确指出具体受益人的姓名或受益单位的名称。

第二部分

机考过关 2+3

2015 年全国会计专业技术资格考试
中级会计实务真题

一、单项选择题（本类题共 15 小题，每小题 1 分，共 15 分。每小题备选答案中，只有一个符合题意的正确答案。多选、错选、不选均不得分）

1. 甲公司向乙公司发出一批实际成本为 30 万元的原材料，另支付加工费 6 万元（不含增值税），委托乙公司加工一批适用消费税税率为 10% 的应税消费品，加工完成收回后，全部用于连续生产应税消费品，乙公司代扣代缴的消费税款准予后续抵扣。甲公司和乙公司均系增值税一般纳税人，销售商品适用的增值税税率均为 17%。不考虑其他因素，甲公司收回的该批应税消费品的实际成本为（　）万元。

   A. 36　　　　　　B. 39.6　　　　　　C. 40　　　　　　D. 42.12

2. 甲公司系增值税一般纳税人，2015 年 8 月 31 日以不含增值税的价格 100 万元售出 2009 年购入的一台生产用机床，增值税销项税额为 17 万元，该机床原价为 200 万元（不含增值税），已计提折旧 120 万元，已计提减值 30 万元，不考虑其他因素，甲公司处置该机床的利得为（　）万元。

   A. 3　　　　　　B. 20　　　　　　C. 33　　　　　　D. 50

3. 下列各项资产减值准备中，在以后会计期间符合转回条件予以转回时，应直接计入所有者权益类科目的是（　）。

   A. 坏账准备
   B. 持有至到期投资减值准备
   C. 可供出售权益工具减值准备
   D. 可供出售债务工具减值准备

4. 2014 年 12 月 31 日，甲公司某项无形资产的原价为 120 万元，已摊销 42 万元，未计提减值准备，当日，甲公司对该无形资产进行减值测试，预计公允价值减去处置费用后的净额为 55 万元，未来现金流量的现值为 60 万元，2014 年 12 月 31 日，甲公司应为该无形资产计提的减值准备为（　）万元。

   A. 18　　　　　　B. 23　　　　　　C. 60　　　　　　D. 65

5. 2014 年 2 月 3 日，甲公司以银行存款 2003 万元（其中含相关交易费用 3 万元）从二级市场购入乙公司股票 100 万股，作为交易性金融资产核算。2014 年 7 月 10 日，甲公司收到乙公司于当年 5 月 25 日宣告分派的现金股利 40 万元，2014 年 12 月 31 日，上述股票的公允价值为 2800 万元，不考虑其他因素，该项投资使甲公司 2014 年营业利润增加的金额为（　）万元。

   A. 797　　　　　　B. 800　　　　　　C. 837　　　　　　D. 840

6. 下列各项交易或事项中，属于股份支付的是（　）。

   A. 股份有限公司向其股东分派股票股利
   B. 股份有限公司向其高管授予股票期权
   C. 债务重组中债务人向债权人定向发行股票抵偿债务
   D. 企业合并中合并方向被合并方股东定向增发股票作为合并对价

7. 企业对向职工提供的非货币性福利进行计量时，应选择的计量属性是（　）。

   A. 现值　　　　　　　　　　B. 历史成本
   C. 重置成本　　　　　　　　D. 公允价值

8. 甲公司以 950 万元发行面值为 1000 万元的可转换公司债券，其中负债成分的公允价值为 890 万元。不考虑其他因素，甲公司发行该债券应计入所有者权益的金额为（　）万元。

   A. 0　　　　　　B. 50　　　　　　C. 60　　　　　　D. 110

9. 2015 年 1 月 1 日，甲公司从乙公司融资租入一台生产设备，该设备公允价值为 800 万元，最低租赁付款额的现值为 750 万元，甲公司担保的资产余值为 100 万元。不考虑其他因素，甲公司该设备的入账价值为（   ）万元。

    A. 650   B. 750   C. 800   D. 850

10. 甲公司于 2014 年 1 月 1 日成立，承诺产品售后 3 年内向消费者免费提供维修服务，预计保修期内将发生的保修费在销售收入的 3% 至 5% 之间，且这个区间内每个金额发生的可能性相同。当年甲公司实现的销售收入为 1000 万元，实际发生的保修费为 15 万元。不考虑其他因素，甲公司 2014 年 12 月 31 日资产负债表预计负债项目的期末余额为（   ）万元。

    A. 15   B. 25   C. 35   D. 40

11. 2015 年 1 月 10 日，甲公司收到专项财政拨款 60 万元，用以购买研发部门使用的某特种仪器。2015 年 6 月 20 日，甲公司购入该仪器后立即投入使用。该仪器预计使用年限为 10 年，预计净残值为零，采用年限平均法计提折旧。不考虑其他因素，2015 年度甲公司应确认的营业外收入为（   ）万元。

    A. 3   B. 3.5   C. 5.5   D. 6

12. 2014 年 12 月 1 日，甲公司以 300 万港元取得乙公司在香港联交所挂牌交易的 H 股 100 万股，作为可供出售金融资产核算。2014 年 12 月 31 日，上述股票的公允价值为 350 万港元。甲公司以人民币作为记账本位币，假定 2014 年 12 月 1 日和 31 日 1 港元即期汇率分别为 0.83 元人民币和 0.81 元人民币。不考虑其他因素，2014 年 12 月 31 日，甲公司因该资产计入所有者权益的金额为（   ）万元人民币。

    A. 34.5   B. 40.5   C. 41   D. 41.5

13. 企业对资产负债表日后调整事项进行会计处理时，下列报告年度财务报表项目中，不应调整的是（   ）。

    A. 损益类项目   B. 应收账款项目
    C. 货币资金项目   D. 所有者权益类项目

14. 2014 年 1 月 1 日，甲公司以 1800 万元自非关联方购入乙公司 100% 有表决权的股份，取得对乙公司的控制权；乙公司当日可辨认净资产的账面价值和公允价值均为 1500 万元。2014 年度，乙公司以当年 1 月 1 日可辨认资产公允价值为基础计算实现的净利润为 125 万元，未发生其他影响所有者权益变动的交易或事项。2015 年 1 月 1 日，甲公司以 2000 万元转让上述股份的 80%，剩余股份的公允价值为 500 万元。转让后，甲公司能够对乙公司施加重大影响。不考虑其他因素，甲公司因转让该股份计入 2015 年度合并财务报表中投资收益项目的金额为（   ）万元。

    A. 560   B. 575   C. 700   D. 875

15. 下列各项中，属于以后不能重分类进损益的其他综合收益的是（   ）。

    A. 外币财务报表折算差额
    B. 现金流量套期的有效部分
    C. 可供出售金融资产公允价值变动损益
    D. 重新计量设定受益计划净负债或净资产的变动额

二、多项选择题（本类题共 10 小题，每小题 2 分，共 20 分，每小题备选答案中，有两个或两个以上符合题意的正确答案，多选、少选、错选、不选均不得分）

1. 企业为外购存货发生的下列各项支出中，应计入存货成本的有（   ）。

    A. 入库前的挑选整理费
    B. 运输途中的合理损耗
    C. 不能抵扣的增值税进项税额
    D. 运输途中因自然灾害发生的损失

2. 企业在固定资产发生资本化后续支出并达到预定可使用状态时进行的下列各项会计处理中，正确的有（   ）。

    A. 重新预计净残值   B. 重新确定折旧方法
    C. 重新确定入账价值   D. 重新预计使用寿命

3. 下列各项中，应作为投资性房地产核算的有( )。

    A. 已出租的土地使用权

    B. 以经营租赁方式租入再转租的建筑物

    C. 持有并准备增值后转让的土地使用权

    D. 出租给本企业职工居住的自建宿舍楼

4. 企业将境外经营的财务报表折算为以企业记账本位币反映的财务报表时，应当采用资产负债表日即期汇率折算的项目有( )。

    A. 固定资产   B. 应付账款

    C. 营业收入   D. 未分配利润

5. 下列各项中，属于非货币性资产的有( )。

    A. 应收账款   B. 无形资产

    C. 在建工程   D. 长期股权投资

6. 下列各项中，属于设定受益计划中计划资产回报的有( )。

    A. 计划资产产生的股利

    B. 计划资产产生的利息

    C. 计划资产已实现的利得

    D. 计划资产未实现的损失

7. 2015 年 7 月 1 日，甲公司因财务困难以其生产的一批产品偿付了应付乙公司账款 1200 万元，该批产品的实际成本为 700 万元，未计提存货跌价准备，公允价值为 1000 万元，增值税销项税额 170 万元由甲公司承担，不考虑其它因素，甲公司进行的下述会计处理中，正确的有( )。

    A. 确认债务重组利得 200 万元

    B. 确认主营业务成本 700 万元

    C. 确认主营业务收入 1000 万元

    D. 终止确认应付乙公司账款 1200 万元

8. 下列各项中，投资方在确定合并财务报表合并范围时应予考虑的因素有( )。

    A. 被投资方的设立目的

    B. 投资方是否拥有对被投资方的权力

    C. 投资方是否通过参与被投资方的相关活动而享有可变回报

    D. 投资方是否有能力运用对被投资方的权力影响其回报金额

9. 母公司在编制合并财务报表前，对子公司所采用会计政策与其不一致的情形进行的下列会计处理中，正确的有( )。

    A. 按照子公司的会计政策另行编制母公司的财务报表

    B. 要求子公司按照母公司的会计政策另行编报子公司的财务报表

    C. 按照母公司自身的会计政策对子公司财务报表进行必要的调整

    D. 按照子公司的会计政策对母公司自身财务报表进行必要的调整

10. 某事业单位 2015 年度收到财政部门批复的 2014 年年末未下达零余额账户用款额度 300 万元，下列会计处理中，正确的有( )。

    A. 贷记"财政补助收入" 300 万元

    B. 借记"财政补助结转" 300 万元

    C. 贷记"财政应返还额度" 300 万元

    D. 借记"零余额账户用款额度" 300 万元

    三、判断题（本类题共 10 小题，每小题 1 分，共 10 分。请判断每小题的表述是否正确，每小题答题正确的得 1 分，答题错误的扣 0.5 分，不答题的不得分也不扣分，本类题最低得分为零分）

1. 公允价值是指市场参与者在计量日发生的有序交易中，出售一项资产所能收到或转移一项负债所需支付的价格。 ( )

2. 企业为执行销售合同而持有的存货，其可变现净值应以合同价格为基础计算。 ( )

3. 企业将土地使用权用于自行开发建造自用厂房的,该土地使用权与厂房应分别进行摊销和提取折旧。

（　　）

4. 母公司在编制合并现金流量表时,应将其直接以现金对子公司进行长期股权投资形成的现金流量,与子公司筹资活动形成的与之对应的现金流量相互抵销。　（　　）

5. 非货币性资产交换不具有商业实质的,支付补价方应以换出资产的账面价值加上支付的补价和应支付的相关税费作为换入资产的成本,不确认损益。　（　　）

6. 企业发行的原归类为权益工具的永续债,现因经济环境的改变需要重新分类为金融负债的,在重分类日应按账面价值计量。　（　　）

7. 在企业不提供资金的情况下,境外经营活动产生的现金流量难以偿还其现有债务和正常情况下可预期债务的,境外经营应当选择与企业记账本位币相同的货币作为记账本位币。　（　　）

8. 总承包商在采用累计实际发生的合同成本占合同预计总成本的比例确定总体工程的完工进度时,应将分包工程的工作量完成之前预付给分包单位的工程款项计入累计实际发生的合同成本。　（　　）

9. 企业难以将某项变更区分为会计政策变更还是会计估计变更的,应将其作为会计政策变更处理。

（　　）

10. 民间非营利组织应当采用收付实现制作为会计核算基础。　（　　）

四、计算分析题 (本类题共 2 小题,每 1 小题 10 分,第 2 小题 12 分,共 22 分。凡要求计算的项目,除特别说明外,均须列出计算过程;计算结果出现小数的,均保留到小数点后两位小数。凡要求编制会计分录的,除题中有特殊要求外,只需写出一级科目)

1. 甲公司系增值税一般纳税人,有关业务资料如下:

资料一:2014 年 8 月 1 日,甲公司从乙公司购入 1 台不需安装的 A 生产设备并投入使用,已收到增值税专用发票,价款 1000 万元,增值税税额为 170 万元,付款期为 3 个月。

资料二:2014 年 11 月 1 日,应付乙公司款项到期,甲公司虽有付款能力,但因该设备在使用过程中出现过故障,与乙公司协商未果,未按时支付。2014 年 12 月 1 日,乙公司向人民法院提起诉讼,至当年 12 月 31 日,人民法院尚未判决。甲公司法律顾问认为败诉的可能性为 70%,预计支付诉讼费 5 万元,逾期利息在 20 万元至 30 万元之间,且这个区间内每个金额发生的可能性相同。

资料三:2015 年 5 月 8 日,人民法院判决甲公司败诉,承担诉讼费 5 万元,并在 10 日内向乙公司支付欠款 1170 万元和逾期利息 50 万元。甲公司和乙公司均服从判决,甲公司于 2015 年 5 月 16 日以银行存款支付上述所有款项。

资料四:甲公司 2014 年度财务报告已于 2015 年 4 月 20 日报出,不考虑其他因素。

要求:

（1）编制甲公司购进固定资产的相关会计分录。

（2）判断说明甲公司 2014 年年末就该未决诉讼案件是否应当确认预计负债及其理由;如果应当确认预计负债,编制相关会计分录。

（3）编制甲公司服从判决支付款项的相关会计分录。

2. 甲公司 2014 年年初递延所得税负债的余额为零,递延所得税资产的余额为 30 万元(系 2013 年年末应收账款的可抵扣暂时性差异产生)。甲公司 2014 年度有关交易和事项的会计处理中,与税法规定存在差异的有:

资料一:2014 年 1 月 1 日,购入一项非专利技术并立即用于生产 A 产品,成本为 200 万元,因无法合理预计其带来经济利益的期限,作为使用寿命不确定的无形资产核算。2014 年 12 月 31 日,对该项无形资产进行减值测试后未发现减值。根据税法规定,企业在计税时,对该项无形资产按照 10 年的期限摊销,有关摊销额允许税前扣除。

资料二:2014 年 1 月 1 日,按面值购入当日发行的三年期国债 1000 万元,作为持有至到期投资核算。该债券票面年利率为 5%,每年年末付息一次,到期偿还面值。2014 年 12 月 31 日,甲公司确认了 50 万元的利息收入。根据税法规定,国债利息收入免征企业所得税。

资料三:2014 年 12 月 31 日,应收账款账面余额为 10000 万元,减值测试前坏账准备的余额为 200 万元,减值测试后补提坏账准备 100 万元。根据税法规定,提取的坏账准备不允许税前扣除。

资料四：2014年度，甲公司实现的利润总额为10070万元，适用的所得税税率为15%；预计从2015年开始适用的所得税税率为25%，且未来期间保持不变。假定未来期间能够产生足够的应纳税所得额用以抵扣暂时性差异，不考虑其他因素。

要求：

（1）分别计算甲公司2014年度应纳税所得额和应交所得税的金额。

（2）分别计算甲公司2014年年末资产负债表"递延所得税资产"、"递延所得税负债"项目"期末余额"栏应列示的金额。

（3）计算确定甲公司2014年度利润表"所得税费用"项目"本年金额"栏应列示的金额。

（4）编制甲公司与确认应交所得税、递延所得税资产、递延所得税负债和所得税费用相关的会计分录。

五、综合题（本类题共2小题，第1小题15分，第2小题18分，共33分。凡要求计算的项目，除特别说明外，均须列出计算过程；计算结果出现小数的，均四舍五入保留小数点后两位小数。凡要求编制会计分录的，除题中有特殊要求外，只需写出一级科目。答案中的金额单位用万元表示）

1. 甲公司2013年至2015年对乙公司股票投资的有关资料如下：

资料一：2013年1月1日，甲公司定向发行每股面值为1元，公允价值为4.5元的普通股1000万股作为对价取得乙公司30%有表决权的股份。交易前，甲公司与乙公司不存在关联方关系且不持有乙公司股份；交易后，甲公司能够对乙公司施加重大影响。取得投资日，乙公司可辨认净资产的账面价值为16000万元，除行政管理用W固定资产外，其他各项资产、负债的公允价值分别与其账面价值相同。该固定资产原价为500万元，原预计使用年限为5年，预计净残值为零，采用年限平均法计提折旧，已计提折旧100万元；当日，该固定资产的公允价值为480万元，预计尚可使用4年，与原预计剩余年限一致，预计净残值为零，继续采用原方法计提折旧。

资料二：2013年8月20日，乙公司将其成本为900万元的M商品以不含增值税的价格1200万元出售给甲公司。至2013年12月31日，甲公司向非关联方累计售出该商品50%，剩余50%作为存货，未发生减值。

资料三：2013年度，乙公司实现的净利润为6000万元，因可供出售金融资产公允价值变动增加其他综合收益200万元，未发生其他影响乙公司所有者权益变动的交易或事项。

资料四：2014年1月1日，甲公司将对乙公司股权投资的80%出售给非关联方，取得价款5600万元，相关手续于当日完成，剩余股份当日公允价值为1400万元。出售部分股份后，甲公司对乙公司不再具有重大影响，将剩余股权投资转为可供出售金融资产。

资料五：2014年6月30日，甲公司持有乙公司股票的公允价值下降至1300万元，预计乙公司股价下跌是暂时性的。

资料六：2014年7月起，乙公司股票价格持续下跌，至2014年12月31日，甲公司持有乙公司股票的公允价值下跌至800万元，甲公司判断该股权投资已发生减值，并计提减值准备。

资料七：2015年1月8日，甲公司以780万元的价格在二级市场上售出所持乙公司的全部股票。

资料八：甲公司和乙公司采用的会计政策、会计期间相同，假定不考虑增值税、所得税等其他因素。

要求：

（1）判断说明甲公司2013年度对乙公司长期股权投资应采用的核算方法，并编制甲公司取得乙公司股权投资的会计分录。

（2）计算甲公司2013年度应确认的投资收益和应享有乙公司其他综合收益变动的金额，并编制相关会计分录。

（3）计算甲公司2014年1月1日处置部分股权投资交易对公司营业利润的影响额，并编制相关会计分录。

（4）分别编制甲公司2014年6月30日和12月31日与持有乙公司股票相关的会计分录。

（5）编制甲公司2015年1月8日处置乙公司股票的相关会计分录。（"长期股权投资"、"可供出售金融资产"科目应写出必要的明细科目）

2. 甲公司系增值税一般纳税人，销售商品适用的增值税税率为 17%，适用的所得税税率为 25%。预计在
未来期间保持不变。甲公司已按 2014 年度实现的利润总额 6000 万元计算确认了当年的所得税费用和
应交所得税，金额均为 1500 万元，按净利润的 10% 提取了法定盈余公积。甲公司 2014 年度财务报告
批准报出日为 2015 年 3 月 25 日；2014 年度的企业所得税汇算清缴在 2015 年 4 月 20 日完成。2015 年
1 月 28 日，甲公司对与 2014 年度财务报告有重大影响的经济业务及其会计处理进行检查，有关资料
如下：

资料一：2014 年 12 月 1 日，甲公司委托乙公司销售 A 商品 1000 件，商品已全部移交乙公司，每件成
本为 500 元，合同约定，乙公司应按每件不含增值税的固定价格 600 元对外销售，甲公司按每件 30 元
向乙公司支付已售出代销商品的手续费；代销期限为 6 个月，代销期限结束时，乙公司将尚未售出的
A 商品退回甲公司；每月月末，乙公司向甲公司提交代销清单。2014 年 12 月 31 日，甲公司收到乙公
司开具的代销清单，注明已售出 A 商品 400 件，乙公司对外开具的增值税专用发票上注明的销售价格
为 24 万元，增值税税额为 4.08 万元，当日，甲公司向乙公司开具了一张相同金额的增值税专用发票，
按扣除手续费 1.2 万元后的净额 26.88 万元与乙公司进行了货款结算，甲公司已将款项收存银行。根
据税法规定，甲公司增值税纳税义务在收到代销清单时产生。甲公司 2014 年对上述业务进行了如下
会计处理（单位：万元）：

借：应收账款	60
贷：主营业务收入	60
借：主营业务成本	50
贷：库存商品	50
借：银行存款	26.88
销售费用	1.2
贷：应收账款	24
应交税费——应交增值税（销项税额）	4.08

资料二：2014 年 12 月 2 日，甲公司接受丙公司委托，与丙公司签订了一项总金额为 500 万元的软件
开发合同，合同规定的开发期为 12 个月。至 2014 年 12 月 31 日，甲公司已收到丙公司支付的首期合
同款 40 万元，已发生软件开发成本 50 万元（均为开发人员薪酬），该合同的结果能够可靠估计，预
计还将发生 350 万元的成本。2014 年 12 月 31 日，甲公司根据软件开发特点决定通过对已完工作的测
量确定完工进度，经专业测量师测定，该软件的完工进度为 10%，根据税法规定，甲公司此项业务免
征增值税。甲公司 2014 年对上述业务进行了如下会计处理（单位：万元）：

借：银行存款	40
贷：主营业务收入	40
借：劳务成本	50
贷：应付职工薪酬	50
借：主营业务成本	50
贷：劳务成本	50

资料三：2014 年 6 月 5 日，甲公司申请一项用于制造导航芯片技术的国家级研发补贴。申请书中的相
关内容如下：甲公司拟于 2014 年 7 月 1 日起开始对导航芯片制造技术进行研发，期限 24 个月，预计
研发支出为 1200 万元（其中计划自筹 600 万元，申请财政补贴 600 万元）；科研成果的所有权归属于
甲公司。2014 年 6 月 15 日，有关主管部门批准了甲公司的申请，同意给予补贴款 600 万元，但不得
挪作他用。2014 年 7 月 1 日，甲公司收到上述款项后开始研发，至 2014 年 12 月 31 日该项目还处于研
发过程中，预计能如期完成。甲公司对该项补贴难以区分与资产相关的部分和与收益相关的部分。根
据税法规定，该财政补贴款属于不征税收入。甲公司 2014 年 7 月 1 日对上述财政补贴业务进行了如下
会计处理（单位：万元）：

借：银行存款	600
贷：营业外收入	600

要求：

（1）判断甲公司对委托代销业务的会计处理是否正确，并判断该事项是否属于资产负债表日后调整事项，如果属于调整事项，编制相关的调整分录。

（2）判断甲公司对软件开发业务的会计处理是否正确，并判断该事项是否属于资产负债表日后调整事项；如果属于调整事项，编制相关的调整分录。

（3）判断甲公司对财政补贴业务的会计处理是否正确，并判断该事项是否属于资产负债表日后调整事项；如果属于调整事项，编制相关的调整分录。

参考答案及解析

一、单项选择题

1.【答案】A

【解析】委托加工物资收回后用于连续加工应税消费品的，所缴纳的消费税税款准予按规定抵扣，不计入委托加工物资的成本，所以甲公司收回的该批应税消费品的实际成本 = 30 + 6 = 36（万元）。

2.【答案】D

【解析】甲公司处置该机床利得 = 100 – （200 – 120 – 30）= 50（万元）。

3.【答案】C

【解析】坏账准备和持有至到期投资减值准备符合转回条件的予以转回，并计入当期损益，选项 A 和 B 不正确；对已确认减值损失的可供出售债务工具，在随后的会计期间公允价值已上升且客观上与确认原减值损失后发生的事项有关的，应在原确认的减值损失范围内按已恢复的金额予以转回，计入当期损益，选项 D 不正确；可供出售权益工具发生的减值损失，不得通过损益转回，应通过所有者权益（其他综合收益）转回，选项 C 正确。

4.【答案】A

【解析】无形资产的可收回金额为公允价值减去处置费用后的净额与未来现金流量的现值两者中较高者，所以该无形资产的可收回金额为 60 万元，2014 年年末无形资产账面价值 = 120 – 42 = 78（万元），应计提减值准备的金额 = 78 – 60 = 18（万元）。

5.【答案】C

【解析】相关分录如下：

2014 年 2 月 3 日

借：交易性金融资产——成本　　　　　　　　　　　　　　　　　　2000

　　投资收益　　　　　　　　　　　　　　　　　　　　　　　　　　3

　　贷：银行存款　　　　　　　　　　　　　　　　　　　　　　　2003

2014 年 5 月 25 日

借：应收股利　　　　　　　　　　　　　　　　　　　　　　　　　40

　　贷：投资收益　　　　　　　　　　　　　　　　　　　　　　　40

2014 年 7 月 10 日

借：银行存款　　　　　　　　　　　　　　　　　　　　　　　　　40

　　贷：应收股利　　　　　　　　　　　　　　　　　　　　　　　40

2014 年 12 月 31 日

借：交易性金融资产——公允价值变动　　　　　　　　　　　　　　800

　　贷：公允价值变动损益　　　　　　　　　　　　　　　　　　　800

所以，该项投资使甲公司 2014 年营业利润增加的金额 = – 3 + 40 + 800 = 837（万元）。

6.【答案】B

【解析】股份支付是指企业为获取职工和其他方提供服务而授予权益工具或承担以权益工具为基础确定的负债的交易，选项 B 符合该定义。

7.【答案】D

【解析】企业向职工提供非货币性福利的，应当按照公允价值计量，选项 D 正确。

8.【答案】C

【解析】企业发行的可转换公司债券，应当先确定负债成分的公允价值并以此作为其初始确认金额确认应付债券，再按照整体发行价格扣除负债成分初始确认金额后的金额确定权益成分的初始确认金额，确认为其他权益工具。本题中可转换公司债券的负债成分的公允价值为 890 万元，权益成分的公允价值 = 950 - 890 = 60（万元），计入所有者权益。

9.【答案】B

【解析】融资租入固定资产，应以最低租赁付款额的现值与租赁资产公允价值二者孰低加上初始直接费用确定，因此甲公司融资租入该固定资产的入账价值 = 750 + 0 = 750（万元）。

10.【答案】B

【解析】当年计提预计负债 = 1000 ×（3% + 5%）/2 = 40（万元），当年实际发生保修费冲减预计负债 15 万元，所以 2014 年 12 月 31 日资产负债表中预计负债的期末余额 = 40 - 15 = 25（万元）。

11.【答案】A

【解析】本题是与资产相关的政府补助，应在收到专项财政拨款时先确认为递延收益，然后在固定资产使用寿命内分期摊销确认营业外收入，固定资产从 7 月份开始折旧，递延收益也应从 7 月份开始摊销，所以 2015 年度甲公司应确认的营业外收入 = 60/10 × 6/12 = 3（万元）。

12.【答案】A

【解析】对于外币可供出售权益工具，资产负债表日折算后的记账本位币金额与原记账本位币金额之间的差额应计入其他综合收益，所以因该资产计入所有者权益的金额 = 350 × 0.81 - 300 × 0.83 = 34.5（万元人民币）。

13.【答案】C

【解析】日后调整事项中涉及的货币资金，属于本年度的现金流量，不影响报告年度的货币资金项目，所以不能调整报告年度资产负债表的货币资金项目。

14.【答案】B

【解析】2014 年 1 月 1 日企业合并产生的商誉 = 1800 - 1500 × 100% = 300（万元）；本题是处置部分股权且在丧失控制权的情况，2015 年 1 月 1 日处置长期股权投资在合并报表中确认的投资收益 =（处置对价 + 剩余股权公允价值）-（享有原子公司自购买日开始持续计算的可辨认净资产的份额 + 按原持股比例计算的商誉）+ 与原子公司股权投资相关的其他综合收益 =（2000 + 500）-（1500 + 125 + 300）× 100% + 0 = 575（万元）。

15.【答案】D

【解析】重新计量设定受益计划净负债或净资产的变动额计入其他综合收益，该其他综合收益未来期间不能转入损益。

二、多项选择题

1.【答案】ABC

【解析】选项 D，自然灾害损失不属于合理损耗，应作为营业外支出，不计入存货成本。

2.【答案】ABCD

【解析】企业在固定资产发生资本化后续支出并达到预定可使用状态时，从在建工程转为固定资产，并重新确定其使用寿命、预计净残值和折旧方法计提折旧。

3.【答案】AC

【解析】选项 B，以经营租赁方式租入的建筑物，企业不具有所有权，因此，经营租入后再转租的建筑物不能作为投资性房地产核算；选项 D，出租给本企业职工的自建宿舍楼，作为自有固定资产核算，不属于投资性房地产。

4.【答案】AB

【解析】对企业外币财务报表进行折算时，资产负债表中的资产和负债项目，采用资产负债表日的即期汇率折算，所有者权益项目除"未分配利润"外，其他项目采用发生时的即期汇率折算，选择 A 和

B 正确，选项 D 错误；利润表中的收入项目，采用交易发生日的即期汇率折算，选项 C 错误。

5.【答案】BCD

【解析】非货币性资产，指货币性资产以外的资产，将来为企业带来的经济利益不固定或不可确定，包括存货、固定资产、无形资产、在建工程、长期股权投资等，选项 B、C 和 D 正确。

6.【答案】ABCD

【解析】计划资产回报，指计划资产产生的利息、股利和其他收入，以及计划资产已实现和未实现的利得或损失。

7.【答案】BCD

【解析】甲公司确认债务重组利得 = 1200 –（1000 + 170）= 30（万元），选项 A 不正确；甲公司用于偿债的存货视同销售处理，确认主营业务收入 1000 万元，主营业务成本 700 万元，同时终止确认应付账款 1200 万元，选项 B、C 和 D 正确。

甲公司会计处理如下：

借：应付账款——乙公司   1200

　　贷：主营业务收入   1000

　　　　应交税费——应交增值税（销项税额）   170

　　　　营业外收入——债务重组利得   30

借：主营业务成本   700

　　贷：库存商品   700

8.【答案】ABCD

【解析】合并财务报表的合并范围是指纳入合并财务报表编报的子公司的范围，应当以控制为基础予以确定。投资方要实现控制，必须具备两项基本要素：一是因涉入被投资方而享有可变回报；二是拥有对被投资方的权力，并且有能力运用对被投资方的权力影响其回报金额。除此之外，还应该综合考虑所有相关事实和情况，其中，对被投资方的设立目的和设计的分析，贯穿于判断控制的始终。

9.【答案】BC

【解析】编制财务报表前，应当尽可能的统一母公司和子公司的会计政策，统一要求子公司所采用的会计政策与母公司会计政策保持一致，选项 B 和 C 正确。

10.【答案】CD

【解析】事业单位下年度收到财政部门批复的上年末未下达零余额账户用款额度时，借记"零余额账户用款额度"，贷记"财政应返还额度"。

会计分录：

借：零余额账户用款额度   300

　　贷：财政应返还额度   300

选项 C 和 D 正确。

三、判断题

1.【答案】√

2.【答案】√

3.【答案】√

【解析】土地使用权通常应单独确认为无形资产。土地使用权用于自行开发建造厂房等地上建筑物时，土地使用权与地上建筑物分别进行摊销和提取折旧。

4.【答案】√

5.【答案】√

6.【答案】×

【解析】发行方原分类为权益工具的金融工具，自不再被分类为权益工具之日起，发行方应当将其重分类为金融负债，以重分类日该工具的公允价值计量，重分类日权益工具的账面价值和金融负债的公允价值之间的差额确认为权益。

7.【答案】√

8.【答案】×

【解析】在分包工程的工作量完成之前预付给分包单位的款项虽然是总承包商的一项资金支出，但是该支出没有形成相应的工作量，因此不应将这部分支出计入累计实际发生的合同成本中来确定完工进度。

9.【答案】×

【解析】难以区分是会计政策变更还是会计估计变更的，应该做为会计估计变更处理。

10.【答案】×

【解析】民间非营利组织采用权责发生制为会计核算基础。

四、计算分析题

1.【答案】

（1）2014 年 8 月 1 日

借：固定资产　　　　　　　　　　　　　　　　　　　　　　　　　1000

　　应交税费——应交增值税（进项税额）　　　　　　　　　　　　　170

　　　贷：应付账款　　　　　　　　　　　　　　　　　　　　　　　　1170

（2）应该确认预计负债。

理由：甲公司法律顾问认为败诉的可能性为70%，履行该义务很可能导致经济利益流出企业，预计支付诉讼费5万元，逾期利息在20万元至30万元之间，且这个区间内每个金额发生的可能性相同，说明金额能够可靠计量，应当确认预计负债 = 5 +（20 + 30）/2 = 30（万元）。

会计分录：

借：营业外支出　　　　　　　　　　　　　　　　　　　　　　　　25

　　管理费用　　　　　　　　　　　　　　　　　　　　　　　　　　5

　　　贷：预计负债　　　　　　　　　　　　　　　　　　　　　　　　30

（3）2015 年 5 月 8 日

借：预计负债　　　　　　　　　　　　　　　　　　　　　　　　　30

　　营业外支出　　　　　　　　　　　　　　　　　　　　　　　　25

　　　贷：其他应付款　　　　　　　　　　　　　　　　　　　　　　　55

2015 年 5 月 16 日支付款项时

借：其他应付款　　　　　　　　　　　　　　　　　　　　　　　　55

　　应付账款　　　　　　　　　　　　　　　　　　　　　　　　　1170

　　　贷：银行存款　　　　　　　　　　　　　　　　　　　　　　　1225

2.【答案】

（1）甲公司2014年度应纳税所得额 = 10070 − 200/10（税法上无形资产摊销金额）− 50（国债免税利息收入）+ 100（补提的坏账准备）= 10100（万元）；

甲公司2014年度应交所得税 = 10100 × 15% = 1515（万元）。

（2）

①资料一：

该无形资产的使用寿命不确定，且2014年年末未发现减值，未计提减值准备，所以该无形资产的账面价值为200万元，税法上按照10年进行摊销，因而计税基础 = 200 − 200/10 = 180（万元），产生应纳税暂时性差异 = 200 − 180 = 20（万元），确认递延所得税负债 = 20 × 25% = 5（万元）。

②资料二：

该持有至到期投资的账面价值与计税基础相等，均为10000万元，不产生暂时性差异，不确认递延所得税。

③资料三：

该应收账款账面价值 = 10000 − 200 − 100 = 9700（万元），由于税法规定提取的坏账准备不允许税前扣除，所以计税基础为10000万元，产生可抵扣暂时性差异，递延所得税资产余额 =（10000 − 9700）× 25% = 75（万元）。

④"递延所得税资产"项目期末余额=（10000−9700）×25%=75（万元）；

"递延所得税负债"项目期末余额=20×25%=5（万元）。

（3）本期确认的递延所得税负债=20×25%=5（万元），本期确认的递延所得税资产=75−30=45（万元）；

发生的递延所得税费用=本期确认的递延所得税负债−本期确认的递延所得税资产=5−45=−40（万元）；

所得税费用本期发生额=1515−40=1475（万元）。

会计分录：

借：所得税费用 1475

　　递延所得税资产 45

　　贷：应交税费——应交所得税 1515

　　　　递延所得税负债 5

五、综合题

1.【答案】

（1）甲公司取得乙公司长期股权投资采用权益法核算。

理由：甲公司取得乙公司30%的股权，能够对乙公司施加重大影响，所以采用权益法核算。

取得股权投资会计分录：

借：长期股权投资——投资成本 4500

　　贷：股本 1000

　　　　资本公积——股本溢价 3500

取得投资时被投资单位可辨认净资产公允价值=16000+〔480−（500−100）〕=16080（万元），甲公司取得投资时应享有被投资单位可辨认净资产公允价值的份额=16080×30%=4824（万元），大于长期股权投资的初始投资成本，应当进行调整。调增长期股权投资的金额=4824−4500=324（万元）。

会计分录：

借：长期股权投资——投资成本 324

　　贷：营业外收入 324

（2）应确认的投资收益=〔6000−（480/4−500/5）−（1200−900）×50%〕×30%=1749（万元），应确认的其他综合收益=200×30%=60（万元）。

会计分录：

借：长期股权投资——损益调整 1749

　　贷：投资收益 1749

借：长期股权投资——其他综合收益 60

　　贷：其他综合收益 60

（3）处置长期股权投资对营业利润的影响额=5600+1400−（4500+324+1749+60）+60=427（万元）。

处置分录：

借：银行存款 5600

　　可供出售金融资产——成本 1400

　　贷：长期股权投资——投资成本 4824

　　　　　　　　　　　——损益调整 1749

　　　　　　　　　　　——其他综合收益 60

　　　　投资收益 367

借：其他综合收益 60

　　贷：投资收益 60

（4）6 月 30 日

借：其他综合收益　　　　　　　　　　　　　　　　　　　　　　　　100

　　贷：可供出售金融资产——公允价值变动　　　　　　　　　　　　　　　100

12 月 31 日

借：资产减值损失　　　　　　　　　　　　　　　　　　　　　　　　600

　　贷：其他综合收益　　　　　　　　　　　　　　　　　　　　　　　　100

　　　　可供出售金融资产——减值准备　　　　　　　　　　　　　　　　500

（5）1 月 8 日处置时

借：银行存款　　　　　　　　　　　　　　　　　　　　　　　　　780

　　可供出售金融资产——公允价值变动　　　　　　　　　　　　　　100

　　　　　　　　　　　　——减值准备　　　　　　　　　　　　　　500

　　投资收益　　　　　　　　　　　　　　　　　　　　　　　　　20

　　贷：可供出售金融资产——成本　　　　　　　　　　　　　　　　　1400

2.【答案】

（1）①甲公司的相关处理不正确。

理由：该交易属于收取手续费方式代销商品，所以甲公司应在收到商品代销清单时按销售数量确认收入。

②该事项属于资产负债表日后调整事项。

调整分录：

借：以前年度损益调整——营业收入　　　　　　　　　　　　　　　　36

　　贷：应收账款　　　　　　　　　　　　　　　　　　　　　　　　　36

借：发出商品　　　　　　　　　　　　　　　　　　　　　　　　　30

　　贷：以前年度损益调整——营业成本　　　　　　　　　　　　　　　　30

借：应交税费——应交所得税　　　　　　　　　　　　1.5（6×25%）

　　贷：以前年度损益调整——所得税费用　　　　　　　　　　　　　　　1.5

借：利润分配——未分配利润　　　　　　　　4.05［（36−30−1.5）×90%］

　　盈余公积　　　　　　　　　　　　　　　　　　　　　　　　0.45

　　贷：以前年度损益调整　　　　　　　　　　　　4.5（36−30−1.5）

（2）①甲公司相关处理不正确。

理由：甲公司应按照完工百分比法确认该项建造合同的收入和成本，所以应确认的收入 = 500 × 10% = 50（万元），应确认的成本 =（50 + 350）× 10% = 40（万元）。

②该事项属于资产负债表日后调整事项。

调整分录为：

借：应收账款　　　　　　　　　　　　　　　　　　　　　　　　　10

　　贷：以前年度损益调整——营业收入　　　　　　　　　　　　　　　　10

借：劳务成本　　　　　　　　　　　　　　　　　　　　　　　　　10

　　贷：以前年度损益调整——营业成本　　　　　　　　　　　　　　　　10

借：以前年度损益调整——所得税费用　　　　　　　　5（20×25%）

　　贷：应交税费——应交所得税　　　　　　　　　　　　　　　　　　　5

借：以前年度损益调整　　　　　　　　　　　　　　　　　　　　　15

　　贷：盈余公积　　　　　　　　　　　　　　　　　　　　　　　　1.5

　　　　利润分配——未分配利润　　　　　　　　　　　　　　　　13.5

（3）①甲公司的会计处理不正确。

理由：该项对综合性项目的政府补助由于难以区分与资产相关和收益相关的部分，所以整体作为与收益相关的政府补助处理，在取得时先确认为递延收益，然后在项目期内分期计入营业外收入。另外，政府补助属于不征税收入，在计算应纳税所得额的时候需要将这部分收入进行调减，不需要缴纳所得税，题目中是按照 2014 年利润总额 6000 万元为基础计算应交所得税和所得税费用，未将政府补助的不征税收入扣除，所以需要将原政府补助计入的收入 600 万元对应的应交所得税进行调减。

②该事项属于资产负债表日后调整事项。

调整分录如下：

借：以前年度损益调整——营业外收入   450

  贷：递延收益   450（600 - 600/24 × 6）

借：应交税费——应交所得税   150（600 × 25%）

  贷：以前年度损益调整——所得税费用   150

借：盈余公积   30

   利润分配——未分配利润   270

  贷：以前年度损益调整   300

2016 年全国会计专业技术资格考试
中级会计实务真题

一、单项选择题（本类题共 10 小题，每小题 1.5 分，共 15 分。每小题备选答案中，只有一个符合题意的正确答案。多选、错选、不选均不得分）

1. 企业发生的下列各项融资费用中，不属于借款费用的是（　　）。

   A. 股票发行费用
   B. 长期借款的手续费
   C. 外币借款的汇兑差额
   D. 溢价发行债券的利息调整

2. 2015 年 12 月 31 日，甲公司涉及一项未决诉讼，预计很可能败诉，甲公司若败诉，需承担诉讼费 10 万元并支付赔款 300 万元，但基本确定可从保险公司获得 60 万元的补偿。2015 年 12 月 31 日，甲公司因该诉讼应确认预计负债的金额为（　　）万元。

   A. 240　　　　　B. 250　　　　　C. 300　　　　　D. 310

3. 2015 年 12 月 31 日，甲公司发现应自 2014 年 12 月开始计提折旧的一项固定资产从 2015 年 1 月才开始计提折旧，导致 2014 年度管理费用少记 200 万元，被认定为重大差错，税务部门允许调整 2015 年度的应交所得税。甲公司适用的企业所得税税率为 25%，无其他纳税调整事项，甲公司利润表中的 2014 年度净利润为 500 万元，并按 10% 提取了法定盈余公积，不考虑其他因素，甲公司更正该差错时应将 2015 年 12 月 31 日资产负债表未分配利润项目年初余额调减（　　）万元。

   A. 15　　　　　B. 50　　　　　C. 135　　　　　D. 150

4. 甲公司系增值税一般纳税人，购入一套需安装的生产设备，取得的增值税专用发票上注明的价款为 300 万元，增值税税额为 51 万元，自行安装领用材料 20 万元，发生安装人工费 5 万元，不考虑其他因素，设备安装完毕达到预定可使用状态转入固定资产的入账价值为（　　）万元。

   A. 320　　　　　B. 351　　　　　C. 376　　　　　D. 325

5. 2015 年 12 月 31 日，甲事业单位完成非财政专项资金拨款支持的开发项目，上级部门批准将项目结余资金 70 万元留归该单位使用。当日，该单位应将该笔结余资金确认为（　　）。

   A. 单位结余
   B. 事业基金
   C. 非财政补助收入
   D. 专项基金

6. 甲公司以人民币作为记账本位币，对期末存货按成本与可变现净值孰低计价。2015 年 5 月 1 日，甲公司进口一批商品，价款为 200 万美元，当日即期汇率为 1 美元＝6.1 人民币元。2015 年 12 月 31 日，甲公司该批商品中仍有 50% 尚未出售，可变现净值为 90 万美元，当日即期汇率为 1 美元＝6.2 人民币元。不考虑其他因素，2015 年 12 月 31 日，该批商品期末计价对甲公司利润总额的影响金额为（　　）万人民币元。

   A. 减少 104
   B. 增加 104
   C. 增加 52
   D. 减少 52

7. 甲公司名义开设一家连锁店，并于 30 日内向乙公司一次性收取特许权等费用 50 万元（其中 35 万元为当年 11 月份提供柜台等设施收费，设施提供后由乙公司所有；15 万元为次年 1 月提供市场培育等后续服务收费），2015 年 11 月 1 日，甲公司收到上述款项后向乙公司提供了柜台等设施，成本为 30 万元，预计 2016 年 1 月提供相关后续服务的成本为 12 万元。不考虑其他因素，甲公司 2015 年度因该交易应确认的收入为（　　）万元。

   A. 9　　　　　B. 15　　　　　C. 35　　　　　D. 50

8. 2015 年 1 月 1 日，甲公司以银行存款 2500 万元取得乙公司 20% 有表决权的股份，对乙公司具有重大影响，采用权益法核算；乙公司当日可辨认净资产的账面价值为 12000 万元，各项可辨认资产、负债的公允价值与其账面价值均相同。乙公司 2015 年度实现的净利润为 1000 万元。不考虑其他因素，2015 年 12 月 31 日，甲公司该项投资在资产负债表中应列示的年末余额为（   ）万元。

    A. 2500   B. 2400   C. 2600   D. 2700

9. 企业采用股票期权方式激励职工，在等待期内每个资产负债表日对取得职工提供的服务进行计量的基础是（   ）。

    A. 等待期内每个资产负债表日股票期权的公允价值

    B. 可行权日股票期权的公允价值

    C. 行权日股票期权的公允价值

    D. 授予日股票期权的公允价值

10. 以非"一揽子交易"形成的非同一控制下的控股合并，购买日之前持有的被购买方的原股权在购买日的公允价值与其账面价值的差额，企业应在合并财务报表中确认为（   ）。

    A. 管理费用   B. 资本公积

    C. 商誉   D. 投资收益

    二、多项选择题 （本类题共 10 小题，每小题 2 分，共 20 分。每小题备选答案中，有两个或两个以上符合题意的正确答案。多选、少选、错选、不选均不得分）

1. 下列各项中，企业需要进行会计估计的有（   ）。

    A. 预计负债计量金额的确定   B. 应收账款未来现金流量的确定

    C. 建造合同完工进度的确定   D. 固定资产折旧方法的选择

2. 编制合并财务报表时，母公司对本期增加的子公司进行的下列会计处理中，正确的有（   ）。

    A. 非同一控制下增加的子公司应将其期初至报告期末的现金流量纳入合并现金流量表

    B. 同一控制下增加的子公司应调整合并资产负债表的期初数

    C. 非同一控制下增加的子公司不需调整合并资产负债表的期初数

    D. 同一控制下增加的子公司应将其期初至报告期末收入、费用和利润纳入合并利润表

3. 2015 年 7 月 10 日，甲公司以其拥有的一辆作为固定资产核算的轿车换入乙公司一项非专利技术，并支付补价 5 万元，当日，甲公司该轿车原价为 80 万元，累计折旧为 16 万元，公允价值为 60 万元，乙公司该项非专利技术的公允价值为 65 万元，该项交换具有商业实质，不考虑相关税费及其他因素，甲公司进行的下列会计处理中，正确的有（   ）。

    A. 按 5 万元确定营业外支出

    B. 按 65 万元确定换入非专利技术的成本

    C. 按 4 万元确定处置非流动资产损失

    D. 按 1 万元确定处置非流动资产利得

4. 下列各项中，企业应作为职工薪酬核算的有（   ）。

    A. 职工教育经费   B. 非货币性福利

    C. 长期残疾福利   D. 累积带薪缺勤

5. 建造施工企业发生的下列支出中，属于与执行合同有关的直接费用的有（   ）。

    A. 构成工程实体的材料成本   B. 施工人员的工资

    C. 财产保险费   D. 经营租入施工机械的租赁费

6. 在资产负债表日后至财务报告批准报出日前发生的下列事项中，属于资产负债表日后调整事项的有（   ）。

    A. 因汇率发生重大变化导致企业持有的外币资金出现重大汇兑损失

    B. 企业报告年度销售给某主要客户的一批产品因存在质量缺陷被退回

    C. 报告年度未决诉讼经人民法院判决败诉，企业需要赔偿的金额大幅超过已确认的预计负债

    D. 企业获悉某主要客户在报告年度发生重大火灾，需要大额补提报告年度应收该客户账款的坏账准备

7. 下列关于企业无形资产摊销的会计处理中，正确的有(　　)。
   A. 对使用寿命有限的无形资产选择的摊销方法应当一致地运用于不同会计期间
   B. 持有待售的无形资产不进行摊销
   C. 使用寿命不确定的无形资产按不低于 10 年的期限进行摊销
   D. 使用寿命有限的无形资产自可供使用时起开始摊销

8. 2015 年 12 月 10 日，甲民间非营利组织按照与乙企业签订的一份捐赠协议，向乙企业指定的一所贫困小学捐赠电脑 50 台，该组织收到乙企业捐赠的电脑时进行的下列会计处理中，正确的有(　　)。
   A. 确认固定资产
   B. 确认受托代理资产
   C. 确认捐赠收入
   D. 确认受托代理负债

9. 企业对境外经营财务报表折算时，下列各项中，应当采用资产负债表日即期汇率折算的有(　　)。
   A. 固定资产
   B. 未分配利润
   C. 实收资本
   D. 应付账款

10. 企业对下列金融资产进行初始计量时，应将发生的相关交易费用计入初始确认金额的有(　　)。
   A. 持有至到期投资
   B. 委托贷款
   C. 可供出售金融资产
   D. 交易性金融资产

三、判断题（本类题共 10 小题，每小题 1 分，共 10 分。请判断每小题的表述是否正确。每小题答案正确的得 1 分，答题错误的扣 0.5 分，不答题的不得分也不扣分。本类题最低得分为零分）

1. 企业在对包含商誉的相关资产组进行减值测试时，如果与商誉相关的资产组存在减值迹象，应当首先对不包含商誉的资产组进行减值测试。　　　　　　　　　　　　　　　　（　　）

2. 母公司编制合并报表时，应将非全资子公司向其出售资产所发生的未实现内部交易损益全额抵消归属于母公司所有者的净利润。　　　　　　　　　　　　　　　　　　　　（　　）

3. 企业收到政府无偿划拨的公允价值不能可靠取得的非货币性长期资产，应当按照名义金额"1 元"计量。　　　　　　　　　　　　　　　　　　　　　　　　　　　　　　　　（　　）

4. 企业以经营租赁方式租入后再转租给其他单位的土地使用权，不能确认为投资性房地产。　　（　　）

5. 企业因亏损合同确认的预计负债，应当按照退出该合同的最高净成本进行计量。　　　　（　　）

6. 企业涉及现金收支的资产负债表日后调整事项，应当调整报告年度资产负债表货币资金项目的金额。　　　　　　　　　　　　　　　　　　　　　　　　　　　　　　　　（　　）

7. 企业拥有的一项经济资源，即使没有发生实际成本或者发生的实际成本很小，但如果公允价值能够可靠计量，也应认为符合资产能够可靠计量的确认条件。　　　　　　　　　　　　（　　）

8. 企业对会计政策变更采用追溯调整法时，应当按照会计政策变更的累积影响数调整当期期初的留存收益。　　　　　　　　　　　　　　　　　　　　　　　　　　　　　　　（　　）

9. 企业通过提供劳务取得存货的成本，按提供劳务人员的直接人工和其他直接费用以及可归属于该存货的间接费用确定。　　　　　　　　　　　　　　　　　　　　　　　　　（　　）

10. 2015 年 12 月 31 日，甲公司因改变持有目的，将原作为交易性金融资产核算的乙公司普通股股票重分类为可供出售金融资产。　　　　　　　　　　　　　　　　　　　　　　（　　）

四、计算分析题（本类题共 2 题，共 22 分，第 1 题 10 分，第 2 题 12 分，凡要求计算的项目，均列出计算过程。计算结果出现小数的，均保留小数点后两位。凡要求编制的会计分录，除题中有特殊要求外，只需写出一级科目）

1. 甲公司和乙公司均系增值税一般纳税人，2015 年 6 月 10 日，甲公司按合同向乙公司赊销一批产品，价税合计 3510 万元，信用期为 6 个月，2015 年 12 月 10 日，乙公司因发生严重财务困难无法按约付款，2015 年 12 月 31 日，甲公司对该笔应收账款计提了 351 万元的坏账准备，2016 年 1 月 31 日，甲公司经与乙公司协商，通过以下方式进行债务重组，并办妥相关手续。
   资料一，乙公司以一栋作为固定资产核算的办公楼抵偿部分债务，2016 年 1 月 31 日，该办公楼的公允价值为 1000 万元，原价为 2000 万元，已计提折旧 1200 万元，甲公司将该办公楼作为固定资产核算。
   资料二，乙公司以一批产品抵偿部分债务。该批产品的公允价值为 400 万元，生产成本为 300 万元，乙公司向甲公司开具的增值税专用发票上注明的价款为 400 万元，增值税税额为 68 万元，甲公司将收到的该批产品作为库存商品核算。

资料三，乙公司向甲公司定向发行每股面值为 1 元，公允价值为 3 元的 200 万股普通股股票抵偿部分债务，甲公司将收到的乙公司股票作为可供出售金融资产核算。

资料四，甲公司免去乙公司债务 400 万元，其余债务延期至 2017 年 12 月 31 日。

假定不考虑货币时间价值和其他因素。

要求：

（1）计算甲公司 2016 年 1 月 31 日债务重组后的剩余债权的入账价值和债务重组损失。

（2）编制甲公司 2016 年 1 月 31 日债务重组的会计分录。

（3）计算乙公司 2016 年 1 月 31 日债务重组中应计入营业外收入的金额。

（4）编制乙公司 2016 年 1 月 31 日债务重组的会计分录。

2. 甲公司系增值税一般纳税人，2012 年至 2015 年与固定资产业务相关的资料如下：

资料一：2012 年 12 月 5 日，甲公司以银行存款购入一套不需安装的大型生产设备，取得的增值税专用发票上注明的价款为 5000 万元，增值税税额为 850 万元。

资料二：2012 年 12 月 31 日，该设备投入使用，预计使用年限为 5 年，净残值为 50 万元，采用年数总和法按年计提折旧。

资料三：2014 年 12 月 31 日，该设备出现减值迹象，预计未来现金流量的现值为 1500 万元，公允价值减去处置费用后的净额为 1800 万元，甲公司对该设备计提减值准备后，根据新获得的信息预计剩余使用年限仍为 3 年、净残值为 30 万元，仍采用年数总和法按年计提折旧。

资料四：2015 年 12 月 31 日，甲公司售出该设备，开具的增值税专用发票上注明的价款为 900 万元，增值税税额为 153 万元，款项已收存银行，另以银行存款支付清理费用 2 万元。

假定不考虑其他因素。

要求：

（1）编制甲公司 2012 年 12 月 5 日购入该设备的会计分录。

（2）分别计算甲公司 2013 年度和 2014 年度对该设备应计提的折旧金额。

（3）计算甲公司 2014 年 12 月 31 日对该设备应计提减值准备的金额，并编制相关会计分录。

（4）计算甲公司 2015 年度对该设备应计提的折旧金额，并编制相关会计分录。

（5）编制甲公司 2015 年 12 月 31 日处置该设备的会计分录。

五、综合题（本类题共 2 小题，第 1 小题 15 分，第二小题 18 分，共 33 分。凡要求计算的，应列出必要的计算过程；计算结果出现两位小数以上的，均四舍五入保留小数点后两位小数。凡要求编制会计分录的，除题中有特殊要求外，只需写出一级科目。答案中的金额单位用万元表示）

1. 甲公司 2015 年年初的递延所得税资产借方余额为 50 万元，与之对应的预计负债贷方余额为 200 万元；递延所得税负债无期初余额。甲公司 2015 年度实现的利润总额为 9520 万元，适用的企业所得税税率为 25% 且预计在未来期间保持不变；预计未来期间能够产生足够的应纳税所得额用以抵扣可抵扣暂时性差异。甲公司 2015 年度发生的有关交易和事项中，会计处理与税收处理存在差异的相关资料如下：

资料一：2015 年 8 月，甲公司向非关联企业捐赠现金 500 万元。

资料二：2015 年 9 月，甲公司以银行存款支付产品保修费用 300 万元，同时冲减了预计负债年初贷方余额 200 万元。2015 年年末，保修期结束，甲公司不再预提保修费。

资料三：2015 年 12 月 31 日，甲公司对应收账款计提了坏账准备 180 万元。

资料四：2015 年 12 月 31 日，甲公司以定向增发公允价值为 10900 万元的普通股股票为对价取得乙公司 100% 有表决权的股份，形成非同一控制下控股合并。假定该项企业合并符合税法规定的免税合并条件，且乙公司选择进行免税处理。乙公司当日可辨认净资产的账面价值为 10000 万元，其中股本 2000 万元，未分配利润 8000 万元；除一项账面价值与计税基础均为 200 万元、公允价值为 360 万元的库存商品外，其他各项可辨认资产、负债的账面价值与其公允价值、计税基础均相同。

假定不考虑其他因素。

要求：

（1）计算甲公司 2015 年度的应纳税所得额和应交所得税。

（2）根据资料一至资料三，逐项分析甲公司每一交易或事项对递延所得税的影响金额（如无影响，也明确指出无影响的原因）。

（3）根据资料一至资料三，逐笔编制甲公司与递延所得税有关的会计分录（不涉及递延所得税的，不需要编制会计分录）。

（4）计算甲公司利润表中应列示的 2015 年度所得税费用。

（5）根据资料四，分别计算甲公司在编制购买日合并财务报表时应确认的递延所得税和商誉的金额，并编制与购买日合并资产负债表有关的调整的抵消分录。

2. 甲公司和乙公司采用的会计政策和会计期间相同，甲公司和乙公司 2014 年至 2015 年有关长期股权投资及其内部交易或事项如下：

资料一：2014 年度资料

①1 月 1 日，甲公司以银行存款 18400 万元自非关联方购入乙公司 80% 有表决权的股份。交易前，甲公司不持有乙公司的股份且与乙公司不存在关联方关系；交易后，甲公司取得乙公司的控制权。乙公司当日可辨认净资产的账面价值为 23000 万元，其中股本 6000 万元，资本公积 4800 万元、盈余公积 1200 万元、未分配利润 11000 万元；各项可辨认资产、负债的公允价值与其账面价值均相同。

②3 月 10 日，甲公司向乙公司销售 A 产品一批，售价为 2000 万元，生产成本为 1400 万元。至当年年末，乙公司已向集团外销售 A 产品的 60%。剩余部分形成年末存货，其可变现净值为 600 万元，计提了存货跌价准备 200 万元；甲公司应收款项 2000 万元尚未收回，计提坏账准备 100 万元。

③7 月 1 日，甲公司将其一项专利权以 1200 万元的价格转让给乙公司，款项于当日收存银行。甲公司该专利权的原价为 1000 万元，预计使用年限为 10 年、残值为零，采用年限平均法进行摊销，至转让时已摊销 5 年。乙公司取得该专利权后作为管理用无形资产核算，预计尚可使用 5 年，残值为零。采用年限平均法进行摊销。

④乙公司当年实现的净利润为 6000 万元，提取法定盈余公积 600 万元，向股东分配现金股利 3000 万元；因持有的可供出售金融资产公允价值上升计入当期其他综合收益的金额为 400 万元。

资料二：2015 年度资料

2015 年度，甲公司与乙公司之间未发生内部购销交易。至 2015 年 12 月 31 日，乙公司上年自甲公司购入的 A 产品剩余部分全都向集团外售出；乙公司支付了上年所欠甲公司货款 2000 万元。

假定不考虑增值税、所得税等相关税费及其他因素。

要求：

（1）编制甲公司 2014 年 12 月 31 日合并乙公司财务报表时按照权益法调整长期股权投资的调整分录以及该项投资直接相关的（含甲公司内部投资收益）抵销分录。

（2）编制甲公司 2014 年 12 月 31 日合并乙公司财务报表时与内部购销交易相关的抵销分录。（不要求编制与合并现金流量表相关的抵销分录）

（3）编制甲公司 2015 年 12 月 31 日合并乙公司财务报表时与内部购销交易相关的抵销分录。（不要求编制与合并现金流量表相关的抵销分录）

参考答案及解析

一、单项选择题

1.【答案】A

【解析】借款费用包括借款利息、折价或者溢价的摊销、辅助费用以及因外币借款而发生的汇兑差额等，对于企业发生的权益性融资费用，不应包括在借款费用中。

2.【答案】D

【解析】应确认预计负债的金额 = 10 + 300 = 310（万元），基本确定可从保险公司获得的 60 万元补偿，应通过其他应收款核算，不能冲减预计负债的账面价值。

3.【答案】C

【解析】2015 年 12 月 31 日资产负债表未分配利润项目年初余额调减金额 = 200 × （1 - 25%）× （1 - 10%）= 135（万元）。

4.【答案】D

【解析】增值税一般纳税人购入设备的增值税可以抵扣，不计入设备成本，安装过程中领用材料的增值税可以抵扣，不计入设备成本，所以设备安装完毕达到预定可使用状态转入固定资产的入账价值 = 300 + 20 + 5 = 325（万元）。

5.【答案】B

【解析】年末，事业单位完成非财政补助专项资金结转后，留归本单位使用的，应该借记"非财政补助结转"科目，贷记"事业基金"科目，选项 B 正确。

6.【答案】D

【解析】期末结存商品可变现净值 = 90 × 6.2 = 558（万人民币元），期末存货成本 = 200 × 6.1 × 50% = 610（万人民币元），期末存货确认资产减值损失 = 610 – 558 = 52（万人民币元），减少利润总额 52 万人民币元，选项 D 正确。

7.【答案】C

【解析】甲公司 2015 年度因该交易应确认的收入为 35 万元，收取的次年 1 月提供市场培育等后续服务费应当确认为预收账款，选项 C 正确。

8.【答案】D

【解析】2015 年 12 月 31 日，甲公司该项投资在资产负债表中应列示的年末余额 = 2500 + 1000 × 20% = 2700（万元）。

9.【答案】D

【解析】企业采用股票期权方式激励职工，在等待期内每个资产负债表日，应当按照授予日股票期权的公允价值对取得职工提供的服务进行计量。

10.【答案】D

【解析】以非"一揽子交易"形成的非同一控制下的控股合并，合并报表中对于原股权按照公允价值重新计量，原股权公允价值和账面价值之间的差额计入投资收益，选项 D 正确。

二、多项选择题

1.【答案】ABCD

【解析】以上选项均属于需要进行会计估计的事项。

2.【答案】BCD

【解析】选项 A，非同一控制下增加的子公司，自购买日开始纳入合并财务报表，不调整财务报表期初数。

3.【答案】BC

【解析】以公允价值计量的非货币性资产交换，甲公司换出固定资产的处置损失 = 换出资产的公允价值 – 换出资产的账面价值 = （80 – 16）– 60 = 4（万元），选项 C 正确，选项 A 和 D 错误；甲公司换入非专利技术的成本为该非专利技术的公允价值 65 万元，选项 B 正确。

4.【答案】ABCD

【解析】职工薪酬是指企业为获得职工提供的服务而给予各种形式的报酬以及其他相关支出，包括职工在职期间和离职后提供给职工的全部货币性薪酬和非货币性福利。企业提供给职工配偶、子女或其他被赡养人的福利等，也属于职工薪酬。以上选项均正确。

5.【答案】ABD

【解析】选项 C，财产保险费属于间接费用。

6.【答案】BCD

【解析】选项 A，因汇率发生重大变化导致企业持有的外币资金出现重大汇兑损失属于资产负债表日后非调整事项。

7.【答案】ABD

【解析】选项 A，企业选择的无形资产摊销方法，应当能够反映与该项无形资产有关的经济利益的预期实现方式，并一致的运用于不同会计期间；选项 C，使用寿命不确定的无形资产，会计上不进行摊销。

8.【答案】BD

【解析】乙企业在该项业务当中，只是起到中介人的作用，收到受托代理资产时，应该确认受托代理资产和受托代理负债。

9.【答案】AD

【解析】资产负债表中的资产和负债项目，采用资产负债表日的即期汇率折算，所有者权益项目除"未分配利润"项目外，其他项目采用发生时的即期汇率折算。

10.【答案】ABC

【解析】选项D，取得交易性金融资产发生的交易费用应当记入"投资收益"科目借方。

三、判断题

1.【答案】√

【解析】企业在对包含商誉的相关资产组进行减值测试时，如果与商誉相关的资产组存在减值迹象的，应当按照下列步骤进行处理：首先对不包含商誉的资产组进行减值测试，计算可收回金额，与相关账面价值比较确认相应的减值损失；其次对包含商誉的资产组进行减值测试，比较资产组账面价值（含分摊商誉的账面价值部分）与其可收回金额，如相关资产组的可收回金额低于其账面价值，应当确认相应的减值损失。

2.【答案】×

【解析】合并报表逆流交易的未实现损益应按照母公司持股比例抵减归属于母公司的净利润。

3.【答案】√

【解析】企业无偿划拨的非货币性资产公允价值不能可靠取得的，以名义金额"1元"入账。

4.【答案】√

【解析】企业以经营租赁方式租入的土地使用权，不属于企业的自有资产，转租后不能作为投资性房地产核算。

5.【答案】×

【解析】亏损合同确认的预计负债应该按照退出该项合同的最低净成本计量。

6.【答案】×

【解析】资产负债表日后调整事项涉及现金收支调整的，不应当调整报告年度的货币资金项目金额。

7.【答案】√

8.【答案】×

【解析】会计政策变更累积影响数，是指按照变更后的会计政策对以前各期追溯计算的列报前期最早期初留存收益应有金额与现有金额的差额。

9.【答案】√

10.【答案】×

【解析】交易性金融资产不得与其他类金融资产进行重分类。

四、计算分析题

1.【答案】

（1）

甲公司债务重组后应收账款入账价值＝3510－1000－400－68－200×3－400＝1042（万元）。

甲公司债务重组损失＝（3510－351）－1042－（1000＋400＋68＋200×3）＝49（万元）。

（2）

借：应收账款——债务重组		1042
固定资产		1000
库存商品		400
应交税费——应交增值税（进项税额）		68
可供出售金融资产		600
坏账准备		351
营业外支出——债务重组损失		49
贷：应收账款		3510

（3）乙公司因债务重组应计入营业外收入的金额 = （3510 – 1000 – 400 – 68 – 600 – 1042）+ ［1000 – （2000 – 1200）］= 600 （万元）。

或：乙公司因债务重组应计入营业外收入的金额 = 债务豁免金额 400 + 固定资产处置利得 ［1000 – （2000 – 1200）］= 600 （万元）。

（4）

借：固定资产清理		800
累计折旧		1200
贷：固定资产		2000
借：应付账款		3510
贷：固定资产清理		1000
主营业务收入		400
应交税费——应交增值税（销项税额）		68
股本		200
资本公积——股本溢价		400
应付账款——债务重组		1042
营业外收入——债务重组利得		400
借：固定资产清理		200
贷：营业外收入——处置非流动资产利得		200
借：主营业务成本		300
贷：库存商品		300

2.【答案】

（1）甲公司 2012 年 12 月 5 日购入该设备的会计分录为：

借：固定资产		5000
应交税费——应交增值税（进项税额）		850
贷：银行存款		5850

（2）甲公司 2013 年度对该设备应计提的折旧金额 = （5000 – 50）× 5/15 = 1650 （万元）；

甲公司 2014 年度对该设备应计提的折旧金额 = （5000 – 50）× 4/15 = 1320 （万元）。

（3）甲公司 2014 年 12 月 31 日对该设备应计提减值准备的金额 = （5000 – 1650 – 1320）– 1800 = 230 （万元）。

会计分录：

借：资产减值损失		230
贷：固定资产减值准备		230

（4）甲公司 2015 年度对该设备应计提的折旧金额 = （1800 – 30）× 3/6 = 885 （万元）。

会计分录：

借：制造费用		885
贷：累计折旧		885

（5）

借：固定资产清理		915
固定资产减值准备		230
累计折旧	3855（1650 + 1320 + 885）	
贷：固定资产		5000
借：固定资产清理		2
贷：银行存款		2
借：银行存款		1053
贷：固定资产清理		900
应交税费——应交增值税（销项税额）		153

借：营业外支出——处置非流动资产损失 17
  贷：固定资产清理 17

五、综合题

1.【答案】

（1）

2015 年度的应纳税所得额 = 9520 + 500 - 200 + 180 = 10000（万元）；

2015 年度的应交所得税 = 10000 × 25% = 2500（万元）。

（2）

资料一，对递延所得税无影响。

分析：非公益性现金捐赠，本期不允许税前扣除，未来期间也不允许抵扣，未形成暂时性差异，形成永久性的差异，不确认递延所得税资产。

资料二，转回递延所得税资产 50 万元。

分析：2015 年年末保修期结束，不再预提保修费，本期支付保修费用 300 万元，冲减预计负债年初余额 200 万元，因期末不存在暂时性差异，需要转回原确认的递延所得税资产 50 万元（200 × 25%）。

资料三，税法规定，尚未实际发生的预计损失不允许税前扣除，待实际发生损失时才可以抵扣，因此本期计提的坏账准备 180 万元形成可抵扣暂时性差异，确认递延所得税资产 45 万元（180 × 25%）。

（3）

资料一：

不涉及递延所得税的处理。

资料二：

借：所得税费用 50
  贷：递延所得税资产 50

资料三：

借：递延所得税资产 45
  贷：所得税费用 45

（4）当期所得税（应交所得税）= 10000 × 25% = 2500（万元）；递延所得税费用 = 50 - 45 = 5（万元）；2015 年度所得税费用 = 当期所得税 + 递延所得税费用 = 2500 + 5 = 2505（万元）。

（5）

①购买日合并财务报表中应确认的递延所得税负债 =（360 - 200）× 25% = 40（万元）。

②商誉 = 合并成本 - 购买日应享有被购买方可辨认净资产公允价值（考虑递延所得税后）的份额 = 10900 -（10000 + 160 - 40）× 100% = 780（万元）。

抵销分录：

借：存货 160
  贷：资本公积 160

借：资本公积 40
  贷：递延所得税负债 40

借：股本 2000
  未分配利润 8000
  资本公积 120
  商誉 780
  贷：长期股权投资 10900

2.【答案】

（1）合并财务报表中按照权益法调整，取得投资当年应确认的投资收益 = 6000 × 80% = 4800（万元）。

借：长期股权投资 4800
  贷：投资收益 4800

应确认的其他综合收益 = 400 × 80% = 320（万元）。

借：长期股权投资　　　　　　　　　　　　　　　　　　　　　　320
　　贷：其他综合收益　　　　　　　　　　　　　　　　　　　　　320

分配现金股利调整减少长期股权投资 ＝3000×80% ＝2400（万元）。

借：投资收益　　　　　　　　　　　　　　　　　　　　　　　2400
　　贷：长期股权投资　　　　　　　　　　　　　　　　　　　　2400

调整后长期股权投资的账面价值 ＝18400＋4800－2400＋320 ＝21120（万元）。

抵销长期股权投资和子公司所有者权益：

借：股本　　　　　　　　　　　　　　　　　　　　　　　　　6000
　　资本公积　　　　　　　　　　　　　　　　　　　　　　　4800
　　盈余公积　　　　　　　　　　　　　　　　　　　　　　　1800
　　未分配利润——年末　　　　　　　13400（11000＋6000－600－3000）
　　其他综合收益　　　　　　　　　　　　　　　　　　　　　　400
　　贷：长期股权投资　　　　　　　　　　　　　　　　　　　21120
　　　　少数股东权益　　　　　　　　　　　　　　　　　　　　5280

借：投资收益　　　　　　　　　　　　　　　　　　　　　　　4800
　　少数股东损益　　　　　　　　　　　　　　　　　　　　　1200
　　未分配利润——年初　　　　　　　　　　　　　　　　　　11000
　　贷：提取盈余公积　　　　　　　　　　　　　　　　　　　　600
　　　　对所有者（或股东）的分配　　　　　　　　　　　　　3000
　　　　未分配利润——年末　　　　　　　　　　　　　　　　13400

（2）2014 年 12 月 31 日内部购销交易相关的抵销分录：

借：营业收入　　　　　　　　　　　　　　　　　　　　　　　2000
　　贷：营业成本　　　　　　　　　　　　　　　　　　　　　2000

借：营业成本　　　　　　　　　　　　　　　　　　　　　　　　240
　　贷：存货　　　　　　　　　　　　　　　　　　　　　　　　240

借：存货　　　　　　　　　　　　　　　　　　　　　　　　　　200
　　贷：资产减值损失　　　　　　　　　　　　　　　　　　　　200

借：应付账款　　　　　　　　　　　　　　　　　　　　　　　2000
　　贷：应收账款　　　　　　　　　　　　　　　　　　　　　2000

借：应收账款　　　　　　　　　　　　　　　　　　　　　　　　100
　　贷：资产减值损失　　　　　　　　　　　　　　　　　　　　100

借：营业外收入　　　　　　　　　　　　　　　　　　　　　　　700
　　贷：无形资产　　　　　　　　　　　　　　　　　　　　　　700

借：无形资产　　　　　　　　　　　　　　70（700/5×6/12）
　　贷：管理费用　　　　　　　　　　　　　　　　　　　　　　　70

（3）2015 年 12 月 31 日内部购销交易相关的抵销分录：

借：未分配利润——年初　　　　　　　　　　　　　　　　　　　240
　　贷：营业成本　　　　　　　　　　　　　　　　　　　　　　240

借：存货　　　　　　　　　　　　　　　　　　　　　　　　　　200
　　贷：未分配利润——年初　　　　　　　　　　　　　　　　　200

借：营业成本　　　　　　　　　　　　　　　　　　　　　　　　200
　　贷：存货　　　　　　　　　　　　　　　　　　　　　　　　200

借：应收账款　　　　　　　　　　　　　　　　　　　　　　　　100
　　贷：未分配利润——年初　　　　　　　　　　　　　　　　　100

借：资产减值损失　　　　　　　　　　　　　　　　　　　　　　100
　　贷：应收账款　　　　　　　　　　　　　　　　　　　　　　100

借：未分配利润——年初　　　　　　　　　　　　　　　　　　　　700
　　贷：无形资产　　　　　　　　　　　　　　　　　　　　　　　　700
借：无形资产　　　　　　　　　　　　　　　　　　　　　　　　　70
　　贷：未分配利润——年初　　　　　　　　　　　　　　　　　　　70
借：无形资产　　　　　　　　　　　　　　　　　　140（700/5）
　　贷：管理费用　　　　　　　　　　　　　　　　　　　　　　　140

2017年会计专业技术资格考试
中级会计实务模拟测试题（一）

一、单项选择题（本类题共10小题，每小题1分，共1.5分。每小题备选答案中，只有一个符合题意的正确答案。请从每小题的备选答案中选出一个你认为正确的答案，多选、错选、不选均不得分）

1. 2016年1月1日，黄河公司某项商标权的原价为480万元，已摊销300万元，已计提减值准备30万元。预计尚可使用年限为2年，预计净残值为零，采用直线法按月摊销。不考虑其他因素，2016年黄河公司该项商标权应摊销的金额为(　　)万元。
   A. 75 　　　　　　　 B. 90 　　　　　　　 C. 225 　　　　　　　 D. 240

2. 2016年12月31日，黄河公司某项固定资产的公允价值为2000万元，预计处置费用为200万元，预计未来现金流量的现值为1700万元。当日，该项固定资产的可收回金额为(　　)万元。
   A. 1500
   C. 1700
   B. 1800
   D. 2000

3. 下列各项资产中，无论是否存在减值迹象，至少应于每年年度终了对其进行减值测试的是(　　)。
   A. 商誉
   C. 固定资产
   B. 长期股权投资
   D. 投资性房地产

4. 投资性房地产的后续计量从成本模式转为公允价值模式的，转换日投资性房地产的公允价值高于其账面价值的差额会对下列财务报表项目产生影响的是(　　)。
   A. 其他综合收益
   C. 未分配利润
   B. 营业外收入
   D. 公允价值变动损益

5. 黄河公司处置部分持有至到期投资后，导致其剩余部分不再适合划分为持有至到期投资的，应当将该剩余部分重分类为(　　)。
   A. 长期股权投资
   C. 交易性金融资产
   B. 贷款和应收款项
   D. 可供出售金融资产

6. 2016年12月10日，黄河公司库存甲原材料的实际成本为50万元。同类原材料不含税的市场销售价格为40万元，黄河公司该批甲原材料拟全部用于生产1万件乙产品。将这批甲原材料加工成乙产品尚需投入的成本总额为20万元。由于甲原材料类似产品增加，导致市场上甲原材料价格持续下降，进而由其生产的该批乙产品不含税的市场销售价格由原来的80万元下降为55万元。将该批乙产品对外销售预计将发生销售费用及相关税费合计为2万元。不考虑其他因素，2016年12月31日黄河公司该批甲原材料的账面价值为(　　)万元。
   A. 33 　　　　　　　 B. 34 　　　　　　　 C. 38 　　　　　　　 D. 48

7. 下列关于黄河公司为资产减值测试目的预计未来现金流量的表述中，不正确的是(　　)。
   A. 预计未来现金流量包括与所得税收付相关的现金流量
   B. 预计未来现金流量应当以资产的当前状况为基础
   C. 预计未来现金流量不包括与筹资活动相关的现金流量
   D. 预计未来现金流量不包括与资产改良相关的现金流量

8. 企业取得的与资产相关的政府补助，自相关资产达到预定可使用状态时起，在该资产使用寿命内平均分摊，转入(　　)科目。
   A. 资本公积
   C. 营业外收入
   B. 其他综合收益
   D. 营业外支出

9. 2016 年 2 月 1 日，黄河公司为建造一栋厂房向银行取得一笔专门借款。2016 年 3 月 5 日，以该借款支付前期订购的工程物资款。因征地拆迁发生纠纷，该厂房延迟至 2016 年 7 月 1 日才开工兴建，并陆续支付其他工程款。2017 年 2 月 28 日，该厂房建造完成，达到预定可使用状态。2017 年 4 月 30 日，黄河公司办理工程竣工决算。不考虑其他因素，黄河公司该笔借款费用的资本化期间为（　　）。
    A. 2016 年 2 月 1 日至 2017 年 4 月 30 日
    B. 2016 年 3 月 5 日至 2017 年 2 月 28 日
    C. 2016 年 7 月 1 日至 2017 年 2 月 28 日
    D. 2016 年 7 月 1 日至 2017 年 4 月 30 日

10. 对于以现金结算的股份支付，可行权日后相关负债公允价值发生变动的，其变动金额应在资产负债表日计入利润表的（　　）项目。
    A. 资本公积
    B. 管理费用
    C. 营业外支出
    D. 公允价值变动损益

二、多项选择题（本类题共 10 小题，每小题 2 分，共 20 分，每小题备选答案中，有两个或两个以上符合题意的正确答案，请从每小题的备选答案中选出你认为正确的答案，多选、少选、错选、不选均不得分）

1. 下列有关确定存货可变现净值基础的表述，正确的有（　　）。
    A. 无销售合同的库存商品以该库存商品的市场价值或评估价值为基础
    B. 有销售合同的库存商品以该库存商品的合同价格为基础
    C. 用于出售的且无销售合同的材料以该材料的市场价格为基础
    D. 用于生产有销售合同产品的材料以该材料的市场价格为基础

2. 下列关于资产负债表日后事项的表述中，正确的有（　　）。
    A. 影响重大的资产负债表日后非调整事项应在附注中披露
    B. 对资产负债表日后调整事项应当调整资产负债表日财务报表有关项目
    C. 资产负债表日后事项包括资产负债表日至财务报告批准报出日之间发生的全部事项
    D. 判断资产负债表日后调整事项的标准在于该事项对资产负债表日存在的情况提供了新的或进一步的证据

3. 下列各项中，属于民间非营利组织应确认为捐赠收入的有（　　）。
    A. 接受劳务捐赠
    B. 接受有价证券捐赠
    C. 接受办公用房捐赠
    D. 接受货币资金捐赠

4. 下列关于会计政策及其变更的表述中，正确的有（　　）。
    A. 会计政策涉及会计原则、会计基础和具体会计处理方法
    B. 变更会计政策表明以前会计期间采用的会计政策存在错误
    C. 变更会计政策的原因之一为变更后的会计政策能够更好地反映企业的财务状况和经营成果
    D. 本期发生的交易或事项与前期相比具有本质差别而采用新的会计政策，不属于会计政策变更

5. 下列关于使用寿命有限的专门用于产品生产的专利权会计处理的表述中，正确的有（　　）。
    A. 该专利权的摊销金额应计入管理费用
    B. 该专利权的使用寿命至少应于每年年度终了进行复核
    C. 该专利权的摊销方法至少应于每年年度终了进行复核
    D. 该专利权应以成本减去累计摊销和减值准备后的余额进行后续计量

6. 下列关于资产减值测试时认定资产组的表述中，正确的有（　　）。
    A. 资产组是企业可以认定的最小资产组合
    B. 认定资产组应当考虑对资产的持续使用或处置的决策方式
    C. 认定资产组应当考虑企业管理层管理生产经营活动的方式
    D. 资产组产生的现金流入应当独立于其他资产或资产组产生的现金流入

7. 在确定借款费用暂停资本化的期间时，应当区别正常中断和非正常中断。下列各项中，属于非正常中断的有（　　）。

A. 质量纠纷导致的中断　　　　　　　　　B. 安全事故导致的中断

C. 劳动纠纷导致的中断　　　　　　　　　D. 资金周转困难导致的中断

8. 2016年7月31日，甲公司应付乙公司的款项420万元到期，因经营陷入困境，预计短期内无法偿还。当日，甲公司就该债务与乙公司达成的下列偿债协议中，属于债务重组的有（　　）。

A. 甲公司以公允价值为410万元的固定资产（厂房）清偿

B. 甲公司以公允价值为420万元的长期股权投资清偿

C. 减免甲公司220万元债务，剩余部分甲公司延期两年偿还

D. 减免甲公司220万元债务，剩余部分甲公司立即以现金偿还

9. 2016年1月1日，甲公司采用分期收款方式向乙公司销售一批商品，合同约定的销售价值为5000万元，分5年于每年12月31日等额收取。该批商品成本为3800万元。如果采用现销方式，该批商品的销售价格为4500万元。不考虑增值税等因素，2016年1月1日，甲公司对该项销售业务的处理中，正确的有（　　）。

A. 增加长期应收款账面价值4500万元　　　B. 增加营业成本3800万元

C. 增加营业收入5000万元　　　　　　　　D. 减少存货3800万元

10. 下列各项中，属于企业在确定记账本位币时应考虑的因素有（　　）。

A. 取得借款使用的主要计价货币

B. 确定商品生产成本使用的主要计价货币

C. 确定商品销售价格使用的主要计价货币

D. 从经营活动中收取货款使用的主要计价货币

　　三、判断题（本类题共10小题，每小题1分，共10分。请判断每小题的表述是否正确，选出你认为正确的答案，每小题答题正确的得1分，答题错误的扣0.5分，不答题的不得分也不扣分，本类题最低得分为零分）

1. 会计期间包括年度和中期，我国以公历年度作为企业的会计年度。　　　　　　（　　）

2. 存货采购过程中发生的合理损耗会相对增加存货的单位成本。　　　　　　　　（　　）

3. 高危行业企业按照国家规定提取的安全生产费应计入当期损益，同时确认预计负债。（　　）

4. 按照国家有关规定认定的闲置土地，属于投资性房地产。　　　　　　　　　　（　　）

5. 拥有对被投资方的权力，并且有能力运用对被投资方的权力影响其回报金额，是判断对被投资方是否实施控制的重要条件。　　　　　　　　　　　　　　　　　　　　　　　　　（　　）

6. 已计入各期费用的研究支出，在该项无形资产获得成功达到预定用途时予以资本化计入无形资产成本。　　　　　　　　　　　　　　　　　　　　　　　　　　　　　　　　　　　　（　　）

7. 未作为资产、负债确认的项目不产生暂时性差异。　　　　　　　　　　　　　（　　）

8. 企业收到投资者以外币投入的资本，应当采用交易发生日的即期汇率折算，期末该实收资本产生的汇兑差额确认为资本公积。　　　　　　　　　　　　　　　　　　　　　　　　（　　）

9. 对于附有市场条件的股份支付，即使职工满足了其他所有非市场条件，企业也不应当确认已取得的服务。　　　　　　　　　　　　　　　　　　　　　　　　　　　　　　　　　　　　（　　）

10. 当事业单位的无形资产预期不能为事业单位带来服务潜能或经济利益时，可以直接核销。（　　）

　　四、计算分析题（本类题共2小题，每1小题10分，第2小题12分，共22分。凡要求计算的项目，除特别说明外，均须列出计算过程；计算结果出现小数的，均保留到小数点后两位小数。凡要求编制会计分录的，除题中有特殊要求外，只需写出一级科目）

1. 甲股份有限公司（以下简称"甲公司"）2×16年发生的有关交易或事项中，会计处理与所得税处理存在差异的包括以下几项：

（1）1月1日，甲公司以3800万元取得对乙公司20%股权，并自取得当日起向乙公司董事会派出1名董事，能够对乙公司财务和经营决策施加重大影响。取得股权时，乙公司可辨认净资产的公允价值与账面价值相同，均为16000万元。

乙公司2×16年实现净利润500万元，当年取得的作为可供出售金融资产核算的股票投资2×16年年末市价相对于取得成本上升200万元。甲公司与乙公司2×16年未发生内部交易。

甲公司拟长期持有对乙公司的投资。税法规定，我国境内设立的居民企业间股息、红利免税。

（2）甲公司 2×16 年发生研发支出 1000 万元，其中按照会计准则规定费用化的部分为 400 万元，资本化形成无形资产的部分为 600 万元。该研发形成的无形资产于 2×16 年 7 月 1 日达到预定用途，预计可使用 5 年，采用直线法摊销，预计净残值为零。税法规定，企业为开发新技术、新产品、新工艺发生的研究开发费用，未形成资产计入当期损益的，在据实扣除的基础上，按照研发费用的 50% 加计扣除；形成资产的，未来期间按照无形资产摊销金额的 150% 予以税前扣除。该无形资产摊销方法、摊销年限及净残值的税法规定与会计相同。

（3）甲公司 2×16 年利润总额为 5200 万元。

其他有关资料：

本题中有关公司均为我国境内居民企业，适用的所得税税率均为 25%；预计甲公司未来期间能够产生足够的应纳税所得额用以抵扣可抵扣暂时性差异。

甲公司 2×16 年年初递延所得税资产与负债的余额均为零，且不存在未确认递延所得税负债或资产的暂时性差异。

要求：

（1）根据资料（1）、资料（2），分别确定各交易或事项截至 2×16 年 12 月 31 日所形成资产的账面价值与计税基础，并说明是否应确认相关的递延所得税资产或负债及其理由。

（2）计算甲公司 2×16 年应交所得税，编制甲公司 2×16 年与所得税费用相关的会计分录。

2. 甲公司为上市公司，2016 年至 2017 年对乙公司股票投资有关的材料如下：

（1）2016 年 5 月 20 日，甲公司以银行存款 300 万元（其中包含乙公司已宣告但尚未发放的现金股利 6 万元）从二级市场购入乙公司 10 万股普通股股票，另支付相关交易费用 1.8 万元。甲公司将该股票投资划分为可供出售金融资产。

（2）2016 年 5 月 27 日，甲公司收到乙公司发放的现金股利 6 万元。

（3）2016 年 6 月 30 日，乙公司股票收盘价跌至每股 26 元，甲公司预计乙公司股价下跌是暂时性的。

（4）2017 年 7 月起，乙公司股票价格持续下跌；至 12 月 31 日，乙公司股票收盘价跌至每股 20 元，甲公司判断该股票投资已发生减值。

（5）2017 年 4 月 26 日，乙公司宣告发放现金股利每股 0.1 元。

（6）2017 年 5 月 10 日，甲公司收到乙公司发放的现金股利 1 万元。

（7）2017 年 1 月起，乙公司股票价格持续上升；至 6 月 30 日，乙公司股票收盘价升至每股 25 元。

（8）2017 年 12 月 24 日，甲公司以每股 28 元的价格在二级市场售出所持乙公司的全部股票，同时支付相关交易费用 1.68 万元。

假定甲公司在每年 6 月 30 日和 12 月 31 日确认公允价值变动并进行减值测试，不考虑所得税因素，所有款项均以银行存款收付。

要求：

（1）根据上述资料，逐笔编制甲公司相关业务的会计分录。

（2）分别计算甲公司该项投资对 2016 年度和 2017 年度营业利润的影响额。

（"可供出售金融资产"科目要求写出明细科目；答案中的金额单位用万元表示）

五、综合题（本类题共 2 小题，第 1 小题 15 分，第 2 小题 18 分，共 33 分。凡要求计算的项目，除特别说明外，均须列出计算过程；计算结果出现小数的，均保留到小数点后两位小数。凡要求编制会计分录的，除题中的特殊要求外，只需写出一级科目）

1. 甲公司为上市公司，其 20×4 年度和 20×5 年度发生的相关交易事项如下：

（1）20×4 年 7 月 1 日，甲公司向乙银行借款 5000 万元，期限为 5 年，年利率为 6.5%，每季末支付当季度利息，根据甲公司与乙银行签订的借款合同，上述借款只能用于甲公司的生产线扩建工程，如果公司将借款用于别的用途或违反其它合同条款，乙银行有权随时要求甲公司归还借款，因资金周转困难，甲公司 20×4 年 12 月 30 日将尚未使用的银行借款 2100 万元用于发放工资和支付生产用材料款，20×5 年 1 月 5 日，甲公司与乙银行签订补充合同，合同约定，乙银行同意授予甲公司 20×4 年年末起一年的宽限期，在此期限内不要求甲公司随时清偿借款，甲公司同意在宽限期内改正违约行为。

至 20 × 4 年 12 月 31 日，因项目审批手续未办理完成，甲公司生产线扩建工程尚未开工，按照借款合同约定应予支付的利息已分别于 9 月 30 日及 12 月 31 日支付完毕。

（2）经董事会批准，甲公司 20 × 4 年 12 月 31 日与丙公司签订不可撤销的办公楼出售协议，协议约定，甲公司以 6000 万元的价格向丙公司出售一栋办公楼；腾空办公楼的期限为 2 个月，甲公司于搬空办公楼后 1 个月内与丙公司办理交楼手续，但最晚不得迟于 20 × 5 年 3 月 31 日，丙公司于办理交接手续之日起 10 日内支付转让价款，与办公楼转让相关的税费由双方按照税法的规定各自承担，20 × 5 年 2 月 10 日，甲公司完成办公楼的腾空事宜，并与丙公司办理交接手续，20 × 5 年 2 月 15 日，甲公司收到丙公司支付的转让价款 6000 万元，20 × 5 年 3 月 5 日，该办公楼的产权转移手续办理完毕。

20 × 4 年 12 月 31 日，该办公楼的原价为 2000 万元，累计折旧为 500 万元，账面价值为 1500 万元，该办公楼预计使用 40 年，预计净残值为零，甲公司采用年限平均法提折旧。

（3）20 × 4 年 12 月 31 日，甲公司相关科目的外币余额及相应的记账本位币账面金额如下：

会计科目名称	外币余额（万美元）	折算为记账本位币金额（人民币万元）
银行存款	1200	7560
应收账款	420	2629.2
预付账款	50	312.5
短期借款	600	3758

上表中，折算为记账本位币金额为甲公司尚未进行期末汇率调整的金额，预付账款为甲公司向境外厂家支付拟购入设备的价款，20 × 4 年 12 月 31 日，美元对人民币汇率为 1 美元 = 6.3 元人民币。

（4）甲公司某大卖场处于郊外，一直以来客流量较小，累计亏损已达 500 万元，为此，甲公司制定了详细的关闭计划，并于 20 × 4 年 12 月 31 日经董事会批准对外公告，当日卖场已停止营业并进行相关的清理活动，甲公司预计关闭该大卖场将发生处置资产损失 3400 万元，支付职工自愿离职费用 1500 万元，支付强制辞退职工费用 1200 万元，支付因场地退租而发生的赔偿款 650 万元，留用员工的再培训费用 250 万元。

其他有关资料：

甲公司 20 × 4 年度的财务报表于 20 × 5 年 3 月 15 日经董事会批准对外报出，不考虑相关税费及其他因素。

要求：

（1）根据资料（1），判断甲公司的银行借款在 20 × 4 年度财务报表中作为流动负债列报还是作为非流动负债列报，并说明理由，编制甲公司与取得银行借款及支付利息相关的会计分录。

（2）根据资料（2），判断甲公司拟出售的办公楼在 20 × 4 年度财务报表中作为流动资产列报还是作为非流动资产列报，并说明理由；确定该办公楼应列报的财务报表项目名称及金额。

（3）根据资料（3），说明甲公司哪些外币项目属于外币货币性项目，计算甲公司 20 × 4 年年末汇率调整产生的汇兑差额，并编制相关的会计分录。

（4）根据资料（4），判断甲公司是否应确认重组义务并说明理由，如需确认，计算应确认的重组义务金额。

2. 甲公司为上市公司，以生产销售玩具为主营业务，按照当年实现净利润的 10% 提取法定盈余公积。

2017 年 3 月，内部审计人员对甲公司 2016 年度财务报表进行初步审计时，审计人员关注到其 2016 年以下交易或事项的会计处理：

（1）蓝天公司是甲公司的控股股东。2016 年，蓝天公司与甲公司及其所在地县级人民政府达成三方协议，由蓝天公司先支付给县政府 3000 万元，再由县政府以政府补助的形式支付给甲公司。

甲公司会计处理：甲公司收到了县政府拨付的 3000 万元后，作为政府补助计入当期营业外收入。

（2）1 月 1 日，甲公司与乙公司签订资产转让合同。合同约定，甲公司将其办公楼以 4500 万元的价格出售给乙公司，同时甲公司自 2016 年 1 月 1 日至 2020 年 12 月 31 日止期间可继续使用该办公楼，但每年年末需支付乙公司租金 300 万元，期满后乙公司收回办公楼。当日，该办公楼账面原值为 6000 万元，已计提折旧 750 万元，未计提减值准备，预计尚可使用年限为 35 年；同等办公楼的市场售价为 5500 万元；市场上租用同等办公楼需每年支付租金 520 万元。1 月 10 日，甲公司收到乙公司支付的款项，并办妥办公楼的产权变更手续。

甲公司会计处理：2016 年确认营业外支出 750 万元，管理费用 300 万元。

（3）10 月 20 日，甲公司向丙公司销售 M 型号钢材一批，售价为 1000 万元，成本为 800 万元，钢材已发出，款项已收到。根据销售合同约定，甲公司有权在未来一年内按照当时的市场价格自丙公司回购同等数量、同等规格的钢材。截至 12 月 31 日，甲公司尚未行使回购的权利。据采购部门分析，该型号钢材市场供应稳定。

甲公司会计处理：2016 年，确认其他应付款 1000 万元，同时将发出钢材的成本结转至"发出商品"科目。

（4）12 月 30 日，甲公司与丁银行签订债务重组协议。协议约定，如果甲公司于次年 6 月 30 日前偿还全部长期借款本金 8000 万元，丁银行将豁免甲公司 2016 年度利息 400 万元以及逾期罚息 140 万元。根据内部资金筹措及还款计划，甲公司预计在 2017 年 5 月还清上述长期借款。

甲公司会计处理：2016 年，确认债务重组收益 400 万元，未计提 140 万元逾期罚息。

（5）12 月 31 日，甲公司因合同违约被起诉的案件尚未判决，经咨询法律顾问后，甲公司认为很可能赔偿的金额为 800 万元。2017 年 2 月 5 日，经法院判决，甲公司应支付赔偿金 500 万元。当事人双方均不再上诉。

甲公司会计处理：2016 年末，确认预计负债和营业外支出 800 万元；法院判决后未调整 2016 年度财务报表。假定甲公司 2016 年度财务报表于 2017 年 3 月 31 日批准报出。

本题不考虑增值税、所得税及其他因素。

要求：

（1）根据资料（1）判断甲公司会计处理是否正确，并简要说明判断依据，并指出正确的会计处理。

（2）根据资料（2）至（5），逐项判断甲公司会计处理是否正确，并简要说明判断依据。对于不正确的会计处理，编制相应的调整分录。

参考答案及解析

一、单项选择题

1.【答案】A

【解析】黄河公司该项商标权在 2016 年应摊销的金额 =（480 – 300 – 30）/2 = 75（万元）。

2.【答案】B

【解析】固定资产的可收回金额为公允价值减去处置费用后的净额与预计未来现金流量现值两者中较高者，本题中该项固定资产公允价值减去处置费用后的净额 = 2000 – 200 = 1800（万元），大于其未来现金流量现值 1700 万元，因此该项固定资产的可收回金额为 1800 万元。

3.【答案】A

【解析】对于企业合并形成的商誉，企业至少应当在每年年度终了对其进行减值测试。

4.【答案】C

【解析】投资性房地产的后续计量由成本模式变更为公允价值模式的，变更时公允价值与账面价值的差额调整期初留存收益（盈余公积和未分配利润）。

5.【答案】D

【解析】持有至到期投资不能与可供出售金融资产以外的其他类别的金融资产进行重分类。

6.【答案】A

【解析】用甲原材料生产的乙产品成本 = 50 + 20 = 70（万元），乙产品的可变现净值 = 55 – 2 = 53（万元），用甲原材料生产的乙产品发生减值，表明甲原材料应该按照可变现净值计量，甲原材料的可变现净值 = 55 – 20 – 2 = 33（万元），因此甲原材料的账面价值即其可变现净值 33 万元。

7.【答案】A

【解析】预计资产未来现金流量时，应以资产的当前状况为基础，不应当包括与将来可能会发生的、尚未作出承诺的重组事项或者与资产改良有关的预计未来现金流量；不应当包括筹资活动和所得税收付产生的现金流量等。

8.【答案】C

【解析】企业收到的与资产相关的政府补助，不能直接确认为当期损益，应先确认为递延收益，自相关资产达到预定可使用状态时起，在资产使用寿命内平均分摊转入营业外收入。

9.【答案】C

【解析】借款费用开始资本化的条件：

（1）资产支出已经发生；

（2）借款费用已经发生；

（3）为使资产达到预定可使用或者可销售状态所必要的购建或者生产活动已经开始。

借款费用停止资本化的时点为购建或者生产符合资本化条件的资产达到预定可使用或者可销售状态时。2016 年 2 月 1 日不满足第（1）和第（3）个条件；2016 年 3 月 5 日不满足第（3）个条件；2016 年 7 月 1 日满足资本化开始的条件，2017 年 2 月 28 日所建造厂房达到预定可使用状态，应停止借款费用资本化，故借款费用资本化期间为 2016 年 7 月 1 日至 2017 年 2 月 28 日。

10.【答案】D

【解析】对于以现金结算的股份支付，企业在可行权日之后不再确认成本费用，负债（应付职工薪酬）公允价值的变动应当计入当期损益（公允价值变动损益）。

二、多项选择题

1.【答案】ABC

【解析】用于生产有销售合同产品的材料，可变现净值的计量应以该材料生产的产品的合同价格为基础。

2.【答案】ABD

【解析】资产负债表日后事项，是指资产负债表日至财务报告批准报出日之间发生的有利或不利事项，而非全部事项，选项 C 不正确。

3.【答案】BCD

【解析】对于民间非营利组织接受的劳务捐赠，不予确认，但应当在会计报表附注中作相关披露，选项 A 不正确。

4.【答案】ACD

【解析】会计政策变更，并不意味着以前期间的会计政策是错误的，原因是：①法律、行政法规或者是国家统一的会计制度等要求变更；②会计政策变更能够提供更可靠、更相关的会计信息，选项 B 错误。

5.【答案】BCD

【解析】专门用于产品生产的专利权摊销金额应计入制造费用或生产成本。

6.【答案】ABCD

【解析】资产组，是指企业可以认定的最小资产组合，选项 A 正确；资产组的认定，应当考虑企业管理层对生产经营活动的管理或监控方式和对资产的持续使用或者处置的决策方式等，选项 B 和 C 正确；资产组产生的现金流入应当基本上独立于其他资产或资产组产生的现金流入，选项 D 正确。

7.【答案】ABCD

【解析】非正常中断，通常是由于企业管理决策上的原因或者其他不可预见的原因等所导致的中断。例如，企业因与施工方发生了质量纠纷、资金周转困难、发生安全事故、发生劳动纠纷原因导致的中断。

8.【答案】ACD

【解析】债务重组，是指在债务人发生财务困难的情况下，债权人按照其与债务人达成的协议或者法院的裁定作出让步的事项。选项 B，甲公司以公允价值为 420 万元的长期股权投资偿债，债权人并没有作出让步，故该项交易不属于债务重组。

9.【答案】ABD

【解析】该业务的相关分录为：

借：长期应收款   5000

    贷：主营业务收入   4500

        未实现融资收益   500

借：主营业务成本   3800

    贷：库存商品   3800

故，应确认营业收入 4500 万元，选项 C 正确。

10.【答案】ABCD

【解析】企业选定记账本位币，应当考虑下列因素：（1）该货币主要影响商品和劳务的销售价格，通常以该货币进行商品和劳务的计价及结算；（2）该货币主要影响商品和劳务所需人工、材料和其他费用，通常以该货币进行上述费用的计价和结算；（3）融资活动所获得的货币以及保存从经营活动中收取款项所使用的货币。

三、判断题

1.【答案】√

2.【答案】√

3.【答案】×

【解析】高危行业企业按照国家规定提取的安全生产费，应计入相关产品成本或者当期损益，不确认预计负债而是计入专项储备。

4.【答案】×

【解析】按照国家有关规定认定的闲置土地，不属于持有并准备增值后转让的土地使用权。

5.【答案】√

6.【答案】×

【解析】已经计入各期费用的研究支出，在该项无形资产获得成功达到预定用途时，不再进行调整。

7.【答案】×

【解析】某些交易或事项发生以后，因为不符合资产、负债的确认条件而未体现为资产负债表中的资产或负债，但按照税法规定能够确定其计税基础的，其账面价值 0 与计税基础之间的差异也构成暂时性差异。

8.【答案】×

【解析】企业收到投资者以外币投入的资本，无论是否有合同约定汇率，均不采用合同约定汇率和即期汇率的近似汇率折算，而是采用交易发生日即期汇率折算，这样，外币投入资本与相应的货币性项目的记账本位币金额相等，不产生外币资本折算差额。

9.【答案】×

【解析】对于附有市场条件的股份支付，只要职工满足了其他所有非市场条件，企业就应当确认已取得的服务。

10.【答案】×

【解析】当事业单位的无形资产预期不能为事业单位带来服务潜能或经济利益时，也应当按规定报经批准后核销。

四、计算分析题

1.【答案】

（1）

事项（1）：

甲公司对乙公司长期股权投资 2×16 年 12 月 31 日的账面价值 = 3800 + 500 × 20% + 200 × （1 − 25%）× 20% = 3930（万元），其计税基础为 3800 万元，该长期股权投资的账面价值与计税基础形成应纳税暂时性差异，但不应确认相关递延所得税负债。

理由：在甲公司拟长期持有该投资的情况下，其账面价值与计税基础形成的暂时性差异将通过乙公司向甲公司分配现金股利或利润的方式消除，在两者适用所得税税率相同的情况下，有关利润在分回甲公司时是免税的，不产生对未来期间的所得税影响。

事项（2）：

该项无形资产 2×16 年 12 月 31 日的账面价值 = 600 − 600/5 × 6/12 = 540（万元），计税基础 = 540 × 150% = 810（万元），该无形资产的账面价值与计税基础之间形成的可抵扣暂时性差异 270 万元，企业不应确认相关的递延所得税资产。

理由：该差异产生于自行研究开发形成无形资产的初始入账价值与其计税基础之间。会计准则规定，有关暂时性差异在产生时（交易发生时）既不影响会计利润，也不影响应纳税所得额，同时亦非产生于企业合并的情况下，不应确认相关暂时性差异的所得税影响。相应地，因初始确认差异所带来的后续影响亦不应予以确认。

（2）

应纳税所得额 = 会计利润 5200 − 100（长期股权投资权益法确认的投资收益）− 400 × 50%（内部研究开发无形资产费用化加计扣除）− 600/5 × 6/12 × 50%（内部研究开发形成的无形资产按照税法规定加计摊销）= 4870（万元），甲公司 2×16 年应交所得税金额 = 4870 × 25% = 1217.5（万元）。

会计分录：

借：所得税费用　　　　　　　　　　　　　　　　　　　　　　　　1217.5
　　贷：应交税费——应交所得税　　　　　　　　　　　　　　　　1217.5

2.【答案】

（1）

①2016 年 5 月 20 日购入股票：

借：可供出售金融资产——成本　　　　　　　　　　　　　　　　295.8
　　　应收股利　　　　　　　　　　　　　　　　　　　　　　　　6
　　贷：银行存款　　　　　　　　　　　　　　　　　　　　　　301.8

②2016 年 5 月 27 日，甲公司收到乙公司发放的现金股利：

借：银行存款　　　　　　　　　　　　　　　　　　　　　　　　6
　　贷：应收股利　　　　　　　　　　　　　　　　　　　　　　6

③2016 年 6 月 30 日发生暂时性的下跌：

借：其他综合收益　　　　　　　　　　　　　　　　　　　35.8（295.8 − 260）
　　贷：可供出售金融资产——公允价值变动　　　　　　　　　　35.8

④2016 年 12 月 31 日确认资产减值损失：

借：资产减值损失　　　　　　　　　　　　　　　　　　　95.8（295.8 − 200）
　　贷：其他综合收益　　　　　　　　　　　　　　　　　　　35.8
　　　　可供出售金融资产——减值准备　　　　　　　　　　　　60

⑤2017 年 4 月 26 日，乙公司宣告发放现金股利：

借：应收股利　　　　　　　　　　　　　　　　　　　　　　　　1
　　贷：投资收益　　　　　　　　　　　　　　　　　　　　　　1

⑥2017 年 5 月 10 日收到股利：

借：银行存款　　　　　　　　　　　　　　　　　　　　　　　　1
　　贷：应收股利　　　　　　　　　　　　　　　　　　　　　　1

⑦2017 年 6 月 30 日公允价值变动：

借：可供出售金融资产——减值准备　　　　　　　　　　　50〔（25 − 20）× 10〕
　　贷：其他综合收益　　　　　　　　　　　　　　　　　　　50

⑧2017 年 12 月 24 日出售股票：

借：银行存款　　　　　　　　　　　　　　　　　　278.32（28 × 10 − 1.68）
　　　可供出售金融资产——减值准备　　　　　　　　　　　　　10
　　　　　　　　　　　　——公允价值变动　　　　　　　　　　35.8
　　贷：可供出售金融资产——成本　　　　　　　　　　　　　295.8
　　　　投资收益　　　　　　　　　　　　　　　　　　　　28.32

借：其他综合收益　　　　　　　　　　　　　　　　　　　　　　　50

　　贷：投资收益　　　　　　　　　　　　　　　　　　　　　　　　50

（2）

①甲公司该项投资对 2016 年度营业利润的影响额为 - 95.8 万元；

②甲公司该项投资对 2017 年度营业利润的影响额 = 1 + 28.32 + 50 = 79.32（万元）。

五、综合题

1.【答案】

（1）甲公司的银行借款在 20×4 年度财务报表中应作为流动负债列报。

理由：甲公司与乙银行补充协议于 20×5 年 1 月 5 日签订，因此在 20×4 年 12 月 31 日，由于乙银行有权随时要求甲公司归还借款，故应该作为流动负债列报。

相关会计分录：

借：银行存款　　　　　　　　　　　　　　　　　　　　　　　5000

　　贷：长期借款　　　　　　　　　　　　　　　　　　　　　　5000

9 月 30 日

借：财务费用　　　　　　　　　　　　　　81.25（5000×6.5%/4）

　　贷：应付利息　　　　　　　　　　　　　　　　　　　　　81.25

借：应付利息　　　　　　　　　　　　　　　　　　　　　　　81.25

　　贷：银行存款　　　　　　　　　　　　　　　　　　　　　81.25

12 月 31 日

借：财务费用　　　　　　　　　　　　　　81.25（5000×6.5%/4）

　　贷：应付利息　　　　　　　　　　　　　　　　　　　　　81.25

借：应付利息　　　　　　　　　　　　　　　　　　　　　　　81.25

　　贷：银行存款　　　　　　　　　　　　　　　　　　　　　81.25

（2）甲公司拟出售的办公楼在 20×4 年度财务报表中作为流动资产列报。

理由：20×4 年 12 月 31 日，该办公楼签订了不可撤销的销售合同，按协议约定将在短于一年的期间内出售，所以该办公楼在 20×4 年度财务报表中，应作为流动资产反映于"划分为持有待售的资产"项目中；列报金额为 1500 万元。

（3）属于外币货币性项目的有：银行存款，应收账款，短期借款。

银行存款汇兑差额 = 1200×6.3 - 7560 = 0（万元人民币）（汇兑收益）

应收账款汇兑差额 = 420×6.3 - 2629.2 = 16.8（万元人民币）（汇兑收益）

短期借款汇兑差额 = 3758 - 600×6.3 = - 22（万元人民币）（汇兑损失）

相关会计分录：

借：应收账款　　　　　　　　　　　　　　　　　　　　　　　16.8

　　财务费用　　　　　　　　　　　　　　　　　　　　　　　5.2

　　贷：短期借款　　　　　　　　　　　　　　　　　　　　　　22

（4）甲公司应确认重组义务。

理由：甲公司有正式、详细的重组计划，并且该重组计划已经对外公告，表明企业已承担重组义务。

应确认的重组义务金额 = 1500 + 1200 + 650 = 3350（万元）。

2.【答案】

（1）

资料（1）甲公司的会计处理不正确。

理由：甲公司获得的 3000 万元"政府补助"最终由其控股股东蓝天公司承担，是基于蓝天公司是甲公司控股股东的特殊身份才发生的交易，甲公司明显地、单方面从中获益，其经济实质具有资本投入性质，属于权益性交易。

正确的会计处理：蓝天公司对甲公司的资本性投入应计入权益（资本公积），不应计入当期营业外收入。

调整分录：

借：以前年度损益调整——营业外收入   3000

  贷：资本公积   3000

（2）

资料（2）甲公司的会计处理不正确。

理由：售后租回交易形成经营租赁，售价低于资产公允价值和账面价值且损失将由低于市价的未来租赁付款额补偿，不能在出售时将售价与账面价值之间的差额确认为当期损益，而应当确认为递延收益。

调整分录：

借：递延收益——未实现售后租回损益   750

  贷：以前年度损益调整——营业外支出   750

借：以前年度损益调整——管理费用   150（750/5）

  贷：递延收益——未实现售后租回损益   150

资料（3）甲公司的会计处理不正确。

理由：因为合同约定，甲公司未来按照当时的市场价格自丙公司处回购钢材，表明该批刚才的主要风险和报酬已经转移，满足收入的确认条件，应确认收入。

调整分录：

借：其他应付款   1000

  贷：以前年度损益调整——营业收入   1000

借：以前年度损益调整——营业成本   800

  贷：发出商品   800

资料（4）甲公司的会计处理不正确。

理由：重组协议签订日与债务重组日不是同一天，因此不能确认债务重组收益。

调整分录：

借：以前年度损益调整——营业外收入   400

  贷：应付利息   400

借：以前年度损益调整——营业外支出   140

  贷：预计负债   140

资料（5）甲公司的会计处理不正确。

理由：该事项属于资产负债表日后调整事项，应该调整 2016 年的财务报表相关项目数字。

调整分录：

借：预计负债   800

  贷：其他应付款   500

    以前年度损益调整——营业外支出   300

2017 年会计专业技术资格考试
中级会计实务模拟测试题（二）

一、单项选择题（本类题共 10 小题，每小题 1 分，共 1.5 分。每小题备选答案中，只有一个符合题意的正确答案。请从每小题的备选答案中选出一个你认为正确的答案，多选、错选、不选均不得分）

1. 甲公司 2015 年 6 月 28 日以每股 10 元的价格（其中包含已宣告但尚未发放的现金股利 0.4 元）购进某公司股票 20 万股，并确认为交易性金融资产，7 月 2 日收到宣告发放的现金股利。则该股票投资的初始确认金额为（　　）万元。

　　A. 200　　　　　　　B. 192　　　　　　　C. 208　　　　　　　D. 100

2. 依据《企业会计准则第 9 号——职工薪酬》规定，企业应当将重新计量设定受益计划净负债或净资产所产生的变动计入（　　）科目，并且在后续会计期间不允许转回至损益。

　　A. 管理费用　　　　　　　　　　　　　B. 其他综合收益

　　C. 资本公积　　　　　　　　　　　　　D. 利润分配

3. 事业单位取得的下列收入中，期末不转入"事业结余"科目的是（　　）。

　　A. 事业收入　　　　　　　　　　　　　B. 上级补助收入

　　C. 其他收入（非专项资金收入）　　　　D. 财政补助收入

4. 甲公司 2016 年 1 月 1 日发行 3 年期公司债券，实际收到款项 3427.2 万元，债券面值 3700 万元，到期一次还本付息，票面年利率 10%，实际年利率 12%。利息调整采用实际利率法摊销，假设不考虑其他因素，则 2017 年 12 月 31 日甲公司应付债券的账面价值为（　　）万元。

　　A. 3427.2　　　　　　B. 3478.46　　　　　C. 4299.08　　　　　D. 3535.88

5. 信达公司 2015 年 1 月 1 日与某租赁公司签订协议，约定以融资租赁方式租入一项固定资产，租赁期为 5 年，租赁期开始日为 2015 年 1 月 1 日，当日租赁资产公允价值为 110 万元，最低租赁付款额为 130 万元，最低租赁付款额的现值为 105 万元。租赁期满，租赁资产需返还给出租人。信达公司另以银行存款支付租赁手续费 2.5 万元，律师费 1.5 万元，安装调试费用 6 万元。信达公司租入固定资产的入账价值为（　　）万元。

　　A. 115　　　　　　　B. 105　　　　　　　C. 111　　　　　　　D. 109

6. 不考虑相关税费的影响，以非现金资产清偿债务的债务重组，下列各项中，债权人应确认债务重组损失的是（　　）。

　　A. 收到的非现金资产公允价值小于该资产原账面价值的差额

　　B. 收到的非现金资产公允价值大于该资产原账面价值的差额

　　C. 收到的非现金资产公允价值小于重组债权账面价值的差额

　　D. 收到的非现金资产原账面价值小于重组债权账面价值的差额

7. 下列各项外币资产发生的汇兑差额，不应计入当期损益的是（　　）。

　　A. 应收账款　　　　　　　　　　　　　B. 交易性金融资产

　　C. 持有至到期投资　　　　　　　　　　D. 可供出售权益工具投资

8. 2016 年 3 月 2 日，甲公司以账面价值为 700 万元的厂房和 300 万元的专利权，换入乙公司账面价值为 600 万元的在建房屋和 200 万元的长期股权投资，不涉及补价。该项交换不具有商业实质，且上述交易资产的公允价值均无法获得。不考虑其他因素，甲公司换入在建房屋的入账价值为（　　）万元。

　　A. 560　　　　　　　B. 600　　　　　　　C. 700　　　　　　　D. 750

9. 下列关于会计估计及其变更的表述中，正确的是(   )。

   A. 会计估计应以最近可利用的信息或资料为基础

   B. 对结果不确定的交易或事项进行会计估计会削弱会计信息的可靠性

   C. 会计估计变更应根据不同情况采用追溯重述法或追溯调整法进行处理

   D. 某项变更难以区分为会计政策变更和会计估计变更的，应作为会计政策变更处理

10. 黄河公司按面值购入的一项准备持有到期的债券投资，且不存在交易费用。下列各项中，不会引起
    该项持有至到期投资账面价值发生增减变动的是(   )。

    A. 计提持有至到期投资减值准备

    B. 确认分期付息债券的投资利息

    C. 确认到期一次还本付息债券的投资利息

    D. 将持有至到期投资重分类为可供出售金融资产

   二、多项选择题 (本类题共 10 小题，每小题 2 分，共 20 分，每小题备选答案中，有两个或两个以
上符合题意的正确答案，请从每小题的备选答案中选出你认为正确的答案，多选、少选、错选、不选均
不得分)

1. 下列有关固定资产处置的表述中，正确的有(   )。

   A. 企业划分持有待售的固定资产应当停止计提折旧

   B. 企业处置固定资产时应通过"固定资产清理"科目核算

   C. 企业应当对持有待售固定资产的预计净残值进行调整

   D. 固定资产盘盈或盘亏应计入当期损益

2. 下列有关会计差错的处理中，符合现行会计准则规定的有(   )。

   A. 对于不重要的前期差错，可以采用未来适用法更正

   B. 对于发现的以前年度影响损益的重要差错，应当调整发现当期的期初留存收益

   C. 对于比较会计报表期间的重要差错，编制比较会计报表时应调整相应期间的净损益及其他相关项目

   D. 对于资产负债表日至财务报告批准报出日之间发现的报告年度的重要差错，应作为资产负债表日
   后调整事项处理

3. 下列关于工商企业外币交易会计处理的表述中，正确的有(   )。

   A. 结算外币应收账款形成的汇兑差额应计入财务费用

   B. 结算外币应付账款形成的汇兑差额应计入财务费用

   C. 出售外币交易性金融资产形成的汇兑差额应计入投资收益

   D. 出售外币可供出售金融资产形成的汇兑差额应计入其他综合收益

4. 下列经济业务中，影响其他综合收益的有(   )。

   A. 持有至到期投资重分类为可供出售金融资产形成的公允价值与账面价值的差额

   B. 长期股权投资按照权益法核算的在被投资单位其他综合收益中所享有的份额

   C. 以权益结算的股份支付在等待期内确认成本费用

   D. 发行可转换公司债券确认的权益成分公允价值

5. 下列关于存货的会计处理，正确的有(   )。

   A. 由于管理不善造成的存货净损失计入管理费用

   B. 因自然灾害造成的存货净损失计入营业外支出

   C. 以存货抵偿债务结转的相关存货跌价准备冲减资产减值损失

   D. 为特定客户设计产品发生的可直接确定的设计费用计入相关产品成本

6. 甲公司 2015 年 1 月 2 日取得乙公司 30% 的股权，能够对乙公司施加重大影响，下列交易或事项中，
   会对甲公司 2015 年个别财务报表中确认对乙公司投资收益产生影响的有(   )。

   A. 乙公司股东大会通过发放股票股利的议案

   B. 甲公司将成本为 50 万元的产品以 80 万元出售给乙公司作为固定资产

   C. 投资时甲公司初始投资成本小于应享有乙公司可辨认净资产公允价值的份额

   D. 乙公司将账面价值 200 万元的专利权作价 360 万元出售给甲公司作为无形资产

7. 因部分处置长期股权投资，企业将剩余长期股权投资的核算方法由成本法转为权益法时进行的下列会计处理中，正确的有（　　　）。

　　A. 按照处置部分的比例结转应终止确认的长期股权投资成本

　　B. 剩余股权按照处置投资当期期初至处置投资日应享有的被投资单位已实现净损益中的份额调整当期损益

　　C. 剩余股权按照原取得投资时至处置投资当期期初应享有的被投资单位已实现净损益中的份额调整留存收益

　　D. 将剩余股权的账面价值大于按照剩余持股比例计算原投资时应享有的被投资单位可辨认净资产公允价值份额的差额，调整长期股权投资的账面价值

8. 下列关于可供出售金融资产的表述中，正确的有（　　　）。

　　A. 可供出售金融资产发生的减值损失应计入当期损益

　　B. 可供出售金融资产期末公允价值变动应计入其他综合收益

　　C. 取得可供出售金融资产发生的交易费用应直接计入投资成本

　　D. 处置可供出售金融资产时，以前期间因公允价值变动计入其他综合收益的金额应转入投资收益

9. 下列有关企业集团内涉及不同企业股份支付交易会计处理，正确的有（　　　）。

　　A. 结算企业以其本身权益工具结算的，应当将该股份支付交易作为权益结算的股份支付进行会计处理

　　B. 结算企业以其本身权益工具结算的，应当将该股份支付交易作为现金结算的股份支付进行会计处理

　　C. 结算企业不是以其本身权益工具而是以集团内其他企业的权益工具结算的，应当将该股份支付交易作为权益结算的股份支付进行会计处理

　　D. 结算企业不是以其本身权益工具而是以集团内其他企业的权益工具结算的，应当将该股份支付交易作为现金结算的股份支付进行会计处理

10. 下列与建造合同相关会计处理的表述中，正确的有（　　　）。

　　A. 建造承包商为订立合同而发生的差旅费、投标费等应计入当期损益

　　B. 处于执行中的建造合同预计总成本超过合同总收入的，应确认资产减值损失

　　C. 建造合同收入包括合同规定的初始收入以及因合同变更、索赔、奖励等形成的收入

　　D. 建造合同结果在资产负债表日能够可靠估计的，应当采用完工百分比法确认合同收入和合同费用

　　三、判断题（本类题共 10 小题，每小题 1 分，共 10 分。请判断每小题的表述是否正确，选出你认为正确的答案，每小题答题正确的得 1 分，答题错误的扣 0.5 分，不答题的不得分也不扣分，本类题最低得分为零分）

1. 合营方应当基于合营安排中各方的权利和义务来确定某项合营安排是共同经营还是合营企业，是否通过单独主体达成不再是据以做出判断的唯一因素。（　　　）

2. 企业发行一项非衍生工具，如果未来有义务交付可变数量的自身权益工具进行结算，则该非衍生工具是权益工具；否则，该非衍生工具是金融负债。（　　　）

3. 在合并财务报表中，子公司少数股东分担的当期亏损超过了少数股东在该子公司期初所有者权益中所享有的份额的，其余额应当冲减母公司的"未分配利润"项目。（　　　）

4. 对于以权益结算的股份支付，在可行权日之后，股份支付当期的公允价值变动金额应计入当期损益（公允价值变动损益）。（　　　）

5. 企业销售商品时授予客户奖励积分的，应当将销售取得的货款或应收货款扣除奖励积分公允价值的部分确认为收入，奖励积分的公允价值确认为预计负债。（　　　）

6. 以公允价值计量的外币非货币性项目，采用公允价值确定日的即期汇率折算，折算后的记账本位币金额与原记账本位币金额的差额，直接计入公允价值变动损益。（　　　）

7. 可转换公司债券的发行费用，应当通过"应付债券—可转换公司债券（利息调整）"科目核算。（　　　）

8. 收入是指事业单位开展业务活动及其他活动依法取得的偿还性资金。（　　　）

9. 企业购入的土地使用权，先按实际支付的价款及相关税费计入无形资产，待土地使用权用于自行开发

建造厂房等地上建筑物时，再将其账面价值转入相关在建工程。 （ ）

10. 会计期末，民间非营利组织发生的业务活动成本应当转入非限定性净资产。 （ ）

四、计算分析题（本类题共 2 小题，每 1 小题 10 分，第 2 小题 12 分，共 22 分。凡要求计算的项目，除特别说明外，均须列出计算过程；计算结果出现小数的，均保留到小数点后两位小数。凡要求编制会计分录的，除题中有特殊要求外，只需写出一级科目）

1. 甲公司为我国境内注册的上市公司，2×12 年至 2×14 年发生的有关交易或事项如下：

（1）甲公司 2×12 年 3 月 2 日自证券市场购入乙公司发行的股票 100 万股，共支付价款 2000 万元，另支付交易费用 10 万元。甲公司将其划分为可供出售金融资产核算。2×12 年 12 月 31 日，该股票的公允价值为 2200 万元。2×13 年 12 月 31 日，该股票的公允价值为 1800 万元，甲公司预计该股票价格的下跌是暂时的。因受到外界不利因素的影响，2×14 年 12 月 31 日，该股票的公允价值严重下跌至 1600 万元。

（2）2×14 年 3 月 28 日，甲公司与乙公司签订了一项固定造价合同。合同约定：甲公司为乙公司建造一幢办公楼，工程总造价为 4500 万元；工期为自合同签订之日起 2 年。甲公司预计该办公楼的总成本为 4000 万元。工程于 2×14 年 4 月 1 日开工，至 2×14 年 12 月 31 日实际发生成本 2100 万元；由于建筑材料价格上涨，预计为完成合同尚需发生成本 2900 万元。甲公司采用累计实际发生的合同成本占合同预计总成本的比例确定合同完工进度。

（3）2×13 年 12 月 31 日，甲公司以银行存款 4200 万元从二级市场购入丙公司 80% 的有表决权股份，能够控制丙公司，形成非同一控制下的企业合并。当日，丙公司可辨认净资产的公允价值和账面价值均为 4000 万元，假定丙公司没有负债和或有负债；甲公司在合并财务报表层面确认的商誉为 1000 万元。甲公司将丙公司的所有资产认定为一个资产组。

2×14 年 12 月 31 日，甲公司在合并财务报表层面确定的丙公司可辨认净资产的账面价值为 5400 万元，可收回金额为 6000 万元。

本题不考虑所得税等其他因素。

要求：

（1）根据资料（1），计算甲公司该项金融资产在 2×14 年度应确认的资产减值损失金额，并编制甲公司 2×14 年与该项金融资产有关的会计分录。

（2）根据资料（2），计算甲公司 2×14 年应确认的存货跌价准备金额，并编制甲公司 2×14 年与存货跌价准备有关的会计分录。

（3）根据资料（3），计算甲公司对丙公司投资产生的商誉在甲公司 2×14 年 12 月 31 日合并资产负债表中列示的金额，并编制甲公司合并财务报表中商誉计提减值准备的调整分录。

2. 甲公司 20×1 年至 20×6 年的有关交易或事项如下：

（1）20×1 年 1 月 1 日，甲公司与当地土地管理部门签订土地使用权置换合同，以其位于市区一宗 30 亩土地使用权，换取开发区一宗 60 亩土地使用权。

置换时，市区土地使用权的原价为 1000 万元，累计摊销 200 万元，公允价值为 4800 万元；开发区土地使用权的市场价格为每亩 80 万元。20×1 年 1 月 3 日，甲公司向土地管理部门移交市区土地的有关资料，同时取得开发区土地的国有土地使用权证。

上述土地使用权自取得之日起采用直线法进行摊销，预计使用年限为 50 年，预计净残值为零。

（2）20×1 年 1 月 1 日，甲公司经批准发行到期还本、分期付息的公司债券 200 万张。该债券每张面值 100 元，期限为 3 年，票面年利率为 5%，每年 1 月 1 日支付上一年利息，该债券实际年利率为 6%。甲公司发行债券实际募得资金 19465 万元，债券发行公告表明上述募集资金专门用于新厂房建设。甲公司与新建厂房相关的资料如下：

①20×1 年 3 月 10 日，甲公司采用出包方式将厂房建设工程交由乙公司建设。按照双方签订的合同约定：厂房建设工程工期为两年半，应于 20×3 年 9 月 30 日前完工；合同总价款为 25300 万元，其中厂房建设工程开工之日甲公司预付 4000 万元，20×3 年 3 月 31 日前累计付款金额应达到工程总价款的 95%，其余款项于 20×3 年 9 月 30 日支付。

②20×1 年 4 月 1 日，厂房建设工程正式开工，计划占用上述置换取得的开发区 45 亩土地。当日，甲

公司按合同约定预付乙公司工程款 4000 万元。

③20 × 2 年 2 月 1 日，因施工现场发生火灾，厂房建设工程被迫停工。在评价主体结构受损程度不影响厂房安全性后，厂房建设工程于 20 × 2 年 7 月 1 日恢复施工。

④甲公司新建厂房项目为当地政府的重点支持项目。20 × 2 年 12 月 20 日，甲公司收到政府拨款 3000 万元，用于补充厂房建设资金。

⑤20 × 3 年 9 月 30 日，厂房建设工程完工并达到预定可使用状态。

（6）其他相关资料如下：

①假定土地使用权置换交易具有商业实质。

②假定发行债券募集资金未使用期间不产生收益。

③假定厂房建造工程除使用发行债券募集资金外，不足部分由甲公司以自有资金支付，未占用一般借款。

④假定上述交易或事项不考虑增值税及其他相关税费；相关资产未计提减值准备。

要求：

（1）编制甲公司置入开发区土地使用权的相关会计分录；

（2）编制甲公司发行公司债券的会计分录，计算债券各年发生的利息费用和"利息调整"的摊销金额；

（3）计算甲公司厂房建造期间应予资本化的利息金额，并计算其达到预定可使用状态时的入账价值。

五、综合题（本类题共 2 小题，第 1 小题 15 分，第 2 小题 18 分，共 33 分。凡要求计算的项目，除特别说明外，均须列出计算过程；计算结果出现小数的，均保留到小数点后两位小数。凡要求编制会计分录的，除题中的特殊要求外，只需写出一级科目）

1. 甲股份有限公司（以下简称甲公司）适用的所得税税率为 25%，2 × 14 年 1 月 1 日递延所得税资产余额为 100 万元，甲公司未来年度能够产生足够的应纳税所得额用以抵扣可抵扣暂时性差异。甲公司按净利润的 10% 提取法定盈余公积。甲公司原材料按实际成本核算，其 2 × 14 年度的财务报告于 2 × 15 年 4 月 20 日批准对外报出，实际对外公布日为 2 × 15 年 4 月 22 日。甲公司 2 × 14 年所得税汇算清缴工作于 2 × 15 年 3 月 31 日完成。甲公司 2 × 14 年至 2 × 15 年 4 月 20 日发生如下交易或事项：

（1）甲公司于 2 × 14 年 11 月 3 日收到法院通知，被告知工商银行已提起诉讼，要求甲公司清偿到期借款本息合计 5000 万元，另支付逾期借款罚息 200 万元。至 12 月 31 日，法院尚未作出判决。对于此项诉讼，甲公司预计除需偿还到期借款本息外，有 60% 的可能性还需支付逾期借款罚息，金额在 100 万元至 200 万元之间，在此范围内支付各种金额的可能性相同，另需支付诉讼费 15 万元。

（2）因农业银行未按合同规定及时提供贷款，给甲公司造成损失 500 万元。甲公司要求农业银行赔偿损失 500 万元，但农业银行并未同意，甲公司遂于 2 × 14 年 11 月 5 日向法院提起诉讼，要求农业银行赔偿损失 500 万元。至 12 月 31 日，法院尚未作出判决。甲公司预计将获胜诉，可获得 400 万元赔偿金的可能性为 40%，可获得 500 万元赔偿金的可能性为 35%。

（3）甲公司某一董事之子为丁公司的总会计师。甲公司与丁公司于 2 × 14 年有关交易资料如下（不考虑 2 × 14 年其他销售业务，并假设售出产品的保修期均未满）：

①甲公司销售 A 产品给丁公司，售价为 10000 万元（不含增值税税额），产品成本为 8000 万元。按购销合同约定，甲公司对售出的 A 产品保修 2 年。根据以往经验估计，销售 A 产品所发生的保修费用为该产品销售额的 1%。甲公司 2 × 14 年实际发生的 A 产品保修人工费为 30 万元，耗用原材料实际成本为 20 万元。2 × 13 年 12 月 31 日，甲公司已提的 A 产品保修费用的余额为 60 万元。

②甲公司销售 500 件 B 产品给丁公司，单位售价为 50 万元（不含增值税税额），单位产品成本为 35 万元。按购销合同约定，甲公司对售出的 B 产品保修 1 年。根据以往经验估计，销售 B 产品所发生的保修费用为其销售额的 1.8%。甲公司 2 × 14 年实际发生的 B 产品保修人工费用为 100 万元，耗用原材料为 150 万元。至 2 × 13 年 12 月 31 日，甲公司已提的 B 产品保修费用的余额为 150 万元。

③甲公司销售一批本年度新研制的 C 产品给丁公司，售价为 800 万元（不含增值税税额），产品成本为 600 万元。甲公司对售出的 C 产品提供 1 年的保修期，1 年内产品若存在质量问题，甲公司负责免费修理和更换零部件。甲公司预计发生的保修费用为销售 C 产品售价的 2% 至 3% 之间，2 × 14 年未发生修理费用。

（4）甲公司于 2×14 年 12 月 3 日收到法院通知，被告知丙公司起诉甲公司侵犯其专利权。丙公司认为，甲公司未经其同意，在试销的新产品中采用了丙公司的专利技术，要求甲公司停止该项新产品的生产和销售，并一次性支付专利使用费 80 万元。甲公司认为其研制、生产和销售该项新产品并未侵犯丙公司的专利权，遂于 12 月 15 日向法院申请反诉，反诉丙公司侵犯甲公司的知识产权，要求丙公司赔偿其损失费 200 万元。至 12 月 31 日，诉讼尚在进行中，甲公司无法估计可能得到的赔偿金和可能支付的赔偿金。

（5）其他资料如下：

上述预计负债产生的损失不允许在预计时税前抵扣，在损失实际发生时在应纳税所得额中扣除。

要求：

（1）编制甲公司 2×14 年度发生的上述交易或事项有关的会计分录（不需编制销售业务、增值税及其他相关流转税费、期末结转损益类科目的会计分录）。

（2）计算甲公司 2×14 年度发生的上述或有事项对净利润的影响金额，并列出计算过程（不考虑其他纳税调整事项）。

（3）指出甲公司的上述或有事项中，哪些应当在会计报表附注中披露（只需指出交易或事项的序号）。

2. 长江公司为上市公司，该公司 2×13 年度和 2×14 年度与金融资产和长期股权投资业务有关资料如下：

（1）2×13 年度

①1 月 1 日，长江公司以银行存款 7000 万元从蓝天公司其他股东处受让取得该公司 15% 的有表决权股份，但对蓝天公司不具有重大影响，蓝天公司股份在活跃市场中有报价，且公允价值能够可靠计量。长江公司没有短期内出售计划，当日，蓝天公司可辨认净资产公允价值和账面价值均为 40000 万元。假设长江公司与蓝天公司及其股东之间不存在关联方关系。

②2 月 25 日，蓝天公司宣告分派上年度现金股利 4000 万元；3 月 1 日长江公司收到蓝天公司分派的现金股利，款项存入银行。

③2×13 年 12 月 31 日，长江公司持有的蓝天公司股权的公允价值为 7200 万元。

④蓝天公司 2×13 年度实现净利润 4700 万元。

（2）2×14 年度

①2 月 1 日，长江公司以银行存款 4500 万元又从蓝天公司其他股东受让取得该公司 10% 的股份，并向蓝天公司派出一名董事。当日，蓝天公司可辨认净资产公允价值为 40860 万元，其中，蓝天公司持有一项存货的账面价值和公允价值分别为 1200 万元和 1360 万元，其他资产、负债的公允价值与账面价值相同。追加投资当日，长江公司原持有的蓝天公司 15% 股权的公允价值为 7300 万元。

②3 月 28 日，蓝天公司宣告分派上年度现金股利 3800 万元，4 月 1 日，长江公司收到蓝天公司分派的现金股利，款项存入银行。

③12 月 31 日，蓝天公司持有的可供出售金融资产公允价值增加 200 万元，蓝天公司已将其计入其他综合收益。

④至 12 月 31 日，蓝天公司已将投资时点公允价值与账面价值不同的存货的 50% 对外出售。

⑤蓝天公司 2×14 年度实现净利润 5000 万元。

其他相关资料：长江公司与蓝天公司采用的会计期间和会计政策相同；长江公司对蓝天公司的长期股权投资和金融资产在 2×13 年末和 2×14 年末均未出现减值迹象；且不考虑所得税等其他因素。

要求：

（1）分别指出长江公司 2×13 年度和 2×14 年度对蓝天公司股权投资应划分为哪类金融资产进行核算。

（2）编制长江公司 2×13 年度与股权投资业务有关的会计分录。

（3）编制长江公司 2×14 年度与股权投资业务有关的会计分录。

参考答案及解析

一、单项选择题

1.【答案】B

【解析】该股票投资初始确认金额 = （10 − 0.4） × 20 = 192（万元）。

2.【答案】B

【解析】选项 B 正确，企业应当将重新计量设定受益计划净负债或净资产所产生的变动计入其他综合收益，并且在后续会计期间不允许转回至损益，但企业可以在权益范围内转移这些在其他综合收益中确认的金额。

3.【答案】D

【解析】期末，将事业收入、上级补助收入、附属单位上缴收入、其他收入本期发生额中的非专项资金收入结转入"事业结余"科目，财政补助收入结转入"财政补助结转"科目。

4.【答案】C

【解析】2016 年 12 月 31 日应付债券的账面价值（摊余成本） = 3427.2 + 3427.2 × 12% − 0 = 3838.46（万元），2017 年 12 月 31 日应付债券的账面价值（摊余成本） = 3838.46 + 3838.46 × 12% − 0 = 4299.08（万元）。

5.【答案】A

【解析】信达公司融资租入固定资产的入账价值 = 105 + 2.5 + 1.5 + 6 = 115（万元）。

6.【答案】C

【解析】债权人应将收到的非现金资产公允价值小于重组债权账面价值的差额确认为债务重组损失。

7.【答案】D

【解析】外币可供出售权益工具投资在资产负债表日产生的汇兑差额应计入其他综合收益。

8.【答案】D

【解析】甲公司换入在建房屋的入账价值 = （700 + 300） × 600∕（600 + 200） = 750（万元）。

9.【答案】A

【解析】会计估计应当以最近可利用的信息或资料为基础，选项 A 正确；会计估计不会削弱会计信息的可靠性，选项 B 错误；会计估计变更应采用未来适用法进行会计处理，选项 C 错误；某项变更难以区分会计政策变更和会计估计变更的，应作为会计估计变更处理，选项 D 错误。

10.【答案】B

【解析】选项 A，持有至到期投资的账面价值 = 持有至到期投资账面余额 − 持有至到期投资减值准备；选项 B，确认分期付息债券的投资利息时，借记"应收利息"，贷记"投资收益"；选项 C，确认到期一次还本付息债券的投资利息时，借记"持有至到期投资—应计利息"，贷记"投资收益"；选项 D，将持有至到期投资重分类为可供出售金融资产，借记"可供出售金融资产"，贷记"持有至到期投资"、"其他综合收益（或借记）"。

二、多项选择题

1.【答案】ABC

【解析】企业固定资产盘盈，应作为前期会计差错，通过"以前年度损益调整"科目核算。

2.【答案】ABCD

3.【答案】ABC

【解析】选项 D，出售外币可供出售金融资产形成的汇兑差额应计入投资收益。

4.【答案】AB

【解析】选项 C，计入资本公积（其他资本公积），不影响其他综合收益；选项 D，计入其他权益工具，不影响其他综合收益。

5.【答案】ABD

【解析】对于因债务重组、非货币性资产交换转出的存货，应同时结转已计提的存货跌价准备，但不冲减当期的资产减值损失，应冲减主营业务成本 （其他业务成本）；企业一般产品设计费用计入当期损益 （管理费用），但为特定客户设计产品发生的可直接确定的设计费用计入相关产品成本。

6.【答案】BD

【解析】选项 A，甲公司不做会计处理；选项 B 和 D 属于内部交易，影响调整后的净利润，因此影响投资收益；选项 C，甲公司确认营业外收入，不影响投资收益。

7.【答案】ABC

【解析】选项 D，剩余股权的账面价值大于按照剩余持股比例计算原投资时应享有的被投资单位可辨认净资产公允价值份额的差额，属于投资作价中体现的商誉部分，不调整长期股权投资。

8.【答案】ACD

【解析】可供出售金融资产公允价值变动形成的利得或损失，除减值损失和外币货币性金融资产形成的汇兑差额外，应当直接计入所有者权益 （其他综合收益），选项 B 不正确。

9.【答案】AD

【解析】结算企业以其本身权益工具结算的应当将该股份支付交易作为权益结算的股份支付进行会计处理；结算企业不是以其本身权益工具而是以集团内其他企业的权益工具结算的，应当将该股份支付交易作为现金结算的股份支付进行会计处理。

10.【答案】BCD

【解析】建造承包商为订立合同而发生的差旅费、投标费等，能够单独区分和可靠计量且合同很可能订立的，应当予以归集，待取得合同时计入合同成本；未满足上述条件的，应当计入当期损益 （管理费用），选项 A 不正确。

三、判断题

1.【答案】√

【解析】如果合营安排未通过单独主体达成，则该合营安排必然为共同经营；通过单独主体达成的合营安排，通常应当划分为合营企业，但有确凿证据表明满足特定条件并且符合相关法律法规规定的合营安排应当划分为共同经营。

2.【答案】×

【解析】企业发行一项非衍生工具，如果未来有义务交付可变数量的自身权益工具进行结算，则该非衍生工具是金融负债；否则，该非衍生工具是权益工具。

3.【答案】×

【解析】其余额仍应当冲减少数股东权益，即少数股东权益可以出现负数。

4.【答案】×

【解析】以权益结算的股份支付，在可行权日之后不再对已确认的成本费用和所有者权益总额按公允价值进行调整。

5.【答案】×

【解析】奖励积分的公允价值应确认为递延收益。

6.【答案】×

【解析】期末公允价值以外币反映的交易性金融资产，折算后的记账本位币金额与原记账本位币金额之间的差额应作为公允价值变动损益 （含汇率变动），计入当期损益；属于可供出售权益工具的，差额则应计入其他综合收益。

7.【答案】×

【解析】发行可转换公司债券发生的交易费用，应当在负债成分和权益成分之间按照各自的相对公允价值比例进行分摊；负债成分负担的发行费用记入 "应付债券—可转换公司债券 （利息调整）" 科目；权益成分负担的发行费用记入 "其他权益工具" 科目。

8.【答案】×

【解析】收入是指事业单位开展业务活动及其他活动依法取得的非偿还性资金。

9.【答案】×

【解析】企业会计准则规定，企业购入的土地使用权，按实际支付的价款及相关税费作为无形资产入账，并按规定期限进行摊销。土地使用权用于自行开发建造厂房等地上建筑物时，相关的土地使用权账面价值不转入在建工程成本，土地使用权与地上建筑物分别进行摊销和提取折旧。只有当外购土地使用权和建筑物支付的价款无法在两者之间合理分配的，才全部计入固定资产成本。

10.【答案】√

四、计算分析题

1.【答案】

（1）该项金融资产初始投资成本 = 2000 + 10 = 2010（万元），2×12 年公允价值上升增加其他综合收益 190 万元（2200 – 2010）；2×13 年公允价值暂时下跌，减少其他综合收益 400 万元（2200 – 1800）；2×14 年 12 月 31 日该股票的公允价值严重下跌，应确认的资产减值损失 410 万元（2010 – 1600）。

借：资产减值损失　　　　　　　　　　　　　　　　　　　　　　　　　　　410

　　贷：其他综合收益　　　　　　　　　　　　　　　　　210（400 – 190）

　　　　可供出售金融资产——减值准备　　　　　　　　　200（1800 – 1600）

（2）2×14 年完工进度 = 2100/（2100 + 2900）×100% = 42%；

甲公司 2×14 年应确认的存货跌价准备金额 = [（2100 + 2900）– 4500]×（1 – 42%）= 290（万元）。

借：资产减值损失　　　　　　　　　　　　　　　　　　　　　　　　　　　290

　　贷：存货跌价准备　　　　　　　　　　　　　　　　　　　　　　　　　290

（3）2×14 年 12 月 31 日归属于少数股东的商誉 = 1000/80% – 1000 = 250（万元），所以包括归属于少数股东的商誉在内的资产组（丙公司）的账面价值总额 = 5400 + 1000 + 250 = 6650（万元），资产组（丙公司）的可收回金额为 6000 万元，所以该资产组发生的减值损失 = 6650 – 6000 = 650（万元）。发生的减值损失小于商誉的金额，所以全部减值损失应首先冲减商誉。

甲公司 2×14 年合并财务报表中应确认商誉减值损失 = 650×80% = 520（万元），2×14 年甲公司合并财务报表中商誉列示的金额 = 1000 – 520 = 480（万元）。

甲公司 2×14 年合并财务报表中计提商誉减值准备的调整分录如下：

借：资产减值损失　　　　　　　　　　　　　　　　　　　　　　　　　　　520

　　贷：商誉——商誉减值准备　　　　　　　　　　　　　　　　　　　　　520

2.【答案】

（1）

借：无形资产——开发区土地使用权　　　　　　　　　　　　　4800（60×80）

　　累计摊销　　　　　　　　　　　　　　　　　　　　　　　　　　　　　200

　　贷：无形资产——市区土地使用权　　　　　　　　　　　　　　　　　1000

　　　　营业外收入　　　　　　　　　　　　　　　　　　　　　　　　　4000

（2）

借：银行存款　　　　　　　　　　　　　　　　　　　　　　　　　　　　19465

　　应付债券——利息调整　　　　　　　　　　　　　　　　　　　　　　　535

　　贷：应付债券——面值　　　　　　　　　　　　　　　　　　　　　　20000

①20×1 年利息费用 = 19465×6% = 1167.9（万元），其中：资本化利息 = 1167.9×9/12 = 875.93（万元），费用化利息 = 1167.9 – 875.93 = 291.97（万元）；20×1 年 12 月 31 日"应付债券——利息调整"摊销额 = 1167.9 – 20000×5% = 167.9（万元）。

②20×2 年利息费用 =（19465 + 1167.9 – 20000×5%）×6% = 1177.97（万元），其中：资本化利息 = 1177.97×7/12 = 687.15（万元），费用化利息 = 1177.97 – 687.15 = 490.82（万元）；20×2 年"应付债券——利息调整"摊销额 = 1177.97 – 20000×5% = 177.97（万元）。

③20×3 年"应付债券——利息调整"摊销额 = 535 – 167.9 – 177.97 = 189.13（万元）；20×3 年利息费用 = 20000×5% + 189.13 = 1189.13（万元），其中：资本化利息 = 1189.13×9/12 = 891.85（万元），费用化利息 = 1189.13 – 891.85 = 297.28（万元）。

（3）厂房建造期间应予资本化的利息金额 = 875.93 + 687.15 + 891.85 = 2454.93（万元）；厂房达到预定可使用状态时的入账价值 = 25300 + 2454.93 + [（4800×45/60）/50×30/12] = 27934.93（万元）。

五、综合题

1.【答案】

（1）

①甲公司逾期债务预计需支付的罚息和诉讼费用财务处理如下：

借：管理费用 15

营业外支出 150 ［（100 + 200）/2］

贷：预计负债 165

借：递延所得税资产 41.25（165 × 25%）

贷：所得税费用 41.25

②预计可获得赔偿的可能性未达到基本确定的水平，不确认相关资产，不进行账务处理。

③甲公司与丁公司之间的销售业务应计提的保修费用及实际发生的保修费用财务处理如下：

借：销售费用 570 ［10000 × 1% + 500 × 50 × 1.8% + 800 × （2% + 3%）/2］

贷：预计负债 570

借：预计负债 300

贷：应付职工薪酬 130（100 + 30）

原材料 170（150 + 20）

借：递延所得税资产 67.5 ［（570 − 300）× 25%］

贷：所得税费用 67.5

④因甲公司无法估计可能得到的赔偿金和可能支付的赔偿金，故该事项无需进行确认，不进行账务处理。

（2）甲公司 2 × 14 年发生的或有事项对净利润的影响金额 = − 165 + 41.25 − 570 + 67.5 = − 626.25（万元）。

（3）除上述事项（2）外，其他或有事项均应在会计报表附注中披露。

2.【答案】

（1）在 2 × 13 年划分为可供出售金融资产进行核算，2 × 14 年由金融资产转换为采用权益法核算的长期股权投资。

（2）①2 × 13 年 1 月 1 日取得股权投资：

借：可供出售金融资产——成本 7000

贷：银行存款 7000

②2 月 25 日，蓝天公司宣告分派上年度现金股利 4000 万元：

借：应收股利 600

贷：投资收益 600

3 月 1 日收到现金股利：

借：银行存款 600

贷：应收股利 600

③2 × 13 年 12 月 31 日，确认股权投资公允价值变动：

借：可供出售金融资产——公允价值变动 200

贷：其他综合收益 200

④蓝天公司 2 × 13 年度实现净利润 4700 万元，长江公司不需要进行会计处理。

（3）①追加投资：

借：长期股权投资——投资成本 4500

贷：银行存款 4500

借：长期股权投资——投资成本 7300

贷：可供出售金融资产——成本 7000

——公允价值变动 200

投资收益 100

借：其他综合收益　　　　　　　　　　　　　　　　　　　　　　　　　　200

　　贷：投资收益　　　　　　　　　　　　　　　　　　　　　　　　　　　200

改按权益法核算的长期股权投资的初始投资成本为 11800 万元（4500 ＋ 7300），长江公司追加投资时应享有蓝天公司可辨认净资产公允价值份额为 10215 万元（40860 × 25%），初始投资成本大于应享有被投资单位可辨认净资产公允价值份额，不需要对初始投资成本进行调整。

②2 × 14 年 3 月 28 宣告分配上年股利：

借：应收股利　　　　　　　　　　　　　　　　　　　　　950（3800 × 25%）

　　贷：长期股权投资——损益调整　　　　　　　　　　　　　　　　　　950

2 × 14 年 4 月 1 日收到现金股利：

借：银行存款　　　　　　　　　　　　　　　　　　　　　　　　　　　950

　　贷：应收股利　　　　　　　　　　　　　　　　　　　　　　　　　　950

③2 × 14 年 12 月 31 日确认其他综合收益：

借：长期股权投资——其他综合收益　　　　　　　　　　　　　　　　　　50

　　贷：其他综合收益　　　　　　　　　　　　　　　　　　　　　　　　　50

④蓝天公司 2 × 14 年度实现账面净利润 5000 万元，调整后的净利润 ＝ 5000 － 160 × 50% ＝ 4920（万元），长江公司享有的净利润份额 ＝ 4920 × 25% ＝ 1230（万元）。

借：长期股权投资——损益调整　　　　　　　　　　　　　　　　　　　1230

　　贷：投资收益　　　　　　　　　　　　　　　　　　　　　　　　　1230

2017年会计专业技术资格考试
中级会计实务模拟测试题（三）

一、单项选择题（本类题共10小题，每小题1分，共1.5分。每小题备选答案中，只有一个符合题意的正确答案。请从每小题的备选答案中选出一个你认为正确的答案，多选、错选、不选均不得分）

1. 下列与可供出售金融资产相关的表述中，应当直接计入发生当期损益的是（　　）。
   A. 可供出售金融资产公允价值的增加
   B. 购买可供出售金融资产时发生的交易费用
   C. 可供出售债务工具减值准备在原减值损失范围内的转回
   D. 以外币计价的可供出售权益工具由于汇率变动引起的价值上升

2. 下列各项有关资产和负债历史成本计量的表述中，说法错误的是（　　）。
   A. 负债按预计期限内需要偿还的未来净现金流量的折现金额计量
   B. 负债按因承担现时义务的合同金额计量
   C. 资产按购买时支付的现金或现金等价物的金额计量
   D. 资产按购置资产时所付出的对价的公允价值计量

3. 甲公司为制造企业，其在日常经营活动中发生的下列费用或损失，应当计入存货成本的是（　　）。
   A. 存货采购入库后发生的仓库保管人员的工资
   B. 季节性停工期间发生的制造费用
   C. 未使用管理用固定资产计提的折旧
   D. 采购运输过程中因自然灾害发生的损失

4. 甲公司20×3年7月1日自母公司（丁公司）取得乙公司60%股权，当日，乙公司个别财务报表中净资产账面价值为3200万元。该股权系丁公司于20×1年6月自公开市场购入，丁公司在购入乙公司60%股权时确认了800万元商誉。20×3年7月1日，按丁公司取得该股权时乙公司可辨认净资产公允价值为基础持续计算的乙公司可辨认净资产价值为4800万元。为进行该项交易，甲公司支付有关审计等中介机构费用120万元。不考虑其他因素，甲公司应确认对乙公司股权投资的初始投资成本是（　　）万元。
   A. 1920　　　　B. 2040　　　　C. 2880　　　　D. 3680

5. 甲、乙公司均为增值税一般纳税人，销售商品适用的增值税税率是17%，销售不动产适用的增值税税率是11%。2×17年1月25日甲公司以其拥有的一栋办公楼与乙公司生产的一批商品交换。交换日，甲公司换出办公楼的账面原价为800万元，累计折旧为150万元，未计提减值准备，公允价值和计税价格为1400万元，增值税税额为154万元；换入商品的成本为720万元，未计提存货跌价准备，公允价值和计税价格为1000万元，增值税税额为170万元，甲公司将其作为存货核算，甲公司另收到乙公司支付的384万元现金作为补价。假定该项交换具有商业实质，且不考虑其他因素，甲公司对该交易应确认的收益为（　　）万元。
   A. 750　　　　B. 620　　　　C. 650　　　　D. 680

6. 下列各项中，应当作为以现金结算的股份支付进行会计处理的是（　　）。
   A. 以低于市价向员工出售限制性股票的计划
   B. 授予高管人员低于市价购买公司股票的期权计划
   C. 公司承诺达到业绩条件时向员工无对价定向发行股票的计划
   D. 授予研发人员以预期股价相对于基准日股价的上涨幅度为基础支付奖励款的计划

7. 甲公司 20×3 年财务报表于 20×4 年 4 月 10 日对外报出。假定其 20×4 年发生的下列有关事项均具有重要性，甲公司应当据以调整 20×3 年财务报表的是(　　)。

A. 5 月 2 日，自 20×3 年 9 月即已开始策划的企业合并交易获得股东大会批准

B. 4 月 15 日，发现 20×3 年一项重要交易会计处理未充分考虑当时情况，导致虚增 20×3 年利润

C. 3 月 12 日，某项于 20×3 年资产负债表日已存在的未决诉讼结案，由于新的司法解释出台，甲公司实际支付赔偿金额大于原已确认预计负债

D. 4 月 8 日，因某客户所在地发生自然灾害造成重大损失，导致甲公司 20×3 年资产负债表日应收该客户货款按新的情况预计的坏账高于原预计金额

8. 下列各项中，在相关资产处置时不应转入当期损益的是(　　)。

A. 可供出售金融资产因公允价值变动计入其他综合收益的部分

B. 权益法核算的股权投资因享有联营企业其他所有者权益变动份额计入资本公积的部分

C. 同一控制下企业合并中股权投资入账价值与支付对价差额计入资本公积的部分

D. 自用房地产转为以公允价值模式计量的投资性房地产在转换日计入其他综合收益的部分

9. 甲公司董事会决定的下列事项中，属于会计政策变更的是(　　)。

A. 将自行开发无形资产的摊销年限由 8 年调整为 6 年

B. 将发出存货的计价方法由先进先出法变更为移动加权平均法

C. 将账龄在 1 年以内应收账款的坏账计提比例由 5% 提高至 8%

D. 将符合持有待售条件的固定资产由非流动资产重分类为流动资产列报

10. 甲公司的记账本位币为人民币，外币交易采用交易发生日的即期汇率折算。2016 年 1 月 20 日，甲公司收到投资者的外币投资 100 万美元，当日的即期汇率为 1 美元 = 6.8 元人民币，2016 年 12 月 31 日的即期汇率为 1 美元 = 6.85 元人民币。则甲公司对于该项投资，在 2016 年 12 月 31 日的资产负债表中列示的实收资本的金额为(　　)万元人民币。

A. 685　　　　　　B. 680　　　　　　C. 682.5　　　　　　D. 0

二、多项选择题(本类题共 10 小题，每小题 2 分，共 20 分，每小题备选答案中，有两个或两个以上符合题意的正确答案，请从每小题的备选答案中选出你认为正确的答案，多选、少选、错选、不选均不得分)

1. 下列各项交易或事项中，不会影响发生当期营业利润的有(　　)。

A. 在建工程在达到预定可使用状态前进行负荷联合试车发生的费用

B. 在建工程在达到预定可使用状态后发生的工程物资盘盈净收益

C. 经营租赁中出租人发生的金额较小的初始直接费用

D. 因存在一项未决诉讼预计很可能承担的诉讼费

2. 下列有关借款费用的相关表述中，说法正确的有(　　)。

A. 专门借款利息资本化金额与资产支出相挂钩

B. 以公允价值计量且其变动计入当期损益的金融负债相关的交易费用应直接计入当期损益

C. 发行一般债券支付的发行费用应计入应付债券的初始确认金额

D. 企业每一会计期间的利息资本化金额不应当超过当期相关借款实际发生的利息金额

3. 下列有关应付债券的相关说法中，正确的有(　　)。

A. 发行债券时，如果债券票面利率低于市场利率，可以按低于债券票面价值的价格发行

B. 发行债券时，如果债券票面利率高于市场利率，可以按低于债券票面价值的价格发行

C. 利息调整应在债券存续期间内采用实际利率法进行摊销

D. 对于一次还本付息的债券，资产负债表日按债券面值乘以票面利率计算确定的应付未付利息应贷记"应付利息"科目核算

4. 不考虑其他因素，甲公司发生的下列交易事项中，应当按照非货币性资产交换进行会计处理的有(　　)。

A. 以对子公司股权投资换入一项投资性物业

B. 以本公司生产的产品换入生产用专利技术

C. 以原准备持有至到期的债权投资换入固定资产

D. 定向发行本公司股票取得某被投资单位 40% 股权

5. 下列资产中，不需要计提折旧的有（　　）。

A. 已划分为持有待售的固定资产

B. 以公允价值模式进行后续计量的投资性房地产

C. 因产品市场不景气尚未投入使用的外购机器设备

D. 已经完工投入使用但尚未办理竣工决算的自建厂房

6. 下列各项中，不应计入发生当期损益的有（　　）。

A. 开发无形资产时发生的符合资本化条件的支出

B. 以公允价值计量的投资性房地产持有期间发生的公允价值变动

C. 经营用固定资产转为持有待售时其账面价值小于公允价值减去处置费用后的金额

D. 对联营企业投资的初始投资成本大于应享有投资时联营企业可辨认净资产公允价值的差额

7. 下列各项中，持有期间内可以在原计提减值损失范围内通过损益转回的有（　　）。

A. 存货跌价准备　　　　　　　　　　B. 应收账款坏账准备

C. 持有至到期投资减值准备　　　　　D. 可供出售债务工具投资减值准备

8. 下列各项关于承租人与融资租赁有关会计处理的表述中，正确的有（　　）。

A. 或有租金应于发生时计入当期损益

B. 预计将发生的履约成本应计入租入资产成本

C. 租赁期满行使优惠购买选择权支付的价款应直接冲减相关负债

D. 知悉出租人的租赁内含利率时，应以租赁内含利率对最低租赁付款额折现

9. 甲公司 2016 年度财务报告于 2017 年 3 月 5 日批准对外报出，财务报告报出前发生以下事项：2017 年 2 月 1 日，甲公司收到乙公司因产品质量原因退回的商品，该商品系 2016 年 12 月 5 日销售；2017 年 2 月 5 日，甲公司按照 2016 年 12 月份申请通过的方案成功发行公司债券；2017 年 2 月 25 日，甲公司发现 2016 年 11 月 20 日入账的固定资产未计提折旧；2017 年 3 月 1 日，提取法定盈余公积 200 万元。假定上述事项均具有重要性，属于甲公司 2016 年度资产负债表日后调整事项的有（　　）。

A. 乙公司因质量原因发生的退货

B. 甲公司发行公司债券

C. 固定资产未计提折旧

D. 提取法定盈余公积

10. 下列各项中，表明已售商品所有权的主要风险和报酬尚未转移给购货方的有（　　）。

A. 销售商品的同时，约定日后将以融资租赁方式租回

B. 销售商品的同时，约定日后将以高于原售价的固定价格回购

C. 已售商品附有无条件退货条款，但不能合理估计退货的可能性

D. 向购货方发出商品后，发现商品质量与合同不符，预计很可能发生退货

　　三、判断题（本类题共 10 小题，每小题 1 分，共 10 分。请判断每小题的表述是否正确，选出你认为正确的答案，每小题答题正确的得 1 分，答题错误的扣 0.5 分，不答题的不得分也不扣分，本类题最低得分为零分）

1. 企业已计提跌价准备的存货在结转销售成本时，应一并结转相关的存货跌价准备。（　　）

2. 企业持有交易性金融资产的时间超过一年后，应将其重分类为可供出售金融资产。（　　）

3. 公允价值计量层次由对公允价值计量整体而言重要的输入值所属的最低层次决定。（　　）

4. 甲公司授予其管理层的一份股份支付协议中规定，今后从授予日起公司三年的平均净利润增长率达到 10%，职工即可获得一定数量本公司的股票，该可行权条件属于市场条件。（　　）

5. 直接减征、免征、增加计税抵扣额、抵免部分税额属于政府补助。（　　）

6. 职工薪酬不包括企业提供给职工配偶、子女、受赡养人等的福利。（　　）

7. 承租人根据租赁会计准则的规定确认的融资租赁发生的融资费用不属于借款费用。（　　）

8. 融资租赁不同于经营租赁，融资租赁期结束后，租赁资产的所有权一定归承租人所有。（　　）

9. 对固定资产计提折旧涉及对固定资产预计净残值和使用寿命进行分析和判断，带有一定的不确定性，所以属于或有事项。　　　　　　　　　　　　　　　　　　　　　　　　　　　　　　　（　　）

10. 民间非盈利组织对于其接受的劳务捐赠，不予确认，但应当在会计报表附注中作相关披露。（　　）

四、计算分析题（本类题共 2 小题，每 1 小题 10 分，第 2 小题 12 分，共 22 分。凡要求计算的项目，除特别说明外，均须列出计算过程；计算结果出现小数的，均保留到小数点后两位小数。凡要求编制会计分录的，除题中有特殊要求外，只需写出一级科目）

1. 甲公司为我国境内注册的上市公司，其 20×6 年度财务报告于 20×7 年 3 月 30 日对外报出。该公司 20×6 年发生的有关交易或事项如下：

（1）20×5 年 3 月 28 日，甲公司与乙公司签订了一项固定造价合同。合同约定：甲公司为乙公司建造办公楼，工程造价为 7500 万元；工期为自合同签订之日起 3 年。甲公司预计该办公楼的总成本为 6750 万元。工程于 20×5 年 4 月 1 日开工，至 20×5 年 12 月 31 日实际发生成本 2100 万元（其中，材料占 60%，其余为人工费用。下同），预计为完成合同尚需发生成本 4900 万元，根据完工进度在本期确认合同收入 2250 万元。由于建筑材料价格上涨，20×6 年度实际发生成本 3200 万元，预计为完成合同尚需发生成本 2700 万元。甲公司采用累计实际发生的合同成本占合同预计总成本的比例确定合同完工进度。

（2）20×6 年 4 月 28 日，甲公司董事会决议将其闲置的厂房出租给丙公司。同日，与丙公司签订了经营租赁协议，租赁期开始日为 20×6 年 5 月 1 日，租赁期为 5 年，年租金 600 万元，于每年年初收取。20×6 年 5 月 1 日，甲公司将腾空后的厂房移交丙公司使用，当日该厂房的公允价值为 8500 万元。20×6 年 12 月 31 日，该厂房的公允价值为 9200 万元。

甲公司于租赁期开始日将上述厂房转为投资性房地产并采用公允价值进行后续计量。该厂房的原价为 8000 万元，至租赁期开始日累计已计提折旧 1280 万元，月折旧额 32 万元，未计提减值准备。

（3）20×6 年 12 月 31 日，甲公司库存 A 产品 2000 件，其中，500 件已与丁公司签订了不可撤销的销售合同，如果甲公司单方面撤销合同，将赔偿丁公司 2000 万元。销售合同约定 A 产品的销售价格（不含增值税税额，下同）为每件 5 万元。20×6 年 12 月 31 日，A 产品的市场价格为每件 4.5 万元，销售过程中估计将发生的相关税费为每件 0.8 万元。A 产品的单位成本为 4.6 万元，此前每件 A 产品已计提存货跌价准备 0.2 万元。

（4）20×6 年 12 月 31 日，甲公司自行研发尚未完成但符合资本化条件的开发项目的账面价值为 3500 万元，预计至开发完成尚需投入 300 万元。该项目以前未计提减值准备。由于市场出现了与其开发相类似的项目，甲公司于年末对该项目进行减值测试，经测试表明：扣除继续开发所需投入因素预计未来现金流量现值为 2800 万元，未扣除继续开发所需投入因素预计的未来现金流量现值为 2950 万元。20×6 年 12 月 31 日，该项目的市场出售价格减去相关费用后的净额为 2500 万元。

本题不考虑其他因素。

要求：

（1）根据资料（1）：

①计算甲公司 20×6 年应确认的存货跌价准备金额，并说明理由；

②编制甲公司 20×6 年与建造合同有关的会计分录。

（2）根据资料（2），计算确定甲公司 20×6 年 12 月 31 日资产负债表投资性房地产项目应列示的金额。

（3）根据资料（3），计算甲公司 20×6 年 A 产品应确认的存货跌价准备金额，并说明计算可变现净值时确定销售价格的依据。

（4）根据资料（4），计算甲公司于 20×6 年末对开发项目应确认的减值准备金额，并说明确定可收回金额的原则。

2. 甲公司为上市公司，2×13 年至 2×14 年发生的相关交易或事项如下：

（1）2×13 年 7 月 30 日，甲公司就应收 A 公司账款 6000 万元与 A 公司签订债务重组合同。合同规定：A 公司以其拥有的一栋在建写字楼及一项长期股权投资偿付该项债务；A 公司在建写字楼和长期股权投资所有权转移至甲公司后，双方债权债务结清。

2×13 年 8 月 10 日，A 公司将在建写字楼和长期股权投资所有权转移至甲公司。同日，甲公司该重组债权已计提的坏账准备为 800 万元；A 公司该在建写字楼的账面余额为 1800 万元，未计提减值准备，公允价值为 2200 万元；A 公司该长期股权投资的账面余额为 2600 万元，已计提的减值准备为 200 万元，公允价值为 2300 万元。

甲公司将取得的股权投资作为长期股权投资，采用成本法核算。

（2）甲公司取得在建写字楼后，委托某建造承包商继续建造。至 2×14 年 1 月 1 日累计新发生工程支出 800 万元。2×14 年 1 月 1 日，该写字楼达到预定可使用状态并办理完工结算手续。

对于该写字楼，甲公司与 B 公司于 2×13 年 11 月 11 日签订租赁合同，将该写字楼整体出租给 B 公司。合同规定：租赁期自 2×14 年 1 月 1 日开始，租期为 5 年；年租金为 240 万元，每年年底支付。甲公司预计该写字楼的使用年限为 30 年，预计净残值为零。

2×14 年 12 月 31 日，甲公司收到租金 240 万元。同日，该写字楼的公允价值为 3200 万元。

（3）2×14 年 12 月 20 日，甲公司与 C 公司签订长期股权投资转让合同。根据转让合同，甲公司将债务重组取得的长期股权投资转让给 C 公司，并向 C 公司支付补价 200 万元，取得 C 公司一项土地使用权。

12 月 31 日，甲公司以银行存款向 C 公司支付 200 万元补价；双方办理完毕相关资产的产权转让手续。同日，甲公司长期股权投资的账面价值为 2300 万元，公允价值为 2000 万元；C 公司土地使用权的公允价值为 2200 万元。甲公司将取得的土地使用权作为无形资产核算。

（4）其他资料如下：

①假定甲公司投资性房地产均采用公允价值模式进行后续计量。

②假定不考虑增值税等相关税费的影响。

要求：

（1）计算甲公司在与 A 公司债务重组过程中应确认的损益并编制相关会计分录。

（2）计算 A 公司在与甲公司债务重组过程中应确认的损益并编制相关会计分录。

（3）计算甲公司写字楼在 2×14 年应确认的公允价值变动损益金额并编制相关会计分录。

（4）编制甲公司 2×14 年收取写字楼租金的相关会计分录。

（5）计算甲公司转让长期股权投资所产生的投资收益并编制相关会计分录。

五、综合题（本类题共 2 小题，第 1 小题 15 分，第 2 小题 18 分，共 33 分。凡要求计算的项目，除特别说明外，均须列出计算过程；计算结果出现小数的，均保留到小数点后两位小数。凡要求编制会计分录的，除题中的特殊要求外，只需写出一级科目）

1. 甲公司为一家机械设备制造企业，按照当年实现净利润的 10% 提取盈余公积。

2×16 年 3 月，新华会计师事务所对甲公司 2×15 年度财务报表进行审计时，现场审计人员关注到其 2×15 年以下交易或事项的会计处理：

（1）1 月 1 日，甲公司与乙公司签订资产转让合同。合同约定，甲公司将其办公楼以 4500 万元的价格出售给乙公司，同时甲公司自 2×15 年 1 月 1 日至 2×19 年 12 月 31 日可继续使用该办公楼，但每年末需支付乙公司租金 300 万元，期满后乙公司收回办公楼。当日，该办公楼账面原值为 6000 万元，已计提折旧 750 万元，未计提减值准备，预计尚可使用年限为 35 年；同等办公楼的市场售价为 5500 万元；市场上租用同等办公楼需每年支付租金 520 万元。1 月 10 日，甲公司收到乙公司支付的款项，并办妥办公楼产权变更手续。

甲公司会计处理：2×15 年确认营业外支出 750 万元，管理费用 300 万元。

（2）10 月 20 日，甲公司向丁公司销售 M 型号钢材一批，售价为 1000 万元，成本为 800 万元，钢材已发出，款项已收到。根据销售合同约定，甲公司有权在未来一年内按照当时的市场价格自丁公司回购同等数量、同等规格的钢材。截至 12 月 31 日，甲公司尚未行使回购的权利。据采购部门分析，该型号钢材市场供应稳定。

甲公司会计处理：2×15 年，确认其他应付款 1000 万元，同时将发出钢材的成本结转至发出商品。

（3）10 月 22 日，甲公司与戊公司合作生产销售 N 设备，戊公司提供专利技术，甲公司提供厂房及机器设备，N 设备研发和制造过程中所发生的材料和人工费用由甲公司和戊公司根据合同规定各自承担，甲公司具体负责项目的运作，但 N 设备研发、制造及销售过程中的重大决策由甲公司和戊公司共同决定。N 设备由甲公司统一销售，销售后甲公司需按销售收入的 30% 支付给戊公司，当年，N 设备共实现销售收入 2000 万元。

甲公司会计处理：2×15 年，确认主营业务收入 2000 万元，并将支付给戊公司的 600 万元作为生产成本结转至主营业务成本。

（4）12 月 30 日，甲公司与辛银行签订债务重组协议。协议约定，如果甲公司于次年 6 月 30 日前偿还全部长期借款本金 8000 万元，辛银行将豁免甲公司 2×15 年度利息 400 万元以及逾期罚息 140 万元。根据内部资金筹措及还款计划，甲公司预计在 2×16 年 5 月还清上述长期借款。

甲公司会计处理：2×15 年，确认债务重组收益 400 万元，未计提 140 万元逾期罚息。

（5）12 月 31 日，因合同违约被诉案件尚未判决，经咨询法律顾问后，甲公司认为很可能赔偿的金额为 800 万元。2×16 年 2 月 5 日，经法院判决，甲公司应支付赔偿金 500 万元。当事人双方均不再上诉。

甲公司会计处理：2×15 年末，确认预计负债和营业外支出 800 万元；法院判决后未调整 2×15 年度财务报表。

假定甲公司 2×15 年度财务报表于 2×16 年 3 月 31 日对外公布。本题不考虑增值税、所得税及其他因素。

要求：

（1）根据资料（1）至（5），逐项判断甲公司会计处理是否正确，并简要说明判断依据。对于不正确的会计处理，编制相应的调整分录（合并编制"以前年度损益调整"的分录）。

（2）计算甲公司 2×15 年度财务报表中营业收入、营业成本项目的调整金额（减少数以"－"表示）。

2. 甲股份有限公司（以下简称"甲公司"）2×16 及 2×18 年发生了以下交易事项：

（1）2×16 年 4 月 1 日，甲公司以定向发行本公司普通股 2000 万股为对价，自乙公司取得 A 公司 30% 股权，并于当日向 A 公司派出董事，参与 A 公司生产经营决策。当日，甲公司发行股份的市场价格为 5 元/股，另支付中介机构佣金 1000 万元；A 公司可辨认净资产公允价值为 30000 万元，除一项固定资产公允价值为 2000 万元、账面价值为 800 万元外，其他资产、负债的公允价值与账面价值相同。A 公司增值的固定资产原取得成本为 1600 万元，原预计使用年限为 20 年，自甲公司取得 A 公司股权时起仍可使用 10 年，采用年限平均法计提折旧，预计净残值为零。

A 公司 2×16 年实现净利润 2400 万元，假定 A 公司有关损益在年度中均衡实现；2×16 年 4 月至 12 月产生其他综合收益 600 万元。

甲公司与乙公司及 A 公司在发生该项交易前不存在关联方关系。

（2）2×17 年 1 月 2 日，甲公司追加购入 A 公司 30% 股权并自当日起控制 A 公司。购买日，甲公司用作合并对价的是本公司一项土地使用权及一项专利技术。土地使用权和专利技术的原价合计为 6000 万元，已累计摊销 1000 万元，公允价值合计为 12600 万元。

购买日，A 公司可辨认净资产公允价值为 36000 万元，A 公司所有者权益账面价值为 26000 万元，差额为一项管理用无形资产公允价值大于账面价值导致。A 公司所有者权益具体构成为：股本 6667 万元、资本公积（股本溢价）4000 万元、其他综合收益 2400 万元、盈余公积 6000 万元、未分配利润 6933 万元。

甲公司原持有 A 公司 30% 股权于购买日的公允价值为 12600 万元。

（3）2×17 年 6 月 30 日，甲公司将其生产的某产品出售给 A 公司。该产品在甲公司的成本为 800 万元（未计提存货跌价准备），销售给 A 公司的售价为 1200 万元（不含增值税市场价格）。

A 公司将取得的该产品作为管理用固定资产，预计可使用 10 年，预计净残值为零，采用年限平均法计提折旧。

截至 2×17 年 12 月 31 日，甲公司应收 A 公司上述货款尚未收到。甲公司对 1 年以内应收账款（含应收关联方款项）按照期末余额的 3% 计提坏账准备。

甲公司应收 A 公司货款于 2×18 年 3 月收到，A 公司从甲公司购入的产品处于正常使用中。

其他资料：

本题不考虑所得税等相关税费，A公司产生的其他综合收益最终都可以转入损益。

要求：

（1）确定甲公司 2×16 年 4 月 1 日对 A 公司 30% 股权投资成本，说明甲公司对该项投资应采用的核算方法及理由，编制与确认该项投资相关的会计分录。

（2）计算甲公司 2×16 年因持有 A 公司 30% 股权应确认的投资收益，并编制 2×16 年与调整该项股权投资账面价值相关的会计分录。

（3）确定甲公司合并 A 公司的购买日、企业合并成本及应确认的商誉金额，分别计算甲公司个别财务报表、合并财务报表中因持有 A 公司 60% 股权投资应计入损益的金额，确定购买日甲公司个别财务报表中对 A 公司 60% 股权投资的账面价值并编制购买日甲公司合并 A 公司的调整抵销分录。

（4）编制甲公司 2×17 年合并财务报表时，与 A 公司内部交易相关的抵销分录。

（5）编制甲公司 2×18 年合并财务报表时，与 A 公司 2×17 年内部交易相关的抵销分录。

参考答案及解析

一、单项选择题

1.【答案】C

【解析】可供出售金融资产公允价值的增加计入其他综合收益，选项 A 错误；购买可供出售金融资产时发生的交易费用计入可供出售金融资产初始投资成本，选项 B 错误；可供出售债务工具减值准备在原减值损失范围内的转回计入资产减值损失，选项 C 正确；以外币计价的可供出售权益工具由于汇率变动引起的价值上升计入其他综合收益，选项 D 错误。

2.【答案】A

【解析】在现值计量下，负债按预计期限内需要偿还的未来净现金流出量的折现金额计量，选项 A 错误。

3.【答案】B

【解析】存货采购入库后发生的仓库保管人员的工资计入管理费用，不影响存货成本，选项 A 错误；制造费用是一项间接生产成本，影响存货成本，选项 B 正确；未使用管理用固定资产计提的折旧计入管理费用，不影响存货成本，选项 C 错误；采购运输过程中因自然灾害发生的损失计入营业外支出，不影响存货成本，选项 D 错误。

4.【答案】D

【解析】甲公司应确认对乙公司股权投资的初始投资成本 = 4800 × 60% + 800 = 3680（万元）。

5.【答案】A

【解析】甲公司对该交易应确认的收益 = 1400 − （800 − 150）= 750（万元）。

6.【答案】D

【解析】选项 A、B 和 C，是企业为获取职工服务而以股份或其他权益工具作为对价进行交易，属于以权益结算的股份支付；选项 D，是企业为获取服务而承担的以股份或其他权益工具为基础计算的交付现金义务的交易，属于以现金结算的股份支付。

7.【答案】C

【解析】选项 A 和 B，不属于日后事项期间发生的交易或事项；选项 D，自然灾害导致的重大损失，属于非调整事项。

8.【答案】C

【解析】同一控制下企业合并中股权投资入账价值与支付对价差额计入资本公积——资本溢价（股本溢价），处置时不能转入当期损益。

9.【答案】B

【解析】选项 A 和 C 属于会计估计变更；选项 D 属于新的事项，不属于会计变更。

10.【答案】B

【解析】企业收到投资者以外币投入的资本，应当采用交易发生日即期汇率折算，外币投入资本与相应的货币性项目的记账本位币金额之间不产生外币资本折算差额。即 2016 年 12 月 31 日甲公司资产负债表中列示的实收资本 = 100 × 6.8 = 680（万元人民币）。

二、多项选择题

1.【答案】AB

【解析】选项 A，在建工程在达到预定可使用状态前，因进行负荷联合试车发生的费用，计入在建工程成本，不会影响发生当期营业利润；选项 B，在建工程在达到预定可使用状态后发生的工程物资盘盈净收益，应计入营业外收入，不影响发生当期营业利润；选项 C，经营租赁中出租人发生的金额较小的初始直接费用应当计入当期损益（管理费用），会影响发生当期营业利润；选项 D，因存在一项未决诉讼预计很可能承担的诉讼费，应计入当期损益（管理费用），会影响发生当期营业利润。

2.【答案】BCD

【解析】选项 A 错误，专门借款利息资本化金额与资产支出无关。

3.【答案】AC

【解析】选项 B 错误，发行债券时，如果债券票面利率高于市场利率，可以按高于债券票面价值的价格发行；选项 D 错误，对于一次还本付息的债券，资产负债表日按债券面值乘以票面利率计算确定的应付未付利息应通过"应付债券——应计利息"科目核算。

4.【答案】AB

【解析】选项 C，持有至到期投资属于货币性资产，该交换不属于非货币性资产交换；选项 D，发行的本公司股票属于所有者权益，不属于资产，该交换不属于非货币性资产交换。

5.【答案】AB

【解析】尚未投入使用的固定资产需要计提折旧，选项 C 不正确；已达到预定可使用状态但尚未办理竣工决算的固定资产，应当按照估计价值确定其成本，并计提折旧，选项 D 不正确。

6.【答案】ACD

【解析】选项 A，开发无形资产时发生的符合资本化条件的支出应计入无形资产成本，不影响当期损益；选项 C，经营用固定资产转为持有待售时其账面价值小于公允价值减去处置费用后的金额，不做账务处理；选项 D，对联营企业投资的初始投资成本大于应享有投资时联营企业可辨认净资产公允价值的差额不进行账务处理。

7.【答案】ABCD

8.【答案】ACD

【解析】选项 B，履约成本实际发生时，通常计入当期损益。

9.【答案】ACD

【解析】选项 A，报告年度或以前期间所售商品在日后期间退回的，属于调整事项；选项 B，甲公司在资产负债表日后期间发行债券属于非调整事项；选项 C，日后期间发现的前期差错，属于调整事项；选项 D，日后期间提取法定盈余公积为调整事项。

10.【答案】ABCD

三、判断题

1.【答案】√

【解析】企业对某项存货计提了存货跌价准备，如果其中有部分存货已经销售，则企业在结转销售成本时，应同时结转对其计提的存货跌价准备。

2.【答案】×

【解析】交易性金融资产与其他类别金融资产之间不能重分类。

3.【答案】√

4.【答案】×

【解析】该可行权条件属于业绩条件中的非市场条件。

5.【答案】×

【解析】政府补助的一个重要特征是直接取得资产，直接减征、免征、增加计税抵扣额、抵免部分税额等税收优惠形式下，企业没有直接取得资产，不属于政府补助。

6.【答案】×

【解析】企业提供给职工配偶、子女、受赡养人、已故员工遗属及其他受益人等的福利，也属于职工薪酬。

7.【答案】×

【解析】承租人根据租赁会计准则的规定确认的融资租赁发生的融资费用属于借款费用。

8.【答案】×

【解析】融资租赁的资产，在租赁期满后，承租人只有行使了优惠购买权，资产的所有权才属于承租人。

9.【答案】×

【解析】对固定资产计提折旧虽然涉及对固定资产预计净残值和使用寿命进行分析和判断，带有一定的不确定性，但是固定资产折旧是已经发生的损耗，并且固定资产原值是确定的，其价值最终会转移到成本或者费用中的金额也是确定的，即该事项的结果是确定的，因此对固定资产计提折旧不属于或有事项。

10.【答案】√

四、计算分析题

1.【答案】

（1）

①20×6年工程的完工进度 =（2100 + 3200）/（2100 + 3200 + 2700）×100% = 66.25%。

甲公司20×6年应确认的存货跌价准备金额 = [（2100 + 3200 + 2700）− 7500] ×（1 − 66.25%）= 168.75（万元）；

或：[（2100 + 3200 + 2700）− 7500] − [3200 − 7500 ×（66.25% − 30%）− 150] = 500 − 331.25 = 168.75（万元）。

理由：甲公司至20×6年底累计实际发生工程成本5300万元（2100 + 3200），预计为完成合同尚需发生成本2700万元，预计合同总成本大于合同总收入500万元 [（2100 + 3200 + 2700）− 7500]，由于已在工程施工（或存货，或损益）中确认了331.25万元的合同亏损，故20×6年实际应确认的存货跌价准备为168.75万元。

②甲公司20×6年与建造办公楼相关业务的会计分录：

借：工程施工——合同成本　　　　　　　　　　　　　　　　　　　3200

　　贷：原材料　　　　　　　　　　　　　　　　　　　　　　　　1920

　　　　应付职工薪酬　　　　　　　　　　　　　　　　　　　　　1280

借：主营业务成本　　　　　　　　　　　　　　　　　　　　　　　3200

　　贷：工程施工——合同毛利　　　　　　　　　　　　　　　　　481.25

　　　　主营业务收入　　　　　　　　　　　　　2718.75（7500 × 66.25% − 2250）

借：资产减值损失　　　　　　　　　　　　　　　　　　　　　　　168.75

　　贷：存货跌价准备　　　　　　　　　　　　　　　　　　　　　168.75

（2）甲公司20×6年12月31日投资性房地产在资产负债表上列示的金额为9200万元。

（3）20×6年A产品应确认的存货跌价准备金额 = [500 ×（4.6 + 0.8 − 5）] + [1500 ×（4.6 + 0.8 − 4.5）] −（0.2 × 2000）= 200 + 1350 − 400 = 1150（万元）。

计算可变现净值时所确定销售价格的依据：为执行销售合同而持有的A产品，应当以A产品的合同价格为基础计算可变现净值；超过销售合同订购数量的A产品，应当以A产品的一般销售价格（或市场价格）为基础计算可变现净值。

（4）该开发项目应确认的减值损失 = 3500 − 2800 = 700（万元）。确定可收回金额的原则：对于在建工程、开发过程中的无形资产等，企业在预计其未来现金流量时，应当包括预期为使该类资产达到预定可使用（或者可销售）状态而发生的全部现金流出数。即按照扣除继续开发所需投入因素预计的未来现金流量现值2800万元与该项目的市场出售价格减去相关费用后的净额2500万元比较，确定该项目的可收回金额为2800万元，所以该开发项目应确认的减值损失 = 3500 − 2800 = 700（万元）。

2.【答案】

（1）甲公司在与A公司债务重组过程中应确认的损益＝（6000－800）－（2200＋2300）＝700（万元），即应确认营业外支出700万元。

借：在建工程　　　　　　　　　　　　　　　　　　　　　　　　　　2200
　　长期股权投资　　　　　　　　　　　　　　　　　　　　　　　　2300
　　坏账准备　　　　　　　　　　　　　　　　　　　　　　　　　　800
　　营业外支出　　　　　　　　　　　　　　　　　　　　　　　　　700
　　　贷：应收账款　　　　　　　　　　　　　　　　　　　　　　　6000

（2）A公司在与甲公司债务重组过程中应确认的债务重组利得（营业外收入）＝6000－（2200＋2300）＝1500（万元），因转让在建工程应确认资产转让收益（营业外收入）＝2200－1800＝400（万元），因转让长期股权投资应确认资产转让损失＝（2600－200）－2300＝100（万元）（投资收益借方）。

借：应付账款　　　　　　　　　　　　　　　　　　　　　　　　　　6000
　　投资收益　　　　　　　　　　　　　　　　　　　　　　　　　　100
　　长期股权投资减值准备　　　　　　　　　　　　　　　　　　　　200
　　　贷：在建工程　　　　　　　　　　　　　　　　　　　　　　　1800
　　　　　长期股权投资　　　　　　　　　　　　　　　　　　　　　2600
　　　　　营业外收入——债务重组利得　　　　　　　　　　　　　　1500
　　　　　　　　　　　——处置非流动资产利得　　　　　　　　　　400

（3）2×14年1月1日，该写字楼的账面价值＝2200＋800＝3000（万元），2×14年该写字楼应确认公允价值变动损益的金额＝3200－3000＝200（万元）。

借：投资性房地产——公允价值变动　　　　　　　　　　　　　　　　200
　　　贷：公允价值变动损益　　　　　　　　　　　　　　　　　　　200

（4）

借：银行存款　　　　　　　　　　　　　　　　　　　　　　　　　　240
　　　贷：其他业务收入　　　　　　　　　　　　　　　　　　　　　240

（5）甲公司转让长期股权投资产生的投资收益＝2000－2300＝－300（万元）。

借：无形资产　　　　　　　　　　　　　　　　　　　　　　　　　　2200
　　投资收益　　　　　　　　　　　　　　　　　　　　　　　　　　300
　　　贷：长期股权投资　　　　　　　　　　　　　　　　　　　　　2300
　　　　　银行存款　　　　　　　　　　　　　　　　　　　　　　　200

五、综合题

1.【答案】（1）

事项（1）会计处理不正确。

理由：对于售后租回交易形成经营租赁的情况，要视情况进行区分，该交易不是按照公允价值达成的，售价低于资产的公允价值，也低于资产的账面价值，并且该损失将由低于市价的未来租赁付款额补偿，应将售价低于账面价值的差额计入递延收益，并按与确认租金费用相一致的方法在租期内分摊。

售价与账面价值的差额750万元应确认为递延收益，期末按与确认租金费用相一致的方法在租赁期内分摊。

调整分录如下：

借：递延收益　　　　　　　　　　　　　　　　　　　　　　　　　　750
　　　贷：以前年度损益调整——营业外支出　　　　　　　　　　　　750
借：以前年度损益调整——管理费用　　　　　　　　　　　　150（750/5）
　　　贷：递延收益　　　　　　　　　　　　　　　　　　　　　　　150

事项（2）会计处理不正确。

理由：因为该售后回购的回购价格是按当时的市场价格确定的，甲公司在销售时已转移了钢材所有权上的主要风险和报酬，符合收入确认的原则，所以应当确认收入结转成本。

调整分录如下：

借：以前年度损益调整——主营业务成本　　　　　　　　　　　　　　　　　800

　　贷：发出商品　　　　　　　　　　　　　　　　　　　　　　　　　　　　800

借：其他应付款　　　　　　　　　　　　　　　　　　　　　　　　　　　1000

　　贷：以前年度损益调整——主营业务收入　　　　　　　　　　　　　　　1000

事项（3）会计处理不正确。

理由：甲公司与戊公司属于共同经营，应按各自享有的份额确认收入。

调整分录如下：

借：以前年度损益调整——主营业务收入　　　　　　　　　　　　　　　　600

　　贷：以前年度损益调整——主营业务成本　　　　　　　　　　　　　　　600

事项（4）会计处理不正确。

理由：该项债务重组以偿还本金为前提将获得的利息豁免，在实际重组前不应当确认债务重组收益；支付逾期罚息构成甲公司 2×15 年底的现时义务。

调整分录如下：

借：以前年度损益调整——营业外收入　　　　　　　　　　　　　　　　　400

　　贷：长期借款（或应付利息）　　　　　　　　　　　　　　　　　　　　400

借：以前年度损益调整——营业外支出　　　　　　　　　　　　　　　　　140

　　贷：其他应付款　　　　　　　　　　　　　　　　　　　　　　　　　　140

事项（5）会计处理不正确。

理由：该事项属于资产负债表日后调整事项，需要调整 2×15 年财务报表原先确认的预计负债。

调整分录如下：

借：预计负债　　　　　　　　　　　　　　　　　　　　　　　　　　　　800

　　贷：以前年度损益调整——营业外支出　　　　　　　　　　　　　　　　300

　　　　其他应付款　　　　　　　　　　　　　　　　　　　　　　　　　　500

综合结转"以前年度损益调整"科目贷方余额 = 750 − 150 − 800 + 1000 − 600 + 600 − 400 − 140 + 300 = 560（万元）。

借：以前年度损益调整　　　　　　　　　　　　　　　　　　　　　　　　560

　　贷：利润分配——未分配利润　　　　　　　　　　　　　　　　　　　　504

　　　　盈余公积　　　　　　　　　　　　　　　　　　　　　　　　　　　56

（2）

营业收入调整金额 = 1000 − 600 = 400（万元）；

营业成本调整金额 = 800 − 600 = 200（万元）。

2.【答案】

（1）甲公司对 A 公司投资成本 = 2000 × 5 = 10000（万元）；该项投资应采用权益法核算，理由：甲公司向 A 公司董事会派出成员，参与其生产经营决策，能够施加重大影响。

借：长期股权投资　　　　　　　　　　　　　　　　　　　　　　　　　10000

　　贷：股本　　　　　　　　　　　　　　　　　　　　　　　　　　　　2000

　　　　资本公积　　　　　　　　　　　　　　　　　　　　　　　　　　7000

　　　　银行存款　　　　　　　　　　　　　　　　　　　　　　　　　　1000

（2）甲公司 2×16 年因持有对 A 公司 30% 投资应确认的投资收益 = ［2400 − （2000 − 800）/10］× 9 ÷ 12 × 30% = 513（万元）。

借：长期股权投资——损益调整　　　　　　　　　　　　　　　　　　　　513

　　　　　　　　　——其他综合收益　　　　　　　　　　　　　　　　　180

　　贷：投资收益　　　　　　　　　　　　　　　　　　　　　　　　　　513

　　　　其他综合收益　　　　　　　　　　　　　　　　　　　180（600 × 30%）

（3）甲公司合并 A 公司的购买日为 2×17 年 1 月 2 日；企业合并成本 = 12600 + 12600 = 25200（万元）；应确认的商誉 = 25200 – 36000×60% = 3600（万元）。

甲公司个别财务报表应计入损益的金额 = 12600 –（6000 – 1000）= 7600（万元）；甲公司合并财务报表应计入损益的金额 = 7600 + ［12600 –（10000 + 693）］+（600×30%）= 9687（万元）。

购买日甲公司个别财务报表中对 A 公司 60% 股权投资的账面价值 =（10000 + 693）+ 12600 = 23293（万元）。

购买日合并 A 公司的调整抵销分录：

①借：长期股权投资　　　　　　　　　　　　　　　　1907 ［12600 –（10000 + 693）］

　　贷：投资收益　　　　　　　　　　　　　　　　　　　　　　　　1907

②借：其他综合收益　　　　　　　　　　　　　　　　180 （600×30%）

　　贷：投资收益　　　　　　　　　　　　　　　　　　　　　　　　180

③借：无形资产　　　　　　　　　　　　　　　　　　10000 （36000 – 26000）

　　贷：资本公积　　　　　　　　　　　　　　　　　　　　　　　　10000

④借：股本　　　　　　　　　　　　　　　　　　　　6667

　　　资本公积　　　　　　　　　　　　　　　　　　14000 （4000 + 10000）

　　　其他综合收益　　　　　　　　　　　　　　　　2400

　　　盈余公积　　　　　　　　　　　　　　　　　　6000

　　　未分配利润　　　　　　　　　　　　　　　　　6933

　　　商誉　　　　　　　　　　　　　　　　　　　　3600

　　贷：长期股权投资　　　　　　　　　　　　　　　　　　　　　　25200

　　　　少数股东权益　　　　　　　　　　　　　　　　　　　　　　14400

（4）

借：营业收入　　　　　　　　　　　　　　　　　　1200

　　贷：营业成本　　　　　　　　　　　　　　　　　　　　　　　　800

　　　　固定资产　　　　　　　　　　　　　　　　　　　　　　　　400

借：固定资产——累计折旧　　　　　　　　　　　　20

　　贷：管理费用　　　　　　　　　　　　　　　　　　　　　　　　20

借：应付账款　　　　　　　　　　　　　　　　　　1200

　　贷：应收账款　　　　　　　　　　　　　　　　　　　　　　　　1200

借：应收账款——坏账准备　　　　　　　　　　　　36

　　贷：资产减值损失　　　　　　　　　　　　　　　　　　　　　　36

（5）

借：年初未分配利润　　　　　　　　　　　　　　　400

　　贷：固定资产　　　　　　　　　　　　　　　　　　　　　　　　400

借：固定资产——累计折旧　　　　　　　　　　　　60

　　贷：年初未分配利润　　　　　　　　　　　　　　　　　　　　　20

　　　　管理费用　　　　　　　　　　　　　　　　　　　　　　　　40

借：应收账款——坏账准备　　　　　　　　　　　　36

　　贷：年初未分配利润　　　　　　　　　　　　　　　　　　　　　36

借：资产减值损失　　　　　　　　　　　　　　　　36

　　贷：应收账款——坏账准备　　　　　　　　　　　　　　　　　　36

或：

借：资产减值损失　　　　　　　　　　　　　　　　36

　　贷：年初未分配利润　　　　　　　　　　　　　　　　　　　　　36